DEBBIE MACOMBER

Küçük Mucizeler Dükkânı

MARTI

Küçük Mucizeler Dükkânı
Debbie Macomber

Basım: Mayıs 2014
ISBN: 978-605-348-105-8
Yayınevi Sertifika No: 12330

Baskı:
Ecem Basın Yayın Reklamcılık
Hadımköy Yolu Mahallesi San. 1 Bulvarı
169. Sokak No: 3 Büyükçekmece-İSTANBUL
Tel: 0 212 886 20 10-0 212 886 20 05.
Matbaa Sertifika No: 16266

MARTI

MARTI YAYINCILIK
Martı Yayın Dağıtım San Tic. Ltd. Şti.
Maltepe Mh. Davutpaşa Cd.
Yılanlı Ayazma Sk. No:8
ZEYTİNBURNU/İSTANBUL
Tel: 0 212 483 27 37 - 483 43 13
Fax: 0 212 483 27 38
www.martiyayinlari.com
info@martiyayinlari.com

Orijinal Adı : The Shop On Blossom St
Yayın Yönetmeni : Şahin Güç
Çeviren : Ozan Aydın
Editör : Cumhur Mısırlıoğlu
Dizgi : Elif Aydın Yavuz
Kapak : Yasin Öksüz
Redaksiyon : Kerem Yıldız

Cypus 2075

DEBBIE MACOMBER

Küçük Mucizeler Dükkânı

MARTI

Örgü örme sevgisini benimle paylaşan
Linda Johnson'a,
beni kanatları altına alan Laura Early'ye
ve
çocuk arzusuyla duygulandıran Lisa'ya...

1

"İpler ilmeklere can katar, örgü dostlukları güçlendirir; el işleri ise nesilleri birbirine bağlar."

–Karen Alfke,

LYDIA HOFFMAN

Blossom Sokağı'ndaki boş dükkânı görünce aklıma hemen babam geldi. Babamın çocukluk yıllarımda işlettiği bisikletçiyi anımsamıştım. Rengârenk çizgileri olan tentenin gölgesindeki büyük camlar bile anılarımdakilerin aynısıydı. Kapının önünü annemin elleriyle diktiği camgüzelleriyle dolu saksılar süslerdi. İlkbahar ve yazda camgüzelleri, sonbaharda kasımpatılar, Noel'de de parlak yeşil ökseotları vitrinimizin önünü renklendirirdi. Ben de dükkânımın önüne çiçekler dikecektim.

Babamın işleri gün geçtikçe artmış ve dükkânımız çok daha büyük bir yere taşınmıştı ama ben en çok ilk işyerimizi seviyordum.

Bana dükkânı gösteren emlakçıyı çok şaşırttım galiba. Kadın kapıyı açmaya çalışırken, "Tutuyorum," dedim.

Emlakçı hemen yüzüme bakmak için arkasını döndü. Beni yanlış anlamış olabileceğini düşündüğünden dolayı yüzüme boş boş baktı. "İçeriye bir bakmak istemez misiniz? Dükkânla birlikte üstündeki küçük apartman dairesini de kiraladığınızdan haberdarsınız, öyle değil mi?"

"Evet, söylemiştiniz." Ev tam istediğim gibiydi. Kedim Whiskers'la birlikte böyle bir eve ihtiyacımız vardı.

Kadın, "Kontratı imzalamadan önce içeriye bir bakmak *istersiniz*, öyle değil mi?" diye ısrar etti.

Gülümseyip başımı salladım. Ama böyle bir şeye gerçekten de gerek yoktu. Buranın hem açacağım tuhafiye hem de benim için bulunabilecek en iyi yer olduğunu biliyordum.

Tek sıkıntım, Seattle'daki bu mahallenin büyük çaplı bir yenilikten geçmesiydi. İnşaatların yarattığı karmaşadan dolayı Blossom Sokağı'nın bir ucu kapatılmıştı. Sokağa sadece iş makinelerinin girmesine izin veriliyordu. Bir zamanlar üç katlı tuğla bir bina olan sokağın karşısındaki banka şimdi son derece lüks bir apartmana dönüştürülüyordu. Eski bir deponun da içinde olduğu birkaç yapı ise yerini gösterişli evlere bırakacaktı. Mimar her nasılsa binaların geleneksel dokusunu korumayı başarmış bu da benim çok hoşuma gitti. İnşaat aylarca devam edecekti ama bu da ödeyeceğim kiranın en azından şimdilik çok yüksek olmayacağı anlamına geliyordu.

İlk altı ayın zorlu geçeceğini biliyordum; tüm küçük esnafın ilk altı ayı sıkıntılı geçerdi. Sürekli devam edecek olan inşaat da normalde uğraşmam gereken zorlukların sayısını artıracak gibiydi. Ne olursa olsun burayı sevmiştim. İstediğim her şeyi burada bulmuştum.

Dükkâna baktıktan bir hafta sonra cuma sabahı erken vakitlerde iki yıllık kira kontratının altına Lydia Hoffman yazıp imzaladım. Anahtarları ve kira sözleşmesinin bir kopyasını aldım. Aynı gün yeni evime taşındım. Daha önce bu kadar heyecanlandığımı hatırlamıyordum. Hayatıma yeniden başlıyor gibiydim. Birçok yenilikle birlikte gerçekten de yeni bir hayata başlıyordum.

"Bir Yumak Mutluluk" adlı dükkânımı geçen salı açtım; aylardan nisan. Dükkânımın ortasında durup etrafımı saran renkleri incelerken kendimle gurur duydum. Böyle bir işe giriştiğimi öğrendiğinde kız kardeşimin ne diyeceğini ise aşağı yukarı tahmin edebiliyordum. Ona gidip akıl danışmamıştım. Çünkü Margaret'in nasıl bir cevap vereceğini çoktan biliyordum. Kardeşim, nasıl söylesem, insanı cesaretlendirmeyi bilen biri değildi.

Bir marangoz bulup bana üç tane dolap yapmasını istedim. Sonra da dolapları beyaza boyattım. Ismarladığım ipliklerin çoğu cuma günü elime ulaştı. Tüm hafta sonumu iplikleri ağırlıklarına ve rengine göre ayırmakla, sonra da dolaplara yerleştirmekle geçirdim. İkinci el bir para kasası aldım, tezgâhı elden geçirip örgü örmek için gereken malzemeleri düzenledim. Satış yapmaya hazırdım.

Benim için bu, mutluluk dolu bir an olmalıydı. Ama kendimi gözyaşlarımı engellemeye çalışırken buldum. Babam neler yaptığımı görse benimle çok gururlanırdı. Beni hep desteklemiş, ayakta kalmamı sağlamış, hayat ışığım olmuştu. Öldüğünde çok üzülmüştüm.

Oysa hep babamdan önce öleceğimi düşünürdüm.

Birçok insan ölümü konuşmaktan rahatsızlık duyar ama ben uzunca bir süre ölme tehlikesiyle yaşadım. Son on dört yılının her anını o kötü sonla buluşma korkusuyla geçiren biri olarak bu konuya duyarsızlaştım. Artık bu tür şeylerden havadan sudan bahseder gibi bahsedebiliyorum.

Kanserle ilk mücadelem on altı yaşımın yaz aylarında başladı. Ağustos ayında bir gün annemle birlikte ehliyetimi almaya gittim. Hem yazılı sınavı hem de direksiyon sınavını başarıyla geçmiştim. Annem ehliyetimi aldıktan sonra göz doktoruna kadar arabayı benim sürmeme izin verdi. Sıradan bir kontrole, lise birinci sınıfa başlamadan önce gözlerime baktırmak için gidiyorduk doktora. O günle ilgili büyük planlarım vardı. Doktordan çıkıp eve varır varmaz Becky'yle birlikte sahile gidecektik. İlk defa arabayı tek başıma sürecektim. Annem, babam ya da ablam yanımda olmadan araba kullanacağım anı dört gözle bekliyordum.

Anneme göz randevusunu o güne aldığı için kızdığımı hatırlıyorum. O zamanlar başım ara sıra ağrıyor, dönüyordu. Babam gözlük takmam gerekebileceğini söylemişti. Lincoln

Lisesi'ne gözlüklerle gitme düşüncesi moralimi çok ama çok bozuyordu. Babamla annemin lens takmama izin vereceğini düşünüyordum. Ama göz bozukluğunun diğer sorunlarımın yanında lafı bile edilemeyecek bir şey olduğunu sonradan öğrendim.

Anne babamın arkadaşı olan doktor, önündeki parlak ışıkla gözümün kenarına uzunca bir süre baktı. Baş ağrılarımla ilgili epey soru sordu. Aradan on beş yıl geçti ama doktorun annemle konuşurkenki yüz ifadesini dün gibi hatırlıyorum. O görüntüyü ömrümün sonuna kadar unutacağımı da zannetmiyorum. Adam çok ciddi, çok hüzünlü... ve fazlasıyla endişeliydi.

"Lydia için Washington Üniversitesi'nden randevu almanızı istiyorum. Hem de hemen."

Annemle birlikte duyduklarımıza çok şaşırmıştık. Annem bakışlarını benden alıp Doktor Reid'e çevirirken, "Peki," dedi. Sonra tekrar bana baktı. "Bir sorun mu var?"

Doktor Reid başını salladı. "Gördüklerim hoşuma gitmedi. Doktor Wilson da bir bakarsa çok iyi olur."

Doktor Wilson gözlerime bakmaktan fazlasını yaptı. Kafatasımı delip beynimden kötü huylu bir tümör aldı. Olanları şimdi çabucak anlatabiliyorum ama aslında o kadar çabuk ve kolay bir ameliyat geçirmedim. Haftalarca hastanede kaldım, gözlerimi kör eden, elden ayaktan düşmeme sebep olan baş ağrıları çektim. Ameliyattan sonra kemoterapiye başladım. Onun ardından da bir dizi radyasyon tedavisinden geçtim. En loş ışıkların bile canımı deli gibi acıttığı günler yaşadım. Acılar içindeydim ve çığlık atmamak için kendimi zor tutuyordum. Her nefesi dikkatlice aldığım, yaşama tutunmaya çalıştığım günler geçirdim. Çünkü ne kadar çaba sarf edersem edeyim hayatımın ellerimin ucundan kayıp gittiğini biliyordum. Çoğu sabah uyandığımda, bu acıların bir saatine bile artık daha fazla katlanamadığım için *ölmeyi* diledim. Babam olmasa kısa süre sonra öleceğimden bir an olsun şüphe duymuyordum.

Bu sırada saçlarım tamamen dökülmüştü. Bir süre sonra geri çıkmış ama sonra tedavilere yine yenik düşmüşlerdi. Lise birinci sınıfın tamamını kaçırmıştım. Okula dönmeyi başardığımda ise hiçbir şeyin eskisi gibi olmadığını anladım. Herkes bana artık bir başka bakıyordu. Birinci sınıfta ya da ikinci sınıfta yılsonu balolarına katılamadım. Çünkü hiçbir erkek beni baloya davet etmiyordu. Bazı kız arkadaşlarım onlarla birlikte gidebileceğimi söylemişti ama gururumdan reddettim. Şimdi dönüp bakıyorum da hiç önemsenecek bir şey değilmiş. Keşke arkadaşlarımla birlikte gitseymişim.

Hikâyemin en üzücü kısmı; tam normal bir hayat yaşayabileceğime inandığım anda, tam da onca ıstırabın ve ilacın işe yaradığına inandığım günlerde beynimdeki tümörün yeniden büyümesiydi.

Doktor Wilson'un kansere yeniden yakalandığımı söylediği günü hiç unutmayacağım. Ama bu sefer unutmayacağım şey doktorun yüzündeki ifade değil, babamın gözlerindeki acıydı. Herkes bir yana, babam ilk tedavi gördüğüm zamanlarda katlandığım şeyleri çok iyi biliyordu. Annem hastalıklarla çok iyi başa çıkamıyordu. Moralimi ayakta tutan kişi, babamdı. Elinden hiçbir şeyin gelmeyeceğini, söylediği hiçbir şeyin kâr etmeyeceğini biliyordu. İkinci sefer çektiğim acıları dindirecek hiçbir şey yapamazdı. O zamanlar yirmi dört yaşındaydım ve üniversitede okuyordum. Mezun olmak için kredi toplamaya çalışıyordum. Ama okulumu bitirip diplomamı bir türlü alamadım.

Kanserle mücadelemin ikisinden sağ çıktım. Ama artık o eski tasasız kız değilim. Yaşadığım her günün değerini biliyorum. Çünkü hayatın ne kadar değerli olduğunu öğrendim. Beni gören birçok insan otuz yaşından küçük olduğumu düşünüyor ve benimle yaşıt diğer kadınlardan çok daha ciddi durduğumu söylüyor. Kanserle geçirdiğim günlerden sonra hiçbir şeyi, özellikle de hayatı hafife almaz oldum. Artık hiçbir günümü boşa geçirmiyorum. Çektiğim acıların karşılıklarının olduğunu öğrendim. Kansere yakalanmasam tamamen farklı biri olurdum. Babam sakince bilgeliğe ulaşmayı başardığımı söylüyordu. Sanırım başardım. Ama birçok konuda hâlâ safım. Konu özellikle erkekler ve ilişkiler olduğunda bu saflıkta kimse elime su dökemez.

Kanserin bana kattıkları içinde en çok minnettar olduğum şey, tedavi görürken örgü örmeyi öğrenmemdi.

Kanseri iki sefer yenmiş olabilirim ama ne yazık ki babam aynı hastalığa yenik düştü. İkinci tümörüm babamı öldürdü. En azından ablam Margaret öyle diyor. O, bunu hiç doğrudan dile getirmedi ama böyle düşündüğünü ben biliyordum. Doğrusu, ablamın haklı olabileceğinden şüpheleniyorum. Babam kalp krizinden öldü ama bana ikinci sefer kanser teşhisi konulduğunda adam çok çökmüştü. Bunun sağlığını etkilediğine eminim. Elinden gelse seve seve benimle yer değiştireceğini de biliyorum.

Babam yatağımın başından hiç ayrılmadı. Margaret özellikle babamın ve annemin hastalığım boyunca bana vakit ayırmasını, şefkat göstermesini hâlâ unutamıyor, affedemiyor.

Bana ikinci teşhis konmadan çok önce Margaret evlenmiş ve iki çocuk sahibi olmuştu. Yine de kansere yakalandığımdan dolayı hakkının yendiğini düşünüyor gibiydi. Hastalanmayı ben seçmişim, kanseri normal bir hayata ben *tercih etmişim* gibi davranmaktan hiç vazgeçmedi.

Ablamla aramdaki ilişkinin zorunluluktan kaynaklandığını söylememe gerek yok sanırım. Özellikle de babam öldükten sonra annemin hatırına Margaret'le anlaşmaya çalıştım. Ama ablam anlaşması kolay biri değil. Üzerinden onca yıl geçmesine rağmen bana olan küskünlüğünü bir türlü gizleyemiyor.

Margaret tuhafiyemi açmamı istemiyordu. Doğrusu, ablamın elimi attığım hiçbir işte bana destek çıkacağını sanmıyorum. Benim başarısız olacağımı düşünürken gözlerinin içinin parladığına yemin edebilirim. İstatistiklere göre birçok yeni işyeri genelde bir yıl içinde batıyormuş. Yine de ben ipliklerimi satacağım tuhafiyeye bir şans tanımamam gerektiğini düşünüyorum.

Yeterince param var. Bu paralar on iki yaşındayken ölen

anneannemden miras kaldı. Babam paralarımı çok iyi değerlendirince ufak bir birikimim oldu. Paramı annemin dediği gibi kara günler için saklamalıydım. Ama ben on altı yaşına bastığımdan beri tek bir aydınlık gün görmedim. Ayrıca biriken parayla hiçbir şey yapmadan durmaktan sıkılmıştım. Yaşasaydı babam kalkıştığım bu işe büyük destek verirdi.

Daha önce de dediğim gibi örgü örmeyi kemoterapi tedavisi görürken öğrendim. Yıllar geçtikçe örgü işini iyice becermeye başladım. Babam hep kendi dükkânımı açacak kadar çok ipliğimin olduğunu söyleyerek benimle şakalaşırdı. Geçenlerde babamın aslında haklı olduğuna karar verdim.

Örgü örmeyi seviyorum. Örgü örmek kelimelerle tam olarak tarif edemeyeceğim bir huzur veriyor bana. İpliği örgü şişinin etrafından geçirmek, ilmek atmak; insanda bir amaç, başarı ve gelişme hissi yaratıyor. İnsan tüm dünyası parçalara ayrılırken bir düzen arıyor. Ben de o düzeni örgüde buldum. Bir keresinde örgü örmenin stresi meditasyon yapmaktan daha etkili bir şekilde azalttığını okumuştum. Sanırım örgü örmek benim de olaylara daha iyi bakmamı sağladı. Çünkü artık elle tutulur bir şeyim vardı. Belki de örgü örme içimde bir şey yapma, bir şeylerle uğraşma duygusu uyandırdı. Yarınların neler getireceğini bilmiyordum ama elimde bir çift şiş, kucağımda da bir yumak iplik olunca karşılaştığım her zorluğun üstesinden gelebileceğime inanıyordum. Attığım her ilmek bir başarıydı. Bazı günler sadece tek sıra ilerliyor, o zaman da ufak bir başarının tadına varıyordum. Bu başarılar bende büyük farklılıklar yaratıyordu. Hem de çok büyük farklılıklar.

Yıllar boyunca birçok kişiye örgü örmeyi öğrettim. İlk öğrencilerim benimle birlikte kemoterapiye gelen kanser hastalarıydı. Seattle Onkoloji Merkezi'nde buluşuyorduk. Çok geçmeden erkekler de dahil herkes yün lif örmeye başladı. Klinikteki tüm doktorların ve hemşirelerin evlerinde ömürlerinin sonuna kadar yetecek liflerinin olduğuna yemin edebilirim! Lif öğrendikten sonra başlangıç aşamasındaki öğrencilerime küçük bir Afgan kilimi yaptırmaya başladım. Ara sıra başarısız oldum ama başarılarım başarısızlıklarımdan katbekat fazlaydı. Sabrım, diğerleri de örgü örerek benim ulaştığım huzura ulaşınca karşılığını buldu.

Artık kendi dükkânım var ve bence müşterileri çekmenin en iyi yolu örgü dersleri vermek. Lif yapmayı öğreterek dükkânımı ayakta tutmamı sağlayacak kadar iplik satamam. Ben de bu yüzden başlangıç olarak en çok sevdiğim tasarım-cılardan Ann Norling'e ait olan, basit ilmek ve ters örgü kullanılan bebek battaniyesi modelini seçtim.

Bu yeni maceramın neler getireceğini bilmiyorum ama umutluyum. Kansere yakalanan ya da kanseri yenen insanların en etkili ilacından, umuttan bahsediyorum. Bizler onunla yaşar, onun için nefes alırız. Ömründeki günlerin her birini en iyi şekilde yaşamayı öğrenen benim gibi insanlar için bağımlılık yarattığını biliriz.

Örgü kursum için afiş hazırlarken kapımın üzerindeki küçük çandan ses geldi. İlk müşterim içeri adım atmıştı. Yüzümde küçük bir gülümsemeyle başımı kaldırdım. Heyecanıma eşlik ederek hızla atmaya başlayan kalbim içeriye giren kişinin Margaret olduğunu anladığında hemen yavaşladı.

Elimden geldiğince mutlu görünmeye çalışarak, "Merhaba," dedim. Ablamı dükkânımı açtığım ilk günün sabahında görmeyi beklemiyor, tüm özgüvenimi yıkmasını istemiyordum.

"Annem aklına koyduğun şeyi yaptığını söyledi."

Cevap vermedim.

Kaşlarını çatan Margaret konuşmaya devam etti: "Buralardan geçiyordum da bir uğrayıp bakayım dedim."

Kolumu kaldırıp içeriyi gösterdim. "Ne düşünüyorsun?" diye sordum ama bu soruyu sorduğum için kendimden nefret ettim. Ablamın yolunun Blossom Sokağı'ndan geçmediğini söylememe gerek yok sanırım.

"Adını neden Bir Yumak Mutluluk koydun?"

Aklımdan sayısız isim geçmişti. Kimi çok düz, çok sade; kimi de fazlasıyla süslü püslüydü. İpleri elime alma zamanının geldiğine inanıyordum. İnsanlara hikâyemi anlatmak, onların hikâyelerini paylaşmak ve karşımdakilerinin tecrübelerini dinlemek benim için önemliydi. Sanırım bu da hastalıktan miras kalan şeylerden biri. "Bir Yumak Mutluluk" insanın içini ısıtan ve kapımı çalacak kişileri hoş karşılayan bir isme benziyor ama bunları Margaret'e anlatmadım. "Müşterilerimin kaliteli iplikler sattığımı bilmesini istedim."

Margaret dükkânımdan daha güzel isimli sayısız tuhafiye görmüş gibi omuz silkti.

"Peki," dedim ve tekrar aynı şeyi sormama konusunda

kararlı olmama rağmen, "Ne düşüyorsun?" diye sordum.

Margaret bir kez daha etrafına bakındı ama baştaki düşünceleri değişmemiş gibiydi. "Beklediğimden güzelmiş."

Bunu bir iltifat olarak kabul ettim. "Çok fazla çeşidim yok ama gelecek yıla kadar arttırmayı umuyorum. Elbette siparişlerimin hepsi daha gelmedi. Ayrıca almayı düşündüğüm daha çok şey var. İrlanda ve Avustralya'dan çok güzel ipler getirmeyi planlıyorum. Her şey için biraz vakit ve para lazım o kadar." Hevese kapılıp gerekenden fazla şeyi söylemiştim.

"Annemin sana yardım etmesini mi bekliyorsun?" Margaret patavatsızlık etmişti.

Başımı iki yana salladım. "Endişelenmene gerek yok. Bunların hepsini kendi başıma yapıyorum." Demek Margaret'in beklenmedik ziyaretinin sebebi buydu. Ablam, annemin iyiliğini suiistimal edeceğimi düşünüyordu. Böyle bir şeyi hayatta yapmazdım. Sorduğu soru ağırıma gitmişti ama öfkemi dindirmeyi başardım.

Margaret gerçeği söylediğimden şüpheliymiş gibi bana baktı.

"Microsoft hisselerimi sattım." Durumu artık itiraf etmiştim.

Margaret'in tıpkı benim gözlerim gibi koyu kahverengi olan gözleri yaptığım şeyi duyunca fal taşı gibi açıldı. "Hadi canım!"

Ablam ne düşünüyordu ki? Yastığımın altında destelerce paramın olduğunu mu? "Yapmak zorundaydım." Hiçbir banka sağlık sorunlarımı ileri sürerek bana kredi vermezdi. Kanserden kurtulalı dört yıl olmuştu ama ben onlar için hâlâ riskli bir müşteriydim.

"Ne de olsa senin paran." Margaret'in bu sözleri söyleyiş tarzı çok kötü bir seçim yaptığımı ima ediyordu. "Yaşasaydı babam böyle bir şeye izin vermezdi."

"Yanılıyorsun, beni destekleyen ilk kişi babam olurdu." Ağzımı hiç açmamalıydım ama kendime engel olamadım.

Margaret, "Haklı olabilirsin," dedi. Konuşmalarımızdaki o iğneleyici hava hiç sonlanmayacak gibiydi. "Babam sana hiç hayır demezdi."

Ben de, "Harcadığım paralar bana miras kalmıştı," dedim. Ablamın hakkına düşen paraların hâlâ yatırımlarla arttığını düşünüyordum.

Margaret dükkânın içinde dolandı. Yargılayıcı gözlerle içeriye bakıyordu. Beni sevmediği bu kadar açıkken aramızdaki ilişkiye neden bu kadar önem verdiğimi bilmiyordum. Annemin sağlığı çok iyi değildi ve babamın olmadığı bir hayata henüz alışamamıştı. Kısa süre sonra Margaret'le baş başa kalacağımdan korkuyordum. Ailemdeki herkesin öteki dünyaya göçüp gidebileceği düşüncesiyse beni mahvediyordu.

Gelecekte neler olacağını bilmediğime şükrediyordum. Bir zamanlar babama, Tanrı'nın neden bize yarınların neler getireceğini söylemediğini sormuştum. O da geleceği bilmemenin aslında bir lütuf olduğunu, neler yaşayacağımızı bilirsek hayatlarımızı ve mutluluklarımızı hak ettiğimize inanmayacağımızı söylemişti. Her zamanki yine gibi haklıydı.

Margaret, "İşle ilgili planların neler?" diye sordu.

"Şey... küçük adımlarla başlayacağım."

"Peki ya müşteriler?"

"Sarı Sayfalar'a ilan verdim." Sarı Sayfalar olarak bilinen telefon defterinin yeni sayısının iki ay sonra basılacağından bahsetmemiştim. Ablamın eline koz vermenin hiç anlamı yoktu. Mahallede el ilanları da dağıtmıştım ama bunun ne kadar etkili olacağını bilmiyordum. Ağızdan ağza dolanan lafların müşterilerin ilgisini çekeceğine ve satışların artacağına inanıyordum. Ablama bunlardan da bahsetmedim.

Margaret kıs kıs güldü. O anda çıkardığı alaycı sesten hep nefret etmişimdir. Yine de tepkimi gizlemek için dişlerimi sıktım.

"Ben de tam örgü kursu için afiş asmaya hazırlanıyordum."

"Elle hazırladığın bir afişin insanları dükkânına çekeceğine inanıyor musun gerçekten? Dışarıda insan arabasını park edecek yer bulamıyor. Sokak yeniden açılsa bile bu inşaat keşmekeşinde buralardan çok fazla kişinin geçmesini bekleme."

"Evet, ama..."

"Umarım işlerin yolunda gider ama..."

Ben de Margaret'in lafını bölüp, "Gerçekten böyle mi düşünüyorsun?" diye sordum. Cama doğru yürüyüp hazırladığım afişi asarken ellerim titriyordu.

"Ne demeye çalışıyorsun?"

Yüzümü, bir atmış sekiz boyuyla benden sekiz santim kadar uzun olan ablama çevirdim. Margaret benden yaklaşık on kilo da şişmandı. Bizi yan yana görenler bırakın kardeşi, akraba olduğumuzu bile düşünmezdi. Oysa küçükken birbirimize çok benzerdik.

Açık açık, "Benim başarısız olmamı istiyorsun," dedim.

"Yok öyle bir şey! Bu sabah buraya... yaptığın işlerle ilgilendiğim için geldim." O anda Margaret'in çenesi bana tekrar meydan okurmuşçasına havaya kalktı. "Kaç yaşındasın? Yirmi dokuz muydu, otuz mu?"

"Otuz."

"Artık büyümenin vakti gelmedi mi?"

Ablam bana haksızlık ediyordu. "Ben de büyüdüğümü göstermeye çalışıyorum. Annemin evinden ayrıldım, üst kattaki eve taşındım. Kendi işyerimi de açtım. Ayrıca verdiğin destek için de sana teşekkür ederim."

Margaret ellerini açıp avuçlarını gösterdi. "Senden iplik almamı mı istiyorsun? İstediğin bu mu? Örgü örmediğimi, öğrenmeye de niyetimin olmadığını biliyorsun. Ayrıca..."

"Bir kere olsun güzel bir *söz* söyleyemez misin?" Bir kez daha ablamın lafını bölmüştüm. Kalbinin derinliklerine bakmasını ve ufacık da olsa destekleyici bir söz söylemesini bekledim.

İstediğim şey, Margaret'e zor gelmiş gibiydi. Ablam o anda birkaç saniye bocaladı. En sonunda, "Renklerden anlıyormuşsun," dedi. Kapının yanındaki masanın üzerine dizdiğim iplikleri gösterdi.

"Teşekkür ederim," dedim. Dükkândaki her şeyi katalogdan keyfime göre seçtiğimden bahsetmedim. Margaret'in beni övmesinin nadir karşılaşılan bir durum olduğunu biliyordum. Üstüne gidip durumu tersine çevirmeyecektim.

Daha yakın olsak ona tuhafiye açmaya gerçekten neden karar verdiğimi anlatırdım. Bu dükkân hayatımın kanıtıydı. Burayı başarılı bir işyerine çevirmek için elimden gelen her şeyi yapmaya niyetliydim. Tıpkı karaya çıkınca gemilerini yakan Viking fatihi gibi geri dönmeyeceğim bir karar vermiştim. Ya başarılı olacak ya da suyun dibine gömülecektim.

Babamın da söylediği gibi neler getireceğini bilmediğim bir geleceğin sorumluluğunu üstleniyordum.

Kapımın üstündeki küçük çan tekrar çaldı. İlk müşterim gelmişti!

2

JACQUELINE DONOVAN

Evli oğluyla yaptığı hararetli görüşme, Jacqueline Donovan'ın sinirlerini bozmuştu. Geliniyle ilgili kötü düşüncelerini dile getirmemek için gerçekten de büyük bir çaba sarf etmişti. Ama Paul telefon açıp Tammie Lee'nin beş buçuk aylık hamile olduğunu söyleyince Jacqueline'in tepesinin tası atmış; kadın söylememesi gereken şeyler söylemiş, Paul de telefonu annesinin suratına kapatmıştı.

Bunlar yetmezmiş gibi hemen ardından kocası telefon açmış ve inşaat planlarını Blossom Sokağı'ndaki şantiyeye bırakmasını istemişti. Paul'le tartışmasını kafasından atamayan Jacqueline, oğluna söylediklerini kocasına da anlatmıştı. Artık Reese de ona kızgındı. Doğrusunu söylemek gerekirse Jacqueline kocasının ne düşündüğünü çok umursamıyordu ama oğlu, tek çocuğu Paul, onun için çok ama çok değerliydi.

Morali bozulan ve sinirlenen Jacqueline, arabasına atlayıp şantiyeye gitti ve yirmi dakikasını park yeri aramakla geçirdi. En sonunda bulduğu yer ise sokağın epey aşağısında, pis görünümlü film dükkânının karşısındaydı. Planlarını kapan Jacqueline inşaat halindeki binaların arasından geçti. Yolda yürürken kendi kendine söyleniyordu. Şunları Reese bırakayım da ne yapıyorsa yapsın!

"Planları getirdin mi?" Otuz üç yıllık kocası konteynerlerden birinden çıkıp şantiyeye gelen karısını karşıladı. Jacqueline, Ferragamo marka topuklu ayakkabılarını kirletmemek için çelik boruların üzerinden dikkatlice geçti. Bu binaları elden geçirme işini, kocasının mimarlık şirketi Donovan & Gray üstlenmişti. Brooks Brothers marka takım elbise giyen ve kafasına da inşaat kaskı takan Reese, elli beş yaşında olmasına rağmen filinta gibi görünüyordu.

Jacqueline kocasına rulo edilmiş kıymetli planları uzattı. Reese ondan genelde hiçbir şey istemezdi. Bu tam da Jacqueline'in istediği gibi bir şeydi. Reese planları ofise koydu ve dışarı çıkıp kapının hemen önünde duran karısının yanına döndü.

Jacqueline öfkesini ve gözyaşlarını tutmak için elinden geleni yaparken "Paul'ün durumu beni endişelendiriyor," dedi. Reese bunlardan bıkmışçasına başını uzaklara çevirdi. Adam saatlerce çalışıyor ve Jacqueline adamın evinden dışarda geçirdiği tüm vakitlerinde işleriyle uğraştığına inanıyormuş gibi yapmaya devam ediyordu. Aslında kocasının başka işler karıştırdığını çok iyi biliyordu. Yani adam yorgun olsa bile umurunda değildi.

Paul'ün ve arkadaşlarının hatırına Jacqueline ile Reese mutlu bir çift izlenimi uyandırmayı başarmıştı. Son birkaç yıldır evlilikleri iyi gitmiyordu. Reese de Jacqueline de kendi hayatını yaşıyordu. Paul on iki yıl önce üniversite için evden ayrıldığından beri aynı yatakta yatmamışlardı. Aslında oğullarına besledikleri sevginin dışında paylaştıkları çok da bir şey yoktu.

Kocası, Jacqueline'in endişeli tavrını umursamadan, "Demek, Tammie Lee hamileymiş," dedi.

Jacqueline başını salladı. "Tammie Lee tam da düşündüğüm gibi hiç vakit kaybetmemiş."

Reese kaşlarını çattı. Jacqueline'in Paul'ün eşiyle ilgili sürekli kötü konuşmasından hoşlanmıyordu. Kadının ailesiyle ilgili neredeyse hiçbir şey bilmiyorlardı. Gelininin teyzeleri, amcaları ve sayısız kuzenleriyle ilgili anlattığı şeylerden anladığı kadarıyla, kızın ailesi hiç de düşündüğü gibi değildi.

Başlarının üstünden gelen bir vinç sesi Reese'nin bir anlığına dikkatini dağıttı, adam yüzünü tekrar karısına çevirince yine kaşlarını çattı. "Bu habere sevinmemiş gibisin."

"Aynen öyle, Reese! Yoksa sevinmemi mi bekliyordun?"

"Babaanne olmanın seni sevindireceğini düşünmüştüm."

Jacqueline kollarını göğsünün önünde birleştirdi. "Bu durum beni hiç de heyecanlandırmıyor." En yakın arkadaşları babaanne ve anneanne olduklarında çok sevinmişti ama Jacqueline bu son gelişmeye arkadaşları kadar kolay uyum sağlayıp sağlayamayacağından emin değildi.

"Jacquie, torunumuz olacak. Bunun farkında değil misin?"

Jacqueline kızgınca, "Sana hiçbir şey söylememem gerektiğini biliyordum," dedi. Paul'le tartışmamış olsa bunların hiçbirini kocasına anlatmazdı. Oğluna hep yakın olmuştu. Bu içi boş evlilik kabuğundan çıkmamasının tek sebebi oydu. Oğlu istediği her şeydi. Yakışıklıydı, zekiydi, başarılıydı. Bankacılığa başlamış, kariyerinde hızla ilerlemişti. Ama bir yıl önce hiç de ona yakışmayan bir şey yapmış, gidip yanlış kadınla evlenmişti.

"Tammie Lee'ye hiç şans tanımıyorsun."

"Bana haksızlık ediyorsun." Jacqueline'in sesi kızgınlıktan titriyordu. Tammie Lee ile arasındaki bu tuhaf ilişkiye elinden geldiğince şans vermişti. Jacqueline tanıdıklarının kızları ona ilgi gösterirken duyarlı oğlunun bataklıklardan gelmiş bu ufak kızla evlenmesine anlam verememişti. Paul, Tammie Lee'yi "güneyli dilberim" diye çağırıyordu ama Jacqueline'in gördüğü tek şey dağlardan gelmiş bir kızdı. "Tammie Lee'yi öğle yemeği için bir kez kulübe götürdüm. Hayatımda daha önce o kadar yerin dibine girdiğimi hatırlamıyorum. Onu Mary James ile tanıştırdım ve sonra bir baktım ki, Kadınlar Derneği'nin başkanına salamura domuz ayağı tarifi veriyor." Jacqueline'in arkadaşıyla yüz yüze gelecek cesareti bulması haftalar almıştı.

"Mary yemek tarifleri kitabını hazırlamaktan sorumlu değil miydi? İkisinin oturup konuşması çok da saçma değil."

Jacqueline sinirlice, "Eleştirilerini şimdi hiç dinleyemeyeceğim," dedi. Reese'nin bir şeyleri açıklamaya çalışmasının anlamı yoktu. Artık oturup adam gibi iki çift laf edemiyorlardı. Ayrıca inşaattan kalkan toz Jacqueline'in makyajını mahvediyor, esen rüzgâr özenle yaptığı topuzunu bozuyordu. Gerçi Reese bunları önemsemiyordu. Dış görünüş önemliydi ama Reese karısının kendini genç göstermek için yaptığı onca şeyi hoş karşılamıyordu. Jacqueline'in saçlarını ve makyajını bu hale getirmek için ne kadar vakit harcadığı konusunda en ufak bir fikri yoktu. Karısı artık ellili yaşlarının ortalarındaydı ve yaşlılığın izlerini gizlemek için büyük çaba sarf ediyordu.

Reese'nin sesi hafifçe yükseldi. "Paul'e tam olarak ne söyledin?"

Jacqueline ağırbaşlılığını korumak için omuzlarını dikleştirdi. "Sadece, 'Keşke aile kurmadan önce biraz bekleseydin,' dedim."

Kocası eşinin konteynere çıkmasına yardımcı olmak için elini uzattı. "Hadi gel."

Jacqueline kocasının elini uzatmasını umursamadan konteynere girdi. Reese şantiyelerini düzenli olarak ziyaret ediyordu ama Jacqueline ilk defa bu konteynerlerden birine adım atıyordu. Etrafa bakındı. İnşaat planlarını, boş kahve fincanlarını gördü ve içerinin fazlasıyla dağınık olduğunu fark etti.

Reese, "Bana her şeyi anlatsan iyi olur," derken bir bardak kahve doldurup fincanı sessizce eşine uzattı. Jacqueline elini sallayarak adamın teklifini reddetti. Fincanın haftalardır yıkanmadığından şüpheleniyordu.

"Hayal kırıklığına uğradığımı söyledim o kadar. Sen neden başka şeyler söylediğimi düşünüyorsun ki?"

"Çünkü seni tanıyorum."

"Aman, çok teşekkürler." Jacqueline'in morali bozuldu ama kadın, kocasının bu sözünün gerçekten de canını yaktığını görmesine izin vermeyecekti. "Daha da kötüsü Tammie Lee neredeyse altı aylık hamileymiş. Paul her zamanki gibi bizi hayatından uzak tutmak için bir bahane uydurmuş. Bana hamileliği sonlandırarak bir şey olmadığından emin olana kadar konudan bahsetmemek istediklerini söyledi."

Reese, "Ona inanmıyor musun?" dedi, açık duran kapının yanına yaslanıp kollarını birleştirdi.

"Elbette inanmıyorum. İnsanlar bu iyi haberi vermek için genekde en fazla üç ay bekler." Jacqueline iğneleyici tavrından vazgeçmiyordu. "Altı ay? İkimiz de neler hissedeceğimi bildiği için Paul'ün durumu bizden sakladığını biliyoruz. Evlendikleri gün de söyledim, şimdi de söyleyeceğim; bu evlilik büyük bir hata."

"Ama Jacquie..."

"Başka ne düşünebilirim ki? Paul iş gezisine New Orleans'a gitti ve barda bu kızla tanıştı."

"İkisi de bankacılıkla ilgili bir seminere katılıyormuş, akşam da birlikte birer kadeh içmek için buluşmuşlar."

Reese neden gereksiz detayları dile getirmekle uğraşıyordu. "Daha tanışalı üç gün olmuşken arayıp ikimizin de tanımadığı bir kızla evlendiğini söyledi. Yoksa ben mi yanlış hatırlıyorum?"

"O konuda haklısın. Keşke Paul bize bundan daha önce bahsetseydi ama evleneli neredeyse bir yıl oldu."

Oğlunun her zaman aklında canlandırdığı gibi güzel bir kilise düğünüyle evlenmemesi, Jacqueline'i hâlâ üzüyordu. Paul'ün ve dolayısıyla kendisinin böyle bir düğünü hak ettiğini düşünüyordu. Oysa kadın öz oğlunun düğününe davet bile edilmemişti.

Bunlar, Jacqueline'in bir kez daha düşünmeyi istemediği konulardı. Oğlu o zamanlarda da bir bahane uydurmuştu. Aşık olduğunu, hayatının sonuna kadar Tammie Lee'nin yanında olmayı istediğini ve gerekli olmadığı sürece ondan ayrı kalmaya dayanamayacağını söylemişti. Oğlu bunları söylese de Jacqueline'in aklında hâlâ şüpheler vardı. Paul annesinin bu yaşananlardan hiç memnun kalmayacağını biliyor olmalıydı. Dünürlerinin geldiği yerin onlar için büyük bir hayal kırıklığı yarattığını anlamış olmalıydı. Jacqueline, Tammie Lee'nin ailesinin yapacağı düğünü hayal etmeyi bile istemiyordu. Büyük ihtimalle yemekte karalahana ile yulaf lapası sunulur, düğün pastası yerine de Hostess Twinkies adıyla bilinen dolgulu keklerden verilirdi.

"Tammie Lee düğünden altı ay sonra hamile kaldı." Jacqueline gelinini küçümsediğini gizlemiyordu.

"Paul otuz yaşını geçti, Jacqueline." Reese'nin gözlerinde o hiçbir şeyi beğenmez bakış vardı. Jacqueline bu bakışlardan hep nefret etmişti.

"Yani doğum kontrol diye bir şeyin varlığından haberdar olabilecek yaşta." Paul bu haberi de tıpkı evlilik haberini verdiği gibi vermiş, yani durumu telefonda kısaca özetlemişti.

Reese, "Bana aile kurmak istediğinden bahsetmişti," diye söylendi.

Jacqueline kendini tutamayıp, "Ama bu kadar da erken istemediğinden adım gibi eminim," dedi. Reese ile konuşmak imkânsızdı. Adam, Paul'ün iznini almadan evlenmesini umursamıyor gibiydi. Gelini, oğlunun evleneceğini düşündüğü kadına hiç ama hiç benzemiyordu. Jacqueline gerçekten de Tammie Lee'yi ailesine katmaya çalışmıştı ama kadının yanında durmaya en fazla birkaç dakika dayanabiliyordu. O tatlılığı ve samimiyetsiz çekiciliği Jacqueline'in canını sıkıyordu.

"Ama Paul baba olacağı için seviniyor, öyle değil mi?"

Jacqueline masaya yaslandı ve başını salladı. "Havalara uçuyor," diye mırıldandı. "Ya da öyle olduğunu söylüyor."

"Öyleyse sorun ne?"

"Paul... benim iyi bir babaanne olamayacağımı düşünüyor gibiydi."

Reese'nin gözleri kısıldı. "Peki, ona ne dedin?"

"Ah, Reese," diyen Jacqueline kendini çok kötü hissediyordu. "Kendime engel olamadım. Ona Tammie Lee ile evlenerek büyük bir hata yaptığını, bu hamilelik işinin de üzerine tuz biber ektiğini söyledim." Jacqueline bir ya da iki yıl içinde Paul'ün yanlış yaptığını anlayacağını ve boşanacağını düşünmüştü. Çocuklarının olması her şeyi berbat edecekti.

"Bunları Paul'e gerçekten söylemedin, öyle değil mi?" Reese'nin sesi kızgın çıkıyordu ama bu Jacqueline'in daha da savunmacı bir tavır takınmasına sebep oldu.

"Sessiz kalmam gerektiğini anladığımda çok geç olmuştu. Ama gerçekten de böyle şeyler söylediğim için suçlayabilir misin beni? Oğlumuzun bir yabancıyla kaçamak bir evlilik yaptığı gerçeğine daha yeni yeni alışıyordum; bu hamilelik haberi beni dumura uğrattı."

"Ama bunu iyi bir haber olarak görmelisin."

"Hiç de iyi değil."

"Sen ne dersen de bu oğlumuz ve Tammie Lee için iyi haber."

Jacqueline bağırarak, "Hıh, bir de o var," dedi. "Neden güneyli kızların hepsinin iki ismi var? Neden ona sadece Tammie diyemiyoruz?"

"Kızın adı bu, Jacqueline."

"Çok saçma."

Reese, Jacqueline'e onu gerçekten ilk defa önemsiyormuş gibi baktı. "Neden bu kadar kızgınsın?"

"Çünkü oğlumu kaybetmekten korkuyorum." Jacqueline'in hayatına ufak da olsa mutluluk katan tek şey, Paul ve onunla arasındaki anne oğul ilişkisiydi. Oysa şimdi aptalca bir şey yapmış ve oğluna ağır laflar söylemişti.

"Onu ara ve özür dile."

"Ben de öyle düşünüyorum."

"Tammie Lee'ye çiçek gönderebilirsin."

"Göndereceğim." Ama bu jesti Tammie Lee'nin değil, oğlunun hatırına yapacaktı.

"İstersen Blossom Sokağı'ndaki çiçekçiye git."

Jacqueline başını salladı. "Orada başka bir işim daha var zaten." Yapacağı şeyin yeterli olması için içinden dua ediyor, gelinini kabul etmek için çaba sarf ettiğini oğlunun fark etmesini umuyordu.

"Ne yapacaksın?"

"Yeni açılan tuhafiyenin camında bir afiş gördüm. Örgü kursuna yazılacağım. Afişte işe bebek battaniyesiyle başlanacağı yazıyordu."

Reese, karısının yaptığı şeyleri nadiren beğenirdi. Bu da o nadir zamanlardan biriydi. Yüzüne yansıyan gülümsemenin sıcaklığı Jacqueline'in içini ısıtmıştı.

"Tammie Lee'yi sevmiyor olabilirim ama iyi bir babaanne olabilmek için elimden geleni yapacağım." Birilerinin Paul'ün çocuğunu doğru düzgün yetiştirmesi gerekiyordu. Yoksa Jacqueline'in torunu hamurun içine tıkıştırılıp kızartılan turşularla büyüyecek ve ömrünün sonuna kadar Köylü Donovan olarak anılacaktı.

3

CAROL GIRARD

Carol Girard hamile kalmanın bu kadar zor olabileceğini hiç tahmin etmemişti. Oysa annesi bu konuda hiç sıkıntı çekmemişti. Kadın, Carol'u ve kardeşi Rick'i iki yıl arayla dünyaya getirmişti.

Doug ile Carol evlenmeden önce çocuk sahibi olmak hakkında konuşmuştu. Doug, büyük bir aracı firmada üst kademedeki işinden dolayı sevgilisinin aile kurmayla ilgilenip ilgilenmediğinden emin olmak istemişti. Carol'a kariyerini birkaç yıllığına bir kenara koyup çocuk sahibi olmayı isteyip istemediğini sormuştu. Carol bir saniye bile düşünme gereği duymadan evet demişti. Bebekleri çok seviyordu. Hep kendini bir anne olarak görmüş, çocukların hayatın en önemli parçalarından biri olduğunu düşünmüştü. Doug mükemmel bir baba olacaktı. Carol kocasına ölesiye aşıktı ve çocuk hasretiyle *yanıp tutuşuyordu.*

Öğle yemeğini mikrodalga fırında ısıtan Carol, Puget Sound Bölgesi'ne bakan on altıncı kattaki evinin mutfağından dışarı bir göz attı. İşinden daha bir ay önce ayrılmış ama şimdiden sıkılmaya başlamıştı. Çalıştığı şirketten sadece vücudunun rahatlamasını sağlamak ve günlük işlerin getirdiği yükten kurtulmak için ayrılmıştı. Doug hamile kalmasını stresli işinin engellediğine inanıyordu. Carol'un kadın doğum doktoru da bunun mümkün olabileceğini söylemişti. Doug'la birlikte girmek zorunda oldukları bir dizi utanç verici testten sonra Carol'da ASA ya da anti-sperm antikorları denilen bir hastalığın olduğu tespit edilmişti. Ayrıca otuz yedi yaşına gelmiş olması da gebe kalmasını zorlaştırıyordu.

Telefon çaldı, koşup ikinci defa çalmasına müsaade etmeden ahizeyi kaldırdı.

Sevinçle, "Alo," dedi. Biriyle konuşmaya can atıyordu. Karşısına bir pazarlamacı çıksa bile konuşmaya devam edecekti.

"Alo, hayatım. Evde olup olmadığını merak ettim."

Carol'un içini aniden panik kapladı. "Bir yerde mi olmam gerekiyordu?"

Doug kıkır kıkır güldü. "Öğleden sonra yürüyüşe çıkacağını sanıyordum."

Bu da okudukları kitaplardan birinin önerdiği bir şeydi. Carol daha fazla egzersiz yapması gerektiğine karar vermişti. Artık tüm gün boyunca evde olduğu için dışarıda fazlasıyla vakit geçirebilirdi. Bunların hepsi, Carol işten ayrılmadan önce birlikte konuşup karar verdikleri programın bir parçasıydı.

"Haklısın. Ben de tam çıkıyordum." Carol mikrodalgaya bakıp bekleyen yemeğine sırtını döndü.

"Carol? İyi misin?"

Kocası onun ruh halini, içine düştüğü depresyonu ve hissettiği endişeyi anlıyordu. Karısının işi bırakması konusunda haklı çıkmıştı. İkisi de korkuyordu. Çünkü Carol'un hamileliği sonuna kadar sürdürememe ihtimali çok yüksekti. Tüp bebek yönteminde son şanslarını deneyecekleri gerçeği de durumu daha kötü hale getiriyordu. Doug'ın çalıştığı sigorta şirketinin merkezi Illinois'teydi ve Illinois eyaletindeki kanunlara göre şirketin sağlık sigortası sadece üç denemenin giderlerini karşılıyordu. Onlar da ilk iki haklarını kullanmışlardı. In vitro fertilizasyon olarak bilinen tüp bebek tedavisi tıbbın biyolojik çocuk sahibi olmaları için önerebileceği son çareydi. Temmuzda son haklarını da kullanacaklar, sonraki tedavileri ise kendilerinin karşılaması gerekecekti. İlk başta en fazla üç sefer denemeye karar vermişlerdi. Carol o zaman hamile kalamazsa evlat edinme işlemlerine başlayacaklardı. Aslında zamanında çok akıllıca bir karar vermişlerdi. İki sefer başarısız olmalarının yarattığı hayal kırıklığı, Carol'un daha fazla katlanamayacağını kanıtlamıştı. Carol'un rahmine iki kere döllenmiş yumurta yerleştirilmiş, kadın iki sefer de düşük yapmıştı. Böylesine acı verici bir tecrübenin tekrar tekrar yaşanmasının hiç anlamı yoktu.

Carol ile Doug üçüncü tüp bebek girişiminin son umutları olduğundan hiç bahsetmese de bu gerçek akıllarından çıkmıyordu. Carol'un bu sefer hamile kalması ve hamileliğinin nihayete ermesi çok önemliydi.

Sahip olduğu her şeyi vermeye razıydı. Sevdiği işinden vazgeçmeye, vücudunu tedavilere maruz bırakmaya ve küçük düşmeye razıydı. Gebe kalma yolunda başvurdukları yöntemlerin yarattığı şüphelere, duygusal iniş çıkışlara dayanmayı göze almıştı. Bunların hepsini bebeğinin, Doug'ın çocuğunun hatırına yapıyordu.

"Seni seviyorum, hayatım."

"Biliyorum." Carol bu sözü donuk bir şekilde söylemiş olsa da kocasının onu çok sevdiğini gerçekten biliyordu. Doug başından sonuna kadar yanından bir an bile ayrılmamıştı. Doktor randevularında; testlerde; gözyaşı döktüğü, hayal kırıklığı yaşadığı, öfkelendiği ve üzüldüğü anlarda hep yanında olmuştu. "Bir gün bebeğini kollarına alacaksın ve o an ikimiz de her şeyin buna değdiğini anlayacağız." Bebeklerinin adını çoktan seçmişlerdi. Erkek olursa Cameron, kız olursa Colleen adını koyacaklardı. Carol bebeklerini görebiliyor, kollarında hissedebiliyor ve kocasının gözlerindeki sevince ortak olabiliyordu.

Bu rüyaya sıkı sıkıya sarılmıştı. Tüp bebek tedavisinin en zorlu aşamalarına katlanmasına kollarında tuttuğu bebeğin görüntüsü yardımcı olmuştu.

"Saat kaçta eve geleceksin?" Kocasının kaçta eve döneceği daha önceleri merak ettiği bir şey değildi ama artık hayatını kocasının gidiş gelişine göre düzenliyor, günlerine onun yaptıklarıyla şekil veriyordu. Doug'ın işten geldiği vakitler Carol için günün en heyecanlı anlarıydı. Birkaç sefer öğleden sonra saatini kontrol etmiş, Doug'ın eve gelmesine kaç saat, kaç dakika kaldığını hesaplamıştı.

"Her zamanki saatte."

Yedi yıllık kocası sigortacılık yapıyordu. Ailede en çok para kazanan kişi Carol'du. Evlerinin peşinatını onun biriktirdiği parayla ödemişlerdi. Akıllı ve tutumlu kocası evlendiklerinde yaşam tarzlarını sadece onun maaşına göre şekillendirmeleri gerektiği konusunda ısrarcı olmuştu. Carol'un maaşına bağlı kalacaklarından ve çocuk sahibi olmaktan uzak duracaklarından korkmuştu. Evlendikten sonra üç yıl kadar beklemişlerdi. O sıralar para biriktiriyorlar ve herhangi bir sorunla karşılaşmayacaklarını düşünüyolardı. Çok iyi bir karar vermişlerdi. Çünkü sigortalarının olmasına rağmen tüp bebek tedavisinin masrafları bellerini bükecek boyuttaydı. Ve artık Carol çalışmıyordu...

"Öğlen yayınlanan televizyon programlarının ne kadar kötü olduğundan bahsetmiş miydim?"

"Televizyonu kapatıp yürüyüşe çık."

Carol ciddiyetle, "Emredersiniz, komutanım," dedi.

Doug kahkaha attı. "O kadar da kötü biri değilim, değil mi?"

"Hayır. Evde kalmak hiç de düşündüğüm gibi bir şey değilmiş." Carol evde kalmanın bitmek bilmeyen sıkıcı saatlerden ve Doug eve gelene kadar çaresizce eğlenecek bir şeyler aramaktan ibaret olacağını tahmin etmemişti. Sık sık yapılan toplantılara, adrenalin dolu kararlara ve sürekli bir şeylerle uğraşmaya alışık biriydi. Evde bir başına kalmak onun için yeni ama bir o kadar da sıkıcı bir deneyimdi.

"Daha sonra seni tekrar aramamı ister misin?"

"Gerek yok. Haklısın, biraz dışarıya çıkmalıyım. Hava çok güzel." Dünyadaki hiçbir yer güneşin parlak ışıklarının vurduğu Seattle kadar güzel değildi. Çok güzel bir mayıs günüydü. Carol pencereden uzakta kalan tepesi karlı Olympic Dağları'na, turkuaz suları olan aşağıdaki Puget Sound'a baktı.

Doug, "Saat beş buçukta görüşürüz," dedi.

"Görüşürüz." Carol çalışırken eve ilk Doug dönüyordu. Yemeği o hazırlıyor, televizyondaki yerel haberleri ilk o dinliyordu. Carol bu rol değişimine alışmakta zorluk çekmemişti. Şu anlık hayatındaki az sayıdaki ilginç şeyden biri de buydu.

Öğle yemeğini dolaba kaldırıp dışarı çıkmadan önce bir elma aldı. Dört yıldır bu evde yaşıyorlardı ama Carol hâlâ komşularını tanımıyordu. Onlar da bir zamanlar Doug ve Carol'un yaptığı gibi evlerini otel gibi kullanıyordu. Komşuları günlerinin çoğunu çalışarak geçiriyordu. İçlerinden sadece birkaçının çocuğu vardı. Onlar işe giderken çocukları da sabahın erken saatlerinde büyük bir telaşla son derece pahalı kreşlere gönderiliyordu.

Carol boş asansöre binip aşağı indi. Çift kanatlı cam kapıdan çıkıp şehir merkezine giden kaldırıma adım attı. Elmasını ısırırken çabucak rıhtıma doğru yürümeye başladı. O sırada en azından korkularından birinin gerçekleşmediğini düşündü.

Carol'un işten ayrılacağını duyan işyerindeki bayan arkadaşlarının hepsi ona uyarılarda bulunmuştu. Ev hanımlığı yapan kadınların ve annelerin sürekli aldıkları kilolarla boğuştuğunu söylemişlerdi. Carol'un eski iş arkadaşlarına göre mutfakta ve sürekli yiyeceklerin etrafında olmak insanın ince belli kalmasını imkânsız hale getiriyordu. Ama bu Carol'u çok da endişelendiren bir şey değildi. Hayatında daha önce hiç bu kadar sağlıklı beslenmemişti. Uyguladığı diyet de yeni yaşam tarzının bir parçasıydı. Bu sayede incecik belini hiç zorluk çekmeden korumayı başarmıştı.

Carol her zamanki yolunda ilerlerken kıyıdan soğuk bir esinti geldi. Sonra meraklanıp doğuya yöneldi ve Virginia Mason Hastanesi ile İsveç Hastanesi'nin bulunduğu Pill Tepesi'ne tırmandı. Dik yokuşu tırmanırken nefes nefese kalmıştı. Yokuşu çıktıktan sonra yavaşça birkaç sokak ilerledi. Yabancısı olduğu mahalleye göz gezdiriyordu. En sonunda Blossom Sokağı'na vardı.

Binaların bazıları yenileniyordu. Sokak trafiğe kapatılmıştı ama kaldırım açıktı. Sokağın bir tarafındaki çalışmalar bitmiş gibi görünüyordu. Dükkânların cepheleri yeniden boyanmış, çiçekçinin üstüne yeşil beyaz bir tente takılmıştı. Laleler ve zambaklar ön kapının dışındaki sepetlere düzgünce yerleştirilmişti.

İnşaatlardan gelen seslere rağmen Carol sokakta gezindi. Sokağın en sonunda bir film dükkânı ve tuğladan yapılmış, iç karartıcı bir bina vardı. Üzerinde Annie'nin Kafesi yazan kafe sokağın karşısında duruyordu. Eski ile yeni arasındaki zıtlık çarpıcıydı. Sokağın yenilenmemiş kısmı 1960'ların dizilerinden çıkmış, cana yakın esnafların bulunduğu küçük ama hoş bir kasabanın çarşısına benziyordu. Binaların bazılarının hafiften harabeye döndüğü görülüyordu. Yine de bu yapılar insanın içini ısıtıyordu. Blossom Sokağı'nın Seattle'ın gökdelenleri ve kalabalık sokaklarının bulunduğu şehir merkezi ile arasında bir kilometreden az bir mesafe olduğuna inanmak zordu.

Çiçekçinin yanındaki tuhafiye Carol'u çok şaşırtmıştı. Üzerinde bulunan bilgisayar harfleri ile "büyük açılış" yazısına bakılırsa dükkân yeniydi. Carol'un yaşlarında bir kadın sallanan sandalyeye oturmuş, dikkatini elindeki bir çift şişe vermişti. Kadının kucağında fıstık yeşili, kocaman bir yumak vardı.

Carol yapacak başka bir işi olmadığından içeri girdi. Araladığı kapıdan çok hoş bir çan sesi geldi. "Merhaba," dedi. Elinden geldiğince neşeli ve ilgili bir sesle selam vermeye çalışmıştı. Onu bu dükkâna neyin çektiğini bilmiyordu. Örgü örmeyi bilmiyor, bu tarz el işlerinde yetenekli olduğunu düşünmüyordu.

Sevimli kadın yüzünde utangaç bir gülümsemeyle karşıladı onu. "Merhaba. Bir Yumak Mutluluk'a hoş geldiniz."

"Buralarda yenisiniz sanırım."

Satıcı başını salladı. "Dükkânımı dün açtım. Öğleden sonra gelen ilk müşterimsiniz." Kadın hafifçe gülümsedi.

"Bugünkü ilk müşterimsiniz," diyerek sözlerini düzeltti.

Carol, "Ne örüyorsunuz?" diye sordu. İçeriye bir şey almaya girmediği için kendini suçlu hissediyordu.

"Yeğenime kazak örüyorum." Kadın ördüğü kısmı Carol'un incelemesi için yukarı kaldırdı.

Fıstık yeşili, turuncu ve turkuaz renkleri Carol'un hemen gülümsemesini sağladı. "Çok şirinmiş."

"Örgü örer misiniz?"

Bu kaçınılmaz bir soruydu. "Hayır, ama bir gün öğrenmek isterim."

"O zaman doğru yere geldiniz. Gelecek cuma kurs başlıyor. Kursiyerlere yüzde yirmi indirim uyguluyoruz."

Örgü örmeyi becerebileceğimi sanmıyorum." Carol gerçekten de pişmanlık duyuyordu. El işlerini seven biri değildi. Onun yetenekleri; bileşik faizleri, yıllık gelirleri ve yatırım fonlarını hesaplamaktan ibaretti.

"Denemeden bilemezsiniz. Bu arada benim adım Lydia."

"Ben de Carol." Carol elini uzattı, Lydıa da orgüsünü bırakıp kadınla nazikçe tokalaştı. Lydia kısa, siyah saçları olan sevimli, ufak tefek bir kadındı. Kahverengi gözlerinden zekâ fışkırıyordu ve Carol'un da ona hemen kanı kaynamıştı.

Lydia konuşmaya devam ederek, "Kursa basit bir modelle başlayacağız," dedi.

"Benim gibi biri örgü örmeye başlayacaksa modelin zaten epey basit olması gerekir."

"Bebek battaniyesiyle başlayabileceğimizi düşünüyorum."

Carol donup kaldı. Gözleri hemen yaşardı. Lydia durumu fark etmeden arkasını döndü. Aslında sulu göz biri değildi ama hormon iğneleri yüzünden duygularını kontrol edemez olmuştu. Yine de karşısına böyle bir şeyin çıkması tesadüften öteydi.

Carol parlak sarı renkli bir ipi parmaklarıyla incelerken, "Belki ben de kursunuza yazılırım," dedi.

Lydia, "Çok güzel olur," dedi, tezgâha doğru yürüyüp eline bir dosya aldı.

Carol bu günlerde herhangi bir işaret için her yere bakıyor, sık sık Tanrı'yla konuşuyordu. Bu dükkâna onu Tanrı'nın gönderdiğinden şüphesi yoktu. Tanrı dualarına cevap vermek üzere olduğunu ona bu şekilde gösteriyordu. Carol üçüncü ve son tüp bebek tedavisinde başaracaktı. Çok kısa bir süre sonra olmasa da bir gün bebeğinin üzerini örtmek için bir battaniyeye ihtiyaç duyacaktı.

4

ALIX TOWNSEND

Alix Townsend, dizine kadar uzanan siyah botunun ucuyla, çatlamış beton kaldırıma attığı izmariti ezdi. Blossom Sokağı Filmcisi'nin müdürü çalışanların dinlenme odasında sigara içmesine izin vermiyordu. Zaten Alix de adamın küçümseyici laflarını dinlemektense dışarıda sigara içmeyi tercih ederdi. Adam sürekli çalışanlarından, ekonomiden ve hayattan şikayet edip duran huysuz herifin tekiydi.

Lloyd Fund tek bir konuda haklı çıkmıştı; etraftaki inşaatlar işleri düşürmüştü. Alix kısa zaman sonra işten çıkarılacağını tahmin ediyordu. Üstüne üstlük kaldığı binanın da satıldığını duymuştu. Mahallesinde bu kadar değişiklik olurken bunların yaşanması kaçınılmazdı. Ya evinden atılacaktı ya da kirasına büyük bir zam gelecekti. Bunlara sebep olan valiye içten içe sövmeden duramadı.

Ellerini siyah deri ceketinin içine sokup, molozlar ve tozla kaplı sokağa baktı. Yaz kış, yağmur çamur demeden deri ceketini giyiyordu. Ceketi ona pahalıya mal olmuştu. Bu yüzden üzerinden çıkarıp da başka birinin giymesine izin veremezdi. O bahsettiği kişi de şişman ev arkadaşı Laurel'di. Gerçi Alix'in elbiselerinin Laurel'e olması biraz zordu. Sırtını arkasındaki binaya dayayan, bir dizini büken ve ayağını duvara yaslayan Alix, sokağın diğer tarafını incelemeye başladı.

Dükkânların hepsinin dış cephesi boyanmıştı. Yeni çiçekçi kapılarını çoktan açmıştı. Güzellik salonu da onu takip etmişti. Bu dükkânlar mahalleye hareketlilik getirecekti ama ikisi de Alix'in bir işine yaramazdı. Bu ikisinin arasında kalan dükkân ise gizemini koruyordu. Adı, Bir Yumak Mutluluk'tu. Ya bir kitapçıydı ya da bir tuhafiye. Alix bu mahallede ikisinin de çok uzun soluklu olamayacağını düşünüyordu. Dükkâna daha yakından bakınca tuhafiye olduğunu gördü. Çevrede yaşayanlar hiç de örgüyle, şişle uğraşacak tipler değildi.

Yine de tuhafiye Alix'in aklına çok ilginç bir fikir getirmişti. Molasının bitmesine beş dakika kala sokağın karşısına geçti. Camdan içeriye bakınca örgü kursuyla ilgili afişi gördü. Örgü örmeye başlarsa mahkemenin yakasını bırakmasını sağlayabilirdi. Belki de Hakim Roper'in ona verdiği kamu hizmeti cezasını böylece çekerdi.

Alix, "Merhaba," dedi. Kapıdan içeri girerken sesinin içeriye hakim olmasını sağladı. Bu şekilde davranmayı seviyordu.

"Merhaba."

Dükkân sahibi kocaman kahverengi gözleri olan, sürekli gülen, narin görünümlü bir kadındı.

Alix kadına soğuk bir bakış atarken, "Dükkân sizin mi?" diye sordu. Karşısındaki kadın Alix'ten çok da büyük olamazdı.

"Evet, benim." Kadın sallanan sandalyesinden kalktı. "Size nasıl yardımcı olabilirim?"

"Şu örgü kursuyla ilgili bilgi almak istiyordum." Davasıyla ilgilenen sosyal hizmetler görevlisi bir zamanlar öfke kontrolü için örgü örmeyi denemesini söylemişti. Belki de işe yarardı. Hem izin verilirse cezasını da aradan çıkarmış olurdu.

"Ne öğrenmek istiyorsunuz?"

Alix ağır ağır dükkânın içinde dolaştı. Elleri ceplerinde duruyordu. Bu örgücü kadının aynen onun gibi çok fazla müşterisinin olmadığına bahse girebilirdi. Geçenlerde adliyede gördüğü bir ilan dikkatini çekmişti. Okuduğu yazıda aile içi şiddete maruz kalan çocuklar için el yapımı battaniyeler ve örtüler toplandığından bahsediliyordu. Kadının hayatında hiç adliyeye adım atmadığını düşünerek, "Linus Projesi diye bir şey duydunuz mu hiç?" diye sordu.

"Duymaz olur muyum?" Kadın ellerini birleştirdi ve iplikleri kurcalayabileceğinden korkuyormuş gibi Alix'i takip etti. "Bildiğim kadarıyla şiddete maruz kalan çocuklar için battaniye örmeyi teşvik eden, polis tarafından başlatılmış bir proje."

Alix aklından öylece geçen bir düşünceyi dile getirmişçesine omuz silkti. "Ben de öyle duymuştum."

"Bu arada ben Lydia."

"Ben de Alix. A-L-I-X." Kadınla hemen senli benli olacağını tahmin etmemişti ama bu durumdan rahatsız da olmadı.

"Merhaba Alix. Bir Yumak Mutluluk'a hoş geldin. Linus Projesi için örgü mü örüyorsun?"

"Şey..." Alix'in bu konuda kafası karışıktı. En sonunda lafı ağzında geveleyerek, "Aslında örgü örmeyi bilseydim projeye katkıda bulunabilirdim," dedi.

"Kursu da bunun için açıyorum zaten."

Alix hafifçe güldü. "Bir şeyler örmeyi beceremeyeceğimden eminim."

"Öğrenmek ister misin? Örgü örmek düşündüğün kadar zor değil."

Alix alaycı bir ses çıkardı. Doğrusu, buraya neden geldiğini gerçekten bilmiyordu. Belki de çocukluğuyla ilgili hatırladığı bazı anılardan ya da duygulardan dolayı buradaydı. Çocukluk yılları aklından silinmişti. Mahkemenin atadığı doktorlar, Alix'in çocukluk amnezisi denen bir hastalığı olduğunu söylemişti. Bunun ne demek olduğunu bilmese de arada sırada aklından hayal meyal bir anı geçiyordu. Çocukluğuyla ilgili çok az şey hatırlıyordu. Hatırladığı tek şey, anne babasının sürekli kavga ettiğiydi. İkisi arasında tartışma çıkar, Alix de yatak odasındaki dolaba saklanırdı. Dolabın kapağını ve gözlerini kapatır, hayatında bağırış çağırışın ve dayağın olmadığına inandırmaya çalışırdı kendini. O dolapta başka bir ailesi vardı. Oradaki hayali dünyada anne-babalar birbirini çok seviyor, kimseye bağırmıyor ve de kimseyle kavga etmiyordu. Hayali dünyasındaki buzdolabı yarısına kadar biralarla dolu değildi. Okuldan eve geldiğinde hep masanın üzerinde kurabiyeler ve süt oluyordu. Geçen seneler boyunca bu düşünceler Alix'in aklında gerçekler kadar yer etmişti. Net olarak hatırladığı şeylerden biri de onu seven hayali annesinin örgü ördüğüydü.

Alix küçükken o dolaba çok sık saklanırdı...

"Gelecek hafta kursum başlıyor. İstersen gelebilirsin."

Bu sözler Alix'in hayallerinden ayrılmasına sebep oldu. Alix sırıttı. "Benim gibi birine gerçekten de örgü örmeyi öğretebileceğini mi sanıyorsun?"

Lydia hiç tereddüt etmeden, "Elbette öğretebilirim," dedi. "Bugüne kadar bir sürü kişiye öğrettim. Ayrıca kursa sadece iki kadın yazıldı. Yani sana fazlasıyla vakit ayırabilirim."

"Yalnız, solağımdır."

"Önemli değil."

Kadın çaresizce satış yapmanın bir yolunu arıyor gibiydi. İnsanlar bir işten yırtmak için kolayca bahane uydurabiliyordu. Lydia da eninde sonunda Alix'ten umudunu kesecekti. Zaten Alix'in iplere harcayacak parası da yoktu.

Lydia, "Bahsettiğin şu Linus Projesi için battaniye örmeye ne dersin?" diye sordu.

Laf tam da Alix'in istediği yere gelmişti.

Lydia konuşmaya devam etti: "Linus Projesi için ben de birkaç tane battaniye örmüştüm."

"Gerçekten mi?" Demek bu kadının da bir kalbi varmış.

Lydia başını salladı. "Örgü örülecek o kadar çok kişi, o kadar çok sebep var ki."

Örgü örülecek insanlar... Dolaptaki annesi de örgü örüyordu. Alix'e şarkılar söylüyor, lavanta kokuyordu. Bir gün o anne gibi olmayı ümit ediyordu. Ancak saptığı yollar onu tamamen farklı bir yere götürmüştü. Belki de örgü kursuna katılmak iyi bir amaca hizmet ederdi.

Alix omuzlarından birini havaya kaldırarak, "Sanırım şansımı deneyebilirim," dedi. Laurel bunları öğrenirse onunla epey dalga geçerdi. Gerçi geçse ne yazardı? Zaten hayatı boyunca o ya da bu sebeple gülmemişler miydi ona?

Lydia hoş bir şekilde gülümsedi. "Çok güzel."

"Hem Linus Projesi için yapacağım battaniye güzel olmasa da önemli değil. Ne de olsa hiç kimse battaniyeyi benim ördüğümü bilmeyecek."

Lydia'nın yüzündeki gülümseme hafiften kayboldu. "Sen bileceksin, Alix. Önemli olan da bu."

"Evet, ama... şey. Sanırım vereceğin kurs aynı anda iki işe yarayacak." Alix bu lafların kulağa hoş geldiğini düşünüyordu. "Örgü örmeyi öğrenebilirim. Battaniyeyi bitirmek için harcayacağım vakit de cezamın bir kısmının düşürülmesini sağlayabilir."

"Ceza mı?"

"Hakim Roper saçma sapan bir uyuşturucu baskınından dolayı bana yüz saatlik kamu hizmeti cezası verdi. Gerçekten de böyle bir suça hiç bulaşmadım! Aptal değilim. Bunu o da biliyor." Alix farkına varmadan ellerini kenetledi. Aldığı ceza hâlâ moralini bozuyordu. Çünkü çantasında bulunan esrar Laurel'e aitti. "Uyuşturucu kullanmak çok saçma," dedi ve duraksadı. Sonra da lafı ağzından kaçırıp, "Annem uyuşturucudan öldü," dedi. "Ama ben hayatımdan daha vazgeçmedim."

Lydia dimdik durdu. "Bakalım doğru anlamış mıyım? Örgü kursuna katılmak ve yapacağın battaniyeyi Linus Projesi'ne bağışlamak istiyorsun, öyle mi?"

"Evet."

"Ve battaniyeyi yapmakla geçirdiğin vaktin de..." Lydia tereddüt etti. "Mahkemenin sana verdiği kamu hizmeti cezasından düşülmesini istiyorsun, öyle mi?"

Alix kadının aksi bir tavır takındığını sezer gibi oldu. Ama kendisi de gerektiğinde ters davranmayı iyi bilirdi. "Senin için sorun olur mu ki?"

Lydia tereddüt etti. "Bana ve diğer kursiyerlere saygılı davrandığın sürece bir şey olmaz."

"Tamam, o zaman." Alix saatine baktı. "İşe dönmem lazım. İhtiyacın olursa beni film dükkânında bulabilirsin."

"Peki." Lydia nedense önceki kadar kendine güvenli bir şekilde konuşmamıştı.

Alix geri döndüğünde film dükkânı kalabalıktı. Çabucak tezgâhın arkasına geçti.

Laurel, "Neden bu kadar geciktin?" diye sordu. "Fund nerede olduğunu sordu. Ben de tuvalete gittiğini söyledim."

"Özür dilerim, sigara içmeye çıkmıştım." İşçi yasasına göre Alix'in on beş dakikalık mola hakkı vardı.

"İnşaattaki adamlardan biriyle mi tanıştın yoksa?"

Alix kasaya doğru ilerlerken başını iki yana salladı. "Bir tanesini olsun göremedim ki. Saat dört ama adamlar mesaiyi bitirip kaçtılar bile."

Laurel fısıldayarak, "Düzgün bir işe girmeliyiz," dedi.

"Haklısın," diyen Alix yine rüyalar alemine daldı. Bir gün asgari ücretten daha fazla para kazandıran bir iş bulacaktı. Tek başına yaşamak, Laurel'den kurtulmak güzel olurdu. Arkadaşı sınırlarda yaşıyordu. Kızın uçurumdan aşağı düşmesine az kalmıştı. Alix'in en büyük korkusu, Laurel'in giderken onu da yanında götürmesiydi.

5

"Örgü örebilir, talimatlara uymayı başarabilirseniz her şeyi yapabilirsiniz."

– Linda Johnson

LYDIA HOFFMAN

Margaret'in haklı çıkmasından ve dükkânımın kısa sürede batmasından korkuyordum. Şu ana kadar sadece üç kişi örgü kursuna yazılmıştı. Kursa en son yazılan Alix, bir suçluya benziyordu. Jacqueline ile Carol'un, boynunda köpek tasmasına benzer bir kolye olan, dikleştirdiği saçlarının bazı kısımlarını mora boyayan bir kursiyere nasıl tepki vereceğini bilmiyordum. Alix'i kursa katılmaya ikna etmiştim ama dükkândan çıkar çıkmaz doğru şeyi yapıp yapmadığımı sorgulamaya başladım. Aklımdan ne geçiyordu sanki? Gerçekten de bunları yaparken aklımdan ne geçiyordu?

İnşaatların gürültüsü azalmıştı. Bu her ne kadar içimi rahatlatsa da kapıdan müşteri girmesini sağlamamıştı. Olsun, aylardır hiç ara vermek zorunda kalmadan bu kadar uzun süre örgü örmemiştim. Bana bahşedilen güzelliklere odaklanmalıydım ama bundan çok da emin değildim. Dükkânımın önünden kimsenin geçmemesi beni cidden endişelendiriyordu.

Dükkânımı açmadan önce konuştuğum, ticaretten anlayan kişilerin hepsi bankada en az altı aylık paramın olması gerektiğini söylemişti. O kadar param vardı ama mirasımın en azından bir kısmına dokunmak istemiyordum. O hale gelmemek için dualar okuyorum. Elimi taşın altına koydum ama tereddütler ve korkular üzerime akın ediyor.

Margaret hep aynı şeyi yapıyordu. Keşke ablamı biraz olsun anlasaydım. Bazı günler benden nefret ettiğini düşünüyorum. Bir yandan da sorunun ne olduğunu anlayabiliyorum. Evet, annemle babam hep benimle ilgileniyordu ama benim onlara *ihtiyacım* vardı. Ablamın ilgi çekmek için kanser olduğumu düşündüğüne inanmak istemiyorum.

Margaret'in bana kızdığı gibi ben de kansere kızıyorum. Sağlıklı ve normal bir hayat sürmeyi çok istiyorum. Ancak hayatımı hâlâ kara bulutların tam altında yaşıyor, şimşek çakacak diye çok korkuyorum. Öz ablamın durumumu anlayabileceğini ve kendi ayaklarımın üzerinde durma çabalarımı destekleyeceğini umut ediyorum!

Çarşamba sabahı vitrine koymak için bir çift çorap örüyordum. Topuk kısmına odaklanmışken kapının üzerindeki çan çaldı. Yeni bir müşteriyle ve dolayısıyla öğrenciyle karşılaşma düşüncesinin yarattığı heyecana kapılıp gülümseyerek ayağa kalktım.

"Merhaba." UPS'nin şoförü üstünde büyük karton kutular olan yük arabasını iterek dükkâna girdi. "Bu mahallede çalıştığım için sizinle tanışmak istedim." Adam arabasını yere bırakıp elini uzattı. "Brad Goetz."

"Ben de Lydia Hoffman," dedim ve tokalaştık.

Brad imzalamam için bana not defterine benzeyen bilgisayarını uzattı. Ben imzamı atarken, "İşleriniz nasıl gidiyor?" diye sordu.

"Açalı daha iki hafta oldu." Adamın sorusunu işlerimin kötü olduğunu itiraf etmeden geçiştirdim.

"İnşaat yakında bitecek. Müşteriler o zaman dükkânınıza daha sık uğrar." Brad gülümseyince ben de çok sevindim. Ondan etkilenmiştim. Sanırım birinin beni desteklemesine fazlasıyla ihtiyaç duyduğum için böyle şeyler hissetmem normaldi. Uzun zamandır böyle olmamıştım. Hiç çekinmeden adamın yüzük parmağına baktım ve yüzük olmadığını gördüm.

Her ne kadar itiraf etmekten utanç duysam da, cinsel deneyimimin üniversitedeki erkek arkadaşımın arabasının arka koltuğunda oynaşmaktan öteye geçmediğini söylemeliyim. O yıllarda yeniden kansere yakalanmıştım. İkinci beyin ameliyatına girdiğim sıralarda erkek arkadaşım Roger yanımdaydı ama kemoterapiye başlayıp saçlarım tamamen dökülünce beni ziyaret etmez, telefon açmaz oldu. O her ne kadar aksini iddia etse de kel kızlar erkeklere çekici gelmiyordu. Sanırım benden umudu kesmesinin sebebi, beni her an ölebilecek bir kız olarak görmesiydi. Onun gözünde, duygusal yatırımlarının karşılığını veremeyecek biriydim. Ne de olsa işletme okuyor, hayata bu gözle bakıyordu.

Lisedeki sevgilim de Brian'dı. O da Roger'inkine benzer bir tepki vermişti. Bir süre yanımda kalmış, sonra da uzaklaşmıştı. Ama ben ikisini de suçlamıyordum.

İkisiyle de yaşadığım ayrılıklar kaçınılmazdı. Aslında bunlara ayrılık denilir mi bilmiyorum. Roger'den sonra birkaç kısa ilişkim daha oldu ama hiçbiri bahsetmeye değecek kadar uzun sürmedi. Yaşadığım birlikteliklerden, çoğu erkeğin iki kez kansere yakalanmış bir hastanın sevgilisi olmayı neden istemediğini anladım. Karşımdaki kişilerin neler hissettiğini tahmin edebiliyordum. Büyük ihtimalle ölüp gidecek bir kadınla ilişki yaşamayı neden istesinler ki? Çocuk doğurup doğuramayacağımı, doğurabilsem bile çocuk sahibi olmamın doğru olup olmayacağını bilmiyorum. Bu konuyu düşünmeyi de hiç istemiyorum.

Brad, "Büyükannem de örgü örerdi," dedi. "Duyduğuma göre son birkaç yıldır örgü yeniden yaygınlaşmış."

Lydia, yaygınlaşalı yıllar oldu, diye düşündü ama Brad'in sözünü kesmek istemedi. *Lanet olsun!* Adam yakışıklıydı. Özellikle güldüğünde çok daha yakışıklı görünüyor ve insanı o halinden de çok sık mahrum bırakmıyordu. Koyu mavi gözleri bir kadının metrelerce uzaktan dikkatini çekebilecek kadar güzeldi. Çok uzun boylu değildi. Bu da çok hoşuma gitti. Bir atmışı ancak bulan boyumla bir seksenlik birinin yanında durunca içimi hep bir korku kaplıyordu. Brad tam da olması gereken boydaydı. İşte sorun da burada başlıyordu. Onunla ilgili hiçbir şeyi; alnına çocuksu, çekici bir havayla düşen siyah saçlarını ya da koyu kahverengi üniformasının geniş omuzlarını sıkıca sarışını fark etmeyi *istemiyordum*. Ama bunların hepsini ve daha da fazlasını fark etmiştim.

Elimdeki işe bakarak, "Ne örüyorsun?" diye sordu. Cevap vermemi bile beklemedi. "Çoraba benziyor."

"Aynen öyle."

"Ama sadece iki şiş kullanıyorsun. Büyükannem çorap örerken neredeyse yarım düzine şiş kullanırdı."

"Bunlar yuvarlak şişler. Çok daha modern bir tekniktir." Bunları söyledikten sonra yarısı tamamlanmış işi incelemesi için havaya kaldırdım. Brad ilgili görünüyordu. Ben de konuşmaya devam edip muhtemelen adama gereğinden fazla bilgi vermiş oldum. "Birkaç yıl öncesine kadar çoraplar beş şiş tekniğiyle örülüyordu ama artık ortası esnek iki şişle ve hatta bir tane şişle de ortaya güzel bir şey çıkarılabiliyor. Tek şişle çorap örmek için bir metrelik şişleri kullanmak gerekiyor o kadar. İpin özelliğini fark ettin mi?" Kendimi alamayıp konuşmaya devam ettim. "Bu çizgileri yapmak için farklı renkte ipler kullanmadım. Kendinden desenli, ipin kendisinde var."

Brad yumağa dokunduğunda gerçekten de etkilenmiş gibi görünüyordu. "Uzun süredir mi örüyorsun?"

"Neredeyse on yıl oldu."

"Kendi dükkânını açmak bir yana, liseyi bile bitirmemiş kadar genç duruyorsun."

Bu çok sık duyduğum bir iltifattı. Hiç düşünmeden gülümsedim ama ben bu lafı, iltifat olarak algılamıyordum.

Ben sessiz kalınca Brad, "İşe dönsem iyi olur," dedi. Bir beş dakika daha havadan sudan konuşsak hoş olurdu ama Brad'in yoğun olduğundan emindim. Benim de işim vardı. Ayrıca kur yapma konusunda da çok iyi değildim.

"Gitmeden önce şu kutuları taşımana yardım edeyim mi? Hafif göründüklerine aldanma."

"Teşekkürler, ben hallederim." Brad'in samimi tavırlarından dolayı dikkatim dağılmış, siparişlerimin geldiğini çok geç fark etmiştim. Kendi dükkânımı açmanın en güzel yanlarından biri de her şeyi toptan fiyatına alabiliyor olmamdı. Müşterilerimin ilgisini neyin çekeceğini bilmediğim için çeşit çeşit ip almıştım. İlk siparişimde iki düzine renkten oluşan sağlam yün iplerden istemiştim. Bunlar özellikle keçeleşme özelliğinin sağladığı ünle dükkânımın olmazsa olmazıydı. Bu kalitedeki ürünlerle yapılan örgüler normalden büyük örülür, sonra da sıcak suda yıkanıp çekmesi sağlanır. Bu sırada ip de keçeleşip sağlamlaşır. Ayrıca en çok sevdiğim türlerden biri olan pamuklulardan da almıştım. Bunlar da tıpkı ithal Avrupa çorap ipleri gibi ünlenmişti. En çok talep göreceklerin yün ve akrilik karışımı ipler olacağını düşündüm ve temel renklerle birlikte okuduğum örgü dergilerine göre yılın modası olan renkleri sipariş ettim. Ürünlerin çoğu dükkânımı açmadan önce gelmişti; ufak tefek siparişlerim de yavaş yavaş geliyordu.

Brad ufak bilgisayarı koltuğunun arasına yerleştirip boşalttığı yük arabasına uzanırken, "Bu mahallede mi oturuyorsun?" diye sordu.

"Yukarıdaki evde kalıyorum."

"Çok güzel. Buralarda park edecek yer bulmak insanı çileden çıkarıyor."

Bunu ben de çok iyi biliyordum. Brad'in kargo kamyonunu nereye bıraktığını merak ettim. Epey uzağa park ettiğini düşünüyordum. Dikkatini çekmeyi düşündüğüm insanların çoğu arabalarını bir ya da iki sokak aşağıya park etmek zorunda kalıyordu. Birçok kişinin sırf benim dükkânıma gelmek için bu kadar zahmeti göze almayacağından korkuyordum. Binanın arkasındaki dar sokak açıktı ama orası da gece, hatta gündüz bile tek başıma girmeyi istemeyeceğim bir yerdi.

Brad kapıyı açarken, "Teşekkürler, Brad," dedim.

Adam neşeyle el sallayıp uzaklaştı. Bir anlığına içerideki tüm güneş ışığı da onunla birlikte gitmiş gibi oldu. Bu duygunun ne olduğunu anında anladım. Pişmanlığım acınası halimle bütünleşiyordu. Böyle bir şey yaşamanın ne yeri ne de zamanıydı. Kendime engel olmalıydım. Halime acımaya başlayacaksam hemen Eric Clapton CD'sinin ve bir ya da iki tane hüzünlü filmin elimin altında olduğundan emin olmalıydım. Dondurma yemek de moralimi düzelten bir şeydi ama bunu en kötü günlere saklıyordum.

Bir ilişkiye başlamama engel olacak hiçbir şey yoktu. Aslında tek bir şey vardı. O da korkularımdı. Otuz yaşında bir kadın olarak bunları yaşamam gerekirdi. Doğrusu, aşık olma riskini göze alamıyordum. Başlayacağım ilişkinin günün birinde bitebilecek olma ihtimaline esir etmiştim kendimi. Birkaç sefer şansımı denesem de kansere yakalandığımı söylediğim anda sevgililerimin gözlerindeki o değişime tanıklık etmiştim. En çok da o bakıştan nefret ediyordum. Acıma, pişmanlık, hayal kırıklığı ve sempati karışımı o bakışlar beni mahvediyordu.

Çoğu zaman karşımdaki kişilerin tavrı hemen değişiyordu. Bir zamanlar güzel günler vaat eden ilişkilerimin kısa zaman sonra yok olup gideceğini biliyordum. Biten ilişkilerimle birlikte hayallerim de yıkılıyor, kendi ailemi kuramayacağımı anlıyordum.

Halime fazlasıyla üzüldüğümü biliyorum. Söz konusu, erkekler ve ilişkiler olunca bocaladığımı itiraf etmeliyim. Kız arkadaşlarım bile bazen benim yanımda rahat hareket edemiyor. Bunları düşünmemek için elimden geleni yapıyorum. Şimdilik şükredebileceğim çok şey var ve ben kendi iyiliğimi düşünerek onlara odaklanmayı seçiyorum.

Açıkçası ilişkilerimi iyi idare edemiyorum. Ama hep böyle değildim. Kanser olmadan önce popüler ve sosyal biriydim. Kız, erkek, çok sayıda arkadaşım vardı. Hayatımdaki tüm erkekler eninde sonunda beni terk etti. Aslında bu beklediğim bir şeydi. Ancak kız arkadaşlarımı kendimden hep ben uzaklaştırdım. Aptalca bir şey olduğunu biliyorum ama onların yaşadıkları güzel şeyleri duymaya dayanamıyordum. Şimdi geçmişe bakıyorum da, onları çok kıskanmışım. Zamanında onlar gibi olmayı delicesine istiyordum. Kahkahalar atmayı, gece geç saatlere kadar birlikte oturup dertleşmeyi, sırlarımı paylaşmayı, erkeklerle dışarı çıkmayı ve hayatı keşfetmeyi arzuluyordum. Oysa benim günlerim doktorlarla, hastanelerle ve deneysel ilaçlarla geçiyordu. Kanserin benden alıp götürdüğü şeyleri bir türlü geri getiremedim. Hiç dostum yok. Artık otuz yaşındayım ve dost edinemeyeceğimden korkuyorum.

Brad Goetz'i aklımdan çıkardım.

Kutuları açmaya ve ipliklerden oluşan hazinemi dizmeye daha yeni başlamışken vitrinin önünde duran kahverengi üniformanın ucunu gördüm. Önceki kararlılığıma rağmen Brad'i görme umuduyla başımı kaldırdım. Adam kapıyı açıp çabucak içeri girince yanılmadığımı fark ettim.

"Lydia, bu akşam bir işin var mı?"

Şaşkınlıktan ağzım açık kaldı. "Bir şey yapıyor muyum?" dedim.

"Ani olduğunu biliyorum ama seni akşam yemeğe götürebilir miyim?"

Yine bocalayıp durdum. Brad'in davetine koşa koşa gitmek ile sonunda kötü duygular ve pişmanlıklarla bir başıma kalma arasında gidip geldim.

"Özür dilerim ama akşama planım var," dedim. Doğru

ses tonunu seçtiğimi umut ediyordum. Elimdeki çorabın tabanını bitirmekle uğraşacağımı söyleme gereği duymadım. Zaten Brad'in bunu bilmesine de gerek yoktu.

"Peki ya yarın? Oğlum iki geceliğine eski eşimde kalacak. Ben de buluşup…"

Adamın sözlerine aldırmadan başımı iki yana salladım. "Maalesef olmaz."

Brad'in yüzündeki gülümseme kayboldu. Kadınlar tarafından çok sık reddedilen biri değildi anlaşılan. "Görüşürüz o zaman."

Parmaklarımla bir yumak ipliği sıkarken kısık bir sesle, "Görüşürüz," dedim.

6

JACQUELINE DONOVAN

Köpük dolu küvete uzanan Jacqueline kapının açıldığını duyunca başını çok satanlar listesinde birinci sırada yer alan cinayet romanından kaldırdı.

Reese salı günleri genelde Jacqueline yattıktan çok sonra gelirdi eve. Kocasının ortalıkta olmaması ve bu durumun sürekli aklını kurcalaması Jacqueline'in moralini bozmuştu. Kocasına açık açık bir metresinin olup olmadığını soramadığı için Jacqueline'in şüpheleri çok kötü bir hal almıştı. Yıllar önce Reese'nin başka bir kadınla birlikte olduğunu kabul etmişti. Sözde arkadaş dediği kişilerin birkaçı Reese'yi sarışın bir kadınla gördüğünü ona söylemekten büyük mutluluk duymuştu. O da ortak hesaplarını ve kredi kartı ekstrelerini inceledikten sonra söylenenlerin doğru olduğuna inanmıştı.

Sarışın bir kadın... Erkeklerin ne yapacağını kestirmek gerçekten de çok kolaydı.

Jacqueline başını öteki tarafa çevirmiş, evliliğinde ve hayatında her şey yolundaymış gibi davranmaya devam etmişti. Ama bu, o sarışın metresin, canını yakmadığı anlamına gelmiyordu. Aldatılma duygusu onu yıkmıştı ama o, böyle nahoş durumlara takılmayacak kadar olgun biriydi. Kocasının yıllardır onunla aynı yatağa girmediğini Tanrı biliyordu. Oysa adamın metresi onu seve seve yatağına alıyordu.

Yatak odalarını ayırmak da ortaklaşa bir karardı. Evliliklerinin ilk yıllarında soylarını sürdürmesi için dünyaya bir erkek evlat getirmişlerdi. Sonraki iki yıl boyunca ikinci çocuk için ellerinden geleni yapmışlardı. Ama Jacqueline iki sefer düşük yapmış, sonradan da depresyona girince tüm umutlarını yitirmişti.

Paul çabucak büyümüştü. Jacqueline'e göre oğlu göz açıp kapayıncaya kadar üniversiteye gidecek yaşa gelmişti. Çocukları yurda yerleşince Jacqueline sıradan bir tavırla Reese'den diğer yatak odasına geçmesini istemiş, Reese hemen ertesi gün eşyalarını alıp diğer odaya geçmişti. Kocasının hiç vakit kaybetmemesine biraz alınsa da içi rahatlamıştı.

Doğrusunu söylemek gerekirse seks, Jacqueline için zorunluluktan ibaret hale gelmişti. Terlemek, nefes nefese kalmak ve yorulmak; her ne kadar ilgili görünmek için elinden geleni yapsa da ona saçmalık olarak görünüyordu. Sevişmek özellikle evliliklerinin ilk yıllarında ve Paul doğduktan bir süre sonra hoş, hatta zevkli bir şeydi. İkinci hamileliği düşükle sonuçlanmasa her şey daha farklı olabilirdi. Jacqueline de bunu biliyordu. Bir kızının olmasını istiyordu ama bu isteği hiç gerçekleşmeyecekti. Son yirmi yılına şöyle bir baktığında sekse karşı isteksizliğinin kaygılarından ve muhtemelen de hissettiği suçluluk duygusundan kaynaklandığına karar verdi. Ama bunların artık bir önemi yoktu. Sorununun neden kaynaklandığını öğrenebilmek için muayenehanelerdeki koltuklara uzanmak gibi bir niyeti yoktu.

Kız evladının olamaması Jacqueline'in hayatındaki en büyük pişmanlıklardan biriydi. Karısının bu duruma üzüldüğünü bilen Reese, Paul evlenince kızlarının olacağını söylemişti. Hem de bunu iyi bir şeymiş gibi söylemişti!

Jacqueline'in ister istemez içi ürperdi. Tammie Lee onun sahip olmak istediği kızın yanından bile geçemezdi. Hayallerindeki kız evlatla onu karşılaştırmaya gerek yoktu.

Reese, yatak odalarına uzanan koridordan, "Jacquie, evde misin?" diye seslendi.

Jacqueline, "Yıkanıyorum," dedi ve elindeki kitabı kenara koydu. Saat daha yeni yedi olmuştu. Belki de Reese metresine olan ilgilisini yitirmişti. Jacqueline ayağa kalkarken mis gibi kokan ve üzerinde baloncuklar olan su çalkalandı. Birden kötü bir şeyin olabileceğini düşündü ama aklına herhangi bir şey gelmedi. Isıtmalı rafta duran kalın ve büyük havlusuna uzandı. "Her şey yolunda mı?"

Reese hafifçe banyonun kapısını tıklattı ve Jacqueline'in cevap vermesini beklemeden içeri girdi. Sıcak sudan dolayı pembeleşmiş teni ve havluya sarınmış bir halde duran Jacqueline'i görünce adamın gözleri kocaman açıldı.

Jacqueline, "Burada ne arıyorsun?" dedi. Reese, resmen çırılçıplakken içeriye girince Jacqueline'in eli ayağına dolanmıştı. Bir zamanlar vücudu pürüzsüz ve güzeldi ama yıllar güzelliğini elinden almıştı. Karnı sarkmış, göğüsleri ellili yaşlarındaki bir kadın bedenine uyum sağlamıştı. Havlusunu sıkıca etrafına sardı.

"Beni banyodan da mı atıyorsun?"

"Giyinmeme müsaade edersen sevinirim."

Reese'nin gözleri bir anlığına donuklaştı. Sonra da yüzüne boş bir ifade yerleşti. "Müsait olduğunda seninle birkaç dakika konuşmak istiyorum."

Jacqueline, "Tamam," diye söylendi.

Reese banyodan çıkıp kapıyı kapattı.

Jacqueline küvetten dışarı adım atarken titrediğini fark etti. Ayakta durabilmek için bir elini lavaboya yasladı ve aklını toparlamaya çalışırken derin bir nefes aldı. Kurulandı, üzerine saten geceliğini ve geceliğine uyan bornozunu geçirdi. Bornozunun ipini sıkıca bağladı ve hızla atan kalbinin normale dönmesini bekledi. Sonra da kocasının yanına gitmek için odadan çıktı.

Reese'yi mutfakta kapağı açık buzdolabının önünde buldu. Adam, Jacqueline'in iki gün önce öğlen yemek için getirdiği hazır yemekle dolu saklama kabını dışarı çıkardı. Jacqueline artık yemek yapmıyordu. Hizmetçileri Martha yemek yapmayı çok sevdiği için işleri ona bırakmıştı. Jacqueline'in ilgilendiği başka şeyler vardı. Yemek hazırlamakla uğraşmıyordu. Reese geç saatlere kadar çalıştığı için genelde yemeklerini tek başına yiyordu. Kim bilir, belki de adam ofise hiç uğramıyordu.

"Ne oldu?"

Reese cevap vermedi. Elindeki saklama kabının kapağını açıp artakalan karidesli sezar salataya baktı. Yemeği beğenmediği belli oluyordu. Saklama kabını kapatıp tekrar buzdolabına koydu. "Evde yumurta var mı?"

"Var sanırım," diyen Jacqueline, Reese'nin önüne geçip buzdolabının kapısını tuttu. "Sana omlet yapmamı ister misin?"

"Gerçekten yapar mısın?" Reese bu teklife şaşırmıştı.

Sinirlenen Jacqueline buzdolabının kapağındaki yumurta dolu kartonu ve içinde Monterey Jack peyniri olan tabağı eline aldı.

"Evde ne arıyorsun?" diye sordu. Ona yemek yapacaksa en azından Reese de sorularına cevap vermeliydi.

Reese tezgâhın arkasındaki bar taburesine oturdu ve küçük tavayı ocağın üzerine koyup ocağı yakan karısını izledi. "Evde mantar var mı?"

"Hayır. Önce sorumu cevapla."

Reese derin bir iç çekti.

Jacqueline, "Peki, sen susmaya devam et," diye söylenerek arkasını döndü. Sonra da sebzeliğe elini attı. Yenilebilecek durumda olan yeşil bir biber, bir tane yarım soğan ve bozulmuş bir kabak buldu. Kabağı hemen çöpe attı.

"Paul ve Tammie Lee'ye çiçek gönderdin, öyle değil mi?"

"Sana göndereceğimi söylemiştim." Yaptığı şeyleri kocasına açıklamaya alışkın değildi. Reese'ye hesap vermek zorunda mıydı? Ayrıca adamın gelini konusunda başının etini yemesinden de nefret ediyordu.

"Paul'den haber aldın mı?"

Jacqueline üzüntüsünü saklamak için dudaklarını sıkıca kapattı. Gönülsüzce, "Hayır, ama Tammie Lee teşekkür etmek için telefon açtı," dedi. "Güller eline ulaşmış." Aslında Tammie Lee sevinçten havalara uçmuş, daha önce bir düzine gülü bir arada görmemiş gibi davranarak, konuştukça konuşmuştu.

"Sadece bunları mı söyledi?"

"Daha başka şeyler mi söylemesi gerekiyordu?" Ters cevaplar veren Jacqueline sorguya çekilmeyi sevmiyor, kocasının da bunu anlamasını istiyordu.

Reese uzaklara baktı. "Bilmem. Onunla sen konuştun."

"Bana hamilelik konusunda çok heyecanlı olduğunu söyledi. Dediğine göre hamile kalmayı hiç beklemiyormuş." Jacqueline, Tammie Lee'nin hamile olduğunu öğrenince kulüpteki arkadaşlarının neler diyeceğini düşünmek bile istemiyordu. Herkes gelinine karşı neler hissettiğini ve Paul'ün hatasını anlayacağı günü dört gözle beklediğini çok iyi biliyordu.

"Bence kasten yaptı." Bunları söylemek bile Jacqueline'in tüylerini diken diken etmeye yetmişti. Tammie Lee ne yaptığını çok iyi biliyordu. Bu bebek hiç de öyle kazara olmamıştı.

"Bırak da Paul kendi hayatını yaşasın."

"Hep aynı şeyleri konuşmak zorunda mıyız?" Tava kızmıştı. Jacqueline tavaya bir parça yağ atıp doğranmış sebzeleri atmadan önce yağın erimesini bekledi. Yumurtaları kırıp bir kâsenin içine döktü ve iyice çırptı. Yaşadığı hüsranın acısını yumurtalardan çıkarıyordu.

"Örgü kursuna yazıldın mı?"

Reese'nin soracak çok sorusu var gibiydi. Jacqueline ona cevap vermektense omlete odaklanmayı tercih etti. Adamın kendi hayatıyla ilgili ayrıntılardan hiç bahsetmemesi dikkatinden kaçmadı. Acaba ona sorular sormaya başlasa Reese neler hissederdi? Mesela metresiyle birlikte olması gerekirken bu saatte neden evde olduğunu sorabilirdi. Ya da adamın aniden onun yaptıklarıyla ilgilenmesinin nedenini kurcalayabilirdi. Reese'nin sorusunu cevaplamamaya karar verdi.

Jacqueline, Reese'nin bir cevap almadığı için kızmasını bekliyordu. Oysa adam gülüyordu.

"Komik bir şey mi var?"

"Evet. Seni elinde örgü şişleriyle düşünemiyorum."

Jacqueline bu laflara hiç aldırış etmedi. Reese'ye sinirlerini bozmayı başardığını anlama zevkini tattırmayacaktı.

"Hiç de gördüğüm babaannelere benzemiyorsun. Hele banyodaki halin, gören hiç kimse sana babaanne demez."

Jacqueline bu laflara da aldırış etmedi. Çırptığı yumurtaları hafif pişmiş sebzelerin üzerine döktü ve onun üzerine bir avuç rendelenmiş peynir serpti. Eski hünerlerini sergileyerek omleti ters çevirdi. Yumurtalar Reese'nin sevdiği gibi pişince omleti bir tabağa alıp kocasına uzattı.

Reese'nin gözleri sevinçten parıldadı.

"Eve neden bu kadar erken geldiğini söylemedin." Reese az önce de aynı soruya cevap vermemişti. Jacqueline adamın yine aynı şeyi yapıp yapmayacağını merak ediyordu.

Reese, "Acıktığım için," dedi ve omletini yemeye başladı.

Reese gerçekte neler olduğunu ona söylemeyecekti. Jacqueline bir anlığına kocasını izledi ve "Ben yatağıma, kitap okumaya gidiyorum," dedi.

Martha'nın sabahleyin yıkaması için kirli tavayı lavaboya bıraktı ve mutfak kapısına doğru yöneldi.

Reese kadın kapıya ulaşana kadar ağzını açmadı. Sonra da, "Jacquie," dedi.

Jacqueline buruk bir sesle, "Ne var?" dedi.

"Yemek için teşekkür ederim."

Jacqueline seslice iç çekti ve başını yavaşça iki yana salladı. "Önemli değil." Bunu da söyledikten sonra yatak odasına doğru yürüdü. Bornozunu çıkardı ve üzeri dekoratif yastıklarla dolu kocaman yatağının dantelli örtüsünü elleyerek kenarına oturdu. Yumuşacık yorganı açıp serin yatağın içine girdi, yastıkları kitabını rahat okuyabilmek için sırtına yerleştirdi.

Uzaktan gelen seslerden Reese'nin tabağını duruladığını ve bulaşık makinesine yerleştirdiğini anladı. Hemen ardından oturma odasındaki televizyon açıldı. Tam da Jacqueline sesten şikayetçi olmak üzereyken Reese televizyonun sesini kıstı.

On dakika boyunca kitap okudu. Ardından gözlerine dolan yaşlar etrafı bulanık görmesine sebep oldu. Neden ağladığını bilmiyordu. Yatağının yan tarafındaki komodine uzanıp süslü bir kutuya yerleştirilmiş peçetelerden birini aldı.

Her şey üst üste gelmişti, o yüzden bu halde olduğunu düşündü. Bu zamansız hamilelik haberinin ve önceki gün Paul'le yaptığı hararetli görüşmenin üzerine bir de Reese beklenmedik şekilde eve erkenden gelmişti. Hayatı darmadağın olmuştu. Büyük bir üzüntüyle arkadaşlarının alay konusu olacağını düşündü. Bayan Donovan, fakir ve hamile geliniyle; şaşkın, aşık oğluyla ve dilediğini yapan kocasıyla dillere düşecekti.

Yine de Jacqueline, gerekirse ölümü göze alarak Reese'ye ve Paul'e iyi bir babaanne olacağını kanıtlamaya kararlıydı.

7

CAROL GIRARD

Perşembe akşamı yemek hazırlarken Carol'un morali yerindeydi. Doug her an kapıyı çalabilirdi ve Carol'un ona verecek bir sürü haberi vardı. Tavuk göğsünü ufak ufak doğramış, eti pişirmeden önce üzerine soya sosu dökerek marine etmiş ve Doug'ın en çok sevdiği şekilde sebzelerle kavurmuştu.

Carol, kapı açılıp kocası eve girince gülümsedi. Doug ceketini askılığa asarken, "Merhaba, hayatım," dedi. Sonra da mutfağa, karısının yanına gitti. Carol hemen yüzünü kocasına çevirip hevesle dudaklarını onun dudaklarına götürdü. Uzunca süren ateşli öpüşmeleri Carol'un sevişmeyi ne kadar çok arzuladığını gösteriyordu.

"Bu güzel karşılamayı neye borçluyuz?" diyen Doug, eşinin yüzünü görebilmek için arkasına doğru yaslandı ve ona dikkatlice baktı.

"Günüm çok güzel geçti."

"Yaptıklarını anlat bakalım." Doug ellerini Carol'un belinden çekip kadının mutfak masasına koyduğu mektupları incelemeye başladı.

"Sen işe gittikten sonra salı günü bulduğum şu tuhafiyeye bir kez daha gittim. Bebek battaniyesi için şiş ve ip aldım. Lydia yarınki dersimize kadar bunları almama gerek olmadığını söyledi ama dayanamadım. Dur da sana fotoğrafını göstereyim. Çok şirin bir battaniye olacak!" Carol heyecanla diğer odaya gitti. Eline aldığı modelin fotoğrafı ve bir yumak kirli beyaz iple geri döndü. "Sence de mükemmel değil mi?"

Doug, Carol'un bu kadar sıradan bir şey için fazlasıyla heyecanlanmasının normal olup olmadığını düşünürken gözlerini ipten ayırmadı.

Carol, "Görmüyor musun?" dedi. "Doug, bebeğimiz olacak! Kendimden çok eminim. Bu sefer her şey farklı olacak. Birkaç gün öncesine kadar bu acıya daha fazla katlanamayacağımı düşünüyordum. Her şey üstüme üstüme geliyordu. Ama birden umutlandım. İçimde gerçek umutlar yeşerdi. Doug, hayatım, bebeğimiz olacak."

Carol sonunda heyecanının Doug'ı da canlandırdığını fark etti. Sesi titrerken tekrar, "Bebek," dedi. Doug'ın eline uzanıp dümdüz olan karnına bastırdı.

Doug'ın gözleri o arzu dolu gözlerle birleşti. Adam elindeki mektupları bırakıp kadını kollarıyla sardı. Öpüşmeleri çok tutkulu, çok ateşliydi. Birkaç dakika boyunca sürekli artan heyecandan sonra Doug hafifçe geri çekildi ve Carol'un altdudağını dişlerinin arasına aldı. Kocasının isteklerini ve arzularını çok iyi bilen Carol yavaşça kalçasını ileri geri sallayıp Doug'ın daha da çok tahrik olmasını sağladı. Kocasının kulağına umut verici sözler söylüyor, fısıldayarak şehvet dolu laflar sarf ediyordu.

Doug hafifçe inleyip Carol'u tekrar öptü. "Böyle konuşunca bana neler yaptığını biliyorsun."

"*Sen* de bana neler yaptığını biliyorsun."

Birlikte sendeleye sendeleye oturma odasına doğru giderken Doug Carol'un bluzunu omuzlarına kadar indirdi. Kolları birbirine geçmiş halde kanepenin üzerine düştüler. Kıkır kıkır gülüyor, başladıkları işi bitirmeye can atıyorlardı.

Doug kravatını çıkarıp gömleğinin düğmelerini açarken, "Böylesine çılgınca seviştiğimiz zamanları geçtik sanıyordum," dedi.

"Ne yani o zamanlara dönmek istemiyor musun?"

"İstemez olur muyum?"

Carol da aynı şeyleri istiyordu. Aniden başlayan bu macera, bir plana bağlanmış cinsel birleşmelerine çok ters düşüyordu. Bir zamanlar doğal ve içgüdüsel olan sevişmeleri artık tıpkı bir doktor randevusu gibi sıkıcı, rutin bir hal almıştı. Çocuk sahibi olmak için doğru zamanlamayı ayarlamaya, Carol'un yumurtlama günlerini tutturmaya odaklanmışlardı. Oysa şimdi yıllar sonra ilk defa sevişmeleri normal bir hal almış, onları özgürleştirmişti. Doug kumaş pantolonunu, Carol da üzerindeki geniş pantolonu çıkarınca Carol sırtı üstü koltuğa uzandı ve kocasını karşılamak için kollarını açtı.

Doug, Carol'un üzerine uzandı ve bedenleri birbirine kenetlenirken Carol hissettiği şiddetli duygularla gözlerini yumdu. Sevişmenin aslında böyle olması gerekirdi. Carol bu heyecanın nasıl bir şey olduğunu neredeyse unutmuştu. Amaçları birbirlerini sevip umutlara yelken açmaktı. Birbirlerine duydukları ihtiyaçla sarhoş olmuşlardı.

Carol'un kolları Doug'ın boynunda duruyor, parmakları kocasının siyah saçlarında geziyordu. Carol her bir darbede öne doğru çıkıyor, inildiyordu. Kendisini sevişmenin sıcaklığına ve verdiği zevke bırakmıştı.

Daha sonra birbirlerine uzunca bir süre sarıldılar. Her anın tadını çıkarıyorlardı. İkisi de konuşmadı. Carol, bedenlerinin ve ruhlarının birleşmesinin yarattığı huzuru bozmaktan korktuklarını düşünüyordu. Birliktelikleri birbirlerine karşı besledikleri kuvvetli aşkın, bağlılığın ve bir gün birer anne baba olacakları inancının kanıtıydı. Carol bundan emindi. O tuhafiyeye girip, kursta öğretilecek ilk şeyin bebek battaniyesi olduğunu öğrendiği anda buna inanmış, bunu bir işaret olarak yorumlamıştı.

Bir süre sonra Doug başını kaldırıp Carol'un alnını öptü. "Seni seviyorum."

Halinden memnun olan, tatmin olmuş Carol, kocasına gülümsedi. "Ben de seni seviyorum. Cameron da babasını çok sevecek."

"Colleen demek istedin sanırım."

"İkiz olabilir."

"O zaman çok daha güzel olur."

Aynı şekilde durmaktan rahatsız olana kadar birbirlerine bakmaya devam ettiler. Carol üzerini giyip, bluzunu düzelttikten sonra yerden ipi aldı. İpi elinde tutmak bile ona huzur veriyordu. Bu bebek battaniyesini örecek ve attığı her ilmekte, bitirdiği her sırada doğmamış çocuğunun sevgisini hissedecekti.

Yemeklerini yedikten sonra Carol bulaşıkları makineye koyarken telefon çaldı. Doug televizyonun karşısına geçmiş, bir taraftan haberleri dinliyor, bir taraftan da elindeki gazeteyi okuyordu. Önündeki spor sayfasını aşağı indiren Doug, Carol'un mutfaktaki telefonu açtığını gördü.

Telefonun üzerinde, Carol'un Alaska Havayolları'nda çalışan ağabeyi Rick'in cep telefonu numarası vardı. Evi eski eşi Ellie'nin kaldığı Juneau, Alaska'daydı. Rick uçuşları sayesinde sık sık Seattle'a geliyordu ama çoğu zaman Carol ile görüşecek vakti olmuyordu.

Carol, "Alo, ağabey," dedi. Mutluluğu sesine yansımıştı.

"Carol, sesin harika geliyor. Yoksa..." Rick tereddüt etti ama Carol ağabeyinin soracağı şeyi çok iyi biliyordu.

"Yok, daha değil. Doug ile o konu üzerinde çalışıyoruz." Kocasına şımarıkça bir bakış attı ama adam gazete okuduğu için onu fark etmedi. "Ne kadar süre buralardasın?"

"Yarın bu saatlere kadar. Akşamüstü tekrar uçuşum var. Bir ara buluşabilir miyiz? Sana uymuyorsa başka zaman da görüşebiliriz."

Carol hemen takvimini kontrol etti. "İyi olur." Ağabeyi nadiren onunla görüşebiliyordu. Carol da onu ağırlamak için gereken her şeyi yapardı. "Kahvaltıya ne dersin?"

"Sabahları uyumayı ne kadar çok sevdiğimi bilirsin."

Carol, ağabeyinin sabahları okula gitmekte ne kadar zorlandığını iyi hatırlıyordu. "Bilmez miyim?"

"Ee, bugünlerde neler yapıyorsun?"

"Aslında çok fazla bir şey yapmıyorum. Doug ile birlikte haftada üç gün sabahları spora gidiyoruz. Yarın öğleden sonra da örgü kursuna başlayacağım."

"Örgü ve sen?"

"Evet. Ayrıca bana iyi davranırsan, öğrendikten sonra sana bir kazak örebilirim."

"Şu üzerinde bolca desen olan İrlanda kazaklarından yapabilir misin?"

"Şey... benim aklımda sade ama güzel bir kazak vardı."

Rick kıkır kıkır güldü. "İki yüz milyon değerindeki bileşik faizleri idare eden kardeşimi elinde bir çift örgü şişiyle bir türlü hayal edemiyorum nedense."

"Ben ediyorum. Çünkü gerçekten de örgü örmeye başlayacağım." Carol, ağabeyinin ona söylemek istediği önemli bir şeyin olup olmadığını merak etti. "Benimle görüşmek istemenin özel bir sebebi var mı?"

Rick bu soruya hemen cevap vermedi. "Oturup konuşmayalı epey oldu. Buluşup hasret gidermek istiyorum o kadar."

"Harika olur. Ama yarın buluşamayacak gibiyiz. Buralara bir daha ne zaman geleceksin?" Carol, Rick ajandasını kontrol ederken arkadan gelen sayfa çevirme seslerini duydu. "Bir dahaki gelişinde akşam yemeği için bize gelsene?"

"Haftaya tekrar geleceğim. O zaman size uyar mı?" Rick, geleceği tarihi söyledi, Carol duvardaki takvime işaret koydu. Kalem elindeyken duraksadı. Ağabeyinin onu araması normaldi ama hiçbir zaman buluşmak için bu kadar zahmete girmezdi.

"Her şey yolunda mı, Rick?" Rick neredeyse bir yıl önce boşanmıştı. Boşanmasından çok sıradan bir şeymiş gibi bahsetse de Carol ayrılığın ağabeyinin canını çok yaktığından şüpheleniyordu. Ellie'nin neden boşanma davası açtığını bilmiyordu ama sorunun Rick'in kariyeriyle ilgili bir şey olduğunu düşünüyordu. Evinden bu kadar uzakta kalan bir eşle ilişki sürdürmek kolay değildi. Bir ara Ellie, Rick'in onu aldattığını ima etmiş ama Carol inanmak istememişti. Ağabeyi eşini aldatmış olamazdı. Rick böyle bir şey yapmazdı.

"Şey... yolunda sayılır. Neyse telefonda konuşmak istemiyorum." Rick boğazını temizledi. "Yine de endişelenmeni gerektirecek bir şey olmadığını bil. Haftaya konuşuruz."

"Peki, o zaman. Gelmeni dört gözle bekliyorum. Bu arada annemle babamı son zamanlarda gördün mü?"

"Geçen hafta sonu Portland'daydım. İkisinin de sağlığı yerinde."

"Çok güzel."

Carol ile ağabeyi birkaç dakika daha havadan sudan konuştu. Carol telefonu yerine koyarken kaşlarını çattı. Rick'in derdinin ne olduğunu merak ediyordu.

Doug oturma odasından seslenerek, "Arayan Rick miydi?" dedi.

"Haftaya yemeğe gelecek."

"Görüşmeyeli epey oldu, öyle değil mi?"

Carol oturma odasına gidip Doug'ın oturduğu koltuğun kolçağına yerleşti.

Doug başını kaldırıp ona baktı. "Bir sorun mu var?"

Carol başını iki yana salladı. "Ağabeyimin bir derdi var ama ne olduğunu söylemedi. Keşke sorunun ne olduğunu bilseydim." Kolunu tekli koltuğun arkasına uzatan Carol kocasına yaslandı ve adamın başına bir öpücük kondurdu. Fısıldayarak, "Beni her zaman seveceğine söz ver," dedi.

"Ben o sözü çoktan verdim," diyen Doug sol elini kaldırıp evlilik yüzüğünü gösterdi. "İstesen de istemesen de ben seninim."

Carol, kocasının omzuna yaslandı. "Seni eskisinden binlerce kat fazla seviyorum."

"Ne güzel şeyler söylüyorsun," diyen Doug kolunu Carol'un beline attı ve karısını kucağına doğru çekti. Carol kendini kocasının kollarına bıraktı. Onu Doug ile tanıştıran ağabeyine ve ona aşkını sunan kocasına minnettardı. Yine de Rick'in dertli olması canını sıkmıştı. Kötü bir şeylerin olduğunu hissediyor, bu hissi üzerinden atamıyordu. Ağabeyi ona endişelenecek bir şey olmadığını söylemiş olabilirdi ama bu Carol'u rahatlatmıyordu ki.

8

ALIX TOWNSEND

Alix örgü kursuna yazıldığına pişman olmuştu ama artık çok geçti. Haftalığını alır almaz Bir Yumak Mutluluk'a gidip kurs ücretini ödemişti. İçinden geldiği gibi davranmıştı. Başka işlere kullanabileceği paraları, işe yaramaz bir örgü kursuna yatırmak aptallıktı. Bunu düşündükçe kendine daha da çok kızıyordu. Mükemmel bir annesinin olduğu çocukluk hayali onu oyuna getirmişti. Aslında bir annesi vardı ama onun mükemmellikle uzaktan yakından ilgisi yoktu.

Laurel, tezgâhta duran Alix'in arkasından çekilirken fısıldayarak, "John geldi," dedi. Alix'in ev arkadaşı altı aydır müşterilerinden biriyle görüşüyordu. Ama Alix'e göre adam işe yaramazın tekiydi. Yakışıklı, hatta üzerinde takım elbiseyle dolaşıyor olabilirdi ama Alix adamın ne tür filmler kiraladığını görmüştü. Adamın elini attığı filmlerin hepsi başında X olan açık saçık filmlerdi.

John ilk başlarda Alix'le ilgilendiğini hissettirmiş ama o adama yüz vermemişti. Ancak Laurel, ilk andan beri adamla yakınlaşmaya çalışmış, dünyanın onun etrafında döndüğünü düşünüyormuş gibi davranmıştı. Laurel ikinci el araba satıcısı John Murray ile birlikte olmaya dünden razıydı. Ama Alix arkadaşının daha düzgün adamlarla birlikte olmasını istiyor, arkadaşının kilolarından dolayı böyle davrandığını düşünüyordu. Laurel doksan kilo olduğu için hiçbir erkeğin onu istemeyeceğine inanıyor gibiydi. Kızın ince, tel tel, sarı saçlarını uzatıp dümdüz bırakması ve çok da sık yıkamaması görünüşünü kötü etkiliyordu. Dolabındaki tüm elbiseler kotlardan, tişörtlerden ve az sayıdaki bluzdan oluşuyordu. Tişörtlerinin hepsinin üzerinde aptalca laflar yazıyordu. Alix ne kadar uğraşsa da bir türlü siyah deri pantolonlara girmeyi başaramıyordu. Yine de kaç kilo olursa olsun, ne giyerse giysin Laurel, kendisine John'dan daha iyi davranan birini hak ediyordu.

John çok farklı bir adam da olsa Alix ona ilgi göstermezdi. Çünkü onun gözleri bir başkasının üzerindeydi. Hoşlandığı adam geçen sefer geldiğinde hemen tezgâhın başına geçmiş ve adamın adının Jordan Turner olduğunu öğrenmişti. Öyle ahım şahım bir yakışıklılığı da yoktu. İnsanın içini ısıtan kahverengi gözleri ve güzel bir gülüşü olan temiz, sıradan bir adamdı. Kiraladığı filmler Laurel'in pis sevgilisi gibi açık saçık filmlere ilgi duymadığını gösteriyordu. Jordan vahşet dolu filmleri de izlemiyordu. Son geldiğinde *Gerçek Ya-*

lanlar'ı ve *Salak ile Avanak*'ı kiralamıştı. John'un seçtiklerinin yanında bunlar çok masum kalıyordu. Alix, Jordan Turner adında birini daha tanımıştı. Ama o zamanlar altıncı sınıftaydı. Ondan da gerçekten çok hoşlanmıştı. Çocuğun babası papazdı. Jordan onu birkaç sefer kiliseye davet etmiş, o da gitmişti. Yani bir bakıma ilk "randevusu" kilisede geçmişti. Bunu hatırlaması içten içe gülmesine sebep oldu.

Laurel arkasından, "Beni bir süre idare et," dedi.

Alix biraz da kızgınca, "Laurel!" dedi. Bu durumdan nefret ediyordu. Çünkü Laurel'le John arkadaki ofise geçip kapıyı kilitleyince olanları biliyordu.

John pis seks filmlerini izliyor, sonra da buraya sapık bir havayla gelip Laurel ile on dakika eğleniyordu. Çıkarken de Laurel'e bir sürü söz veriyor, onu dışarıya çıkaracağını söylüyordu. Nadiren de olsa dediğini yapıyor, Laurel'e onunla birlikte kalmasına yetecek kadar ilgi gösteriyordu. Adam silik herifin tekiydi ama Laurel bunu göremiyordu; Alix'in söyleyeceği şeylere de kulak asmayacaktı.

Arkadaşı dükkânın arka tarafına doğru hızlıca giderken kıkır kıkır gülerek, "Çok geç kalmam," dedi. John'u da elinden tutmuş arkasından götürüyordu.

En azından dükkân kalabalık değildi. Akşam dokuz olmuştu ve film kiralamayı düşünen insanlar işlerini çoktan halletmişti. Rafların arasında dolaşan sadece dört beş müşteri vardı.

Düşüncelere dalan Alix başını kaldırıp tam da aklından geçen adamı görünce çok şaşırdı. Jordan Turner tezgâhın önündeydi.

"Pardon, sizi ürkütmek istememiştim."

Hazırlıksız yakalanan Alix, tepkisini kontrol etmek için bir anlığına duraksadı. Omuz silkip mümkün olduğunca sıradan bir sesle, "Size nasıl yardımcı olabilirim?" dedi.

"Rica etsem *Matrix*'in elinizde olup olmadığına bakar mısınız?"

"Tabii." Alix bilgisayara döndü ve klavyenin tuşlarına basarak filmin adını girdi. Hiç kimsenin o an neler hissettiğini bilemeyeceğini düşünüyordu. Kalbi deli gibi atıyordu. Jordan'ın perşembe günü gelmesini beklemiyordu. Adam hep salı günleri gelirdi.

"Raflara baktım ama göremedim."

Alix monitöre bakarak, "Maalesef hepsi kiralanmış," dedi. "Size benzer bir film önermemi ister misiniz?"

Jordan bu teklifi bir anlığına düşündü, sonra da başını iki yana salladı. "Teşekkürler," dedi, *Sıkıysa Yakala* adlı filmi tezgâhın üstüne koyup parasını ödedi. Alix'in aklına onu oyalayacak bir şeyler geldiğinde adam çoktan gitmişti.

Arkasını döndüğünde Laurel'in tezgâha doğru geldiğini gördü. John da arkasındaydı. Alix'in boynunda bir morluk vardı ve kız gömleğini yanlış düğmelemişti. Alix, John'a bir bakış attı; John da ona baktı. Adam, Laurel'in kulağına bir şeyler fısıldadı. Alix adamın neler dediğini duyamadı ama aklından bir şeyler geçiyordu. Laurel hızlıca başını iki yana salladı.

John hemen ardından Alix'e pis bir bakış attı ve çıkıp

gitti.

Laurel, "İşten sonra buluşacağız," dedi. "Beni yemeğe götürecek." Gözleri, John'la ilgili olumsuz bir şey söylememesi için Alix'e adeta meydan okuyordu ama Alix bu yemi yutmayacaktı.

Alix alaycı bir havayla, "Keyfinin yerinde olduğu belli," diye söylendi.

"Aynen öyle. Bugün bir araba satmış. Birlikte kutlayacağız."

"Dükkândan çıkmadan önce gömleğini düzeltsen iyi olur."

Gömleğine bakan Laurel, "Aa!" dedi. Parmakları hemen alttaki üç düğmeyi düzeltmeye koyuldu. "Sağ ol."

Alix başını iki yana salladı, filmlerle dolu sepeti alıp raflara doğru gitti ve filmleri yerleştirmeye başladı.

Laurel, "Bu akşam büyük ihtimal eve gelmem," dedi. "Beni beklemene gerek yok."

Alix de zaten böyle bir şey yapmayı düşünmüyordu. "Ben senin annen değilim. İstediğini yapabilirsin."

"Zaten annem de böyle bir şeyi umursamazdı. On yaşındayken beni amcama bırakıp kaçtı. Amcam da pisliğin tekiydi. Bilmem anlatabildim mi?"

Laurel'in hayatı Alix'inkinden çok da farklı değildi. İkisi de bir yıl önce çoğunlukla otel odalarında kalıp günü kurtarmaya çalışırken tanışmıştı. Kaldıkları oteller de o küçük şampuanlardan verenlere hiç benzemiyordu. Asgari ücretle ev de kiralayamıyorlardı. Hem depozitoyu hem de ilk ayın kirasını aynı anda vermek zordu. Laurel ile Alix'in şu anda kaldıkları eve geçmeleri altı aylarını almıştı. Binayı bulduklarında kendilerini bir kaleye sığınmış gibi hissetmişlerdi. Şimdilik kirayı ödeyebiliyorlardı ama oturdukları mahalledeki binalar yenileniyordu. Alix bu yüzden kısa süre sonra evden atılacaklarından korkuyordu. Söylenenlere göre oturdukları bina eski bankayı alan şirkete satılmıştı.

Evleri yıkık döküktü. Yerler eskimiş, banyodaki küvetin üzerine hiç çıkmayacak lekeler belirmiş, tavanda çatlaklar oluşmuştu. Ama bu, Alix'in evim diyebildiği ilk yerdi. Evlerindeki eşyaları eskiciler bile almazdı. Laurel'le birlikte bu eşyaları geçen birkaç ayda teker teker toplamış, bazılarını da doğrudan sokaklardan almışlardı.

İkisi de ailesiyle görüşmüyordu. Alix en son babasının Kaliforniya'da bir yerde yaşadığını duymuş ama on yıldır onu görmemişti. Doğrusu babasını hiç ama hiç özlememişti. Adam onu bulmaya çalışmamıştı. Alix'in de onu aramak gibi bir niyeti yoktu. Annesi çek sahtekârlığından hapiste yatıyordu. Bunu Laurel'den başka hiç kimse bilmiyordu. Zaten ona da kendini hiç iyi hissetmediği bir anda söylemiş, daha doğrusu ağzından kaçırmıştı. Alix annesine birkaç mektup göndermiş, annesi ona cevap verdiğinde de hep para istemişti. Daha da kötüsü, birkaç sefer ondan hiç istememesi gereken şeyler istemişti.

Alix'in ailesinde değer verdiği tek kişi ağabeyi Tom'du. O da kötü ortamlara karışmış, beş yıl önce aşırı dozdan ölmüştü. Ölümü Alix'i çok kötü etkilemiş, kız kendini hâlâ toparlayamamıştı. Tom ona kalan tek kişiydi ve o da gidince... hayattan umudunu kesmişti. Ağabeyinin bulaştığı şeyleri ilk duyduğunda ona çok kızmıştı. Hatırladığı son şey ise; tekrar sekiz yaşında olmayı, bir dolaba saklanabilmeyi ve çok güzel bir hayatı varmış gibi davranmayı isteyerek yere yığıldığıydı.

Tom'un yokluğunda bocalamış, umursamaz biri olmuş ve başını belaya sokmuştu. Doğru yolu bulması biraz vaktini almıştı ama yine de bunu başarmıştı. Ağabeyinin bir zamanlar yaptığı hatalara düşmeme konusunda kararlıydı. On altı yaşından beri kendi ayaklarının üzerinde duruyordu. Ayık kalmayı, akıl sağlığını yitirmemeyi başarmakla iyi bir iş çıkardığını düşünüyordu. Polislerle birkaç sefer karşı karşıya geldiğini ve sosyal hizmetler görevlileriyle görüşmek zorunda kaldığını inkâr edemezdi ama başına büyük dertler açmadığı için kendisiyle gurur duyuyordu.

Laurel dükkânı kapatmaya hazırlanırken, "Öğleden önce seni biri aradı," dedi. "Sana söyleyecektim ama unutmuşum."

Evlerine telefon bağlatacak durumları olmadığı için işleri düşünce film dükkânındaki telefonu kullanıyorlardı. Patronları da buna sinir oluyordu. "Kim aradı?"

"Bayan O'Dell diye biri."

Sosyal hizmetler görevlisi uyuşturucu baskınından sonra sık sık onu ziyaret etmeye başlamıştı. Polisler Alix'i Laurel'in esrarıyla yakalamıştı. Arkadaşını uyuşturucuya para verdiği için ve bu da yetmezmiş gibi aldığı uyuşturucuları Alix'in çantasında sakladığı için hiç affetmemişti. Uyuşturucu kullanan o değildi ama hiç kimse onun masum olduğunu dinlemek istemiyordu. En sonunda o da susmuş, dosyasına işlenen kara lekeyi sineye çekmişti.

Alix, "Ne istiyormuş?" diye sordu ama aslında Bayan O'Dell'in onun sorularına cevap vermek için telefon açtığını biliyordu. Alix bebek battaniyesi örmek için vaktini, enerjisini ve parasını harcamadan önce, emeklerinin cezasından düşürülmesine yarayıp yaramayacağını öğrenmek istemişti.

"Bir sorun olmadığını, yapacağın işin öfke yönetimine yardımcı olabileceğini söyledi. Tam olarak neden bahsettiğini anlamadım."

"Hı!" Kadın en azından örgü kursundan bahsetmemişti. Alix bu sayede Laurel'e bundan bahsetmekten şimdilik kurtulmuştu.

"Bunların neyle ilgili olduğunu bana söyleyecek misin?"

Alix dudaklarını büküp "Hayır," dedi.

"Biz ev arkadaşıyız, Alix. Bana güvenebilirsin."

Alix, "Tabii canım," diye söylendi. "Tıpkı polislere gidip gerçeği söyleyeceğine güvendiğim zamanki gibi, öyle değil mi?" Laurel'in onun suçunu üstlendiğini unutmasına izin vermeyecekti.

Laurel, "İyi o zaman," diye çıkıştı ve iki elini de havaya kaldırdı. "Canın ne istiyorsa onu yap."

Alix de aynen öyle yapmayı düşünüyordu.

9

"Hayatlarımızın birbirine örüldüğü bu dünyada örgü örmek, bana hayatımı zenginleştiren kadınlarla bağ kurma fırsatı tanıyor."

– Ann Norling

LYDIA HOFFMAN

Birkaç yıldır örgü öğretiyor olsam da böyle garip bir grupla hiç karşılaşmamıştım. Öğrencilerimin hiçbir ortak yanı yoktu. Dükkânımın arkasındaki masaya geçmiş öylece oturuyor, birbirleriyle tek kelime etmiyorlardı.

"Ufak bir tanışmayla başlayabileceğimizi düşünüyorum.

Sırayla kursa katılma nedeninizi açıklarsanız sevinirim." Sözlerim bittikten sonra elimle Jacqueline'i işaret ettim. En çok endişe duyduğum kişi oydu. Zengin kadınların katıldığı kulüplerden birine gittiği belli oluyordu. Alix'i görünce şaşkınlığını gizleyememişti. Bana attığı bakıştan sonra bir bahane uydurup gideceğinden korkuyordum. Neden kalmayı tercih ettiğinden emin değildim ama bu kararı almasından mutlu olmuştum.

Jacqueline iyice ayarlanmış bir ses tonuyla, "Merhaba," dedi ve karşısında oturan diğer iki kadına başıyla selam verdi. "Ben, Jacqueline Donovan. Eşimin mimarlık şirketi, Blossom Sokağı'nı yenileme işini üstlendi. Kısa zaman sonra babaanne olacağım için örgü örmeyi istiyorum."

Alix hemen başını kaldırdı ve Jacqueline'e ters ters baktı. "Bu karmaşanın arkasında senin kocan mı var? Ona söyle de evimden uzak dursun, tamam mı?"

"Ne cüretle benimle böyle konuşursun!"

İki kadın birbirine ters ters baktı. Alix sandalyesinden fırlamak üzereydi. Bu sırada gözünü dahi kırpmayan Jacqueline'e hayran kaldığımı itiraf etmeliyim. Hemen Carol'a döndüm. "Sen devam etmek ister misin?" diye sordum.Gerildiğim ses tonundan anlaşılıyor olmalıydı.

Carol'u biraz tanıma fırsatım olmuştu. İki sefer dükkânıma gelmiş ve iplik almıştı. Kursa neden katıldığını biliyor, arkadaş olabileceğimizi umut ediyordum.

Carol, "Tabii," dedi. Sesinden anladığım kadarıyla çıkan ufak tartışmadan rahatsız olmuştu.

Alix, Jacqueline'e ters ters bakmaya devam etti ama yaşlı kadın onu umursamamakla doğru olanı yaptı. Böyle bir şeyin olacağını bilmem gerekirdi. Yaşananları durduracak kuvveti kendimde bulamamıştım. Alix ile Jacqueline siyahla beyaz gibiydi.

"Öncelikle merhaba. Ben, Carol Girard. Eşimle birlikte çocuk sahibi olmayı istiyoruz. Şu anda kısırlık tedavisi görüyorum. Temmuzda IVF tedavisine başlayacağım. Buraya da doğacak bebeğime battaniye örmek için geldim."

Alix'in yüzündeki ifadeden IVF'nin ne demek olduğunu anlamadığını fark ettim.

Carol, "IVF, in vitro fertilizasyon denilen tüp bebek tedavisinin kısaltması," dedi.

Jacqueline, "*Newsweek*'in son sayısında bu konuyla ilgili çok güzel bir yazı okumuştum," dedi. "Doktorlar gün geçtikçe daha da etkileyici tedaviler buluyor."

"Evet, ortalıkta bir sürü mucizevi ilaç var ama biz daha kendi mucizemizi yaratamadık."

Carol'un bakışından bebek özlemiyle yanıp tutuştuğu anlaşılabiliyordu. Elimi kadının omzuna atmak istiyordum.

Carol, "Temmuzda son tüp bebek şansımızı deneyeceğiz," dedi ve altdudağını ısırdı. Kadının endişesini ne kadar çok dışa vurduğunu bilip bilmediğini merak ettim.

Öne doğru eğilen Alix, "Bu in vitro denilen şeyde ne yapıyorlar?" diye sordu. Gerçekten de konuyla ilgilenmiş gibiydi.

Carol, "Epey uzun ve kapsamlı bir süreç," dedi. "Vaktinizi almak istemem."

Alix, "Rica ederim," dedi. Kadının meraklı hali beni şaşırttı.

Jacqueline, "Buyur," dedi ama onun Alix kadar meraklı olmadığını anlamıştım.

Carol ellerini masaya koyup, "Her şey ilaçlarla başlıyor," dedi.

"Zaten hep öyle olmaz mı?" diyen Alix kendi kendine güldü. Onun dışında hiç kimse espriyi anlamamıştı.

"Yumurtalıklarımı çalıştıran bir ilaç veriyorlar, rahmimde oluşan yumurtaları da yeterince büyüyünce alıyorlar."

Jacqueline, "Canın acıyor mu?" diye sordu.

"Biraz acıyor ama hep doğacak bebeğimi düşünüyorum. Çektiğim acıların buna değeceğine inanıyorum. İkimiz de anne baba olmayı çok istiyoruz."

Carol'un bunu ne kadar istediği gerçekten de çok açıktı. Gördüğüm kadarıyla dört dörtlük bir anne olacaktı.

"Doktor, Doug'ın spermlerini aldıktan sonra yumurtalar döllenip embriyo kültürleri oluşturuluyor. Sonra bu kültürler rahmime yerleştiriliyor. Şimdiye kadarki iki denememiz başarısızlıkla sonuçlandı. Sigorta şirketi de tedaviyi sadece üç sefer karşılıyor. Yani bu sefer hamile kalmam çok önemli."

Alix, "Kendini çok strese sokuyorsun," dedi. Çok anlayışlı davrandığını düşünüyordum.

Jacqueline, "İkiniz için de ne kadar sinir bozucu bir şey," diye mırıldandı.

"Yine de kendimden çok eminim." Carol iyimserliğiyle

etrafa ışık saçıyordu. "Nedendir bilmem ama aylar sonra ilk defa kendimi bu kadar iyi hissediyorum. Son denememizden sonra biraz beklemeye karar verdik. Çünkü yaşadığımız hayal kırıklığının üstesinden gelmemiz gerekiyordu. Ayrıca kendimi hem fiziksel hem de ruhsal olarak bir sonraki tedaviye hazırlama ihtiyacı duyuyorum. Ama bu sefer bebeğimizin olacağını biliyorum."

Alix, "Umarım öyle olur," dedi. "Çocuk sahibi olmak isteyen kişilerin umutları boşa çıkmamalı."

Jacqueline, "İstediğiniz zaman evlat edinebilirsiniz," dedi. "Bunu düşündünüz mü?"

"Düşündük. Hâlâ düşündüğümüz bir seçenek ama kendi çocuğumuzu dünyaya getirebilmek için başvurabileceğimiz her yola başvurmadan evlat edinmeyi istemiyoruz."

Jacqueline, "Bildiğim kadarıyla evlat edinme işinde de epey beklemek gerekiyormuş," dedi. Sonra bunları söylediğine pişman oldu.

"Evet, biliyorum... Doug'la bunu da konuştuk. Yurtdışından birini evlat edinmeye çalışabiliriz ama bu işlemlerin de zorlu olabileceğini okuduk. Her neyse, bunlar kendi çocuğumuz olmazsa düşünebileceğimiz ufak seçenekler ama gerek duyarsak ve vaktinin geldiğine inanırsak bu kararları da veririz."

Uzun süre bekledim ve sonra elimle Alix'i işaret ettim. "Sen de biraz kendinden bahset istersen."

Alix omuz silkti. "Ben, Alix Townsend. Sokağın karşısındaki film dükkânında çalışıyorum."

Alix'in bebek battaniyesi yaparak geçirdiği vakitlerin mahkemenin verdiği kamu hizmeti cezasından düşüleceğinden bahsetmemesi için dua ediyor, lafı açarsa da onu durduramayacağımı biliyordum. Jacqueline'in bunları duyar duymaz kapıdan çıkıp gideceğini sezmiştim. Paragöz görüneceğimi biliyorum ama Jacqueline, Alix'in alacağından yüzlerce kat fazla ip alabilecek biriydi.

Alix ters bir şekilde, "Ayrıca bu mahallede yaşıyorum ve bazı kişiler sokağımızın altını üstüne getirdikten sonra da buralarda kalabilmeyi diliyorum," dedi. Gözlerini kısmış masanın karşısına bakıyordu.

Jacqueline, "Bana öyle bakma," diye söylendi. "O işlerle benim ilgim alakam yok."

Ben de bu sırada dimdik durarak, "İlk dersimizde farklı tür ve ağırlıklardaki ipliklere bakabileceğimizi düşündüm," dedim. Alix'in dikkatini dağıtma ihtiyacı duydum. "En sevdiğim modellerden birini seçtim. Bu modeli örgüye yeni başlayanların ilgisini çekecek kadar zorlu, ama sizi yıldırmayacak kadar da basit olduğu için çok seviyorum. Dört katlı yün iple çabucak örülebiliyor."

Farklı renk ve çeşitlerdeki yün ip örnekleriyle dolu büyük bir hasır sepetim vardı. "Kendi reklamımı yapıyormuşum gibi olacak ama burada bir konudan bahsetmem gerekiyor. Ben hep yüksek kaliteli ip kullanırım. Vaktinizi ve emeğinizi harcayacağınız modeli kalitesiz, ucuz ip kullanarak örmeye başlarsanız, başarısızlığı en baştan kabul edersiniz."

Jacqueline, "Yüzde yüz haklısınız," dedi. Onun böyle

bir şeyi sorun etmeyeceğini biliyordum.

Alix, "Peki ya bazılarının pahalı ip alacak parası yoksa ne olacak?" diye sordu.

"İşte o zaman işimiz biraz zorlaşabilir."

"Kursa katılan herkese alışverişlerinde yüzde yirmi indirim yapacağını söylemiştin. Bu hâlâ geçerli mi yoksa fikrini değiştirdin mi?"

"Söylediğim gibi indirim yapacağım," dedim.

Alix, "Güzel, çünkü cebimde çok fazla para yok," diyerek pembe ve beyaz renk karışımı akrilik yün ipe uzandı. "Mesela bu ne kadar?"

"Yumağı beş dolar."

"Bir tanesi mi?" Alix'in yüzünde korku dolu bir ifade belirdi.

Başımı salladım.

"Battaniye için bundan kaç tane lazım?"

Elimizdeki modele baktım, hesap makinemi kapıp işin tamamı için gereken toplam ipi bir yumaktaki ipe böldüm. "Beş tane yeter gibi görünüyor. Eğer dört tane yeterse, beşinciyi iade edip paranızı alabilirsiniz."

Alix ayağa kalktı, cebine uzandı ve buruş buruş olmuş bir beş dolar çıkardı. "Bu hafta sadece bir tane alabilirim. İkincisini de sorun olmazsa önümüzdeki hafta alayım."

"Her modeli aynı renk tonuyla tamamlamak gerekir. Bensenin için ayırırım, sen de lazım oldukça gelir alırsın."

Alix bu teklifi beğenmiş gibiydi. "Bana uyar. Şu fiyakalı mimar beyle evli olan hanım sanırım dükkânındaki her şeyi alabilir."

"Benim adım Jacqueline. Bana adımla hitap edersen sevinirim."

Alix masanın öteki tarafına zıplayıp Jacqueline'e saldırmadan araya girerek hızlıca, "Şimdi isterseniz iplerinizi seçin," dedim. Her ne kadar kabul etmek istemesem de yaşlı kadının geçimsiz biri olduğunu söylemek zorundayım. Kadının tavırları en az Alix'inkiler kadar çirkindi.

Jacqueline masanın yarısını kaplamış halde bir başına oturuyordu. Carol içeri girince Alix'in yanına oturmak zorunda kalmıştı. Jacqueline'in tavırlarına bakılırsa sadece kursta değil, hayatta da sürekli istediklerinin ayağına getirilmesini bekleyen biriydi.

Bu örgü kursunu açarak kendimi neye bulaştırdığımı merak etmeye başladım. Açıkçası içime bir kuşku düşmüştü.

Müşterilerimle arkadaş olacağımı düşünmüştüm ama her şey çok ters başlamıştı.

İki saat süren dersin sonunda ancak ilmek atma aşamasını geçebildik. Öğrenmesi en basit olan düz örgü tekniğini seçmiş, öğrencilerimi ilk günden sıkmak istememiştim.

Dersin sonu geldiğinde öğretmenlik konusundaki yeteneklerimden şüphelenmeye başladım. Carol gösterdiğim tekniği hemen öğrense de Alix'in parmakları bir düzen tutturamamış, Jacqueline de işi çabuk kıvıramamıştı. Dersi bitirme vakti geldiğinde başım zonkluyor, kendimi kilometrelerce koşmuş gibi hissediyordum.

Tam da dükkânı kapatmak üzereyken Margaret'in araması işin tuzu biberi oldu.

Ahizeyi kulağıma götürürken, "Bir Yumak Mutluluk" dedim. Sesimin canlı ve hevesli çıkmış olmasını diliyordum.

Ablam ciddi bir tonla, "Benim," dedi. Böyle bir ses ancak okul müdiresine ait olabilirdi. "Anneler günüyle ilgili konuşmak için aradım." Margaret haklıydı. Dükkânla ilgili işler beni fazlasıyla yorduğu için anneler gününü unutmuştum. "Elbette annemize özel bir şeyler hazırlamalıyız." Babamın yanımızda olamayacağı ilk anneler günümüzdü. Bunun hepimiz için, özellikle de annem için zor olacağını fark ettim. Aramızdaki farklılıklara rağmen her yıl annemize sevgimizi göstermek için Margaret'le ortaklaşa bir şeyler yapıyorduk.

"Kızlarım cumartesi günü birlikte öğle yemeği yiyebileceğimizi söyledi. Pazar günü Matt'in annesiyle görüşeceğiz."

"Çok iyi düşünmüşsünüz ama cumartesileri ben çalışıyorum." Cumartesi günü işlerin yoğun olacağını biliyordum. Bu yüzden dükkânı kapatmayı *göze alamazdım*. Onun yerine pazartesileri kapatıyordum.

Ablam bir anlık tereddütten sonra neşeli bir halde tekrar konuşmaya başladı. Bunun sebebini anlamam çok vaktimi almadı.

"Sen gelemeyeceğine göre biz cumartesi annemle görüşürüz. Sen de pazar günü görürsün." Margaret annemizi benimle paylaşmayı istemiyordu. Annem tüm ilgisini ona gösterecekti. Zaten ablam da sırf bunun için böyle planlar yapmıştı. Her şeyi neden bir yarışa çevirdiğine anlam veremiyordum.

"Ya..." Hep birlikte olacağımızı düşünmüştüm.

"Pazar günleri çalışmıyorsun, öyle değil mi?"

Omuzlarım sarktı. "Hayır, ama... istediğin buysa."

"Bana başka seçenek bırakmıyorsun ki?" Margaret bunları uzun zamandır nefret ettiğim o öfkeli, aksi ses tonuyla söylemişti. "Cumartesi öğle yemeğine gelmeyen sensin. Sanırım planlarımızı sana göre yapmamızı istiyorsun ama bu mümkün değil."

"Senden herhangi bir değişiklik yapmanı istemedim."

"Açık açık söylemedin ama ben senin neyi kastettiğini çok iyi anladım. Benim bir de kaynanam var. Bunu sen de biliyorsun. Bir kez olsun anneler gününü onunla geçirmek istedik."

Tartışmaktansa sesimi elimden geldiğince kontrol etmeye çalıştım. "Belki de bir ara yol buluruz."

"Nasıl yani?"

"Annemin rıhtımda yemek yemeyi sevdiğini biliyorum. Sizinle orada buluşur, birkaç saatliğine de dükkânı kapatabilirim. Böylece hep beraber vakit geçiririz. Pazar günü ben onunla yine görüşürüm."

Margaret'in uzunca bir süre duraksamasından teklifimden hoşlanmadığını anlamıştım. "Cumartesi öğleden sonra sırf sana uyuyor diye annemi alıp Seattle'a gelmemi mi istiyorsun? İkimizin de o iğrenç trafikten haberi olmasına rağmen."

"Ben sadece bir öneride bulundum."

"Bence anneler gününü ayrı ayrı kutlasak daha iyi olur."

"Olabilir," dedim ve lafı uzatmadım. Daha sonra annemi arayıp olanları anlatacağımı aklımın bir kenarına yazmıştım çoktan.

"İyi, bir karara vardık o zaman." Margaret'in yeni işimdeki ilk iki haftamın nasıl geçtiğini sormadığını fark ettim. Başka konulara da girmemiş, ona neler yaptığını sormama fırsat tanımamıştı.

Margaret, "Çıkmam gerekiyor," dedi. "On beş dakika sonra Julia'nın dans kursu başlayacak."

"Onu benim yerime öp," dedim. İki yeğenim de benim neşe kaynağımdı. Julia'yı da Hailey'yi de çok seviyor, onları kendime çok yakın hissediyordum. Bu hislerimi sezen Margaret kızlarını benden uzak tutmak için elinden geleni yapıyordu. Ama artık ikisi de genç kız olmuştu ve kendi kararlarını kendileri verebiliyorlardı. Sık sık muhabbet ediyorduk; bu konuştuklarımızı da annelerinden sakladıklarını biliyordum.

Ablam, her zamanki gibi görüşürüz bile demeden telefonu kapattı.

Kapıya doğru yürüyüp üzerinde "Kapalı" yazan renkli kartonu dışarı bakacak şekilde çevirdim. Tam da bu sırada Alix'in kaldığı binadan çıkan Brad Goetz'i gördüm. Telaşlıydı ve koşar adımlarla kargo arabasına gidiyordu. Kamyonunu park ettiği yeri göremiyordum ama aceleci tavrının sebebini tahmin edebiliyordum. Adam yakışıklı ve nazik biriydi ve büyük ihtimalle akşam biriyle buluşacaktı.

Akşam yemeğinde ona eşlik eden kişi ben olabilirdim ama böyle bir şey olmayacaktı. Bunu ben tercih etmiştim ve bu tercihimden şimdiden pişman olmaya başlıyordum...

10

JACQUELINE DONOVAN

Jacqueline gerginliğini saklamak için elindeki kadehe tekrar şarap doldurdu. İçkisini yudumladıktan sonra mutfağa gidip misafirleri için hazırlanan ordövr tabağını çıkardı. Martha tabağa kanepeler koymuş, yeşillikle karıştırılmış krem peynire ustaca şekil vermiş, onların etrafını da küçük karideslerle süslemişti. Paul birkaç gün önce arayıp Tammie Lee'yle birlikte çarşamba günü onları ziyaret etmek istediklerini söylemiş, bunun onlara da uygun olup olmadığını sormuştu.

İkisi de anneler gününün denk geldiği hafta sonunu Tammie Lee'nin sözde kendisini hiç iyi hissetmeyen annesiyle geçirmişti. Jacqueline bu konuda alınganlık etmemeye karar vermişti.

Paul ilk defa ailesinin evine gelmek için müsaade istemişti. O telefon görüşmesinden sonra Jacqueline'in sinirleri bozulmuş, kadın kendini bir türlü toparlayamamıştı.

Onun peşinden mutfağa giren Reese, "Sakin ol," dedi.

Jacqueline, "İçimde kötü bir his var," diye söylendi. Mikrodalganın üzerindeki saate baktı ve oğluyla gelininin on dakika sonra geleceğini fark etti. Tammie Lee'yle muhabbet edecek olması canını sıkıyordu. Ayrıca Paul'ün, Tammie Lee'nin ailesine yakın olmak için çalıştığı bankanın New Orleans şubesine geçmeyi kabul edeceğinden korkuyordu.

"Kendi evine gelmek için Paul'ün arayıp izin istemesi hiç de normal değil."

"Çocuk sadece düşünceli davranmış o kadar," diyen Reese mutfak tezgâhının etrafından dolanıp bir tabureye oturdu. "Örgü örmenin sinirlerini yatıştırması gerekmiyor muydu?"

Jacqueline, "Bu konudan hiç bahsetme," dedi. "O saçma sa-pan kurstan ayrılacağım."

Reese karısının sinirle söylediği sözlerden dolayı başını geri çekti. "Sana ne oldu böyle?"

"Oldu işte bir şeyler." Jacqueline, Reese'nin yüzündeki ifadeden hiç hoşlanmamıştı. Adam hayal kırıklığına uğramış gibi duruyordu ama o küstah rockçıyla ya da artık onun gibilere ne deniyorsa onunla karşı karşıya kalan o değildi. Çete üyesine benzeyen Alix, Jacqueline'i korkutuyordu. Kadın tezgâha yaslanıp kocasına bakarken, "Benim neler yaptığımı neden umursuyorsun ki?" dedi.

Reese sevimlice, "Geçen hafta kursa başlayacağın için heyecanlı görünüyordun," dedi. Aslında bu duruma hiç şaşırmamıştı. "Oğlunla gelininin gönlünü almaya çalışacağını sanıyor, kursa da iyi bir babaanne olacağını kanıtlamak için yazıldığını düşünüyordum."

"Dört dörtlük bir babaanne olmayı aklıma koydum ben. Tanrı aşkına, Tammie Lee'nin doğuracağı çocuk yoksa ne hale gelir? Domuz ayaklarını salamura yapmayı öğrenerek büyür gider." Bu düşünce bile Jacqueline'in tüylerini diken diken etmeye yetmişti.

"Bak, Jacqueline..."

"Aslında bunların suçlusu sensin."

"Ben miyim?" Reese dikleşti ve bir an kahkahayı basacak gibi oldu. "Beni neden suçluyorsun?"

"Şu... berbat örgü kursundan dolayı."

Reese kaşlarını çattı. "Bana açık açık neler olduğunu anlatsana sen."

"Kursta genç bir kız var. Kursa neden katıldığını bilmiyorum ama bunun bir önemi yok. Kız kepazenin teki, Reese. Onu tanımlayabilmek için aklıma gelen tek kelime bu. Saçlarını gördüğüm en iğrenç renge boyamış. Blossom Sokağı'nda yapılan işlerden senin sorumlu olduğunu öğrendiği anda bana gıcık oldu."

Reese şarap kadehine uzandı. "Birçok insan yaptığımız işten memnun."

"Alix sokağın sonundaki apartmanda kalıyormuş." Jacqueline'in gördüğü kadarıyla o bina farelerin istilasına uğramış bir çöplüğe benziyordu. Binanın yıkılması herkesin hayrına olur, Alix ve onun gibi insanlar da ucuz ev bulmak için başka yerlere gitmek zorunda kalırdı. Onları sosyetik yerlerde kimseler istemezdi ve Blossom Sokağı da yakında o yerlerden biri olacaktı.

Reese, "Hı, şimdi anladım," diye söylendi ve şarabını yudumladı.

Jacqueline, "O binaya ne yapılacak?" diye sordu.

"Daha karar verilmedi." Reese elindeki kadehin içindeki şarabı çalkaladı. "Mülk sahibiyle görüşmeler devam ediyor. Bana kalırsa oranın tamamen değiştirilip güzel bir siteye çevrilmesi lazım, ama evlerin ucuz olmasını isteyen bazı avukatlar valinin dikkatini çekmeye çalışıyor."

"Oralara yazık olur. Şu alt kesimdeki insanlar mahalleyi mahveder. Onca çalışman, bir anda boşa gidebilir." Jacqueline kötümser laflar sarf etmekten nefret ediyordu ama o binada yaşayanlar Alix'e benziyorsa sokağın tamamı risk altında sayılırdı.

Reese, Jacqueline'in öfkeli tavrına aldırış etmeden, "Belki de kurs konusunu tekrar düşünebilirsin," dedi.

Aslında Jacqueline de kursa devam etmek istiyordu. Kursun hiç de "berbat" olduğunu düşünmüyordu. Bunu sırf Reese'ye olanları abartarak anlatmak için söylemişti. Alix'le karşı karşıya gelmenin dışında dersten büyük zevk almıştı. Bir ara Lydia onlara dükkânın içinde dolaşmalarını ve en çok sevdikleri renklerde üç tane yumak seçmelerini istemişti. Bu alıştırma o anda Jacqueline'e çok da anlamlı gelmemişti. Jacqueline açık gri, koyu mor ve parlak kırmızı rengi seçmişti. Lydia sonra da en kötü buldukları rengi seçmelerini istemişti. Jacqueline hemen açık sarı bir yumağı eline almıştı. Lydia zıt renklerden bahsetmiş ve renklerin birbirini nasıl tamamladığını göstermişti. Gerçekten de sarı renk tıpkı onun da söylediği gibi mor rengin yanında tamamen farklı bir hava yaratmıştı. Bu zıtlığın bu kadar etkili olması Jacqueline'i çok şaşırtmıştı.

Nihayetinde örgü örmenin en önemli noktalarından birinin doğru renkleri ve ipleri seçmek olduğunu keşfetmişti. Bu daha önce düşünmediği bir şeydi. Kurstan basit örgü ilmeklerinin nasıl atılacağından fazlasını öğrenmiş halde ayrıldığını fark etti ama bu Alix'in yüzünden bozulan sinirlerini yatıştırmaya yetmemişti.

Jacqueline, "Yazın açılacak ikinci kursa katılmayı düşünebilirim," diye söylendi. Ne yapacağından hâlâ emin değildi. Altı haftalık kurs ücretini ödemişti ve işe yaramaz birinin kötü tavırları ve tehditleri yüzünden kurstan ayrılma düşüncesinden nefret ediyordu.

Zil çaldı ve Jacqueline gerginliğinin arttığını hissetti. Reese kapıyı açarken o da gülümsemeye çalışıp ellerini önünde birleştirerek misafirler için ayrılan oturma odasına geçti. Reese'nin holde Paul ile Tammie Lee'yi karşılamasını bekledi.

Jacqueline, "Sizleri görmek ne güzel," dedi. Kollarını odaya giren Tammie Lee'ye ve oğluna doğru uzattı. Gelinine kısaca sarıldı ve Paul'ü yanağından öptü. Jacqueline, Tammie Lee'nin hamile kalacağını önceden nasıl tahmin etmediğini merak ediyordu. Gelininin karnı, hamile kıyafeti giymesini gerektirecek kadar büyümüştü.

Paul ile Tammie Lee büyük koltuğa oturdu. Omuzları birbirine değecek kadar yakın duruyorlardı. Hiçbir gücün onları ayırmaya yetmeyeceğini gösterircesine el ele tutuşmuşlardı.

Reese, Paul'e bir kadeh şarap doldururken Jacqueline ordövr tabağını getirdi. Tammie Lee, Jacqueline'e gülümsedi.

Tammie Lee gırtlağından çıkan o tiz sesiyle, "Karidesi çok severim," dedi. "Hamile kaldığımdan beri karidese aş eriyorum. İsterseniz Paul'e sorun. Karideslerden artık nefret ediyor olabilir. Ama sevgili kocam hiçbir şeyden şikayetçi olmuyor." Eline bir peçete, iki de kanepe alırken kocasına sevgi dolu gözlerle baktı.

Paul eşine sevgi ve gurur dolu bir bakış attı. Bu sırada Jacqueline de kendini zor tutuyordu. Oğlunun bu kızda ne bulduğunu bir türlü anlayamıyordu.

Reese, Paul'e şarap bardağını uzatırken Tammie Lee'ye, "Sen ne alırsın?" dedi.

"Çok teşekkür ederim. Bir şey almayayım."

Jacqueline içinde bulunduğu şu durumda şükredebileceği tek bir şey olduğunu fark etti. Tammie Lee en azından hamilelik süresince kendine iyi bakıyor gibiydi. En azından bu kadarını akıl edebilmişti.

Reese ile Jacqueline onların karşısındaki tekli deri koltuklara geçti. Aralarında üzeri parlayan bir sehpa vardı. Çok sık kullanmadıkları oturma odasındaki koltuklar beş yıl önce alınmış olmalarına rağmen içeriye deri kokusu hakimdi.

Tammie Lee, Paul'e fısıldayarak, "Bence onlara söylemeliyiz," dedi.

Paul başını sallayıp karısının elini sıktı. "Bugün hastaneye gidip Tammie Lee'nin karnına ultrasonla baktık. Kızımız olacakmış." Gülümsedi. "Bazen yanılabiliyorlarmış ama doktorumuz bebeğin cinsiyetinin kız olduğundan emin."

Reese, "Kız mı?" dedi. Adamın sesinden sevindiği fazlasıyla belli oluyordu. Ayağa kalktı ve oğlunun sırtını sıvazladı. "Sen de duydun mu, Jacquie? Sonunda bir kızımız olacak."

Jacqueline ellerinin uyuştuğunu hissetti. Kollarındaki tuhaf karıncalanma artarken, "Torunumuz kız olacakmış," dedi. Bir zamanlar bir kızının olmasını ne kadar da çok istemişti.

Tammie Lee o tiz sesiyle hemen, "İsmine daha karar vermedik," dedi. Kadının sesi sanki suyun altında konuşuyormuş gibiydi. "Bugün birden bebeğin cinsiyetini öğrenmeye karar verdik. Bunu da ilk size söylemek istedik."

Reese, "Annenle hep bir kızımızın olmasını istemiştik," dedi. Jacqueline'in aklından geçenleri dile getiriyordu.

Jacqueline en sonunda zor da olsa, "Harika... bir haber," diyebildi.

Paul, "Sana haber vermemiz gerektiğini düşündük, anne," dedi. Geldiğinden beri ilk defa annesine hitap ediyordu. "Öreceğin bebek battaniyesi için renk seçmene yardımcı olur diye düşündük."

"Bayan Donovan, Paul bebeğimiz için battaniye ördüğünüzü söyleyince çok mutlu oldum. Hepiniz bana karşı çok naziksiniz." Kadın ellerini karnına koyup iç çekti.

Tammie Lee'nin güneyli aksanı Jacqueline'in dişlerini sıkmasına sebep oldu. Bazı kişilerin hoşuna gidiyor olabilirdi ama Jacqueline'e göre Tammie Lee'nin konuşması çok kabaydı. Cahilliğini yansıtıyor gibiydi.

Koltuğun ucuna kadar çıkan Paul, "Başka haberlerimiz de var," dedi.

Reese, "Öyle mi?" dedi. "Yoksa ikiz mi?"

"Yok, öyle bir şey değil," dedi Paul gülümserek.

Tammie Lee kocasına bakıp gülümsedi. "Bebeğimiz olacak diye zaten çok heyecanlıyım. Bir de ikiz olsa kim bilir ne kadar mutlu olurdum."

Paul, karısına hoş bir bakış atmak için başını çevirdi. Bu da Jacqueline'in gözlerini uzaklara çevirmesine sebep oldu. Oğlunun evliliğinden pişmanlık duyacağıyla ilgili umutları yok olup gitmişti.

Reese, "Peki, diğer haberleriniz nelermiş?" diye sordu.

Paul'ün yüzüne bir gülümseme yerleşti. "Geçen hafta Tammie Lee'yle birlikte Seattle Kulübü'ne kabul edildiğimiz haberini aldım." Paul, Jacqueline ile Reese'nin de üyesi olduğu bu bölgedeki en prestijli kulüpten bahsediyordu. Yılda sadece birkaç kişi oraya kabul ediliyor, yalnızca kulübe yaraşır insanlar bu sınırlı sayıdaki üyelikleri hak ediyordu. Tammie Lee'yle tanışınca Jacqueline'in aklına gelen ilk şeylerden biri de Paul'ün bu haktan mahrum kalacağıydı.

Gülümsemek için elinden geleni yapan Jacqueline, "Buna çok sevindim," dedi. Anlaşılan Tammie Lee'nin güney bölgesinin yemeklerini uzunca anlattığı yersiz lafları, onun düşündüğü gibi kötü şeylere sebep olmamıştı.

"Yemek kitabı komitesinde çalışmamı istiyorlar," diyen Tammie Lee hayatındaki en büyük iltifatı duymuşçasına sevindi. "Artık annemin, Thelma ve Frieda Teyzemin yemek tariflerini isteyenlerin sayısını sayamıyorum."

Jacqueline kendini tutamayıp, "Mesela hangi yemekler?" dedi.

"Genelde 'hush puppies'i soruyorlar. Dört beş bayan çoktan tarifini istedi."

"Hush puppies?"

Paul, "Bir tür mısır ekmeği, anne," dedi.

Jacqueline sıktığı dişlerinin arasından, "Ne olduğunu biliyorum," dedi.

Konuşmaya can atan Tammie Lee, "Paul benim yaptığım hush puppies'leri çok sever," dedi. "Annem 'köpek susturan' anlamına gelen bu adın kökeninden bahsetmişti. Söylediğine göre; avcılar mısır ekmeklerinin artan parçalarını geceleri susmaları için köpeklerin önüne atıyormuş."

"Seattle Kulübü Yemek Tarifleri kitabına bu tarifi mi vereceksin?" Jacqueline o andan sonra bir daha insan içine çıkamayacağına inanıyordu.

"Bir de annemden büyükannemin Brunswick yahnisi tarifini istedim. O da babamın en çok sevdiği yemektir. Anneannem Georgia'da büyümüş, dedemle evlenince de Tennessee'ye taşınmış. Biz Louisiana'ya taşındığımızda ben on sekiz yaşına basmak üzereydim. Bu yüzden kendimi aslında Tennessee'li olarak görüyorum."

Jacqueline, "Brunswick yahnisinin en azından adı kulağa hoş geliyor," dedi.

"Chili yemeğinin güneyliler tarafından yapılmış halidir. Annem barbekü yaptığımızda Brunswick yahnisi de yapar. Annemde büyükannemin tarifi var ama ben onu biraz değiştireceğim. Herkes artık opossum ve sincap eti yerine domuz ya da tavuk eti kullanıyor."

Jacqueline, kadının ağzından bir laf daha çıkarsa bayılacağından korkuyordu.

Paul, "Onlara kızartılmış bamya tarifini vermeyi unutma," dedi. Hayatında ondan daha leziz bir yemek tatmamış gibi davranıyordu. "Tammie Lee'nin bamyalarla ne kadar lezzetli yemekler yaptığına inanamazsınız. Yemin ederim onları yiyince kendimi cennette hissediyorum."

Jacqueline yapışkan yeşil sebzenin tadına sadece bir kere bakmıştı. O da bir tür çorbanın içinde ağzına gelmişti. Nasıl bir şey olduğunu bilmeden kaşığına almış, ağzına götürmüştü. Kaşığından sarkan salyayı görünce yemeği hemen çıkarmıştı. Her bamya gördüğünde öğürecek gibi oluyordu. Şimdi de oğlu gelmiş o iğrenç sebzeyi sevdiğini söylüyordu.

"Ailemizin çok sevdiği pekan cevizli turtanın da tarifini biliyorum. Onu da seve seve onlarla paylaşırım."

"Aslında kulübe Tammie Lee'nin yemek konusundaki becerisi sayesinde kabul edildiğimizi düşünüyorum."

Jacqueline, yıllardır o kulüpte gönüllü olarak çalıştığını

söylememek için dudağını ısırmak zorunda kalmıştı. Hayırseverlikle ilgili projeleri, kulübün para toplama amaçlı etkinliklerinin başında geliyordu. Reese'nin adı da kulüpte etkiliydi ama oğulları anne babasının uzun yıllardır gösterdiği çabaları dikkate almamış, Tammie Lee'nin korkunç yemekleri sayesinde üye olduklarını düşünmüştü. Tanrı aşkına, kadın sincaplardan yemek yapan biriydi!

Reese sevincini gösteren bir şekilde sırıtarak, "Güzel haberlerinizin ardı arkası kesilmiyor," dedi.

Onun kadar sevinçli görünmeye çalışan Jacqueline, "Aynen öyle," dedi. Kendini gerçekten de zor zapt ediyordu.

Tammie Lee ağır ağır konuşarak, "Bizim kadar mutlu bir çift olduğunu sanmıyorum," dedi. "Hiçbir erkeğin Paul'ün beni sevdiği gibi bir kadını sevebileceğine inanmıyorum. Özellikle bebeğimizin olacağını öğrendikten sonra beni daha da çok sever oldu."

Reese, "Ailemize katıldığın için çok mutluyuz," dedi.

Tammie Lee, Reese'ye bakarak, "Bana olan sevginizi hissedebiliyorum," dedi. "Bunun için size ne kadar teşekkür etsem az."

Paul'ün gözleri Jacqueline'in gözleriyle buluştu. Annesinin neler hissettiğini biliyordu. Tammie Lee'yi kandırmayı başarabilirdi ama oğlu her şeyin farkındaydı. Paul şimdiye kadar eşine bunları belli etmemiş, onu korumuştu. Bir zamanlar anne ile oğlun arasında çok özel bir bağ vardı. Ama Tammie Lee oğluyla evlenince o bağ neredeyse kopacak kadar incelmişti.

Jacqueline o anda oğlunun bakışlarıyla ona meydan okuduğunu sezdi. Tammie Lee'yi incitecek tek kelime söylerse, oğlunun onu affetmeyeceğini biliyordu.

11

CAROL GIRARD

Carol yeni aldığı çiçekleri yemek masasının ortasına yerleştirdi ve geriye çekilip çıkardığı işe baktı. Öğlen yürüyerek Pike Place Alışveriş Merkezi'ne gitmiş, taze somon balığı ve yeni toplanmış kuşkonmazlarla birlikte beyaz ve kırmızı zambak almıştı. Çiçekleri kendisi düzenlemiş, Doug'ın son evlilik yıldönümlerinde gönderdiği güllerle birlikte gelen porselen vazonun içine koymuştu.

Yıllarca tüm enerjisini ve emeğini işine vermişti. İşinden ayrıldığı ilk günlerde bocalamış, vaktini nasıl geçireceğini bilememişti. İnternetteki destek grubu olmasa kendini tamamen kaybedebilirdi. İnternette buluştuğu bu kadınlarla adeta kardeş olmuştu. Kısırlık sorunlarıyla birlikte mücadele ediyor, birbirlerini destekliyor ve bilgilerini paylaşıyorlardı.

Bu kadınlardan bazılarının rahatlamak ve başarı hissini tatmak için örgü ördüğünü öğrenince Carol'un cesareti artmıştı. Onun örgüye başlama nedeni de buydu ama onun için bu, bir anne olarak yaşamayı istediği ve yaşayacağı hayatın sembolüydü.

Blossom Sokağı'ndaki tuhafiyeyi bulduğu gün içindeki umutlar yeşermişti.

Geçen hafta Lydia ve diğerleriyle buluştuktan sonra kendini yepyeni bir dünyaya adım atmış gibi hissetmişti. İlk defa evine sadece uyunacak ve ara sıra da eğlenilecek bir yermiş gibi bakmıyordu. Burası onun eviydi; burayı kocası ve doğacak çocuğuna beslediği sevgisinden güç alan birkaç kadınsı dokunuşla gerçek bir yuvaya çevirmeye karar vermişti.

Ağabeyi gelince yemeği genelde dışarda yerlerdi ama bu akşam yemeği o pişirmişti. Telefon açtığında Rick'in bir derdi var gibiydi. Carol da rahatça konuşabilecekleri samimi bir ortam yaratmak istemişti. Alışveriş yapmak ve çiçekleri düzenlemek öğleden sonraki tüm vaktini almıştı, ama geçen sürenin her bir dakikasından keyif duymuştu. Altı ay önce çiçek düzenleyerek ve saatlerini bir markette dolanarak harcayacağını söyleseler gülüp geçerdi. Ama bu işler artık onun mutluluk kaynağıydı çünkü bunları ailesi için yapıyordu.

Rick aşağıdan zile bastı ve Carol ağabeyini karşılamak ve içeri girer girmez ona sarılmak için kapıya gitti.

Geriye yaslanan Rick, "Aman aman," dedi. Carol'un tavırlarının onu şaşırttığı belli oluyordu. "Böyle bir karşılama beklemiyordum."

"Seni görmek ne güzel."

Rick güldü ve içeri bakındı. "Doug nerede?"

"Telefon edip geç kalacağını söyledi ama çok gecikmeyeceğinden eminim."

Carol, Rick'i oturma odasına geçirirken saatine baktı. Doug, Rick'le birlikte yemek yemeye onun kadar hevesli değildi. "Bira alır mısın?" Ağabeyi birayı sert içkilere tercih ediyor, ama uçuşuna yirmi dört saatten az bir süre kaldıysa ağzına içki sürmüyordu.

"Çok iyi olur." Rıhtımı rahatça görebileceği bir yere oturdu. Pencereden dışarıya bakarken sessizdi. Kardeşinin uzattığı birayı aldı ve gülümsedi. "Yemek için yardım edebileceğim bir şey var mı?"

"Teşekkürler. Hemen hemen her şey hazır."

Rick, "Kendine iyi bakmışsın, Carol," dedi. Sesi üzgün gibi çıkmıştı. Elindeki bira şişesine bakıp bir yudum aldı.

"Sen de."

Rick hafifçe güldü. "Öyle mi dersin?"

Rick'in asık suratını güldürmeye çalışan Carol, "Tanrı aşkına, Rick," dedi. "Büyük bir havayollarında pilotsun. Hayallerini gerçekleştirdin." Rick çalışıp didinerek başarı merdivenlerini birer birer tırmanmıştı. Carol'un hatırladığı kadarıyla Rick daima pilot olacağından bahsederdi. Genç yaştan itibaren havaalanlarının etrafında takılmış, pilotlarla konuşmuş ve öğrenebildiği her şeyi öğrenmişti.

Rick kardeşinin söylediklerini onaylarcasına gülümsedi. "O zaman mutlu olmalıyım, öyle değil mi?"

"Mutlu değil misin?" Carol elindeki salatayı hemen tezgâhın üzerine bırakıp oturma odasına geçti. Ufak tefek düzenlemeleri yapmasa da olurdu. Ağabeyinin karşısına geçip ona doğru eğildi. "Bir derdin mi var?"

"Önemli değil," diyen Rick soruyu gülerek geçiştirmeye çalıştı. "İçimin neden sıkıldığını bilmiyorum ama ben iyiyim. Söylediklerimi unut gitsin."

"Hayır, unutmayacağım. Şimdi bana aklından geçenleri anlat. Onca yolu manzara seyretmeye gelmedin herhalde."

Rick omuz silkti. "Aslında evinin yeni halini görene kadar moralim çok iyiydi."

Carol gülümseyerek, "Ne yapmışım ki?" dedi. "Ayrıca burası neden moralini bozdu?"

Ağabeyi etrafa bakındı ve bir süre sonra kaşlarını çattı. "Tam olarak bilmiyorum ama bir değişiklik var."

Rick değişikliği fark etmişti. Aslında her şey en son gördüğü yerdeydi. Mobilyalar da değişmemişti. Sadece dış kısımları biraz yıpranmıştı o kadar. Ama ev dönüşüme uğramış gibiydi. Çiçekler, parıl parıl parlayan parkeler, ışık saçan bardaklar... Bunlar ufak tefek şeylerdi belki ama Carol'un eviyle ilgili yeni tutumunu ifade ediyordu. Burası bebek yolu gözleyen sevgi dolu bir yuvaydı.

Carol, "Evet bir değişiklik var," dedi. "Ama değişen benim. Mutluyum, Rick, gerçekten de çok mutluyum."

Ağabeyinin yüzündeki perişanlık Carol'un gözlerinin yaşarmasına yetmişti. Carol yumuşak bir sesle, "Ama sen mutsuzsun," dedi.

İç çeken Rick, "Maalesef," dedi. Öne doğru eğilip, dirseklerini dizlerine yasladı ve bira şişesini bacaklarının arasına sıkıştırdı. "Ellie'nin yokluğunda hiçbir şeyden tat alamıyorum."

Ağabeyi ile Ellie bir yıl önce boşanmıştı. Rick boşanmalarından ilk defa bahsediyordu. Konuyu şimdi açması durumunun ne kadar kötü olduğunun göstergesiydi.

"Ona hâlâ aşığım. Her şeyi mahvettim."

Carol nefesini tuttu. Çünkü hem ağabeyini hem de Ellie'yi seviyor, ikisine de saygı duyuyordu. Onların ilişkilerinden ve sorunlarından olabildiğince uzak durmuştu. Boşanmadan sonra Ellie'yle sadece bir sefer telefonda görüşmüştü. O görüşme de biraz garip ve üzücü geçmişti. Ondan sonra da birbirlerini hiç aramamışlardı.

Kafasında sorular olan tek kişi Carol değildi. Anne ve babaları da Rick'in evliliğinin bitmesinin sebebini bilmiyordu. Rick boşandığına pişman olmuş gibiydi ve eski eşiyle yeniden birlikte olmayı istiyordu. Carol, "Ellie'yle görüşüyor musun?" diye sordu.

Rick başını salladı. "Hayatlarımıza ayrı ayrı devam etmemizin daha iyi olacağını söyledi. Ben de dediğini yapmaya çalıştım. Gerçekten de çaba sarf ettim ama hayatım o olmadan anlamsız. Böyle olacağını hiç düşünmemiştim." Rick başını hafifçe yukarı doğru kaldırdı ve üfleyip püfledi. "Başka erkeklerle görüşmeye başladığını duydum."

"Bunun seni ne kadar üzdüğünü tahmin edebiliyorum." Rick ile Ellie üniversiteden beri birlikteydi. Carol, o sevimli sarışınla tanıştığı anı hatırlıyordu. Rick'in kız arkadaşını ilk gördüğü an sevmiş ve onunla bir gün kardeş gibi olmayı ummuştu.

"Ellie'yi başka adamlarla düşününce kafayı yiyecek gibi oluyorum. Ne kadar aptallık ettiğimi düşünüp duruyorum. Onunla tekrar birlikte olmak için her şeyi yaparım. Gerekirse hiç düşünmeden işimi bırakırım."

"Bunları duyduğuma çok ama çok üzüldüm." Ona yardım edememek Carol'un kendini kötü hissetmesine sebep oluyordu. Ağabeyinin sorununu tam olarak bilmiyordu bile.

"Ben de bu hale geldiğime çok üzülüyorum."

"Neler olduğunu anlatmak ister misin?"

"Ellie sana anlatmadı mı?" diyen Rick'in gözleri fal taşı gibi açıldı. "Anlattığını sanıyordum."

Carol başını iki yana salladı. "Sen boşanma davası açtığını söyledikten sonra aradım ama benimle konuşmayı istemedi." Carol, Ellie'nin telefonda hıçkıra hıçkıra ağladığından bahsetmedi. Nihayetinde ikisinin de sorunlarını halledip bir araya geleceğini ummuştu. Ama Ellie boşandıktan sonra hayatına devam etmeye karar vermiş gibiydi.

Rick, "Evimden çoğu zaman uzak kalıyorum," dedi. "İnsan da uzaklarda arada sırada kendini yalnız hissedebiliyor."

Ellie'nin ima ettiği de buydu ama Carol böyle bir şeyi kabul etmemişti. Kendi kendine, Rick böyle bir şey yapmaz, demişti. Rick onun ağabeyi ve kahramanıydı. Yine de aklına gelenlerin yaşanıp yaşanmadığından emin olmalıydı. "Onu aldatmadın, öyle değil mi?"

"Hayır. Öyle bir şey değildi. Ama Ellie... şey işte, çalışırken ve uzaktayken etrafımda güzel kadınların olmasını sorun etti. Bana güvenmemeye başladı."

Carol da Doug'ın etrafındaki güzel kadınlardan rahatsız oluyordu ama ağabeyine bundan bahsetmedi. Şimdi kendi dertlerini anlatmanın sırası değildi.

Rick, "Neden böyle şeyler hissettiğini bilmiyorum," diyerek konuşmaya devam etti. "Ben Ellie'yi seviyorum." Yüzündeki bitkin ifadeden kurtulmaya çalıştı. "Onu hayatımdaki tek kadın olduğuna ikna etmeye çalıştım ama beni dinlemedi. Evliliğimizi bana güvenmediği için bitirdiğine inanamıyorum."

Carol da buna inanamıyordu ama düşüncelerini kendine sakladı. İki ihtimal vardı. Ya Ellie kıskançlıktan mantıksız kararlar almış ya da Rick söylediklerinden fazlasını yapmıştı.

"Ellie'yi boşanmadan vazgeçirmek için her şeyi yaptım. Tamam, biraz gezip tozmuş olabilirim. Her gece otel odamda oturup televizyon mu izleseydim yani? Ara sıra dışarıya çıktım işte. Bu yüzden beni suçlayabilir misin?"

Belki de Ellie'nin ona güvenmemesini gerektirecek bazı gerçekler vardı. Carol yine de ağabeyinin eşini aldatacağına inanmıyordu. Rick onurlu bir adamdı ama her şey bir yana o da bir erkekti. Arada sırada bir hostesle ya da kadın pilotla içki içmiş olabilirdi. Peki, bu kötü bir şey miydi? Belki de Ellie duruma aşırı tepki göstermişti.

Rick lafı ağzında geveleyerek, "Çocuk yapmayı ertelediğimize şükrediyorum," dedi.

Carol da aynı şeyleri düşünüyordu. Bu durumda şükredilmesi gereken tek bir şey varsa, o da bir yeğeninin olmadığıydı. Çocukların yıkılmış evliliklerden zarar görmesinden nefret ediyordu.

"Ellie çocuk istiyordu ama ben böyle bir şeye daha hazır değildim."

Carol başını salladı.

"Sence şimdi ne yapmalıyım?" diye soran Rick, bir cevap beklercesine Carol'a baktı.

Carol ağabeyinin kolunu sıvazladı. Nasıl bir cevap vereceğinden emin değildi. Rick kendi kendisinin en büyük düşmanı olabilirdi. Daima sosyal biri olmuş, partilerin gözdesi olarak gösterilmişti. Çok da cesur biriydi. Carol onu hep sevmiş, delikanlı ağabeyine hayranlık duymuştu. Ağabeyini böyle mutsuz görmek onu üzüyordu.

"Ellie'ye gerçekten neler hissettiğini göstermelisin."

"İyi de nasıl? Aklıma gelen her şeyi yaptım, Carol. Ellie beni görmek istemediğini söyleyip duruyor."

"Belki de ona bir şeyler yazarsın."

"Nasıl yani?"

"Mektup yazabilirsin. Hatta daha da iyisi ona aptalın teki olduğunu belirttiğin bir e-posta gönderebilirsin."

"Bunu çoktan biliyor zaten." Carol konuşmaya başladıklarından bu yana ağabeyinin yüzünde ilk defa hafiften bir gülümseme gördü.

"Ya bana cevap vermezse?"

"Sana hayır demesini kabul etme. Ona ondan vazgeçmediğini göster."

"Çiçek göndersem mi? Ya da buna benzer bir şey mi yapsam?"

"Pike Place'den taze meyveler gönderebilirsin." Juneau'da da taze meyveler vardı ama aşırı pahalıydı. "Koca bir sepet olsun. Bir de hatırladığım kadarıyla yabanmersini seviyordu."

"Öyle mi?"

"Rick! Eşinin neler sevip sevmediğini bilmen gerekir."

"İşte sorun da burada. Ona yeterince ilgi gösteremedim. Onu ne kadar çok sevdiğimi ancak iş işten geçtikten sonra anladım."

"O zaman kaybettiğin vakitleri telafi edeceksin."

Rick bir anda gülümsedi. Bu, Carol'un çocukluğundan hatırladığı o çocuksu gülümsemeydi. "Hevesli tavrın hoşuma gitti. Gerçekten de onu geri kazanabileceğime inanıyor musun?"

Carol yüksek sesle, "Evet," dedi. Ağabeyinin onun yanına gelmesi ve ondan yardım istemesi Carol'un kendini iyi hissetmesini sağlamıştı. Rick bir hata yapmış, evliliğini kurtarmak için de herhangi bir çaba sarf etmemişti. Carol ağabeyini desteklemek için elinden gelen her şeyi yapmaya hazırdı.

12

ALIX TOWNSEND

Laurel, Alix'e borçluydu. Bu yüzden Jordan Turner salı akşamı içeri girince Alix işlerini Laurel'e bırakmıştı. Jordan'ın dışarıya çıkmaya hazırlandığını görür görmez çaktırmadan kapının önüne çıkıp mola vermiş gibi yaptı. Sigara yakarken elleri titriyordu. Sırtını binaya yasladı, sigaradan bir nefes çekti ve nikotinin onu sakinleştireceğini umdu.

Kapı açılıp Jordan dışarı adım atınca ona seslendi. "Selam."

Jordan omzunun üzerinden baktı. "Selam. Nasılsın?"

"İyiyim. İçeri girdiğini görmedim. Hâlâ istiyor musun bilmiyorum ama *Matrix*'i senin için ayırdım."

"Öyle mi? Teşekkürler."

"Önemli değil." Alix sigara paketini Jordan'a uzattı.

"Teşekkürler."

Jordan'ın sigara içmediğini tahmin etmeliydi. Yaktığı sigaranın ucuna baktı. "Azaltmaya çalışıyorum. Bunlar düşük nikotinli sigaralar, ama yine de bir gün beni felç edecekler."

Jordan, Alix'in bu sözlerine kıkır kıkır güldü. Alix'in içini mutluluk dolu sıcak bir his kapladı.

Jordan, "Seni mahallede görüyorum," dedi.

"Alix Townsend. A-L-l-X." Alix elini uzattı ve Jordan'la tokalaştı. Adam adını söylemeye fırsat bulamadan, "Sen de Jordan Turner'sın," dedi. "Dosyalarımızda ehliyetinin fotokopisi var. Beşinci Cadde'de oturuyorsun, öyle değil mi?" Alix'in ona ilgi gösterdiğini gizlemek gibi bir derdi yoktu. Bu adamla aynı adı taşıyan çocuğu anımsadı ama aradan yıllar geçmişti. İlkokuldaki Jordan düzgün bir çocuktu ve Alix ondan hoşlanmıştı. Ancak olanlar ona başka bir zamanda ve başka bir mekânda yaşanmış gibi geliyordu.

"Aynen öyle."

Bir zamanlar tanıdığı o çocuk bu *olabilir miydi?* Adamı baştan aşağı süzdü. Böyle bir şeyin olup olamayacağını merak ediyordu. Sinirlerini yatıştırmak için sigarasından derin bir nefes çekti.

Bu Jordan'ın o Jordan olmadığına karar verdi. Zaten hatırladıkları da hayal meyal anılardan ibaretti. Bu yüzden tam olarak emin olamıyordu. Ona bunları sorma cesaretini gösterebilirdi ama Jordan çoktan konuşmaya başlamıştı.

"Buradan çok uzakta çalışmıyorum."

Demek filmleri birçok kişi gibi işten çıkıp evine giderken kiralıyordu.

Alix sıradan bir havayla, "Kiraladıkları filmlere bakarak insanlar hakkında birçok şey öğreniyorum," dedi. Sigarasını kaldırıma atıp kaba botlarının ucuyla ezdi.

"Gerçekten mi?"

"Senin hakkında neler öğrendiğimi bilmek ister misin?" Film tercihlerine bakarak karakter analizi yapmak, Alix'in erkeklerle muhabbeti ilerletmek için kullandığı taktiklerden biriydi. Ama bu taktiği kullanacağı fırsatlarla çok sık karşılaşmıyordu.

Jordan gülümsedi, Alix gülünce daha da belirgin olan sevimliliğinden fazlasıyla etkilendiğini fark etti. Laurel, Alix'in Jordan gibi sıradan bir adamda ne bulduğunu anlayamazdı. Bunu arkadaşına anlatamazdı da. Porno seyreden bir adamın sevgilisi böyle şeyleri hayatta anlayamazdı.

Jordan da Alix gibi duvara yaslandı. "O zaman öğrendiklerini anlat hadi."

Havaya giren Alix kendini ifade etmekte zorlandı. Bocaladı ve ne söyleyeceğini bilemedi. Daha da kötüsü ağzını açamadı. Kendini küçük düşmüş hissediyordu. Durumu telafi etmek için sonunda ellerini hafifçe kaldırıp, "Havalısın," dedi.

Jordan, "Havalı mı?" dedi. "Kaliteli filmler seçtiğimi mi söylemek istiyorsun?"

"Evet." Alix kaldırıma yığılarak yok olup gitmeyi istiyordu.

"Teşekkürler."

Alix'in yüzü kıpkırmızı olmuştu. Hırçın bir havayla, "İşimin başına dönmeliyim," dedi ve tek bir söz daha söylemeden koşar adımlarla dükkâna girdi.

Bunlar da yetmezmiş gibi içeri girince onu bekleyen Laurel'le karşılaştı. Ev arkadaşı, Alix içeri girer girmez heyecanla, "Nasıl geçti?" dedi.

Alix ona ters ters baktı.

Laurel ellerini havaya kaldırdı. "O kadar kötü mü?"

Alix'in midesi bulanıyor, anne babasının kavga etmeye başladığı sıralarda hissettiği bulantıyı hissediyordu. O acı verici duygular, başlarına gelen tüm kötülüklerin sorumlusu oymuş gibi bedenine kök söktürüyordu. Jordan o tanıdığı çocuk olabilirdi ama bunu soracak vakti olmamıştı. Özellikle de kaçıp gittikten sonra hiç soramazdı.

Ona bakan Laurel, "İyi misin?" diye sordu.

Alix bu soruyu duymazdan geldi ve dükkânın arka tarafındaki personel tuvaletine yöneldi. Tuvalet berbattı. Alix tuvaletin en son ne zaman temizlendiğini tahmin etmek bile istemiyordu. Klozetin etrafı sapsarı olmuştu. Bunu ilk defa şimdi fark etmesini ise komik buluyordu.

Lavabonun önünde duran Alix aynaya baktı. Peşine takılan seslerin yabancısı değildi. Ona duymayı istemediği şeyleri bağırarak söyleyen bu çirkin, olumsuz seslerden bıkmıştı. Yüzüne bakıp pis pis sırıtıyorlar, ona bitik bir insan olduğunu söylüyorlardı. Ne yaparsa yapsın, ne kadar çaba sarf ederse etsin başarılı olamıyordu. Lanetlenmişti. Bu onun kaderiydi. Asla asgari ücretten fazlasını kazanamamış, hiç sevilmemiş, normal insanların elinin altında olan telefon ve bulaşık makinesi gibi eşyaların bulunduğu bir eve sahip olamamıştı.

Elleriyle yüzünü kapatan Alix, gözlerini yumup acınası halinin yarattığı iç karartıcı duygulara teslim oldu. Omuzlarına binen ve onu daha derinlere gömen bu dayanılmaz ağırlığı hissedebiliyordu. Bu karamsarlıktan kurtulmaya, aklından geçen çirkin seslere aldırış etmemeye çalışsa da yenik düşmüştü.

Annesinin ona söylediği iğrenç laflar kulaklarında çınlıyordu. Öğretmeninin aşağılayıcı laflarını duyabiliyordu. Tam da bu sırada on iki yıl önce hissettiği kadar kuvvetli bir aşağılanma hissinin etkisinde kaldı. Canını yakan tüm sözleri geçmişe gömmeyi istiyor ama o laflar aklında yankılanmaya devam ediyordu. Kendini bir türlü toparlayamıyor, tuvaletin zeminine yığılacak gibi oluyordu.

Kapının sesiyle irkildi ve başını sesin geldiği tarafa çevirdi.

"Alix, orada mısın?"

Lanet olsun, Laurel. "Ne var?"

"Geri geldi?"

"Kim?"

"Az önce konuştuğun adam. Adını bilmiyorum."

Alix altdudağını ısırdı. "Sen ilgilen."

"Ama seni istiyor?"

Alix kaşlarını çatıp, "Neden?" diye sordu.

Alix'in laflarına gıcık olan Laurel, "Bilmiyorum," dedi. "Bir de adamın aklını mı okumam gerekiyordu?"

"Birazdan gelirim." Alix doğruldu. Jordan'ı göreceği için kendini toparladı. Elleriyle saçlarını düzeltti. Onu neden çağırdığını merak ediyordu.

Yüzü kıpkırmızı olduğu için soğuk suyla yüzünü yıkadı. Makyajının bozulup bozulmadığı umurunda değildi.

Sonunda dışarıya çıkıp Jordan'la yüzleşme cesareti bulmuştu ama aradan ne kadar vaktin geçtiğini bilmiyordu.

Jordan tezgâhın önünde onu bekliyordu. Alix tezgâha yaklaşırken adam gülümsedi.

Alix adamın yüzünden işini yarıda bırakmak zorunda kaldığına kızmış gibi sert bir tavırla, "Beni görmek istemişsin," dedi. Onu gördüğüne mutlu olduğunu belli etmek istemiyordu. Zaten mutlu da olmamıştı. Kendini küçük düşürmesinin üzerinden daha dakikalar geçmemişken, bir kez daha aynı şeyi yapmayı istemiyordu. En azından bu kadar erken olmazdı.

"*Matrix*'i ayırdığını söylemiştin?"

Alix'in içi rahatladı. "Ah, evet, neredeyse unutuyordum. Şuraya koymuştum." Alix adamın yanından tezgâhın arkasına geçip filmi koyduğu yere uzandı.

"Sana ne kadar teşekkür etsem az."

Alix bilgisayar ekranına bakıyormuş gibi yaparken, "Önemli değil," dedi. Kiralama ücretini hesapladı ve Jordan'dan kredi kartını istedi. Adam ücreti ödedikten sonra Alix filmi koruyucu plastik kabına yerleştirdi. Onu da bir poşete koyup tezgâhın üzerinden Jordan'a uzattı. "Bu hafta mikrodalga mısırlarında indirim var."

"Teşekkürler, ama geçenlerde Costco'ya gittiğimde koca bir paket almıştım. Sanırım bana on yıl yetecek kadar mısırım var."

Alix dirseklerini tezgâha dayadı. Kendini biraz tuhaf hissediyordu. Utangaç bir hali vardı. Ne söyleyeceğini ya da ne soracağını bilmiyordu. Jordan Turner'a altıncı sınıftan bahsetse, onunla muhabbet kurmanın yolunu arıyormuş gibi görünebilirdi. "Senin için ayırmamı istediğin başka film var mı?" Bu çok da parlak bir soru gibi görünmüyordu ama en azından mantıklıydı.

Jordan omuz silkti. "Şu an aklıma gelmiyor ama gerekirse haber veririm."

"Tamam."

Başını sallayan Jordan dükkândan ayrıldı. Cam kapı kapanır kapanmaz Laurel Alix'in yanına geldi. "Ne istiyormuş?"

"Film tabii ki. Başka ne olabilir ki?"

"Neden her geldiğinde seni soruyor?"

Alix yaşananları ayrıntılarıyla Laurel'e anlatmayı hiç istemiyordu. "Ben nereden bileyim?"

"Tamam canım, kızmana gerek yok."

Kapı yeniden açıldı ve Jordan kafasını içeri uzattı. Alix onu bir kez daha gördüğüne çok şaşırdı.

"Alix, kaçta paydoz ediyorsun?"

Alix bu soruya hemen cevap veremeyecek kadar şaşırmıştı. "On birde. Haftada üç gün dükkânı ben kapatıyorum."

"Yarın da dükkânı sen mi kapatacaksın?"

"Hayır. Çarşamba günleri saat dokuza kadar buradayım."

"Peki benimle bir kahve içmek ister misin?"

"Şey..." Alix adamın gerçekten de ona çıkma teklif etmesine inanmakta güçlük çekiyordu. Çok da önemli bir şey değilmiş gibi, "Olabilir," dedi.

"Çok güzel. O zaman görüşürüz." Jordan el sallayıp gitti.

Alix'in içini bir mutluluk kapladı. Aklındaki hiçbir sorun, onun sevinçten havalara uçmasına engel olamazdı.

13

"Örgü örmek... En büyük zevkim."

Nancie M. Wiseman,

LYDIA HOFFMAN

Annem hafta başında telefon ederek anma gününde Margaret'i de alıp birlikte babamın mezarını ziyaret etmemiz gerektiğini söyledi. Babamı ebedi huzura kavuşması için toprağa vereli daha birkaç ay olmuştu. Annem bir dul olarak ayakta kalmaya çalıştığı şu sıralar epey zor günler geçiriyordu.

Seve seve ona eşlik edeceğimi söyledim, ama Margaret' in annemin isteğini nasıl karşılayacağını merak ediyordum. Ablam anneler gününde birbirimizi görmememiz için elinden geleni yapmıştı. Ailecek bir araya geldiğimiz günlerde hep huysuzluk ediyor, bize soğuk davranıyordu. Sanırım aynı aileden olduğumuzu unutmak istiyordu. Birkaç sefer aklımdan ablamın babamın yerine benim ölmemi isteyeceği düşüncesi geçti. Bunun hiç de hoş bir düşünce olmadığını biliyorum, ama ablamın tavırlarına bakılırsa böyle düşünmekte haksız sayılmam. Yine de onunla bağlarımı koparmamak için elimden geleni yapacağım. Nedense içimden bir ses ondan uzaklaşmama karşı çıkıyor. Çünkü o benim kanımdan canımdan biri. Ölümle böylesine burun buruna gelen biri olarak birbirimizi sevmesek de birbirimize ihtiyacımız olduğunu hissediyorum.

Pazartesi günü öğle vakitlerinde eve vardım ve annemin bahçenin yanındaki küçük avluda çay içtiğini gördüm. Üzerinde uzun, siyah bir etek ile ipek bir bluz vardı ve hasır sandalyeye oturmuş, güneşin tadını çıkarıyordu.

Budanmış güller tomurcuklanmış ve leylakların tatlı kokusu havaya saçılmıştı. Annemin ellerindeki mendili görünce ağladığını fark ettim.

Yanına gidip hiçbir şey söylemeden elimi omzuna koydum. Annem başını kaldırdı, yüzünde buruk bir gülümseyle baktı ve parmaklarımı hafifçe sıktı. "Onu özlüyorum."

Fısıldayarak, "Ben de," dedim. Hissettiğim duygular, kelimelerin boğazımda düğümlenmesine sebep oluyordu.

"Baban bizi böyle kederli görse üzülürdü. Hava çok güzel ve kısa süre sonra iki kızım da yanımda olacak. Ben nasıl olur da kederlenirim?" Annem masaya bir bardak daha koydu ve demliğe uzandı. Beni beklediği belli oluyordu. Hiçbir şey sormadan bana da çay doldurdu. Ben de yanına oturdum.

Biraz muhabbet ettik. Annemin dükkânımla, açtığım kursla ve kursa yazılan üç kadınla ilgili soracak çok sorusu vardı. Jacqueline'den, Carol'dan, Alix'ten ve diğer müşterilerden bahsettim. Geçen her gün müşterilerimin sayısı artıyordu ve daha da önemlisi yeni arkadaşlar ediniyordum. Dünyam her geçen gün biraz daha büyüyordu ve çok mutluydum. Whiskers de halinden memnundu. Artık dükkânda da vakit geçiriyor, vitrinin önünde güneşin tadını çıkarıyordu. Birçok kişiyle muhabbet etmeme vesile oluyor, müşterilerimin dikkatini çekiyordu. Ona gösterilen ilgiden de fazlasıyla memnundu.

Hafta sonu tatilinden dolayı kurstaki öğrencilerim geçen cuma günü yapacağımız dersi atlamamızı istemişti. Jacqueline ile Carol şehir dışına çıkacaktı. Alix neler yapacağını söylememişti ama şehirden uzaklaşacak durumunun olmadığını tahmin ediyordum.

Öğrencilcrimin kat ettiği ilerlemeden memnundum. Jacqueline'i kurstan ayrılmamaya ikna etmek biraz zor olmuştu. Kadın üçüncü haftaya geçmeden kursu bırakmayı düşünüyordu ama onu kararından vazgeçirmeyi başarmıştım. Jacqueline'in de böyle bir şey yapmamı istediğini hissetmiş, buna sevinmiştim. Alix ikinci derste birkaç ilmeği atlamış ve sayıp sövmeye başlamıştı. Kızın ettiği küfürler Jacqueline'in tepesinin tasını attırmıştı. Alix'e yaşadığı hayal kırıklığını ifade etmek için farklı bir yöntem kullanmasını söylemiştim. Kızın herkesten özür dilemesiyse beni dumura uğratmıştı. Artık ona karşı çok daha iyi şeyler hissediyorum; insan onu tanımaya başlayınca, aslında o kadar da kötü biri olmadığını anlıyor.

Gözde öğrencim Carol, bebek battaniyesinin yarısını çoktan bitirmiş, gözünü yeni modellere dikmişti. Haftada en az iki sefer dükkânıma geliyor, benimle muhabbet ediyordu. Whiskers birkaç sefer onun kucağına oturarak kendime iyi bir arkadaş seçtiğimi göstermişti.

Annem müşterilerimle ilgili hikâyeleri dinlemeyi çok seviyordu. Neredeyse her gün telefonda konuşuyorduk. İkimizin de buna ihtiyacı vardı. Otuz yaşında bir kadın olabilirim ama kız çocuklarının annelerine olan ihtiyacının hiçbir zaman sonlanmayacağını biliyorum.

Annem sıradan bir havayla, "Margaret ile kızlar saat birde gelecek," dedi. Ama ben söylemek istediği asıl şeyi anlamıştım. Beni uyarıyordu. Elindeki fincanı tabağına koyup ellerini kucağına bıraktı. Annemin doğuştan gelen güzelliğini kıskanıyordum. Margaret de bu bakımdan ona çekmişti.

Annemi nasıl tarif edeceğimi bilmiyorum. İnsanlar onun görünümünden fazlasıyla narin biri olduğunu düşünebilir, ama aslında çok çok güçlü biridir. Ona bu konuda ancak hayranlık duyabilirim. Ben kanserle mücadele ederken, o da doktorlara ve sigorta şirketine karşı beni tüm gücüyle savunmuştu. Sevecen, cömert biridir, her zaman başkalarının ihtiyaçlarını karşılamaya çalışır. En büyük eksikliklerinden biri, hastalıklarla başa çıkmakta zorlanmasıdır. Beni ya da başka birini acı çekerken görmeye dayanamaz ve çoğu zaman geri çekilmeyi tercih eder. İşte bu yüzden hastalığım sırasında daima yanımda olan bir babaya sahip olduğum için kendimi çok şanslı hissediyorum.

"Julia ile Hailey de geliyor muymuş?" diye sordum. İki yeğenim de benim sevinç kaynağım. Çocuk sahibi olma ihtimalimin epey düşük olduğunu biliyorum; bu yüzden yeğenlerimin kalbimde çok özel bir yeri var. Margaret de bunu sezmiş olmalı. Nedendir bilmem ama kıskanç tavırlar takınarak kızlarını elinden geldiğince benden uzak tutuyor.

Ancak Julia ve Hailey, onlara beslediğim sevginin gerçek olduğunun farkında. Onlar da beni hesapsız sever. Bu, anneleri Margaret'i de çok şaşırtıyor. Yeğenlerimin teyzelerini görünce gösterdikleri çocuksu sevinç, ablamı bugüne kadar hep rahatsız etti ve kızlarını benden hep uzak tutmaya çalıştı.

"Anneanne!" Dokuz yaşındaki yeğenim Hailey, kollarını açıp koşa koşa arka bahçeye girmişti. Beni görünce sevinç dolu bir çığlık attı ve annemi kucakladıktan sonra kollarıma atıldı. Heyecandan neredeyse beni nefessiz bırakacaktı.

On dört yaşındaki Julia biraz çekingendi ama onun da beni görünce gözlerinin içi güldü. Boştaki kolumu uzattım ve yanıma gelen Julia'nın elini sıktım. Yeğenim epey boy atmış, genç kız olmuştu. Çok da güzelleşmişti. Onu görünce gururlandım.

Beni çekiştiren Hailey, "Lydia Teyze bana örgü örmeyi

öğretir misin?" diye sordu.

Omzumun üzerinden arkama baktığımda ablamla eniştemin arka kapıdan girip yanımıza geldiklerini gördüm. Margaret'in çatık kaşlarından, soruyu duyduğunu anladım. "Seve seve öğretirim, ama annenden izin almalısın."

Margaret kızgınca, "Bunu sonra konuşuruz," dedi. Beni bırakmayı hiç istemeyen Hailey de kolunu omuzlarıma attı.

"Merhaba, Matt," dedim.

Eniştem gülümseyip göz kırptı. Matt ile Margaret'in çıkmaya başladığı günleri çok iyi hatırlıyorum. Benden beş yaş büyük olduğu için Matt'i olgun ve bilgili biri olarak görüyordum. Genç yaşta evlenmişlerdi. Margaret'in en azından üniversiteyi bitirene kadar beklemesi gerektiğini düşünen babam evliliklerini onaylamamıştı. Ablam üniversiteyi bitirmiş ama aldığı eğitimi babamın istediği şekilde değerlendirmemişti. Birkaç işe girip çıkmış, kendine uygun bir şey bulamamıştı. Şimdilik bir seyahat acentesinde yarım gün çalışıyordu, ama bana işinden hiç bahsetmezdi. Kızlarına bakmak için elinden geldiğince evde kalmasını takdir ediyorum ama nasıl bir tepki vereceğini bilmediğim için düşüncelerimi kendime saklıyorum.

Kısa süre havadan sudan muhabbet ettikten sonra iki arabayla mezarlığa gittik. Annem bahçesindeki leylaklarla hazırladığı koca bir buket getirmişti. Julia ile Hailey buketi babamın mezarına koydu. Mezarlığın birçok yerine dikilen kocaman Amerikan bayrakları esen rüzgârda dalgalanıyor, ülkemiz için hayatlarını feda eden kadınları ve erkekleri hatırlatıyordu.

Mezarlıkları hep ilginç yerler olarak görmüşümdür. Çocukken kafayı mezar taşlarına takmıştım. Özellikle de 1800'lerde ve 1900'lerde dikilen mezar taşlarının üzerindeki yazıları okumayı seviyordum. Margaret, annem ve babam büyüklerimizin mezarlarını ziyaret ederken ben hep etrafta dolanırdım. Beş yaşındayken Meryem Ana heykelini üzerime düşürüp ayağımı kırmış; ama annemle babama Meryem'in yüzüne bakabilmek için heykele tırmandığımı söylememiştim.

Büyükannelerimi ve büyükbabalarımı hatırlamıyorum. Doğu kıyısında yaşayan baba tarafını nadiren ziyaret ediyorduk. Annemin ailesi Büyük Buhran yıllarında Seattle'a gelmiş, ama ben doğduktan hemen sonra ölmüştü. Her yıl anma gününde onların mezarlarını ziyaret eder, mezarlarına çiçek koyardık. Uzun zaman önce göçüp giden akrabalarım için ara sıra içim biraz sızlardı. Onları hatırlıyor olmayı dilerdim ama hepsi bundan ibaretti.

Şimdi durmuş, babamın daha toprağı kurumamış mezarına bakarken aniden kederlendim. Mermer mezar taşının üzerinde "JAMES HOWARD HOFFMAN, 20 Mayıs 1940 - 29 Aralık 2003" yazıyordu.

Doğumdan ölüme… Bu iki tarihin arasında sadece bir tire işareti vardı. Bu sessiz işaret, babamın vatanı için iki sefer Vietnam'a gittiğini de, karısına ve kızlarına koşulsuz bir sevgi beslediğini de anlatmıyordu. O işaret babamın yatağımın ucunda oturduğu, beni rahatlatmaya çalıştığı, bana kitaplar okuduğu ve benim için elinden gelen her şeyi yaptığı sayısız günleri anlatamazdı. Babamın bana olan sevgisi kelimelerle tarif edilemezdi.

O, aşina olduğum, gözlerimi kör eden acıyı yine hissettim. Tümörün sonuçlarından biri de dinmek bilmeyen migren ağrılarıydı. Yeni çıkan ilaçlarla hemen hemen tüm migren ataklarımı önceden engelleyebiliyordum. Ağrılarımın tutmak üzere olduğunu kolayca tahmin edebiliyordum ama bu seferki beni hazırlıksız yakalamıştı.

Sürekli yanımda taşıdığım ilaçlarımı bulmak için çantamı karıştırdım. Durumumu bilen annem sendelediğimi görünce bana doğru geldi. "Lydia, iyi misin?"

Yavaşça soluk alıp verdim. Gözümü, kör edici güneş ışıklarına kapatırken fısıldayarak, "Eve dönmeliyim," dedim.

Annem telaşla, "Margaret, Matt," diye seslendi. Kolunu belime attı. Birkaç dakika içinde kendimi arabaya yerleştirilirken buldum. Matt beni dükkânın üzerindeki küçük evime götürmek yerine annemin evine götürüyordu.

Çok geçmeden çocukluluğumun geçtiği odama ve yatağıma dönmüştüm. Perdeler çekilmişti. Annem alnıma nemli bezler koydu. Sonra da uyumam için parmak uçlarına basarak odadan çıktı.

Aldığım ilacın etkisini göstermesinin ve birkaç saatlik bir uykuya dalmamın vakit alacağını biliyordum. Uyandıktan sonra hiçbir şeyim kalmayacaktı, ama o safhaya ulaşmak, o rahatlığı hissetmeye başlamak zordu.

Annem gittikten hemen sonra, tam da korkunç zonklamalar en kuvvetli halini almışken kapının çıtırdayarak açıldığını duydum. Gözlerim kapalı halde yatağa dümdüz uzanmış olsam da odaya giren kişinin ablam olduğunu biliyordum.

"Bir saniye duramadın, öyle değil mi?" Çok öfkeliydi. "Bir gün olsun ilgi odağı olmasan olmaz, değil mi?"

Ablamın, birkaç dakikalığına tüm dikkatleri üzerime çekmek için kasten migrenimin tutmasını sağladığıma inandığı çok belliydi. Margaret sadece bir anlığına ağrıyı çekse halimi anlardı. Ama onunla tartışacak durumda olmadığım için sessizliğimi korudum.

"Bir gün sadece ikimiz kalacağız."

Bunun olacağını ben de biliyordum. Ablamla doğru düzgün bir ilişkimin olmasını çok istiyorum. Acıdan kıvranmasam, aramızdaki ilişkinin farklı olmasını ne kadar çok istediğimi anlatmaya çalışabilirdim.

"Sana annemle babam gibi davranacağımı sanıyorsan yanılıyorsun."

Gülmek üzereydim. Margaret'in öyle bir şey yapacağını hayal bile edemiyordum.

"Seni şımartanlardan biri de ben olmayacağım. Artık büyüyüp yetişkin gibi davranma vaktin geldi, Lydia. Aslında kendi hayatının sorumluluğunu üstlenme zamanın çoktan gelip geçti. Benden sana sempati duymamı falan bekleme." Tüm dertlerini dile getiren Margaret hızla odadan çıkıp gitti.

Sertçe kapatılan kapının sesi kafamın içinde yankılanıyordu. Ciğerlerim donmuş, kalbim susmuştu. Yüzümdeki ıslak bezden dolayı gözlerimden akan yaşları hissedemiyordum.

Artık Margaret ile aramızdaki bağı korumanın imkânsız olduğuna daha da çok inanıyordum.

14

JACQUELINE DONOVAN

Jacqueline koridordaki aynada kendine bakıyor, sabrının taşmaması için dua ediyordu. Paul ile Tammie Lee, onları barbekü yapmak için evlerine davet etmiş, Jacqueline de teklifi reddedememişti. Oğlu Paul her türlü bahanesini kolayca anlayabilirdi. Kapana kısılan Jacqueline'in, dişini sıkıp elinden geleni yapmaktan başka çaresi yoktu.

Reese üçüncü sefer, “Hazır mısın?” diye sordu.

Üfleyip püfleyen Jacqueline, kocasının yanına gitti. Reese arabasının anahtarlarını parmaklarında döndürüyor, garaja açılan mutfak kapısının önünde gidip geliyordu.

Jacqueline, “Bunu atlatmanın bir yolu yok mu?” diye sordu. Söylediği şeyin imkânsız olduğunu biliyordu.

Reese ona o bilindik bakışlarından birini attı. Adamın düşündüklerini kelimelerden daha iyi anlatan birkaç yüz ifadesi vardı ve Jacqueline bunların tamamını birlikte geçirdikleri yıllar boyunca çok iyi öğrenmişti. Reese'nin yüzündeki keyifsiz gülümseme Jacqueline'in yaptığı ya da söylediği bir şeyden mutlu olmadığını gösteriyordu.

Burnundan soluyan Jacqueline, "*Yine* ne oldu?" dedi. "Bana onların evine gitmeyi dört gözle beklediğini söyleme." Kim bilir Tammie Lee yemek için neler hazırlamıştı? Izgara opossum mu? Yoksa barbekü sincap mı?

Kocası, "Anlamıyor musun?" dedi. "Paul, Tammie Lee' yi tanımamızı ve onun sevdiği gibi sevmemizi istiyor."

Jacqueline bu sözlerden hoşlanmadığını göstermek için başını salladı. "İsterse bizi binlerce kez barbeküye davet etsin, öyle bir şey olmayacak."

"En azından bir şans ver."

Jacqueline, kocasının tavırlarına kızmaya başlıyordu. Doğru kişiyle evlenmenin ne kadar önemli olduğunu o da biliyordu. Reese onu sevimli gülümsemesi için seçmemişti. Aileleri birbirlerini çok iyi tanıyordu ve Jacqueline aynen Reese gibi en iyi okullara gitmişti. Reese'ye aşık olmuştu ama evlenilecek doğru kişiyi bulmak için çok daha fazlası gerekirdi. Zaten Jacqueline'e göre aşk fazlaca abartılan bir şeydi.

Paul'ün gittikçe babasına benzemesinden, onun da beynine belden aşağısının hakim olmasından korkuyordu. Keşke Paul doğru kızla evlenseydi. Tammie Lee'ye beslediği duygular gerçekse, babası gibi gidip onu gizli bir yere yerleştirmeli ve haftada sadece bir gün ziyaret etmeliydi. Jacqueline kocasının salı akşamları görüştüğü kadına ne kadar para harcadığını bilmese de servetlerinin çoğunun çarçur olmasından korkuyordu. İlk seneden sonra gerçeği öğrenmemeyi tercih etmiş, kocasının hesaplarını kontrol etmemişti. Adamın salı günleri ortalıkta olmaması ona bilmesi gereken her şeyi anlatıyordu zaten.

Yolda hiç konuşmadan eve vardılar. Oğullarının ve gelinlerinin Kirkland'ın yakınlarındaki büyük, dubleks evleri Washington Gölü'ne bakıyordu. Arka bahçeden dumanlar çıktığını gören Jacqueline etlerin pişmeye başladığını düşündü. *Çok güzel.* Ziyaretleri ne kadar kısa sürerse o kadar iyi olurdu.

Reese zili çaldı ve merdivenlerde beklemeye başladılar. Kapıyı Tammie Lee açtı. Kadının ayakları çıplaktı. Üzerindeki taşlanmış kot şort ve hamile kıyafetiyle 1960'ların filmlerinden fırlamış gibiydi.

Tammie Lee, "Gelmenize çok sevindim," derken Jacqueline'in eline uzandı ve kadını adeta çekiştirerek eve aldı.

"Hoş geldiniz," diyen Paul karısının hemen arkasında duruyordu. Babasının elini sıktı ve annesine üstünkörü sarıldı.

Jacqueline ters bir sözle muhabbete başlamak istemezdi ama Tammie Lee'nin çıplak ayakla evde dolanmasının iyi bir şey olmadığını düşünüyordu. Gelinin ayağı kayabilir, bebeğe bir şey olabilirdi.

"Lafı böyle açmak istemezdim ama ayakkabı giysen daha iyi olmaz mı?" Jacqueline gelininin durumundan endişe duyduğu için söylemişti bunu. Ancak Paul'ün dudaklarını bükmesinden ona sinir olduğunu anlayabiliyordu.

Tammie Lee herkesi evden geçirip yeni biçilmiş çimlere doğru götürürken, "Haklı olduğunuzu biliyorum," dedi. "Sağ olsun, Paul de hep aynı şeyi söylüyor ama bir türlü ayakkabılarla evde rahat edemiyorum. Kapıdan içeri girer girmez çıkarıp atıyorum. Geçen hafta bahçeye çıplak ayakla çıkmak gibi bir hata yapınca salyangozun tekini ezdim."

Jacqueline'in tiksintiden yüzü buruştu.

"Azrail peşime düşmüş gibi çığlık atmaya başladım."

Paul kıkır kıkır güldü. "Daha önce o kadar hızlı koştuğunu hatırlamıyorum. Bir kovan dolusu arının Tammie Lee'ye saldırdığını düşündüm."

Arka bahçedeki masa hazırdı. Tammie Lee buzlu çayla dolu iki sürahiye uzanıp, "Şekerli mi, şekersiz mi?" diye sordu.

Jacqueline'e göre buzlu çay şekersiz servis edilmeliydi. Şekerli isteyen kişiler sonradan şeker atabilirdi. "Şekersiz olsun," deyip masadaki yerine oturdu.

Reese, "Ben de aynısından alayım," dedi.

Tammie Lee çayları doldurup bardakların birini Jacqueline'e uzattı. Jacqueline çayın üzerinde duran yeşil yaprağı görünce kaşlarını çattı. Kaşığıyla çayına düşen şeyi çıkarmaya hazırlanırken, "Çayımda bir şey var," dedi.

Tammie Lee, "Nanedir," dedi. "Annem üzerine taze nane yaprağıyla limon dilimleri koymadan buzlu çay servisi yapmama asla izin vermez."

Kendini aptal gibi hisseden Jacqueline arkasına yaslandı. Tek kelime bile etmemeye kararlıydı. *Elbette* o gördüğü şey naneydi. Bunu fark etmesi gerekirdi ama Tammie Lee'nin hazırladığı şeyden neyin çıkacağını da insan kolay kolay tahmin edemiyordu.

Reese, "Çok güzel," dedi. "Davetiniz için teşekkür ederiz."

Jacqueline ters ters kocasına baktı. Bugünle ilgili güzel hiçbir şey yoktu. Reese de bunu çok iyi biliyordu.

Barbekünün önünde duran Paul, "Bu aslında Tammie Lee'nin fikriydi," dedi. Pişirdiği etlerin güzel koktuğunu fark edince içini bir rahatlık kapladı. Cızır cızır pişen etlerin üzerine bir tür sarımsaklı sos sürüyordu.

Eline aldığı defter ve kalemle bahçeye geri dönen Tammie Lee, "Evet," dedi ve bir sandalye çekip Jacqueline ile Reese'nin yanına oturdu. Boş bir sayfa açtı. Hevesle, "Size aile geleneklerinizle ilgili sorular sormak istiyorum," dedi. "Paul ile birlikte aile geleneklerini sürdürmeye büyük önem veriyoruz. Sizlerin geleneklerinizi de sürdürmek isterim."

Jacqueline daha önce böyle bir kelime duymamış gibi, "Gelenekler mi?" dedi.

"Evet, bilirsiniz işte. Derbi günü gibi şeyler."

Kafası karışan Jacqueline kocasına baktı.

Tammie Lee, "Kentucky derbisi," dedi. Bu sırada ikisine bakıp duruyor, birinin gülüp "Tabii ya" demesini bekliyordu.

"Babamla amcalarım beyaz takım elbise giyinir, Panama şapkalarını takardı. Annem ve teyzelerim de günlerce yemek pişirirdi."

Yuvarlak bahçe masasına gelip onlara katılan Paul, "Biz Kentucky derbisine sizinkiler kadar gönülden bağlı değiliz, hayatım," dedi. Babasına gülümseyerek baktı. "Ona, Noel'den bahsedebilirsin, anne."

Jacqueline de, "Noel'e ne olmuş ki?" dedi.

"Noel arifesinde çoraplarımı şöminenin üzerine asardın."

"Evet ama yıllardır yapmıyoruz bunu."

Tammie Lee heyecanla, "Peki ya Amerikan futbolu?" diye sordu. "Buralarda futbol seviliyor, öyle değil mi?" Tammie Lee daha da heyecanlanmıştı.

"Ah, evet." Bu sefer cevap veren kişi Paul'dü. "Babam da ben de Husky taraftarıyız."

"Harika! Futbol partileri verebiliriz. Annem futbol partilerinin kilise toplantılarına benzediğini söyler. Tüm kadınlar en güzel elbiselerini giyinir, en güzel köftelerini hazırlar. Sonra da bir mucize olsun diye saatlerce dua ederiz."

Hem Paul hem de Reese güldü. Ama Jacqueline espriyi anlamadı. "Neden dua ediyorsunuz ki?"

Tammie Lee sırıttı. "Takımımız kazansın diye."

Jacqueline de hafifçe gülümsedi.

Barbekü Jacqueline'in korktuğu kadar kötü geçmemişti. Gelininin masanın ortasına içi doldurulmuş bir hayvan koyacağını düşünmüştü ama Tammie Lee masayı çok güzel bir buketle süslemişti.

Jacqueline'in önyargılarına rağmen Reese'nin de dediği

gibi çok güzel vakit geçirmişlerdi. Yemekte avokadolu mısır cipsi, ızgara biftek ve patates salatası yemişlerdi. Bunların hepsi de Jacqueline'in beklediğinden daha lezizdi. Meksika biberli mısır ekmeği biraz acıydı ama Jacqueline ondan da bir parça almıştı. Reese yemeği öve öve bitirememiş, Tammie Lee de kayınpederinin iltifatlarından fazlasıyla mutlu olmuştu. Tammie Lee iş saatlerinin de azalmasıyla, kocasını mutlu etmek için yemek pişirmeye vakit ayırabiliyordu. Genç ve evli bir kadınken Jacqueline de aynı şeyi yapmıştı ama artık içinden mutfağa girmek gelmiyordu.

Dönüş yolculuğu da sessiz geçmişti. Yemek boyunca çoğunlukla aile geleneklerinden konuşmuşlardı. Tammie Lee'nin ailesinin bir sürü geleneğinin olduğunu öğrenmişlerdi. Tammie Lee de neşeli bir havada bu gelenekleri uzun uzun anlatmış, sık sık Thelma ve Frieda teyzesinden, anne babasından bahsetmişti. Jacqueline kızın evini özlediğini düşünmeye başlamıştı.

Eğer öyle bir şey varsa Tammie Lee çantalarını toplayıp annesini ziyarete gidebilirdi. Karısı evde olmayınca Paul'ün de aklı başına gelirdi belki.

Evlerinin girişine doğru arabasını süren Reese, "Bizim çok fazla geleneğimiz yok, öyle değil mi?" dedi.

Yemek boyunca aklına hiçbir şey gelmeyen Jacqueline, "Elbette var," diye karşı çıktı. "Her Noel'de Paul'le birlikte zencefilli kurabiye yapardık. Hatırlamıyor musun?"

"Evet ama o yıllar önceydi. Paul o zamanlar daha çocuktu."

"Kulüpte her yıl paskalya yumurtası tokuştururduk."

"Evet. Ayrıca Paul'le birlikte anneler gününde yatağına kahvaltı getirirdik."

Biraz olsun içi rahatlayan Jacqueline, "Tabii ya," dedi. Çok da başarısız bir anne değildi. "Kentucky derbisini izlemek için o berbat takım elbiseleri giyinmememiz ve Panama şapkalarını takmamamız oğlumuza değerli geleneklerimizi göstermediğimiz anlamına gelmez."

Reese karısına bakmak için bir anlığına gözlerini yoldan ayırdı. "Paul'ün sana Benedict yumurtası yapmak için can attığı günü hatırlıyor musun?"

"Nasıl unuturum? Martha ocağın üzerini temizlemek için aylarca uğraşmıştı."

"Ama yine de tabağındakileri yiyip bitirmiştin. Çok sabırlıydın. Seni hayatımda en çok o gün sevdim."

Jacqueline'in gülümsemesi kayboldu. Kadın camdan dışarı bakıyordu. Birbirlerini sevmişlerdi. Farklı şekillerde de olsa sevmişlerdi. Gelenekler ve ailelerle ilgili bu konuşma, üzerinden epey vakit geçmiş yılların tozunu kaldırmış, Jacqueline'in üzerine mutluluk yağmurları yağdırmıştı. Ama bunlar bir yandan da Jacqueline'in üzülmesine sebep olmuştu.

Eve yanaşırken Reese, "Paul ile Tammie Lee'nin torunumuza geleneklerini aşılamak istemesine çok sevindim," dedi. "Sence de bu güzel bir şey değil mi?"

Jacqueline sakince, "Evet," dedi. O da torununun böyle yetiştirilmesini istiyordu. Paul gibi siyah saçları olan minicik bir kızın küçük kollarıyla ona uzandığını hayal etti. Tammie Lee, oğlunun birlikte olmasını istediği en ideal kişi olmayabilirdi ama oğlu mutluydu. Kısa süre sonra annesinin babaanne olmasını sağlayacaktı. Jacqueline bu evlilikten de iyi bir şeyler çıkabileceğini anlamıştı.

Sebebini tam olarak bilmese de Jacqueline aylardır kendisini bu kadar iyi hissetmemişti. Belki de Reese haklıydı. Jacqueline gelininin üzerine fazla gidiyordu.

15

CAROL GIRARD

Carol'un morali bir haftadır çok iyiydi. Önceki akşam Doug'la birlikte aniden karar verip dışarı çıkmış, çok güzel bir Tayland yemeği yemiş, sonra da internetteki arkadaşlarıyla cesaret verici konuşmalar yapmıştı. Örgü işini de gün geçtikçe ilerletiyor, yarınki dersi dört gözle bekliyordu. Dördüncü haftaya girmişlerdi. Geçen süre boyunca gerçekten de örgü örmekten zevk almaya başlamış, hayatındaki her şeyde olduğu gibi örgüyle de aynı enerji ve hevesle ilgilenmişti. Ördüğü ilk battaniye biraz kötü olmuştu. İçinde birkaç kötü ilmek vardı. O da bu yüzden battaniyeyi Linus Projesi'ne bağışlamış, ikinci battaniyesi için yeni ipler almıştı. Artık ipliğin gerginliğini daha iyi kontrol edebiliyordu. Ayrıca yeni başladığı bu battaniyenin görüntüsünden de fazlasıyla memnun kalmıştı.

Eve gelen postaları alıp masanın üzerine koydu. En üstte onun adına gönderilen bir mektup vardı. Zarfın üzerinde yazan adı hemen tanıdı. Mektup evlendikten sonra Kaliforniya'ya taşınan üniversite arkadaşı Christine'den geliyordu. Ondan gelen mektuba çok sevinen Carol zarfı yırtarak açtı. Çok geçmeden içinden, beklediği gibi bir mektubun değil de bir doğum kartının çıktığını anladı. Yaşadığı yerde insanlar adetleri gereği bebekleri doğunca kart basıp sevdiklerine gönderiyordu.

O anda Carol'un morali yerle bir oldu. Nefesini tuttu ve Christine'in daha iki hafta önce, 27 Mayıs'ta doğan bebeğiyle ilgili ayrıntıları okurken mutfaktaki sandalyelerin birine çöktü. Kartta yazdığına göre Christine'in oğlu olmuştu.

Christine hayatını yaptığı plana göre yaşayan bir kadındı. Buna mükemmel bir adamla evlenmesi, tam da planladığı vakitte hamile kalması ve sağlıklı bir bebek doğurması da dahildi.

Carol sertçe yutkundu. O anda hissettiği moral bozukluğunu çok fazla kişi anlayamazdı. Yalnızca internetteki destek grubunda olan arkadaşları bilebilirdi onun neler çektiğini.

Yetersizlik ve hayal kırıklığıyla kabaran duygularının üstesinden gelmeye çalışırken gözlerini karşıdaki duvara dikti. Christine ve Bill'in adına gerçekten de seviniyordu ama bir yandan da saçını başını yolup çığlıklar atmak istiyordu. Haykırarak, "*Neden* hamile kalamıyorum?" demek istiyordu. Bedeni neden diğer kadınların bedeni gibi onun isteklerine ce vap vermiyordu. Bunlar kendine ve görüştüğü tüm doktorlara defalarca sorduğu ama cevap alamadığı sorulardı.

Eninde sonunda bir bebeği olacaktı. Carol buna inanmak zorundaydı ama çocuk sahibi olmak düşündüğünden de fazla vakit alıyordu. İşin en üzücü yanı ise beklemekti. Uzman doktorlarla görüşmek, test sonuçları ve tedaviler için beklemek zorundaydı. Ardı arkası kesilmeyen bu tedaviler hiç de hoş değildi. Mahremiyeti ve utangaçlığı bir kenara bırakması gerekiyordu; çocuk sahibi olma isteğinden başka her şeyi unutmak zorundaydı.

Carol'un âdetleri artık sadece aylık sıkıntılardan ibaret değildi. Tüm dünyası regl döneminin etrafında dönüyor gibiydi. Âdet kanaması başlayınca kalbi kırılıyor, hayal kırıklığının yarattığı acı duygular hissediyordu.

Geçen her ay, geçen her âdet, geride kalan bir saat gibiydi. Gebe kalmak için yılda sadece on iki şansı vardı. İkinci ve üçüncü çocuğuna sahip olmak için Tanrı bilir kaç yıla ihtiyacı olacaktı.

Carol tüm arkadaşlarının onu saplantılı ve aksi biri olarak gördüğünü biliyordu. Evet, böyle biriydi, ama ayrıca çok da korkaktı.

Doug ile sevişmeleri rutin bir hal almıştı. Sevişmelerini bir plana göre yapmak zorunda kalıyorlardı. Ardından da o berbat beklemeye maruz kalıyor, sık sık banyoya gidip durumunu kontrol etmeye çalışıyordu. Acaba kanaması başlamış mıydı? Başlamışsa…

Bu seferki tüp bebek tedavisinin işe yaraması şarttı.

Keşke birileri ona net bir cevap verebilseydi. Keşke Doktor Ford, ona veya Doug'a öyle ya da böyle çocuk sahibi olup olamayacaklarını söyleseydi. Olumsuz bir şeyler söylerse onlar da bu duruma alışmaya çalışır, kendilerini ona göre ayarlar, planlarını ona göre yaparlardı.

Ama Doktor Ford böyle bir şey yapmak yerine onlara iki kez umut vermişti. Tedavi işe yaramayıp Carol düşük yapınca ikisinin de dünyası başlarına yıkılmıştı. İki seferinde de kendilerini toparlamışlardı. Şanslarını tekrar denemeye, bebek sahibi olmak için her şeylerini feda etmeye kararlılardı.

Carol gözlerini ovuşturdu ve çay suyu koymak için ayağa kalktı. Artık kafeinsiz çay içiyordu. Hamile kalmasına engel olacağından korktuğu için birçok yiyecekten uzak duruyordu. Hazırladığı alışveriş listeleri sağlıklı yiyeceklerle doluydu. Bazı uzmanlar gebe kalmak için beslenmenin çok önemli olduğunu söylüyor, bazıları da onların tam aksini düşünüyordu. Ama Carol hiçbir şeyi şansa bırakmayacak, hamile kalmasına yardımcı olacak her şeyi yapacaktı.

Birçok konuda hayatını askıya almıştı; gelecek vaat eden kariyerini bırakmış, en iyi doktorlara gitmiş, en sağlıklı yemekleri yemiş, motive edici konuşmalar dinlemiş ve öğrendiği telkin edici sözleri tekrarlamıştı. Aklının bedenini kontrol edeceğine ve içindeki kuvvetli kararlılık duygusunun eninde sonunda ona en çok istediği şeyi vereceğine inanmak zorundaydı.

Çaydanlığa su koydu, ocağın altını yaktı ve oturup

suyun kaynamasını bekledi. Christine'in yazdığı küçük not dikkatini çekti. Arkadaşının kartın altına yazdığı yazıyı daha önce fark etmemişti. Christine sevimli ve kıvrımlı el yazısıyla, "Görüşmeyeli uzun zaman oldu!" yazmıştı.

Bunun aslında çok da iyi bir sebebi vardı. Carol'un ihmal ettiği tek arkadaşı Christine değildi. Yakın arkadaşlarının birçoğundan, hamile kalma çabası çok fazla enerji gerektiren bir şey olduğu için uzaklaşmıştı. Tanıdığı kadınların çoğu anne olmuştu ve bu kadınlar genelde çocuk sahibi olan kadınlarla görüşmeyi tercih ediyordu.

Hayatları bebeklerinin, parkların ve doğum günlerinin etrafında dönen bu arkadaşlarla çok fazla ortak noktaları yoktu. Bunlar da yetmezmiş gibi arkadaşları okullarla, kreşlerle, diş problemleriyle ilgili konuşarak onları farkında olmadan dışlıyordu.

Bir de yaşadıkları zorlukları görmezden gelen ve Carol'un çocuk arzusunu önemsiz bir şeymiş gibi gören sözde arkadaşları vardı. İşyerindeki vicdansız kadının biri gülerek onun dört çocuğundan birini yetiştirebileceğini söylemişti. Diğerleri tıbbın çok ilerlediğinden ve bir yıl içinde hamile kalacağından emin olduklarını söylüyordu. Ama Carol hamile kalmamış, içine korkularının en büyüğü kök salmıştı. Doug da o da bebek sahibi olmayabilirdi. Böyle bir şeye katlanamazdı ama böyle bir hayat sürdürmektense gerçeklerle yüzleşmeyi yeğlerdi.

Çaydanlık öttü, Carol yavaşça kalkıp kaynayan suyu demliğe döktü. Böyle olumsuz düşüncelerin aklını ele geçirmesine izin veremezdi. Bu, işleri daha da kötüleştirmekten başka bir şeye yaramazdı. Buna inanmak zorundaydı. Bir mektubun onu bu hale getirmesine izin veremezdi. Tanrı ona bir işaret göstermişti. Carol da tüm olumsuz düşünceleri bir kenara atıp buna inanmak *zorundaydı*. Kendisine olan inancı...

Kapı açıldı, Carol arkasına döndü. "Doug! Saat beş buçuk oldu mu?" Neşeli bir sesle konuşmaya çalışmıştı ama beceremediğini biliyordu.

Eşine şöyle bir bakan Doug, "İyi misin?" diye sordu.

"Çok iyiyim."

Doug ona inanmadı.

Gözlerini demliğe çeviren Carol, "Günün nasıl geçti?" diye sordu.

"Fena sayılmaz."

Doug hemen mektuplara baktı. Masaya doğru gittiğinde Christine ile Bill'den gelen mektubu gördü. Carol kartı okuyan kocasına bakıyor, adamın gözlerindeki özlemi görünce hissettiği acıdan dolayı çığlıklar atmak istiyordu. Bir süre sonra Doug kartı önemsiz bir şeymiş gibi bir kenara bıraktı. Ama Carol kocasının bunu ne kadar çok önemsediğini biliyordu.

Duygularını sesine yansıtmaktan kaçınırken, "Çocukları erkekmiş," dedi.

"Öyleymiş."

Onların yerinde olmalılardı. Carol haykırmak istiyordu. Doğum kartları gönderen çift *onlar* olmalıydı. Çok iyi insanlardı. Sağlam bir evlilikleri vardı. Mükemmel bir anne baba olacaklardı.

Ama kısırlık sorunu evliliklerine de büyük bir yük bindiriyordu. Doug da onun gibi insanı küçük düşüren aşamalardan geçmişti. Doktor Ford'un muayenehanesindeki tuvalette bir kaba boşalması, spermlerinin incelenmesi... Bunların hepsi çok korkunçtu.

İnsanlar bir gün bunlara gülüp geçeceklerini söylese de Carol böyle bir şeyin mümkün olmayacağını biliyordu.

"İkinci bebek battaniyesini bitirmek üzereyim. Yarın öğlenden sonra dersimiz var."

Kocası başını salladı, sonra da gazetesini alıp oturma odasındaki koltuğuna geçti.

Carol kocasına onunla konuşması için bağırmak istiyordu. Ama dişlerini sıkıp yemeği hazırlamaya başladı. Oysa hiç iştahı kalmamıştı.

16

ALIX TOWNSEND

Starbucks'ta camın yanındaki bir masada oturan Alix, ilmekleri bir şişten diğerine geçirmeye ve böylece bir sıra örmeye odaklanmıştı. Sınıftaki hiç kimse örgü örmenin temelini oluşturan bu işte onun kadar bocalamıyordu. Carol çoktan ikinci battaniyesine başlamıştı. Jacqueline ufak tefek sorunlar yaşıyordu ama onun durumu Alix'inki kadar kötü değildi. Alix kendini ne kadar verirse versin yüz yetmiş bir ilmek atmak için yola koyuluyor, sırayı bitirdiğinde ise yüz seksenden fazla ilmek attığını fark ediyordu. Bazen hata yapıp daha az sayıda ilmek attığı da oluyordu.

Lydia sürekli ona bunun sıkça karşılaşılan bir sorun olduğunu söylüyor ve bitmek tükenmek bilmeyen sabrıyla Alix'in ilmekleri doğru atmadığını söylüyor, sonra bir kez daha doğrusunu gösteriyordu. Yine de Alix hep aynı salakça hatayı yapıyordu. Bunları önemsemiyordu; örgü örmekten vazgeçmeyecekti ve bunun için gerekirse ölümü göze alacaktı. Elindeki modele şimdiden otuz dolar yatırmıştı.

Sıranın sonuna gelince durdu, nadiren alabildiği frappuccinosunu yudumladı ve ilmekleri saydı. Lanet olsun! Yüz seksen üç! Yine hata yapmış, fazladan ilmek atmıştı. "Lanet olsun, lanet olsun," diye söylendi ama bunlar aklından geçen küfürlerin kırpılmış halleriydi. Jacqueline'in etrafında olmak ağzına hakim olmasını sağlamıştı. Artık küfürlü konuşmuyordu.

Örgüyü kucağına atan Alix gözlerini kapattı. Yaşadığı hayal kırıklığını görmezden gelmeye çalışıyordu. Bu kursun öfkesini yenmesine yardımcı olması gerekiyor, ama Alix örgü örmenin onda tam tersi bir etki yarattığını düşünüyordu.

Bu da yetmezmiş gibi Laurel, John'la birlikte evdeydi ve ev arkadaşı Alix'ten birkaç saat dışarıda takılmasını istemişti. Alix ikisinin neler çevirdiğini bilmiyordu ama işin altından kötü bir şey çıkacağından şüpheleniyordu. Son zamanlarda ikisinin arasında daha da yoğun bir şeyler yaşanmaya başlamıştı. John sık sık dükkâna geliyordu. Alix de Laurel'in kendini böyle mahvetmesinden nefret ediyordu. Alix'e göre John'un adı bile kötülüklerin habercisiydi.

Sinirleri yatışır yatışmaz dikkatli bir şekilde sırayı sökmeye başladı. Her ilmeği teker teker söküyordu ama bu, lanet olası ipi örmekten daha da zordu. Sıranın sonuna iki ilmek kala şişi elinden düşürüp bir ilmeği kaçırdı. Alix kendini tutamayıp küfrü bastı.

Jacqueline'in etrafta olmaması iyiydi. Alix her hata yapışında sayıp sövüyor, Jacqueline de buna sinir oluyordu. Ne yazık ki sık sık da hata yapıyordu. Ama yavaş yavaş işi kıvırmaya başlamıştı.

Alix şimdiye kadar onunla tartışmaktan kaçınmıştı ama kadının dolduğunu hissedebiliyordu. Jacqueline bir şekilde ona katlanmayı başarıyor, Alix de ona aynı şekilde davranabiliyordu.

Alix'e göre Jacqueline'in dünyaya bakışı çok farklıydı. Kadına göre önemli olan tek şey görünüşü ve başkalarında uyandırdığı saygıydı. Her derste oturup konuşmaya başlıyor, karşısındakiler neler yaptığını merak ediyormuş gibi, katıldığı davetlerden ve kulüp toplantılarından bahsediyordu. Alix çoğu zaman kimden bahsettiğini bile anlamıyordu. Jacqueline dersin çoğunu tanıdığı ünlü kişilerin adını anarak ya da katıldığı gösterişli bir partiyi anlatarak geçiriyordu.

Alt dudağını ısıran Alix kaçırdığı ilmeği şişe geçirmeyi başardı ama diğer şişe geçirirken tekrar kaçırdı ve örgünün iki sırasının daha sökülmesine sebep oldu.

Alçak sesle ama çok daha ağır bir küfür etti bu kez. Elindeki işi bırakma fikri aklını kurcalamaya başladı; birazcık aklı varsa şişleri ve ipleri çöpe atar, kapıyı çekip çıkardı.

Alix birinin yanına geldiğini hissetti ve başını kaldırınca Jordan Turner'ın masasına doğru ilerlediğini gördü. Ağzı kurudu, aklı durdu. Görmeyi düşündüğü son kişi, Jordan'dı.

"Zorlanıyor gibisin," diyen Jordan, Alix'in yanındaki sandalyeyi çekti, ters çevirip Alix'in tam karşısına oturdu.

Alix ağzı açık halde ona bakmaktan kendini alamadı. İki haftadır onu görmemişti. Adam onu kahve içmeye davet ettikten sonra ortalıktan kaybolmuş, Alix'in de kalbi kırılmıştı. Bu, hayatının hikâyesiydi. Herhangi bir erkeğe ilgi gösterdiği anda, bulduğu kişi ya hapse düşer ya da şehir dışına kaçardı zaten.

"Burada ne arıyorsun?" dedi. Jordan'ı gördüğüne çok da memnun olmadığını belli etmek istiyordu.

"Aslında seni arıyordum." Adam kollarını sandalyenin üzerinde birleştirip Alix'e doğru eğildi.

"Eminim öyledir." Bu, John'un Laurel'i oyuna getirmek için kullandığı tipik laflardan biriydi; Alix buna kanmayacaktı.

"Doğruyu söylüyorum. İstersen Danny'ye sor. İşyerine gidip seni nerede bulabileceğimi sordum." Danny gündüzleri yarı zamanlı olarak film dükkânında çalışıyordu. Güvenilir biriydi, Alix'in sorularına dürüstçe cevap verirdi.

Jordan'a aldırış etmeyen Alix ilmeği yakaladı ve kafasını kaldırmadan sırayı bitirdi. "Beni neden arıyorsun?"

"Sana kahve ısmarlamak istiyordum. Seninle anlaşmak bu kadar zor mudur?"

Alix gözlerini adama dikti ve hiç kırpmadan, "Değildir," dedi.

"Yani bu hiçbir şey umurumda değil tavrı bana özel, öyle mi?"

Alix bozuk moraline rağmen gülümsedi. "Öyle de diyebiliriz."

Alix'in onu adam gibi karşılamaması Jordan'ın canını sıkmamış gibiydi. "Peki, bunun özel bir sebebi var mı?"

Alix kaldığı yerden örmeye devam etti. Jordan'a sözünü tutmayıp onu kahve içmeye götürmediği için kızdığını söylemenin çocuksu, hatta acınası görüneceğini düşündü. Onun yerine kendini örgüye verdi. İlmeklerine dikkatlice bakıyor, bir şişten diğerine geçirirken başını kaldırmıyordu. Sıradan bir havayla, "Seni son zamanlarda görmedim," dedi.

"Beni özlediğini mi söylemeye çalışıyorsun? Uzaktayken seni çok düşündüm."

Alix omuz silkti, başını kaldırdı ve yüzünde hafif bir gülümsemenin yer ettiğini hissetti. "Özlemiş olabilirim."

Jordan bunu duyduğuna sevindi. Alix adamın sandalyesini biraz kenara çekip ona daha da yakınlaşmasından anlamıştı bunu. Jordan bir anlığına ona baktı ve sonra, "Ne örüyorsun?" diye sordu.

"Linus Projesi için bebek battaniyesi."

Jordan başını salladı. "Öyle bir şey duymuştum. Birkaç ay önce kilisenin panosunda bir afiş vardı."

Lanet olsun, demek kiliseye gidiyor? Alix gerçekten de en acayiplerini bulmayı başarıyordu. Kızgınca, "Bunu iyi kalpliliğimden yaptığımı sanma," dedi. "Bunca çabayı hayır işlemek için sarf etmiyorum."

"Peki neden örüyorsun o zaman?"

Alix gerçeği söylese iyi olurdu. Başını kaldırıp ona baktı, adamın tepkisini ölçmek istiyordu. "Mahkemenin verdiği cezayı bitirmek için." Bu da adamı kaçırmazsa, hiçbir şey kaçıramazdı artık. Alix dürüst olması gerektiğine inanıyordu. Bu temiz yüzlü adam her şeye rağmen ona ilgi gösterirse çok güzel olurdu. İlgi göstermeyecekse de bunu şimdiden bilmek işine gelirdi.

"Ceza mı aldın? Neden?"

"Kanunları çiğnedim, onlar da beni affetmedi." Bu sırada bir sırayı bitirdi. İlmeklere gerektiği kadar ilgi göstermiyordu. "Ama suçlu olan kişi ben değildim, hakim de biliyordu bunu. O yüzden hapis cezası yerine kamu hizmeti cezası aldım. Bu senin gibi iyi bir çocuğu şaşırtmadı mı?"

"Hayır."

Alix adama inanıp inanmadığından emin değildi ama buna fazla kafa yormadı.

"Annem de örgü örer."

Alix kendi annesinin hapiste olduğunu söylemek üzereyken sustu. Bugünlük bu kadar dürüstlüğün yeterli olduğuna karar verdi. Jordan'ı gerçeklerle bunaltmanın anlamı yoktu. Adamın ilgili tavırları onu etkilemişti, ayrıca onu aramasından da hoşlanmıştı. Başını kaldırdı. Hangi ilkokula gittiğini sormak istiyordu. Karşısındaki adamın bir zamanlar tanıdığı Jordan Turner olup olmadığını hâlâ merak ediyordu. O çocuğu hayal meyal hatırlıyordu. Aklında onun gözlüklü olduğu kalmıştı, ama bu Jordan'ın gözünde gözlük yoktu. Alix ona sorular sormaya hazırlanırken Jordan ondan hızlı davranmıştı.

"Aç mısın?" diye soran Jordan omzunun üzerinden ön taraftaki cam dolaplı tezgâha baktı. "Buranın çörekleri çok güzeldir. Alsam yer misin?"

"Olabilir."

Jordan ayağa kalkıp tezgâha doğru yürüdü. Alix bir süre onu izledi ve hızla atan kalbini sakinleştirmeye çalıştı. Örgüye geri dönüp başladığı sırayı bitirdi. Sonra da tam yüz yetmiş bir ilmek saydı. Zaferi tatmıştı. Jordan bir elinde bir fincan kahve ve üzerinde çörekler olan tabakla geri döndü. Diğer elinde de bir başka tabak vardı.

Jordan tabakları küçük, yuvarlak masaya koyarken, "Çok şanslıyız," dedi. "Sadece iki tane kalmış."

Alix başını sallayıp tabaklardan birini önüne çekti. "Teşekkür ederim."

Jordan bardağından bir yudum aldı. "Danny nerede olduğunu bilmiyordu. Buradan geçerken tesadüfen gördüm seni."

Alix çöreği ikiye böldü. Kafeye geldiğinde şimdi oturdukları masadan başka boş yer yoktu. Şansı yaver gitmişti. Normalde sokağa bakan masalara oturmazdı. Mahallede olanları görmek canını sıkıyordu. Laurel ile birlikte kapı dışarı edilmeleri an meselesiydi. Öyle bir şey olursa Alix de kısa süre sonra farelerin istilasına uğramış, ucuz otellere geri dönmek zorunda kalırdı. Başka bir eve yerleşmek de ikinci bir işe girmek ve Jordan gibi düzgün adamların çok sık uğramadığı yerlerde bahşiş almak için masaların arasında dolanmak anlamına geliyordu.

Jordan bir şey söylemeyince Alix, "Nerelerdeydin?" diye sordu. Jordan daha önce uzaklarda olduğundan bahsetmişti.

Jordan kahvesinden bir yudum alıp bardağı masaya bıraktı. "Warm Beach'teki gençlik kampında ilgilenmem gereken işler vardı."

Alix adamın tam olarak neler yaptığını anlamamıştı. "Bunca zaman boyunca mı?"

"Evet. Kilisenin oradaki organizasyon konusunda yardıma ihtiyacı vardı. Ben de birkaç haftalığına Stanwood ofisinde çalıştım."

"Öyle mi?" Adam ikinci sefer kiliseden bahsedince Alix'in şüpheleri artmaya başladı.

"Beni özlediğini bilmek hoşuma gitti."

"Ben öyle bir şey demedim," diyen Alix istediğinden daha da korumacı bir hava sergilemişti.

Jordan kıkır kıkır güldü.

Alix adamı gücendirmediğine sevinmişti. "Yani birazcık özlemiş olabilirim."

"Bunu duyduğuma sevindim."

"İlgilenmen gereken başka gençlik kampları da var mı?"

Jordan iç çekti. "Bilmiyorum. Umarım bir daha böyle şeyler istemezler. Rahip olmayı kabul ettiğimde vaktimi Blossom Sokağı'ndaki gençlerle ilgilenerek geçireceğimi düşünmüştüm."

Alix başına kaynar suların döküldüğünü hissetti. "Sen... rahip misin?"

"Evet, genç Hıristiyanlara yardımcı olmaya çalışıyorum. Blossom'un hemen sonundaki Methodist kilisesinde görevliyim." Jordan'ın dudakları titriyordu. Adam gülmemek için kendini zor tutuyor gibiydi.

Bundan rahatsız olan Alix, "O kadar komik olan şey ne?" diye söylendi.

"Hiç. Sadece rahipliği uyuşturucu patronluğundan bahseder gibi tanımladın da."

"Yok, sadece..." Alix gerçekten de şaşkına dönmüştü. Bocaladığı her anda olduğu gibi kelimeler yine onu yüzüstü bırakmıştı.

Jordan, "Ben gençlerden sorumlu bir rahibim," dedi ve Alix'in ellerine uzandı. Sonra da gülümsedi. "Beni hatırlamadın, öyle değil mi?"

"O sensin!" Lanet olsun! Bunu düşünmüştü. Şimdi de içinden, keşke önce ben sorsaydım, diyordu.

"Jackson İlkokulu'ndaki altıncı sınıfı hatırladın mı? Biraz vaktimi aldı ama sonunda seni ben de hatırladım."

"Senin olabileceğini düşünmüştüm... Buna hâlâ inanamıyorum." Alix'in aklı ilkokula gitti. Jordan'a dikkatle bakarken gözlerini kıstı. "Aynı sınıfta olduğumuzu hatırlıyor musun?"

Jordan gülümseyerek, "Senin Jimmy Burkhart'ın yanında oturduğunu hatırlıyorum," dedi.

Alix Jimmy'yi çok iyi hatırlıyordu. O zamanlar Jimmy'yi dövüp burnunu kanatmış ve bu yüzden müdürün odasını ziyaret etmek zorunda kalmıştı. Jimmy, Jordan Turner'la evlenmek istediği için onunla dalga geçmişti. Alix gibi altıncı sınıfta okuyan kızların yarısı papazın oğluyla sevgili olmaya can atıyordu. Anlaşılan Jordan babasının izinden gidip rahip olmuştu. Alix bunu tahmin etmeliydi.

"Senin için hazırladığım sevgililer günü kartı hâlâ duruyor."

Alix gözlerini ona dikti. Kaderin ona oyunlar oynadığı yılla ilgili anılar üzerine üzerine geliyordu. Annesi, babasını o zamanlar öldürmeye çalışmıştı.

"Okula getirdim ama sen çoktan gitmiştin. Bir daha da dönmedin."

Alix bir şey söylemedi. Altıncı sınıftaki sevgililer günü partisinden önceki gece annesi babasını vurmuştu. İkisi de acayip sarhoş olmuş ve her zamanki gibi kavga etmeye başlamışlardı. Polis arabaları ve bir de ambulans gelmişti. Annesi kelepçelenip götürülmüş, akrabaları olmadığı için de Alix ile ağabeyi bakıcı ailelere verilmişti. O gece son derece üzücü olaylar yaşanmış, Alix'in aile hayatı sona ermişti. Annesi hapse gönderilmiş, babası da hastaneden taburcu olur olmaz uzaklara gidip çocuklarından kopmuştu. Çok geçmeden Tom'la birlikte yetimhanelerin yolunu tutmuştu. Alix yaşanan onca şeyden sonra Jackson İlkokulu'na hiç dönmemiş, Jordan'ın söylediği sevgililer günü kartını alamamıştı.

Daha da öne eğilen Jordan, "Tekrar altıncı sınıftaki sevgilim olur musun?" dedi.

Alix neredeyse kahkaha atacaktı. Tabii, neden olmasın. İki ayyaşın kızı ile bir papazın oğlu çok güzel bir çift olurdu. Alix nedense bu ilişkinin fazla sürmeyeceğini düşünüyordu.

17

"Biraz sabır ve çalışmayla ellerimize örgü örmeyi öğretebilir, sonra da kendimizi örgü örmenin verdiği mutlulukla şımartabiliriz."

– Bev Galeskas

LYDIA HOFFMAN

İşlerim artmaya başlamıştı ve ben de bundan mutluluk duyuyordum. Elimdeki iplerin çoğunu satmıştım. En çok mal aldığım toptancıma ikinci siparişimi bile vermiştim. Kursum planladığım gibi vaktinde bitmişti; altı haftanın bu kadar çabuk geçtiğine hâlâ inanamıyorum. Beşinci haftanın sonunda üç öğrencimin de devam etmek istemesi beni çok heyecanlandırmıştı. Ben de onları kırmayıp kursun süresini uzattım.

Artık Alix hariç tüm öğrencilerim farklı bir model üzerinde çalıştığı için onlara kursu örgü örme grubuna çevirmeyi ve cuma günleri öğleden sonra toplanmayı teklif ettim. Böylece onlar üzerinde çalışmak istedikleri modeli seçecek, ben de bocaladıkları yerde onlara yardımcı olacaktım. Farklılıklarına rağmen birbirini tanımayan bu üç kadın arkadaş olmaya başlamıştı. Bu değişimi görebiliyordum. Hem birbirleriyle hem de benimle arkadaşlık kuruyorlardı.

İçlerinde örgü konusunda en yetenekli olan, Carol'du. Şimdi de şapka örmeye başlamıştı.

Alix ile Jacqueline hâlâ en basit ilmekleri atmakta zorlanıyor, ama Alix'in çalışacak çok vakti olmuyordu. Jacqueline ise... ne yalan söyleyeyim, o kadının tavırlarını hiç sevmiyorum. Açık açık söylemese de gelinini sevmediği çok belli oluyordu. Yavaş yavaş yeni modellere bakmaya ve dolayısıyla da daha pahalı iplere ilgi göstermeye başladı. Alix aldığı iplerin parasını haftalığından yavaş yavaş ödüyor, büyük bir çaba sarf ettiği her halinden belli oluyordu. O olmadan grubumuz eksik kalırdı.

Salı akşamı dükkânı kapatmaya hazırlanırken, sokağın karşısında ablamı gördüm. Buraya sadece bir sefer gelmişti, o da dükkânı açtığım gün. Felaket tellallığı yapmayı seven biriydi ama moralimi bozmasına izin vermeyecektim. Onunla yüzleşmeye hazırladım.

Margaret içeriye girdiği anda kötü bir şeyler olduğunu anladım. Kötü laflar söylemeye, moralimi bozmaya ya da ağır ithamlarda bulunmaya gelmemişti bu sefer. Yüzü solgundu ve ağlayacak gibiydi.

Ona doğru telaşla giderken, "Margaret ne oldu?" dedim.

"Ben… ben…" Doğru düzgün konuşamıyordu. Elimi sıkıca tuttu. Çığlık atmamak için kendimi zor tuttum.

"Sakin ol," deyip onu kurs verirken kullandığım dükkânın arkasındaki masaya götürdüm. "Otur. Su ister misin?"

Margaret başını salladı, onu hiç bu kadar üzgün görmemiştim. Onu bu kadar üzen ve koşa koşa yanıma gelmesine sebep olan şeyi tahmin edemiyordum.

"Doktor Abram'ın sekreteri aradı," dedi ve anlamamı beklercesine bana baktı. Doktor Abram'ı tanımıyordum. Matt'in hasta olduğunu ya da kaza geçirdiğini düşünmeye başladım. Sonra aklıma başka bir ihtimal geldi ve o an içimi büyük bir korku kapladı.

"Anneme bir şey mi oldu?" dedim. Babamı kaybettikten çok kısa bir süre sonra annemin de başına bir şey gelmiş olabileceği düşüncesi ödümü koparıyordu.

Margaret, "Hayır," dedi. "Ben hastayım. Doktor Abram mamografimin bir kez daha çekilmesi gerektiğini söyledi." Ablam tekrar elimi tuttu. "Göğsümde bir… kitle varmış." Sonra da bana baktı. Gözleri korkudan fal taşı gibi açılmıştı.

Bu haberden çok etkilendiğimi kabul etmeliyim. Yanına oturdum, durumun ciddiyetini anladığımı fark edince elimi daha da sıkı tuttu.

Fısıldayarak, "Çok korkuyorum," dedi.

"Bu, kanser olduğun anlamına gelmiyor." Onu teselli etmeye çalıştım ama çok zor bir durumla karşı karşıyaydım.

O da benim düşündüğüm şeyleri düşünüyordu. Kanser denilen lanet hastalıkla ben çoktan içli dışlı olmuştum. Annem ve babam bizleri bu hastalığa karşı güçsüz kılan kusurlu bir genle dünyaya getirdiklerinden endişe duyarlardı hep. Aile büyüklerimizin ikisi kanserden ölmüştü. Bana kanser teşhisi konulduğunda annem Margaret'in de detaylı bir kontrolden geçmesini istemişti. O zamanlar Margaret'in bir sorunu yoktu ama şimdi…

"İkinci mamografi ne zaman çekilecek?"

"Az… az önce oradaydım. Hemşire bana hiçbir şey söylemedi. Doktor Abram'ın sonuçları inceledikten sonra benimle görüşeceğini belirtti."

"Ah, Margaret, çok üzgünüm. Sana nasıl yardımcı olabilirim?"

"Bil… miyorum. Senden başka hiç kimse bilmiyor."

"Matt?"

Ablam derin bir iç çekti. "Onu korkutmak istemedim."

"Ama o senin kocan! Bunu bilmeye hakkı var."

"Söyleyecek bir şey olursa ona ben söylerim."

Ablamın sesi sertti. Onunla tartışmamam gerektiğini biliyordum. İşlerini istediği zamanda, istediği şekilde halleden biriydi ve ona baskı yapmanın kimseye yararı olmazdı.

Margaret, "Kanser olduğunu öğrendiğinde neler hissettin?" diye sordu.

Doğru kelimeleri bulmak için kendimi zorlamam gerekti. İlk hastalığımın üzerinden on altı yıl geçmişti. Şimdi kanser olduğumu öğrensem ne yaparım bilmiyorum. Hatta kanser olduğumu ikinci kez öğrendiğimde bile ne yaptığımı hatırlamıyorum. Beynimdeki tümörün büyüdüğünü öğrendiğim gün hayatımın en kötü günüydü. Beni nelerin beklediğini biliyor ve çoğu zaman ölümün kurtuluşum olacağını düşünüyordum.

Söyleyeceklerimin ablamı sarsacağını tahmin edebiliyordum, ama tepkimi ondan gizleyemezdim. "Çok korkmuştum."

Ellerimin kısa bir süreliğine biraz daha sıkıldığını hissettim.

"Bu haberi ne zamandan beridir saklıyorsun?" diye sordum ve yüzüne düşen saçları nazikçe kenara çektim.

Margaret fısıldayarak, "Beş gün oldu," dedi. "Bana bir söz vermeni istiyorum."

"Elbette," dedim. Margaret daha önce benden hiçbir şey istememişti ve şimdi ne isterse istesin yapacaktım.

"Annemize bundan bahsetme."

Annemden sır saklamaktan nefret ediyordum ama Margaret'e dediğinde haklıydı. Elimizde gerçek bir şey olmadan annemi üzmenin bir anlamı yoktu.

Margaret yine fısıldayarak, "Teşekkür ederim," dedi. Az da olsa rahatlamıştı.

"Senin için her şeyi yaparım, Margaret. Bunu sen de biliyorsun."

Ablam bakışlarını bana dikti. "Benimle..." Tereddüt etti. "Bunu senden istememem gerektiğini biliyorum ama benimle doktora gelir misin?"

"Elbette gelirim." Ben de ona aynı teklifte bulunmayı planlıyordum.

Bu cevabıma fazlasıyla şaşırmış gibiydi. "Gerçekten gelir misin?"

Başımı salladım.

"Dükkânını kapatman gerekecek."

"Seni yalnız bırakmam."

Margaret'in gözlerine yaşlar doldu. Masadaki peçeteye uzanıp bir tane verdim. Sonra da Margaret'le birbirimize yakın olmadığımızdan sürekli pişmanlık duyduğum için ona sarıldım.

"Yanında olacağım, Margaret."

"Teşekkür ederim." Ablam bir dakika boyunca hıçkıra hıçkıra omuzlarımda ağladı. Sonra kendini toparlayarak benden uzaklaştı ve burnunu sildi. "Randevuyu pazartesi gününe almak için elimden geleni yaparım ama ya olmazsa..."

"Hangi gün ya da hangi saat olduğu önemli değil. Yanında olacağım." Ne olursa olsun bunları atlatması için yardım etmeye kararlıydım.

Margaret bir şeyler söyleyecekken küçük çan çaldı. Bizi rahatsız eden kişiyi bağırarak geri göndermek istiyordum ama işim müşterilerimle ilgilenmemi gerektiriyordu.

Duyduğum sevimli ıslık sesi, içeri giren kişinin kargocu Brad Goetz olduğunu söylüyordu. Brad büyük kutuları arabasıyla içeriye getirip kasanın yanına bıraktı. Bana ufak bilgisayarını uzatıp tezgâha doğru yaklaşırken, "İşler nasıl?" dedi.

"Çok iyi," dedim ve hızlıca imzaladım. Brad'i çabucak göndermeyi istiyordum.

"Buraya her geldiğimde, özellikle de cuma günleri içeride kadınları görüyorum."

"Cuma günleri ders veriyorum."

"Şimdi anladım." Brad onu dışarı göndermek için sarf ettiğim çabaya aldırmıyor gibiydi. "Akşama kadar epey yoruluyorsundur."

"Evet, bazı günler çok yoruluyorum."

Brad gülümseyerek baktı. "Öyleyse benimle bir şeyler içip biraz dinlenmek istemez misin?"

Bu ikinci davetiydi. Şans bu ya, bu sefer de ablam buradayken davet ediyordu beni.

Dükkânın arka tarafındaki Margaret, "Git," dedi.

Margaret'in onu destekleyen lafına hemen atılan Brad, "Evet, gelmelisin," dedi. "Uzağa gitmemize de gerek yok ayrıca. İki sokak ötede çok güzel bir bar var. Sadece birkaç dakika oturur konuşuruz."

"Teklifin için teşekkür ederim ama gelemem," dedikten sonra kapıya doğru yürüdüm ve kapıyı açtım. Brad ne istediğimi tam olarak anlamamıştı.

Adam yaşadığı hüsranla ellerini havaya kaldırıp Margaret'e doğru baktı. "Yanlış bir şey mi söyledim?"

"Hayır… hayır." Brad'in böyle düşünmesini istemezdim.

"Peki sorun ne?"

Margaret, "Sorun sen değilsin," diye seslendi. "Sorun

kardeşim. Korkuyor da ondan gelmiyor."

Margaret'e ağzını kapaması için bağırmak istedim ama yapamadım. Brad'e gerçekleri başka bir zamanda, farklı şekilde anlatmak istiyordum. Artık doğru zamanı seçme şansım da kalmamıştı. Adamı tekrar tekrar reddetmeştim. Durumu bu şekilde açıklamayı istemesem de, ona dürüstçe davranmak zorundaydım.

Doğrudan, "Bir zamanlar kanserdim," dedim. "Hem de bir değil iki sefer kansere yakalandım. Ayrıca beynimdeki tümörün yeniden büyümeyeceğinin garantisi yok. Bir dahaki sefere bu kadar şanslı olamayabilirim."

Brad, "Kanser mi?" dedi. Adamın yüzündeki şaşkın ifadeye bakılırsa böyle bir şey duymayı hiç beklemiyordu.

Sinirime engel olamadan, "Evet, şu korkunç hastalık," dedim. "Benimle duygusal bir şeyler yaşamak istemezsin, çünkü tüm çabaların bir anda boşa çıkabilir. İşte kanserin yarattığı sorunlardan biri bu."

"Bunu... bilmiyordum."

"Elbette bilemezdin. Nasıl bilebilirdin ki? Teklifin için tekrar teşekkür ederim." Sözlerimde çok samimiydim. "Aslında beni onurlandırdın, ama bu şekilde ikimizi de büyük üzüntüler yaşamaktan koruyorum. Bu yüzden lütfen beni yanlış anlama ve bu konu burada kapansın." Brad'in yanından uzaklaştım ve dükkânın arkasına gidip ablamın yanına çöktüm.

Margaret gözlerini bana çevirdi.

Kapının Brad'in arkasından kapandığını duydum. Ablam, "Bunu neden yaptın?" dedi.

"Neyi neden yaptım?"

"Adamı neden reddettin! Bir barda bir şeyler içmenin kime ne zararı olurdu?"

İki elimle yüzümü kapattım. Çok uzun süredir erkeklerle çıkmadığımı itiraf etmek istemiyordum. Onların yanında nasıl davranacağımı bilmiyordum.

"Adam çok sevimli biri ve sana da ilgi duyuyor gibi."

Fısıldayarak, "Biliyorum," dedim.

"Bu dükkânın hayatının kanıtı olduğunu söylemiştin."

Başımı salladım. "Evet, ama..." Margaret sözlerimi tamamlamama izin vermedi.

"O zaman *yaşa*. Hayatın bir parçası ol, Lydia. Böyle bir adamın seninle birlikte olmak istemesine şükretmen gerek. Tanrı aşkına senin neyin var!"

"Ben... ben..." Ablamın bu tavırlarına o kadar çok şaşırmıştım ki, iki lafı bir araya getiremiyordum.

"Hayatını yaşa, Lydia. Dışarı çıkıp dünyayı keşfet. Yüzünc kırışıklıklar dolmadan ya da ölüm kapını çalmadan hayatın tadını çıkar."

18

JACQUELINE DONOVAN

Jacqueline, Seattle Kulübü'ne katıldığı günlerden beri doğum günü kulübünün üyesiydi. Ayda bir sefer dokuz kişiden oluşan arkadaş grubu toplanıp kutlama yapar, herhangi birinin doğum gününe denk gelmese de eğlence düzenlerlerdi.

Haziran ayı için bir Meksika restoranını seçmişlerdi. Ortam genelde alışık oldukları aşırı lüks yerlere benzemese de yemekler çok güzeldi. Öğle yemeklerini yavaşça yedikten ve birkaç margarita içtikten sonra başlarında büyük Meksika şapkalarından olan dört garson masalarına geldi; doğum günü çocuğuna serenat yapma vaktiydi. Garsonlardan birinin omzunda gitar vardı, bir diğeri de bir çift marakası sallıyordu.

"*Señoritas*, doğum günü mü kutluyorsunuz?"

Kadınlar grubunun başkanı Bev Johnson, "*Si,*" dedi. "Ginny'nin doğum gününü kutluyoruz." Karşısında oturan arkadaşını gösterdi. Ginny'nin yüzü kızardı ve kadın küçük bir kız gibi kıkır kıkır güldü.

Elinde gitar olan adam birkaç nota tıngırdatıp Ginny'ye doğru yöneldi. "Hangi versiyonu istersiniz? Uzun olanı mı, kısa olanı mı?"

Jacqueline normalde hiç istifini bozmayan arkadaşının kendisine gösterilen ilgi üzerine utandığını görünce mutlu oldu. "Elbette kısa olan."

Dört garson da Meksika havasıyla geleneksel doğum günü şarkısını söylerken dizlerinin üzerine çöktü. Masadaki dokuz kadın, Jacqueline de dahil, gülerek alkış tuttu.

Jacqueline'in, Tammie Lee'nin hamileliğini bir süreliğine aklından atmak için bu tür bir eğlenceye ihtiyacı vardı. Her şeye rağmen Paul eşini gerçekten de seviyor gibiydi. Reese de gelinini seviyordu. Geriye sadece Jacqueline kalmış, o da kendini ailedeki kötü kadın gibi hissetmeye başlamıştı. Tammie Lee onun düşündüğü kadar kurnaz ya da sevimsiz olmasa da, Paul için doğru kadın değildi.

Ginny küçük doğum günü pastasının üzerindeki mumları üfledikten sonra herkese pasta uzattı ve sonra parti dağıldı. Jacqueline kasanın önünde sırada beklerken Bev yanına geldi.

Kadınlar kulübünün başkanı, "Geçen hafta Tammie Lee'nin yanına uğradım," dedi.

Jacqueline donakaldı. Bev derneklerinin en etkili üyesiydi. Jacqueline arkadaşının gelini hakkında ne kadar kötü şeyler düşünebileceğini aklından geçirdi. Yüzüne kan dolduğunu hissediyor, oğlunun aldığı yanlış kararları nasıl açıklayacağını bilemiyordu.

"Haywood üyeliklerini onayladığını söyledi." Bev'in kocası Haywood üye alımlarından sorumlu kişiydi.

"Üyeliğe kabul edilmelerine çok sevindik." Jacqueline yıllardır kulüp için yürüttüğü gönüllü işlerin karşılığını aldığına mutlu olmuştu.

"Paul'ü zaten hep sevmişizdir."

Jacqueline gülümsedi. Herkes oğluyla gurur duymak isterdi. Paul de sevimli ve akıllı bir evlattı. Hayatta başarılı olmak oğlunun kaderinde vardı ve onun başarılarıyla övünüp durmamak için kendini zor tuttu.

"Tammie Lee yemek kitabı komitesinde çalışacak."

Jacqueline'in kalbine bir ağrı saplandı. Komitenin başkanıyla özel olarak konuşmak ve Tammie Lee'nin başka bir alanda daha iyi hizmetler verebileceğini söylemek istiyordu. Gelininin kulübün yemek tarifleri kitabına haşlanmış yer fıstıkları ve peynirli yulaf yemekleri tariflerini vereceği düşüncesi Jacqueline'in içini ürpertiyordu. Böyle bir şey olsa yerin dibine girerdi, buna izin veremezdi.

"Ben de bu konuyu Louise'yle konuşmak istiyordum."

Bev, "Akıllıca bir karar," dedi.

Hesap ödeme sırası Jacqueline'e gelmişti. Kadın hızlı hızlı nefes alıp vererek kasanın yanına geçti. Bev'i yanlış anlamış olmalıydı. Parasının üstünü aldıktan sonra kenara çekilip diğer arkadaşlarını bekledi.

Jacqueline arkadaşlarıyla restorandan çıkarken, "Akıllıca bir karar mı?" dedi.

"Evet. Tammie Lee'yle birkaç ay önce tanıştım. Haywood'un da benim de hemen kanımız kaynadı; kadınlar grubumuzun aradığı taze kanı böylece bulmuş olduk. Tammie Lee çok enerjik bir kız. Sen de o sevimli, güneyli aksanına bayılmıyor musun? Yemin ederim tüm gün oturup onun konuşmasını dinleyebilirim, hem de seve seve."

Jacqueline, Tammie Lee'nin o acayip aksanından ne kadar nefret ettiğini söylememek için dişlerini sıkmak zorunda kaldı.

"Paul'ün ona aşık olmasına şaşmamalı, Haywood bile ondan etkilendi."

"Hı," diyen Jacqueline ne söyleyeceğini bilemiyordu.

"Komite iki yılda bir tarif kitabı çıkarıyor, ama hep aynı kişiler ve aynı tarifler oluyor kitapta. Daha kaç kez yabanmersinli turta tarifi vereceğiz?"

Jacqueline o turta tariflerinden birini kendisinin verdiğini ve onun da en çok sevilen tariflerden biri olduğunu söylemedi.

"Tammie Lee'nin muhteşem fikirleri var ve açıkçası ondan komiteye başkanlık etmesini istemeyi düşünüyorum. Birkaç yıldır o görevi Louise yürütüyor ama onun da elini başka işlere atmasının vakti geldi."

Sessiz kalmaya daha fazla dayanamayan Jacqueline, "Bunun iyi bir fikir olduğundan emin değilim," dedi. Bev'in görüşlerine saygı duysa da, kadın bu sefer fena yanılıyordu. Tammie Lee hepsini gülünç duruma düşürecekti.

"Birkaç ay sonra doğuracağını biliyorum, bu yüzden ondan fazla bir şey isteyemem." Bev konuşmaya devam ederken restoranın otoparkına doğru yürüyordu. Kadın üstü açık BMW'sini Jacqueline'in Mercedes'inin yanına park etmişti. "Tammie Lee'yi yormak istemem. Yoksa Paul beni hayatta affetmez. Ama bence gelinin doğuştan yetenekli biri."

"Evet evet, bebekten dolayı pek vakti olmayacak." Jacqueline hemen atılıp durumu kurtarmaya çalışmıştı. Yere çakılmış gibi duruyordu. Bev'in arabasına binip öylece gidivermesine fazlasıyla şaşırmıştı. Jacqueline, dünyaya neler olduğunu merak ediyordu. Tammie Lee'nin ufak tefek, samimiyetsiz bir tilki olduğunu sadece o mu fark ediyordu?

Kafası karışan Jacqueline arabasını evinin garajına çekti ve buralara kadar nasıl geldiğini hatırlamamasına şaştı. Az önce restoranın otoparkındaydı, şimdi ise evdeydi.

Reese'yi mutfakta görünce büyük bir şaşkınlık daha yaşadı. Adam en güzel takım elbiselerinden birini giymişti. Ya eve erken gelmişti ya da sarışın metresiyle dışarı çıkacaktı. Jacqueline bir şey sormadı. Kocasının yalanını dinlemektense susmayı tercih ederdi.

Çantasını girişteki dolaba bırakıp gelen postalara, özellikle de broşürlere baktı. İşi bitince içki dolabına gidip bir şişe cin aldı. "Sen de ister misin?"

"Araba süreceğim."

Jacqueline omuz silkti. "Ben sürmeyeceğim." İçtiği

margaritaların etkisi çoktan geçmişti.

"Ne oldu?"

"Bir şey olduğunu da nereden çıkardın?"

Reese kaşlarını çattı. "Bu kadar erken içmeye başlamazdın."

"İçmem gerekiyorsa içerim," diyen Jacqueline arkasını dönüp ömrünün çoğunu birlikte geçirdiği adama baktı. Onu çok iyi tanıyordu ama bir o kadar da ona yabancıydı.

"Nerelerdeydin?"

Kocasının gerçekten de nerede olduğuyla mı ilgilendiğini, yoksa muhabbet etmek için mi sorduğunu anlayamamıştı. Reese'nin nerelerde olduğunu sorgulamasından kuşkulanmaya başlamıştı. Adam birkaç seferdir aynı şeyi yapıyor, Jacqueline ise kocasının bu tavrına bir anlam veremiyordu.

"Arkadaşlarımla dışarı çıkmıştım, Ginny'nin doğum gününü kutladık."

"Dışarı çıkarken ara sıra Tammie Lee'yi de davet etsen iyi olur."

Reese şaka yapıyor olmalıydı. "Neden böyle bir şey yapacakmışım?"

"Çünkü Tammie Lee senin gelinin. Birazcık ilgi gösterirsen ailemizin bir parçası olduğunu hisseder."

"İkiyüzlülük yapmak istemiyorum, Tammie Lee'nin ailemin bir parçası olması için can atmıyorum. Ona katlanabilirim ama hepsi o kadar. Hatta bu kadarını yapmakta bile zorlanıyorum." Bir kişi daha Tammie Lee'yi övecek bir şey söylerse Jacqueline çığlığı basabilirdi. "Neden herkes Tammie

Lee'nin bu kadar müthiş biri olduğunu düşünüyor gerçekten anlamıyorum."

Reese uzun bir süre gözlerini ona dikti. "Paul'ün ona neden aşık olduğunu sordun mu hiç kendine?" Sesi soğuk ve temkinli çıkmıştı. Bu da genelde Reese'nin öfkesini kontrol etmeye çalıştığını gösterirdi.

"Elbette biliyorum. Oğlum kararlarını aklıyla değil, hormonlarıyla alıyor."

Reese bağırarak, "Hiç de öyle değil," deyip avucunu mutfak tezgâhına yapıştırdı.

Jacqueline'in ödü kopmuştu. Kocası öfkesini daha önce hiç böyle dışa vurmamıştı.

"Tammie Lee sevgi dolu, anlayışlı, cömert bir insan. Bunu göremeyen tek kişi sensin çünkü oğlun için yaptığın planlar kör etmiş gözünü. Aksini görmek istemiyorsun."

Jacqueline ters ters kocasına baktı. "Benim kalpsiz, bencil biri olduğumu mu söylemeye çalışıyorsun, Reese?" Reese ne cüretle onunla böyle konuşurdu!

Kocası cevap vermeden dışarı çıkacak gibiydi ama bir anda fikrini değiştirdi. "Bu soruya kendin cevap vermelisin," diyerek kapıyı çarpıp gitti.

19

"Örgü örmek; verdiğiniz emeklerin sonucunda sizlere işe yarar, sevgi dolu, sıcacık bir elişi sunan rahatlatıcı ve huzur verici bir yaratıcılık işidir."

–Meg Swansen

LYDIA HOFFMAN

Kursiyerlerimin üçü de masanın etrafında oturmuş programdaki son dersin başlamasını heyecanla bekliyordu. Ama ben daha ağzımı açamadan Jacqueline konuşmaya başladı:

"Herkese kursun devamına katılmayacağımı söylemek istiyorum." Haftalık beş dolar alacağımı söylediğim destek grubundan bahsediyordu.

Hiç kimse sesini çıkarmayınca bir şeyler söylemem gerektiğini düşündüm. "Bunu duyduğuma üzüldüm, Jacqueline," dedim. Gerçekten üzülmüştüm ve üzülmemin nedeni kadının benden alışveriş yapmayı kesme ihtimali değildi. Ama Jacqueline'in kursa devam ederse pahalı iplerden alabileceğini biliyordum.

Alix hiç tereddüt etmeden, "Ben üzülmedim," dedi.

Jacqueline, "Zaten senden farklı bir şey beklemiyordum," diye cevap verdi. Onu küçümsediğini gizleme gereği duymamıştı.

Doğruyu söylemek gerekirse artık ikisinin arasında kalmayacağım için kendimi mutlu hissediyordum. Aralarındaki didişme bazen komik olsa da, katlanılacak gibi değildi. Daha önce birbirinden bu kadar nefret eden iki kadın görmemiştim. Birbirlerine besledikleri nefretin son birkaç haftada azaldığını düşünüyordum ama yanıldığımı anladım. İlişkiler konusundaki tecrübesizliğim beni bir kez daha oyuna getirmişti.

Jacqueline'i anlamak, onu sevmek çok zordu ama kadının örgü örmeyi öğrenmek için canını dişine taktığını kabul etmeliyim. Doğacak torunu için örmeye başladığı bebek battaniyesini bitirmiş sayılırdı.

"Son derse gelip kararımı açıklamam gerektiğini düşündüm."

Alix, "Çok da umurumuzda," diye söylendi.

Alix'in arkasına geçip elimi omzuna koydum ve bu hareketimle düşüncelerini kendine saklamasını istedim. Son altı hafta boyunca Alix'in asabi dış görünüşünün aksine fazlasıyla hassas bir kadın olduğunu anlamıştım. Ufacık bir eleştiri bile kendisini geri çekmesine sebep oluyordu.

Carol, "Ben artık istesem de örgü örmeyi bırakamam," dedi. Ağabeyine kazak örmekle meşguldü. Aldığı açık gri renkli kaşmir iplik dükkândaki en pahalı ipti.

Alix, "Ben de devam edeceğim," derken masanın karşısındaki Jacqueline'e ters ters baktı. Yaşlı kadının hevesinin tükendiğini ima etmeye çalışıyordu. "Ne pahasına olursa olsun bu battaniyeyi öreceğim."

Alix'in kararlılığını takdir ediyordum. İpliği ve şişleri hâlâ çok ustaca kullanamasa da yılmıyordu. İlk haftalarda ördüğünden daha fazla ilmeği söktüğünden şüpheleniyorum, ama sonunda neyi yanlış yaptığını öğrenmiş ve ilerleme kaydetmeye başlamıştı. En büyük engeli, zamanının kısıtlı olmasıydı.

Jacqueline, Alix'e ters ters bakarak, "Benim çabucak pes eden biri olduğumu mu söylüyorsun?" dedi.

"Ne istersen yap. Hiç umurumda değil. Seni özlemeyeceğimden eminim."

Jacqueline ile Alix'in bitmek bilmeyen didişmesi sinirlerimi bozuyordu. Bir şeyler söylemek üzereyken Carol araya girdi. Konuyu değiştirme çabasıyla, "Benim de sizlere bir haberim var," dedi. Aslında bunu yaptığına sevinmiştim.

"Gerçekten mi?" İçimin rahatladığını gizlemeye çalışmadım.

"Doug pazartesi sabahı beni son tedaviye götürecek."

Yüzündeki kocaman gülümsemeye rağmen Carol'un içine işleyen korkuyu hissedebiliyordum. Alix ile Jacqueline'in de aynı şeyi hissettiğinden emindim. Bu sefer her şeyin yolunda gitmesini ve Carol'un çocuğunu sağ salim doğurabilmesini umut ediyordum. Carol bize uzun uzadıya anlatmasa da düzenli olarak kontrole gidiyordu. Kısırlık sorunlarından çok fazla bahsetmemişti. Benimle özel olarak görüştüğü zamanlarda da dertlerini dile getirmiş ama çok şey söylememişti. Halini düşündükçe yüreğim parçalanıyordu.

Sessizliği bozan kişi Jacqueline'di. Bu tavrıyla beni şaşırtmayı başarmıştı. "Ah, canım, umarım her şey istediğiniz gibi olur. Reese ile ben de sadece tek çocuk sahibi olabildik. İkincisini çok istedik ama olmadı işte."

"Ah, bir çocuğumuz olsa dünyalar bizim olur." Carol'un yüzündeki gülümseme kaybolmak üzereydi.

"Bir kızımın olmasını ne kadar da çok istemiştim."

"Bir kız torunun olacağından bahsetmemiş miydin?" dedim. Daha önceki konuşmalarda böyle bir şeyin geçtiğini hatırlar gibi oldum.

"Evet."

Gariptir ki Jacqueline son zamanlarda oğlundan ve Tammie Lee'den hiç bahsetmemiş, bir şeyler olmuşsa da anlatmamayı tercih etmişti. Zaten Jacqueline'in sağını solunu kestirmek zordu. Carol ve Alix birbiriyle sıkı fıkı olurken, Jacqueline duygusal anlamda onlardan uzak durmuştu. Kadının hayatında sadece kulüpteki arkadaşlarının olduğu gibi bir izlenim edinmiştim.

Alix başını kaldırmadan elindeki örgüyü örmeye devam ediyordu. "Bence gerçekten çocuk isteyen kişilerin umutları boşa çıkmamalı." Birden Alix'in daha önce de buna benzer bir şey söylediğini hatırladım. Bu konuda hassas olduğunu tahmin ediyordum. Galiba bunun daha önce başına gelenlerle bir ilgisi vardı.

Carol, "Bence de," dedi. "Çocukları seven ve çocuk doğurmak isteyen birçok çiftin bu kadar zorluk çekmesini anlayamıyorum. Doğurmayı sürekli ertelediğim yıllara bakınca ağlamak istiyorum. Daha çok vaktimin olduğunu düşünmüştüm. Başıma bunların geleceğini nereden bilebilirdim ki?" Carol'un yüzüne acı dolu bir ifade yerleşti.

Bana bakan Alix, "Peki ya sen?" dedi.

Yüzümün kızardığından emindim ama bir yandan da çocuk muhabbetinin canımı neden sıktığını bilmiyordum. Başımı iki yana salladım.

Alix, "Ee?" dedi. "Çocuk doğurmak istemiyor musun?"

"Ben daha evli değilim."

"Evli olmamak annem için bir sorun yaratmamıştı. Annem, babamla evlenmeye karar verdiğinde ağabeyime altı aylık hamileymiş. Bunun hayatının en büyük hatası olduğunu söylerdi ama bu beni dünyaya getirmesine engel olmamış."

Carol, "Anne babaların hatasının bedelini çocukların çekmemesi gerekir," dedi.

"Sen öyle san," diyen Alix elindeki yumağı yere fırlattı. "Ama çok önemli değil çünkü ben ayakta kalmayı başardım."

Yüzünü bana çeviren Jacqueline, "Senin gibi hayat dolu

bir kadının güzel bir yuva kuracağından eminim," dedi.

Jacqueline ara sıra beni şaşırtıyordu. Az önce Carol'a şefkat göstermiş, kadının durumunu anladığını ifade etmişti. Şimdi de bana hayat dolu biri olduğumu söylüyordu. Böyle bir iltifatı hiç beklemiyordum.

"Teşekkürler, ama..." Lafımın devamını getirmedim. Hayatımla ilgili ayrıntıları elimden geldiğince kendime saklamayı istiyordum.

Carol, "Ama ne?" dedi.

"Ama... şey, iyi bir eş olacağımı sanmıyorum."

Alix araya girip, "Neden olmasın?" dedi. "*Benim* annemden çok daha iyi bir anne olacağından adım gibi eminim."

Bu konuşma gittikçe sıkıntı veriyordu bana. "Erkeklerin... beklentileri var."

Alix kafası karışmış halde bana baktı. Kaşlarını çatmıştı. "Ne demeye çalışıyorsun?"

Jacqueline ile Carol'un da bir o kadar meraklandığını gördüm. "İki sefer kansere yakalandım. Genetik olarak ailemin kansere yatkın olabileceğini düşünüyorum."

"Hâlâ hasta mısın?"

"Hayır, Tanrı'ya şükür hasta değilim ama ablam geçenlerde büyük bir korku atlattı." Çok şükür Margaret'in ikinci mamografisi temiz çıkmıştı. Onunla doktora giderek yanında olduğumu göstermiştim. Sonra da güzel haberi kutlamak için beni öğle yemeğine davet etmişti.

Gençlik yıllarımdan sonra ilk defa kendimi ablama bu

kadar yakın hissetmiştim. Kulağa biraz kötü gelse de, ilk mamografinin yarattığı telaşa minnettardım. Uzun zaman sonra ilk defa ablamla ortak bir noktamız olmuş, korku bizi birbirimize yakınlaştırmıştı. Ayrıca bu sefer bilgili olan ve tecrübelerin verdiği otoriter havayı kullanan kişi bendim.

Alix, "Neden evlenemiyormuşsun?" diye sordu.

İç çektim. Bu konulara girmeyi gerçekten de istemiyordum. "Kanserin geri gelmeyeceğinin garantisi yok," dedim.

Üç kadının da boş boş bana baktığını fark ettim.

Alix, "Bilmiyorum fark ettin mi ama hayatta hiçbir şeyin garantisi yok," dedi. "Ben bunu bilir, bunu söylerim."

Carol, "Evet, öyle olsaydı ben şimdiye kadar çoktan anne olurdum," dedi.

Jacqueline, Carol'a bakıp, "Haklısın," dedi.

Ablam da aynı şeyleri söylüyordu. Öğle yemeğimiz, ablam Brad'den bahsedene kadar çok güzel geçmişti. Brad'i birkaç gündür görmemiştim ve bana göre onunla dışarı çıkma ihtimalim tamamen ortadan kalkmıştı. İki sefer reddedildikten sonra bana tekrar çıkma teklif edeceğini sanmıyordum. Gerçekten de böyle bir şey yapar mıydı? Onunla ilgilenmediğimi çok açık bir şekilde dile getirmiştim.

"Bir erkekle dışarı çıkmayalı uzun zaman oldu. Nasıl davranacağımı bilmiyorum." Arkadaşlarıma gerçekleri söylemem gerektiğini düşünmüştüm.

Carol, "Normal davran," dedi ama bu çok net bir cevap değildi.

Jacqueline, "Kendin ol yeter," diyerek araya girdi. Battaniyeyi çantasından çıkarıp örmeye devam etmesine şaşırdım. Açıklamasını yaptıktan sonra çıkıp gideceğini düşünmüştüm. Diğerlerine eşlik etmesi beni mutlu etti.

"Yoksa bu adama abayı yaktın mı?"

Böyle soruları normalde Alix sorardı. "Elbette hayır." Çabucak cevabımı vermiştim. Bir kez daha kızaran yüzüm utandığımı gösteriyordu.

Beni izleyen Carol, "Ondan hoşlanıyorsun," dedi. Hafifçe güldü. "Peki, o zaman söyle bakalım kimmiş bu adam?"

Başımı iki yana salladım. Bir cevap vermek istemiyordum. "Artık her şey için çok geç."

Bana doğru eğilen Jacqueline, "Geç diye bir şey yok," dedi.

Alix de onlara katılıp, "Bize adını söyle," dedi.

Vazgeçmeyecek gibilerdi. Benim de konuyu değiştirmek için yapacak ya da söyleyecek hiçbir şey gelmiyordu aklıma.

Alix, "Haydi Lydia, bize adını söyle," dedi.

Önce tereddüt ettim, sonra da derin bir iç çekip onlara Brad'den bahsettim. Laflarımı bitirirken, "Beni bir daha bir yere davet etmez," dedim.

Alix de, "Haklısın, etmez herhalde," dedi. "O zaman *sen* ona çıkma teklif edeceksin."

Hem Jacqueline hem de Carol başını salladı. Brad Margaret'ten sonra örgü kursumdaki arkadaşlarımı da kendi safına çekmişti.

20

CAROL GIRARD

Carol pazar gecesi Doug'ın uykuya daldığından emin olana kadar bekledi. Kocasının nefes alışverişinin ağırlaştığını hissedince yataktan çıkıp sessizce oturma odasına geçti. Sabahleyin tüp bebek tedavisi için doktora gidecekti.

Puget Sound'un gece manzarasını çok seviyordu. Oturma odasının penceresinden parıldayan karanlık suları görebiliyordu. Batı Seattle'ın ilerisinde Vashon Adası ile Kitsap Yarımadası'nın ışıkları yanıyordu.

En çok sevdiği koltuğa çöktü, başını arkaya yasladı ve bedenine rahatlamasını emretti; tedaviye gergin halde gidemezdi. Bedeninden döllenmiş yumurtaları, özlemini çektiği bebek ya da bebekleri kabul etmesini istemek zorundaydı.

Kendine neler olduğunu anlayamıyordu. Doğurmayı bu kadar istemesine rağmen bedeni neden hamileliklerini ardı ardına reddediyordu? Hiçbir şey aklına yatmıyor, durumu ne kadar çok irdelerse irdelesin yaşadıklarına anlam veremiyordu.

Öz bedeni en büyük düşmanı haline gelmiş, rahmi üremesine karşı gelerek ona ihanet etmişti. Gebe kalmasının imkânsız hale geleceği zamanlara az kalmış, yumurtalıkları çoktan işlevini yitirmeye başlamıştı.

Herkes ona anlayışlı davransa da, Carol arkadaşlarının bu konudan sıkıldığını biliyordu. Ayrıca annesinin torun isteğiyle yanıp tutuştuğundan da haberdardı. Annesinin tüm arkadaşları cüzdanlarında torunlarının fotoğraflarıyla gezerken, o morali bozuk halde sessizce yerinde oturuyordu. Ne Carol ne de Rick ona övünülecek torunlar verebilmişti. Kadın bunu bir kez şaka olsun diye söylemişti ama Carol tıpkı onun gibi annesinin de hüsrana uğradığını hissedebiliyordu.

Şu ana kadar Doug'ın anne babası onları hep desteklemiş, ancak onlar da beklemekten bıkmıştı. Çok şükür Doug'ın kız kardeşi onlara iki torun vermişti ama Doug'ın babası ailesinin adını yaşatacak bir erkek torun istiyordu. Carol'un üzerindeki baskıyı onlar anlayamıyordu ama o, bu yükün altında boğulacakmış gibi hissediyordu kendini.

Gözlerine yaşlar doldu. Hayatında şu son birkaç yılda döktüğü kadar gözyaşı dökmemişti. Bir süredir mendilleri elinden eksik etmez olmuştu.

Bunların üstesinden gelmeye çalışmıştı. Her türlü terapiye başvurmuş, koca bir eczaneyi doldurmaya yetecek kadar ilaç yutmuştu. Onca ilaç Tanrı bilir bedenine neler yapmış, onu nasıl tehlikelere maruz bırakmıştı? Ama bunların bir önemi yoktu; çocuk sahibi olmanın dışında hiçbir şey umurunda değildi. Carol hamile kalmasına ve hamileliğini sonuna kadar sürdürmesine yardımcı olabilecek her türlü ilacı yutmayı, her türlü iğneyi yemeyi ve her türlü deneysel tedaviye katılmayı göze almıştı.

"Burada ne yapıyorsun?" Doug çizgili pijamasıyla içeri girdi. Üstünde hiçbir şey yoktu. Hep böyle uyurdu. Carol'un karşısına yere oturdu. "Ne oldu? Uykun mu kaçtı?"

Kocasının sesindeki buruklugu hissedebileceğinden korkan Carol, başını salladı.

Doug hiçbir şey söylemedi. Birlikte sessizce oturdular.

Birkaç dakika sonra Doug ayağa kalktı ve kollarını uzatıp Carol'a sarıldı.

"Uyumaya çalışmalısın."

"Biliyorum."

Doug onu yatağa götürmeye çalışmadı. Carol da kocasının böyle bir şey yapmamasına sevindi.

"Peki sen?.."

"Sen yanımda olmadan uyuyabileceğimi sanmıyorum."

Carol gülümsedi. Kocasının onu kendinden bir parça olarak gördüğünü öğrenince içine huzur doldu.

Bir feribot Vashon Adası'na doğru ilerliyor, Carol Fauntleroy'dan Southworth'a doğru ağır ağır gidişini izliyordu. Yine o berbat gerginlik geri döndü. Aylardır aklını kurcalayan soruyu sormak zorunda olduğunu hissetti. "Bu sefer de hamile kalmazsam ne yapacağız?" Kelimeler ağzından fısıltı halinde çıkmıştı. "Evlat mı edineceğiz?"

"Vakti gelince karar veririz."

"Ama ben bekleyemem. Ne yapacağımızı hemen öğrenmek istiyorum."

"Neden?"

"Ya evlat edinmeye uygun olmadığımı söylerlerse? Ya istediğimiz gibi bir bebek edinemezsek? Ya... ya tedavi yine işe yaramazsa? Ah, Doug, böyle şeyler düşünmemeliyim ama kendime engel olamıyorum."

Doug'ın iç çekişi çok kuvvetliydi. "Öyleyse düşünme. Tedavi işe yaramazsa evlat ediniriz. Evlat edinemezsek de çocuksuz yaşarız. Çocuğu olmayan aileler nasıl ayakta kalıyorsa biz de öyle ayakta kalırız."

"Hayır... ayakta kalamayız."

"Carol!"

"Bir süreliğine aramız iyi olabilir ama küçük bir çocuğu görünce..." Boğazı düğümlenen Carol daha fazla konuşamayacaktı.

Doug bunları inkâr etmeye çalışmadı. "Böyle konuşma."

Carol umutsuzca omuz silkti.

"Neden evlat edinemeyeceğimizi düşünüyorsun? Bizim yaşımızdaki diğer çiftler bunu yapabiliyorsa biz de yapabiliriz."

"Çok geç kaldık?"

"Geç mi kaldık?"

"Yıllarca sıra bekleyeceğiz. Sıra bize gelince de kırklı

yaşlarımızın ortalarında olacağız."

"Var olmayan engelleri engel diye görmekten vazgeç."

Carol buna bir cevap veremedi. Üzüntüsü çok büyüktü. Doug'ın ona var olmayan sorunlardan dolayı acı çektiğini söylemesi kolaydı çünkü onları aylarca hüsrana uğratan onun bedeni değildi.

Doug, "Bebeğimiz olacak," dedi.

Carol haykırarak, "Olmayacak!" dedi.

"Carol, ne olur kes şunu. Kendini yıpratıyorsun."

"Yıprandım yıpranacağım kadar zaten. Korkuyorum, üzülüyorum ve kendimi..."

"Evet, kendini yenik düşmüş hissediyorsun. Madem işe yaramayacak neden tedavi olmak istiyorsun?"

"Çünkü bilmek istiyorum."

Doug nazikçe, "Hamile kalamayacağını mı öğrenmek istiyorsun?" diye sordu.

Doug yardımcı olduğunu düşünüyordu ama yanılıyordu. Aslında her şeyi daha da berbat hale getiriyordu. "Beni yalnız bırak."

"Carol, Tanrı aşkına..."

"Git! Biraz yalnız kalmak istiyorum." Bu ani ruhsal değişikliklere ilaçlar sebep oluyordu. Onları bu konuda uyarmışlardı ama Carol bu sefer hazırlıksız yakalanmıştı.

Doug ayağa kalkıp pencereye doğru yürüdü. Ay ışığıyla aydınlanan geceye bakarken eliyle yüzünü ovuşturdu. Bir şeyler bulmaya çalışıyor gibiydi. "Seni yalnız bırakmak istemiyorum." Konuşurken Carol'a bakmamıştı.

"Ne olur git."

"Bana ihtiyacın var."

"Şimdilik... yalnız kalmaya ihtiyacım var."

"Carol..." Doug ona doğru döndü.

"Lütfen, Doug."

Doug önce tereddüt etti, sonra da istemeye istemeye yatak odasının yolunu tuttu.

O gider gitmez Carol yanına gelmesini istemeye başladı. Onu kollarına almasını ve onu hep seveceğini söylemesini istiyor, çocukları olsun olmasın ömrünün sonuna kadar onu seveceğine söz vermesini bekliyordu.

Gözlerini kapatan Carol her taraftan üzerine gelen ve onu rahatsız eden olumsuz seslere aldırış etmemeye, iyi şeyler düşünmeye çalıştı. İnternetteki destek grubundan bu tür anlarda ne yapması gerektiğini öğrenmişti. İstediği şeyin hayali görüntüsünü aklında canlandıracak ve bu görüntüyü gerçekleşme ihtimalini kabul edebileceği kadar net bir şekilde görmeye çalışacaktı. Gerçeğe böyle ulaşacaktı.

Hamile kaldığını, karnının çıktığını ve üzerinde çok güzel bir hamile kıyafeti olduğunu hayal etti. Doug ellerini karnının üzerinde gezdiriyor, eğilip öpüyor, sonra da doğrulup sevgi ve gurur dolu bir şekilde ona bakıyordu. Bu aklında yarattığı ve zor zamanlarda tutunduğu bir görüntüydü. Şüphelerinin onu yenilgiye uğratmasına izin vermeyecekti.

Gece bir ara kanepede uykuya dalmış olmalıydı. Şafak sökmeden uyanıp yatağına geçmişti. Kocasının koynuna sokulmuş, kolunu göğsüne atmıştı.

Uyandığında Doug'ın ona sarıldığını gördü. Doug fısıldayarak, "Uyandın mı?" dedi.

"Evet." Carol gerindi ve sırtüstü uzandı.

"Saat kaçta yatağa geldin."

"Bilmem, saate bakmadım."

Doug, Carol'un kulağına doğru eğildi. "Şimdi kendini daha iyi hissediyor musun?"

Carol hafifçe de olsa gülümsemeyi başardı. "Evet."

"Güzel."

Carol'un burnuna kahve kokuları geliyordu. "Uyanma vakti geldi mi?"

"Maalesef."

Carol yatakta doğrulup oturmaya çalıştı ve zor da olsa gülümsedi.

"Son zamanlarda seni ne kadar çok sevdiğimi söylemiş miydim?"

Doug ona sevgisini binlerce farklı şekilde anlatmıştı. Carol tam da esnerken, "Evet," dedi.

Yatağın kenarına oturan Doug, "Bildiğin gibi bugün bizim için çok önemli bir gün," dedi.

Carol, "Biliyorum," diye fısıldadı. Bugün Doug'ın çocuğunu rahminde hissedeceği ilk gündü.

21

ALIX TOWNSEND

Alix film dükkânından çıkıp bir sigara yaktı. Sigarayı azaltmıştı ama bırakmakta zorlanıyordu. Dumanı derin derin içine çekti, nikotinin aniden yarattığı sakinliğin tadına vardı ve başını yukarı kaldırıp dumanı üfledi. Sigarayı ikinci kez dudaklarına götürdüğünde sokağın karşısında yürüyen Jordan Turner'ı gördü. İçini korku kapladı. Onunla konuşmak istemiyordu.

Hem onunla konuşmanın ne anlamı vardı ki? Adamın onunla ilgilenmediği belliydi. Jordan onu altıncı sınıfta yarım kalmış bir maceranın oyuncusu ve kurtarılması gereken bir kız olarak görüyordu. Hizmet verdiği rahiplik bölgesinde ilgilenilmesi gereken kişilerden biri de oydu. Rahipler Alix'in ruhani kurtuluşu aramadığını bir türlü kabul etmiyordu. Evet, Alix bir zamanlar kilisenin otobüsüne binip Pazar Okulu'na gitmiş olabilirdi ama bunu dindar biri olduğu için yapmamıştı. Anne ve babası ondan birkaç saatliğine kurtulmak için her yere gönderebilirdi. Alix on ve on bir yaşındayken kiliseye düzenli olarak gitse de, kilisede geçirdiği vakitler onu bir yere götürmemişti. Oraya gitmiş, ondan istenilenleri yapmış ve hatta duaları ezbere okuduğu için İncil kazanmıştı.

On altı yaşından beri kendi başının çaresine bakıyordu. Hayatında öğrendiği en acı derslerden biri de, kendinden başka hiç kimseye güvenemeyeceğiydi. Bu dersi unutması mümkün değildi.

Yarısı içilmiş sigarasını ayağının altında ezerek söndüren Alix, içeri döndü. Jordan'ın bundan bir anlam çıkarıp onu yalnız bırakmasını umut ediyordu.

Alix tezgâhın arkasına geçince Laurel, "Çabuk döndün," dedi.

"Ben arkaya geçiyorum."

Laurel kaşlarını çattı. "Neden?"

"Adı lazım değil gelirse, ona bu akşam çalışmadığımı söyle."

"Hâlâ ondan kaçıyor musun?"

Alix, "Sana söylediğimi yap yeter," dedi ve bay rahip ona yetişmeden dükkânın arka tarafına geçti. Starbucks'ta karşılaşıp konuştukları günün üzerinden iki hafta geçmişti. Jordan o gün anlattıklarıyla bombayı patlatmıştı ve patlamanın sesi Alix'in kulaklarında yankılanmaya devam ediyordu. Jordan bir rahipti ve Alix ne onunla ne de onun Tanrı'sıyla bir şey yapmak istiyordu.

Bir dakika geçmeden Laurel geldi. Yüzünde hiç de hoş bir ifade yoktu. "Seni görmüş."

Alix etrafında döndü. "Ona meşgul olduğumu söyle."

"Söyledim zaten. İşe yaramadı."

Bu iş gittikçe sinir bozucu bir hal almaya başlamıştı. "O zaman ona başka bir şey söyle. Onunla konuşmak istemiyorum."

"Sonsuza kadar saklanamazsın."

Alix, "Saklandığım falan yok benim," dedi ama saçmaladığının farkındaydı.

Laurel, "Ne istiyorsan yap," dedi. "Ama bana seni görene kadar bekleyeceğini söyledi." Bunu da söyledikten sonra Alix'in sözde arkadaşı içeriye döndü.

Alix canı sıkıla sıkla on dakika bekledi ve Jordan'ın vazgeçip gittiğine karar verdi ama talihi ona oyun oynamıştı. Kollarını önünde birleştiren Jordan, kasanın yanındaki mikrodalga mısırı satılan tezgâhın önünde duruyordu. Alix'i görünce gözlerini kıstı.

Alix onu görmezden gelmeye devam etmek yerine doğrudan adamın üzerine yürüdü. Kızgınca, "Senden uzak durmaya çalıştığımı neden anlamıyorsun?" dedi.

"Evet, bu tür şeyleri kolayca anlamam. Biraz konuşabilir miyiz?"

"Olmaz." Alix on beş dakikalık molasını kullanmıştı ve başka mola hakkı da yoktu. Film dükkânının önünde müşteri sırası yoktu ama içerisi yeterince kalabalıktı.

"İşten sonra buluşalım."

Alix omuz silkti. Onunla buluşup her şeyi bir seferde halledebilirdi. "Peki."

"Sözüne güvenebilir miyim?"

Jordan'ın sesindeki aksi hava Alix'in gücüne gitmişti. "Elbette güvenebilirsin! Dükkân kapandıktan on dakika sonra Starbucks'ta olurum."

"Annie'nin Kafesi'nde buluşalım."

"Tamam, orası olsun."

"Bekleyeceğim."

Alix, Jordan'ın kapıdan çıkmadan önce Laurel'e göz kırptığını gördü. Belki de hayal gücü ona oyun oynuyordu. Bunun ne anlama geldiğini merak etti ama sonradan önemli olmadığına karar verdi. Adam arkadaşıyla ilgileniyor olabilirdi. Alix'in buna bir itirazı yoktu. İkisinin de mutlu olmasını isterdi. Jordan, ikinci el araba satan o çapulcudan çok daha yakışıklı biriydi.

Ancak Alix o göz kırpmasını *ciddiye almış,* o andan itibaren huysuzlanmıştı. Saat on biri bulduğunda Laurel'le çoktan bozuşmuş, artık onunla konuşamayan arkadaşı, üfleye püfleye çıkıp gitmişti. Alix ondan kurtulduğuna seviniyordu.

Alix hesapları toplayıp dükkânı kapattıktan tam on dakika sonra Annie'nin Kafesi'ne vardı. Kafe, film dükkânının bir sokak aşağısındaydı. Alix haftalığını her alışında kendisini ödüllendirmek için buraya yemek yemeye gelirdi. Sunulan çeşit çeşit yemekler hem leziz hem de ucuzdu.

Alix içeriye girdiğinde Jordan masalardan birine oturmuş menüyü inceliyordu. Adama ters ters baktı, "Sana borcum yok," dedi.

"Hı? Ne demek istediğini anlamadım."

"Burada olmak zorunda değilim."

Jordan kaşlarını çattı. "Haklısın ama en azından altıncı sınıfta beni neden ektiğin konusunda açıklama yapmalısın."

"Ben seni ekmedim... Elimde olmayan sebeplerden dolayı yanına gelemedim."

"Peki, o zaman şimdi bana olanları nezaket gereği anlat."

Jordan'a nezaket gibi şeyler öğretilmişti, ama Alix bu tür şeylerden hiç anlamazdı.

Alix öfkeyle, "Bana bak," dedi. "İstersen tüm geceyi ilkokulda olup biten şeylerden bahsederek geçireceğimize, oturup adam gibi konuşalım."

Jordan istediği cevapları alana kadar Alix'in peşini bırakmayacak gibiydi. Alix bir rahibe bulaşmama kararı almıştı ama Jordan işini zorlaştırıyordu. Kaşlarını çatıp adamın karşısındaki yere geçti.

Jordan, "Bir sorun mu var?" diye sordu.

Bu ilginç bir yaklaşımdı ama Alix ona bir cevap veremeden garson yanlarına geldi. Alix, akşam vardiyasında çalışan Jenny'yi tanıyordu. Kadının şaşkınlığını gizleme gereği duymadan bir ona bir de Jordan'a baktığını gördü.

Elindeki adisyon defterinin bir sayfasını arkaya kıvıran Jenny, "Ne alırsınız?" diye sordu.

Jordan plastik kaplı mönüyü kapattı. "Ben domuz pastırmalı çizburger mönü almak istiyorum," dedi ve sonra Alix'e baktı. "Peki sen?"

Annie'nin kocaman çizburgerlerinden biri gözlerinin önüne gelince Alix'in ağzının suyu aktı, ama önce hesabı kimin ödeyeceğini öğrenmeliydi. "Sen mi ısmarlıyorsun?"

"Ismarlamasam sormazdım."

Alix elindeki mönüyü şekerliğin arkasına sıkıştırdı. "Ben de aynısından alayım."

Jordan, "İki tane pastırmalı çizburger," dedi. "İçecekler de kola mı olsun?" Alix'e sorgulayıcı gözlerle baktı. Alix de başını salladı.

Jenny siparişlerini alıp yanlarından ayrıldı.

Garson gider gitmez Jordan ellerini masaya dayadı ve "Ee," diyerek lafa başladı.

Adamın gözlerinin içine bakan Alix derin bir iç çekti. "Eesi kiliseyle ilgilenmiyorum."

"Neden?"

"Bilmem fark ettin mi ama çok da kiliseci tipi yok bende."

"O tip de nasıl oluyormuş?"

Alix'in gözleri pörtledi. "Şapkalar takan, eldivenler giyinen, Tanrı'ya birkaç dua okuyup nazikçe muhabbet eden kadınlar işte."

Jordan başını arkaya yatırıp kahkaha attı. "Sen kiliseyi değil, bahçe partisini tarif ediyorsun. Sanırım uzun süredir kiliseye gitmedin."

"İlkokuldayken Pazar Okulu'na gitmiştim ama kilise kısmına bulaşmadım." Aslında birkaç sefer kiliseden içeri girmiş ama verilen vaazlardan sıkılıp yarısında dışarı çıkmıştı. "Daha önce de dediğim gibi kiliseyle ilgilenmiyorum."

Jenny kolalarını getirdi. Jordan, Alix'e cevap vermek için sabırsızlanıyordu.

Jenny gittikten sonra Jordan, "Nereden biliyorsun?" diye çıkıştı.

Alix, "Jordan bence sen çok harika birisin," deyip kolasını yudumladı. "Babanı hatırlıyorum. O da çok nazik biriydi." Jordan'ın babası Alix o İncil'i kazandığında evlerine gelip annesiyle konuşmuştu. Adamın ilk ve son ziyareti de bu olmuştu ama Alix adamı bir daha gelmediği için suçlamıyordu.

"Bir şans tanımadan kiliseyle ilgilenmek isteyip istemeyeceğini nereden biliyorsun? Neden bir pazar gelip etrafa bir bakınmıyorsun?"

Alix, "Bak," dedi. Olabildiğince dürüst olmaya çalışıyordu. "Beni hiç kimsenin kurtarmasına ihtiyacım yok."

Jordan kaşlarını çattı. "Demek böyle düşünüyorsun?"

"Aynen öyle."

Jordan biraz da alaycı bir tavırla, "Sen beni çoktan çözmüşsün," dedi.

Kaba tavırlar Alix'in doğasında vardı ama çizburgeri mideye indirene kadar sessiz kalmaya kararlıydı. Zaten hesabı Jordan ödeyecekti ve çok açtı.

"Kiliseye gitmem neden bu kadar önemli?" diye sordu. Sonra da kendi kendine cevapladı. "Çünkü değişmemi istiyorsun."

"Hayır. Ben seni görmek istiyorum."

"Tabii tabii, öyledir!"

"Altıncı sınıfta senden hoşlanıyordum, şimdi de hoşlanıyorum. Bunun için özür mü dilemem gerekiyor?" Öne doğru çıktı. Gözlerini Alix'in gözlerinden ayırmak istemiyordu.

"Ben senin tipin değilim."

"Buna sen mi karar verdin, yoksa bir başkası mı söyledi?"

Alix adamın bu sorusuna sinir olmuştu. "Ben karar verdim."

Jordan'ın gittikçe kızdığını görüyordu. Adam kâğıt peçetenin arasına sarılmış çatal bıçağı sıktı. "Bakalım doğru anlamış mıyım? On ya da on iki yıl önce tanıdığın biri olduğumu, bir de rahiplik yaptığımı öğrenene kadar benimle takılmana engel hiçbir şey yoktu, öyle değil mi?"

Alix gözlerini yere çevirdi; bir cevap vermek istemiyordu.

"İlkokuldayken benden hoşlanıyordun ama şimdi hoşlanmıyorsun, öyle mi?"

Yemekleri çabuk gelse iyi olurdu, yoksa Alix diline daha fazla hakim olamayacaktı. Dudaklarının içini ısırıyordu.

"En azından bana bir cevap ver."

"Ne söylememi istiyorsun? Bu söylediklerinin önemli olmadığını mı? Olmaz."

"O zamandan beri ne değişti ki?"

Alix ağzını açtı. Doğru kelimeleri seçmekte zorlanıyor, kendinden emin olamıyordu. "Sen... sen..." Eliyle onu işaret etti. "Sen *iyisin.*"

"İyi mi? Ne demeye çalıştığını anlamadım."

Alix kollarını birleştirdi ve gittikçe artan bir çaresizlik hissiyle Jenny'ye bakındı. Siparişlerin gelmesi hiç bu kadar uzun sürmezdi. Karnı guruldayınca öğleden sonraki sütlü kahveden başka ağzına hiçbir şey sürmediğini hatırladı. Acıkmıştı. Yemekleri gelir gelmez, söylemek istediği şeyleri söyleyebilir, çizburgerini alıp evine götürebilirdi. Ama Jordan aklını karıştırıyordu. Düşünebildiği tek şey, o sevgililer günü partisine katılmayı ne kadar çok istediğiydi. Jordan'a söylememişti ama o da bir kart hazırlamıştı.

"Sen ne demek istediğimi biliyorsun."

"Hayır, bilmiyorum. Yani açıklasan iyi olur. Beni iyi yapan şey nedir?"

Alix, Jordan'ın ciddi olduğunu fark etmişti. "Tanrı," diye fısıldadı.

Jordan hiçbir şey anlamamıştı. "Tanrı mı?"

Alix başını salladı. "Sen mükemmel bir ailede yetişen parlak bir adamsın ama ben bunun tam tersiyim. Seni seven bir ailen vardı. Benim yoktu. Sen…"

Jordan, Alix'in lafını kesip, "Bunların bizimle hiçbir ilgisi yok," dedi.

"Annem babamı vurduğu için hapse girdi, bunu biliyor muydun?"

Jordan bildiğini onaylarcasına yavaşça başını salladı. "O konuda etrafta bayağı laf dolanıyordu ama benim istediğim tek şey sana ne olduğunu öğrenmekti."

"Hı." İşte bu beklenmedik bir şeydi.

Alix, Jerry'nin elinde iki tabakla onlara doğru geldiğini görünce neredeyse sevinçten iç geçirecekti. Çizburgerler açık bırakılmış, peynir mükemmel bir şekilde erimişti. İncecik dilimlenen patatesler kızartma makinesinden yeni çıkmıştı. Yemeğe bakmak bile Alix'in ağzının sulanmasına yetmişti.

"Babamdan nerede olduğunu bulmasını istedim. Seni aradı ama hiçbir yerde bulamadı. Galiba ağabeyinle birlikte çoktan şehrin başka taraflarındaki bakıcı ailelere gönderilmiştiniz."

Alix tuzluğa uzanıp önündeki patatesleri tuzlamaya başladı ama bu sırada gözlerini Jordan'dan hiç ayırmadı. "Gerçekten de beni aradın mı?"

Jordan başını salladı ve eline bir kızarmış patates aldı.

Alix aç olmasına rağmen yemeğine elini sürmedi. "Rahip olmana ne sebep oldu? Baba mesleği olduğu için mi seçtin?"

"O da başka bir akşamın konusu," diyen Jordan burgerine biraz marulla bir dilim domates koydu ve ekmeği üzerine kapatıp bir ısırık aldı.

Alix de yemeye başladı. Ağzındakileri çiğnerken, "Kurtarılmaya ihtiyacım olmadığını bil yeter," dedi.

"İstesem de yapamam zaten."

Alix ağzındakileri yuttu, kolasından biraz daha içti. "Neden?"

"Benim işim bu değil. Kurtarma işini Tanrı'ya bırakırım. İnsanları o kurtarır, ben sadece yolu gösteririm." Eline bir kızartma daha alıp tabağının kenarına sıktığı ketçaba batırdı.

Alix ona güvenmiyordu. "Hâlâ anlayamıyorum."

"Neyi anlayamıyorsun?"

"Seni. Beni görmek istemeni."

Jordan ona tuhaf bir bakış attı. "Senden etkilenmemi yasaklayan bir kanun var da benim mi haberim yok? Senden altıncı sınıfta hoşlanıyordum ve hâlâ da sevimli biri olduğunu düşünüyorum."

Ondan hoşlanmış mıydı? Sevimli olduğunu mu düşünüyordu? Alix, "Gerçekten mi?" diye sordu ve sesinin titremesine şaşıp kaldı.

"Gerçek olmasa söylemezdim." Jordan elini uzatıp Alix'in tabağından bir tane kızartma aldı.

"Hey," diyen Alix adamın eline vurdu.

Jordan gülerek ona dilimlenmiş turşularından birini verdi.

Yemeklerini yediler, izledikleri filmlerden konuştular ve bir saat sonra kafeden ayrıldılar. Jordan, "Beni görmezden gelmeye devam edecek misin?" diye sordu.

Alix biraz nazlanması gerektiğini düşündü. "Daha karar vermedim."

"Çabuk karar ver, olur mu?"

"Neden?"

"Çünkü daha ne kadar film kiralayabileceğimi bilmiyorum."

Alix güldü.

"Pazar günü kiliseye gelecek misin?"

"Pek sanmıyorum." Alix kendini kocaman bir çantası olan siyah çoraplı bir kadının yanında oturur halde hayal edemiyordu. Jordan ondan kilisesine gelmesini isteyebilirdi ama Alix kilise müdavimlerinin saçlarında mor boyalar olan birini kolayca benimseyebileceklerini düşünmüyordu.

Kiliseler düzenli hayatları, amaçları ve hayalleri olan insanlar içindi. Tamam, Alix'in de hayalleri vardı ama bu hayallerin gerçekleşme ihtimali çok düşüktü. Şef olmak istiyordu. Öylesine sıradan bir aşçı olmayı değil, hoş bir restoranda şef olmayı istiyordu. Annie'nin Kafesi'ne benzer birkaç yerde çalışmış ve en çok da mutfak işlerini sevmişti. Film dükkânından önce çalıştığı yer kapanmıştı ama orada çalışmak, ona hayallerinin gerçekleşmesini ne kadar çok istediğini göstermişti.

Önce Jordan'ın ona güldüğünden şüpheleniyordu ama sonra adamın amacını anladı. Jordan, onu sokağın karanlık tarafına çekip sırtını tuğla duvara yasladı.

Uzun süre birbirlerine baktılar. İkisi de nefes almıyor, ağzını açmıyordu.

Sonra Jordan'ın dudakları Alix'in dudaklarına dokundu. Alix öpüşmenin etkisiyle eriyip gitti. Başı dönüyor, dizlerinin bağı çözülüyordu. Yapacak tek bir şey vardı, o da ona tutunmak; kollarını adamın boyuna attı. Ondan sonra da duygular adeta bir hız treni gibi içini sarmaya başladı.

"Bu da neyin nesiydi?" dedi. Sesi küçük bir tenekenin içinden çıkıyormuş gibi yankılanıyordu.

Jordan en sonunda başını kaldırınca fısıldayarak, "Altıncı sınıfta kalbimin kırılmasına sebep olduğun için bana bir öpücük borcun olduğunu düşündüm."

Alix dudaklarını birbirinin üzerinde gezdirdi. "Öyle ama… o gün kalbi kırılan tek kişi sen değildin."

22

"İp, örgü örmesini bilenlerin ellerinde
kalp ile ruh arasında bağ kuran
mucizevi bir varlığa dönüşür."

– Robin Villiers-Furze,

LYDIA HOFFMAN

Bir başka cuma günü daha bitmişti. Bu seferki ders şimdiye kadarkilerin en iyisiydi. Alix sürekli kahkahalar atmış, Jacqueline de biraz daha rahatlamıştı. Onu daha önce hiç bu kadar anlayışlı görmemiştim. Carol ise evdeydi; doktor ondan bir süre kendini yormamasını istemişti. Dükkânımın kapısındaki "KAPALI" yazısını çevirip üst kattaki evime çıkarken epey yorulduğumu fark ettim ama bu güzel bir yorgunluktu. Bir Yumak Mutluluk'u ilk açtığımda saatlerce elimdeki örgülerle ilgilenebiliyordum.

Ama artık her şey değişmişti. Müşteriler sürekli kapımı çalıyor, çoğu günler başımı kaşıyacak vakit bulamıyordum. Jacqueline'i tekrar gördüğümde ona teşekkür edecektim. Dükkânımı arkadaşlarına anlatmış, hali vakti yerinde iki arkadaşı da geçenlerde yanıma uğramıştı. Sürekli kursu bırakacağını söylemesine rağmen Jacqueline her cuma erkenden kapının önünde oluyordu. Kulüpteki arkadaşları dört yüz dolarlık alışveriş yapmıştı. Böyle büyük satışlar yaptığım için artık kirayı nasıl denkleştireceğimi düşünmek zorunda kalmıyordum, oysa dükkânı açtığım ilk günlerde en büyük endişem kirayı nasıl denkleştireceğimdi.

Har vurup harman savuracak kadar para kazanamasam da kiramı halledebiliyordum. Daha dükkânımı açalı üç ay olmamışken bunu başarmak beni heyecanlandırıyordu. Planım, sade bir hayat sürmek ve kendime inanmaktı.

Üst kata vardığımda oturma odasındaki küçük pencereleri açtım. İçeri çok güzel bir esinti doluştu. Whiskers hemen üzerime atladı ve dikkatimi çekmek için ayaklarımın etrafında deli gibi dolanmaya başladı. Kedimi seviyordum. Bana çok iyi bir yoldaş olmuştu ama bazen kendime gelmek için evde yalnız kalmayı istiyordum. Yine de Whiskers'in istekleri her şeyden önce geliyordu.

Kedimin çok sevdiği tonbalıklarından birini açıp önüne koydum. Çok şımarmıştı ama ona kötü davranamıyordum. O yemeğine dalmışken gelen mektuplara baktım. Zarflardan birinden aşina olduğum bir kokunun geldiğini fark ettim; Margaret mektup yazmıştı.

Zarfı açıp açmama konusunda tereddüt etsem de sonunda kendimi tutamadım; içinde iki teşekkür notu vardı. Yeğenlerim onlara ördüğüm kazaklar için teşekkür ediyordu; ilk defa onlara gönderdiğim bir hediye için bana teşekkür etmişlerdi. Ben de Margaret'in yaptığım şeyleri onlardan sakladığından şüpheleniyordum.

Aslında geçmişte yaşadıklarımı göz önüne alarak ablamı aramayı aklımdan bile geçirmemem gerekirdi ama aramızdaki zoraki ilişkide son zamanlarda biraz düzelme olmuş, cesaretim yerine gelmişti. Fikrimi değiştirmemek için kendimi zor tutarken telefon numarasını tuşladım.

Telefon ilk çaldığında neredeyse telefonu kapatıyordum. Ablamın telefonunda arayan numaraların göründüğünü biliyordum; eğer konuşmazsam Margaret arayıp neden telefon ettiğimi sorardı.

İkinci çalışta Hailey açtı telefonu.

"Mektubunuzu aldım," dedim.

"Annem sana teşekkür etmek için mektup yazmamız gerektiğini söyledi; ama ben o söylemese de sana bir şeyler yazacaktım, Lydia Teyze. Çok güzel bir kazak örmüşsün. Rengini çok beğendim."

"Beğendiğine sevindim." Açık yeşil bir ip seçmiş, kazağın yakasını ve iliklerin etrafını turuncu renkle süslemiştim. Kendimi övmek gibi olmasın ama gerçekten de çok güzel bir kazak olmuştu.

Hailey, "Annem geldi," dedi ve ben daha onu rahatsız etmeye gerek olmadığını söyleyene kadar ablam telefonu eline aldı.

Benimle konuşurken kullandığı o hırçın ses tonuyla, "Her şey yolunda mı?" diye sordu.

"Yolunda, yolunda. Kızların mektubu yeni elime geçti ve ben de..."

"Sen ancak bir neden olunca telefon edersin zaten."

Bu hiç de doğru değildi ama onunla tartışmak istemiyordum. Normalde Margaret'i aramaktan uzak dururdum, çünkü daha önce yaptığımız telefon görüşmeleri hep huzurumu bozmuştu.

"Gerçekten iyiyim," dedim ve gülmeye çalıştım. Ama yalandan güldüğüm sesimden belli oluyordu.

"Yakışıklı kargocudan ne haber?"

Brad'den bahsedilince yüzümün kızardığını hissettim. Ablamı bunları konuşmak için aramamıştım. "Geçen gün gördüm." Konuyu değiştirmek için bir şeyler bulmaya çalıştım ama aklıma hiçbir şey gelmedi.

Brad bana eskisi kadar nazik davransa da fazla ilgi göstermiyordu. Artık eski bir kanser hastası olduğumu biliyordu ve bu da onun tavrını açıklamaya yeterdi. Beni mazeretler uydurmak zorunda bırakmadığı için ona minnettardım. Ama dükkânıma son uğradığında, verdiğim karardan yavaş yavaş pişman olmaya başladığımı hissettim. O hafif ama bir o kadar da belirgin duygu günün geri kalanı boyunca üzerimden kalkmadı.

Margaret, "Buluştunuz mu yani?" dedi.

"Hayır, ben..." Ablam lafımı kesmeden önce ancak bu kadarını söyleyebilmiştim.

"Neden?"

"Ben..."

"Bana açtığın şu dükkânın hayatının kanıtı olduğunu söyleyip duruyorsun."

"Evet, biliyorum ama..."

"O zaman boşa konuşmayacaksın."

Ablamın bana hakaretler yağdırmaktan hoşlanması canımı sıkıyordu. "Hayat benim hayatım, Margaret."

"*Hayat* mı?" Margaret'in sesinde küçümseyici bir hava vardı. "Ne hayatı? Çalışmaktan ve örgü örmekten başka bir şey yaptığın yok. Zaten örgü örmek de işin haline gelmiş. Annemle ve birkaç arkadaşınla ara sıra görüşüyor olabilirsin ama..."

Bu sefer lafı kesme sırası bana gelmişti. "Çıktığım adamlarla ilgili kararları ben veririm."

Margaret beni duymamış gibi konuşmaya devam ediyordu. "Onu bira içmeye çağır."

"Olmaz!"

"Neden?"

Neden bu kadar katı olduğumu bilmiyordum. "Çünkü..."

"Korkuyorsun."

"Tamam korkuyorum." Neredeyse bağırmıştım. "Ama bu hiçbir şeyi değiştirmiyor."

"Aş şu korkularını artık."

"Ah, Margaret, keşke düşündüğün kadar kolay olsaydı."

"O adamı bir yere davet et. Ayrıca onunla dışarı çıkana kadar da beni arama."

"Ciddi misin?" Ablamın bana böyle bir şey söylediğine *inanamıyordum*.

Margaret, "Çok ciddiyim," deyip telefonu kapattı.

Bir dakika boyunca gözlerimi ahizeden alamadım. Sonra da oradan uzaklaştım. Margaret bazen çok buyurgan oluyordu. Öz ablam sadece bir sefer gördüğü bir adamla buluşana kadar benimle görüşmeyi reddediyordu. Bu durumda benimle bir daha görüşemeyeceğini de bilmeliydi, çünkü onun isteklerine boyun eğmeyecektim. Bu kararı verdikten sonra akşam yemeği için doğru düzgün bir şeyler yapmaya başladım.

Sağlıklı bir bedene sahip olmanın düzenli beslenmekten geçtiğini bildiğim için hazır yemeklerden olabildiğince uzak durmaya çalışıyordum. Ara sıra dondurulmuş yiyecekleri mikrodalgada ısıtıp yiyordum ama bunu gerçekten nadir yapıyordum. Bu akşam da başım döndüğü için o yola başvurdum. Margaret, Brad'i bir şeyler içmeye davet etmemi istedi. Tamam, belki de bunların hepsini benim iyiliğim için söylemişti. Belki de haklıydı, artık kabuğumdan çıkmanın vakti gelmişti. Örgü kursundaki kadınlar da onun gibi düşünüyordu. Ancak bunu nasıl yapacağımı hiç ama hiç bilmiyordum.

Saat dokuzda ablamı bir kez daha aradım.

Ablamı iyi tanıdığım için telefonu yüzüme kapatabileceğini biliyordum ama ona fırsat vermeden konuşmaya başladım. "Ona ne söyleyebilirim ki? Zaten adamı iki sefer reddettim. Artık kanserle ilgili şeyleri de öğrendiğine göre benimle ilgilenmez herhalde. Bana hayır diyebilir."

"Bence de diyebilir. Hem dese bile adamı suçlayamam."

"Cesaret verici sözlerin için teşekkür ederim, abla," diye söylendim. Ablamın bu sözlere gülmesine şaşırdım, daha doğrusu ablamın güldüğüne şaşırmıştım. Normalde bir komedyen bile onu güldürmeyi başaramazdı. Espri anlayışı olmadan dünyaya gelen ruhsuz kadınlardan biriydi. Ona neyin bu kadar komik geldiğini bilmiyordum.

"Ciddiyim," dedim.

"Gerçekten de benden yardım mı istiyorsun?"

"Evet. Adamın karşısında bir aptal gibi durmamı istemiyorsan en azından lafa nasıl başlayacağımı söyle."

Bu sözler uzun süre olmasa da onu susturmaya yetti.

"Ona fikrini değiştirdiğini söyle."

"Tamam." Sesim bana ihanet edip özgüvensizliğimi dışa vurmuş olmalıydı.

"Sonra da isterse birlikte bir içki içmenin hoş olabileceğini söyle. Ayrıca içkileri senin ısmarlayacağını söyip topu ona at."

Bunlar aklıma yatıyordu.

Margaret, "Dediklerimi yapacak mısın?" diye sordu.

Duvara yaslandım, saçımla oynarken, "Evet," dedim. "Sanırım yapacağım."

Cuma akşamı sesim cesaret dolu çıkmıştı ama pazartesi sabahı ruh halim tamamen değişmişti. Brad dükkâna başka bir gün gelse benim için her şey daha kolay olabilirdi. Ama şans yüzüme gülmemiş, adam pazartesi öğleden sonra, hiç de beklemediğim bir anda gelivermişti.

"Merhaba," dedim. "Genelde pazartesileri uğramazdın." İşte şimdi akıllıca bir laf söylemiştim. Adamın özellikle de dükkânımın kapalı olduğu günde gelmesinden hiç hoşlanmamıştım.

Kutuları kasanın yanına taşıyan Brad, "Doğrudur," dedi. "Nasılsın?"

"Çok iyiyim," der demez ağzım kupkuru oldu.

Brad'in her zamanki gibi imzamı atmam için uzattığı ufak bilgisayara daha önce böyle bir şey görmemişim gibi baktım.

"İmzanı atar mısın?"

Neyse ki o kadarını başarabildim. İmzamı yavaş yavaş atıp Brad'e uzattım. O da gülümseyip kapıya yöneldi.

"Brad," diye seslendim.

Dönüp bana baktı.

Tezgâhın arkasından çıkıp ona doğru yürüdüm. Aklımdan Margaret'in söyledikleri geçerken ve içimi de telaş kaplamışken ağzımdan kelimeler bir anda çıktı. "Fikrimi değiştirdim. Kabul edersen... kabul etmesen de sorun değil. Ah, aptal gibi görünüyor olmalıyım. Neyse bir ara bir şeyler içelim mi? Bu arada ben ısmarlayacağım. Margaret öyle yapmamı söyledi. Ayrıca..."

Elini kaldıran Brad'in gözleri kocaman açıldı. "Dur, dur."

Ağzımı hemen kapadım.

"Şimdi baştan başla ama bu sefer daha yavaş konuş."

Yüzümün kıpkırmızı olduğundan emindim. "İşten sonra içki içme teklifini yeniden düşündüm."

Brad'in yüzünde bir gülümseme belirdi. Adamın duyduklarına memnun olduğunu anlayabiliyordum. "Çok sevinirim."

Dişlerimin zangırdamasına sebep olan soğukluğun yerini bir sıcaklık aldı. "Çok güzel."

"Cuma günü iş çıkışında buluşalım mı?"

Başımı salladım. "Tamam."

Brad arabasına uzandı ve ıslık çala çala kargo kamyonuna döndü. O gittikten birkaç dakika sonra ben de bir şeyler mırıldandığımı fark ettim. Onunla dışarı çıkacaktım.

Uzun süreden beri ilk defa bir erkekle vakit geçirecektim ve Margaret'e bunları anlatacağım anı dört gözle bekliyordum.

23

JACQUELINE DONOVAN

Jacqueline tüm gününü planlamıştı. Saat dokuzda manikür-pediküre gidecek, arkadaşlarıyla öğle yemeği yiyecek, kendini alışverişe verecek, sonra da birkaç ufak tefek işini halledip evine dönecekti. Salı günleri onun için haftanın en yoğun günüydü. Bunu kasten yapıyordu. Sürekli bir şeylerle meşgul olmak, kocasının geceyi başka bir kadınla geçirdiğini unutmasını sağlıyordu.

Alışveriş merkezinde gezinirken, bu gerçeğe sırtını döndüğü için kendini ödüllendiriyordu. Yine de bunları düşündükçe dişlerini sıkmaktan alamıyordu kendini.

Tam da güzellik salonuna gitmeye hazırlanırken telefon çaldı. Bir anlığına telefona cevap vermemenin daha iyi olacağını düşündü ama sonra numaranın Reese'nin cebine ait olduğunu fark etti. Gönülsüzce ahizeyi kaldırdı.

Kocası telaşlı bir havayla, "Yardımına ihtiyacım var," dedi. "Toplantıdayım ama çantamı evde unutmuşum."

"Getirmemi ister misin?" Bu, manikür-pedikür randevusuna geç kalacağı anlamına geliyordu ama Reese gerçekten gerekli olmasa ondan böyle bir şey istemezdi. Adamın kazandığı paraları fazlasıyla harcamayı planladığı için en azından ona yardımcı olabilirdi.

"Getirir misin, Jacquie? Ben gelip alabilirdim ama o zaman çok geç kalırım."

"Hemen çıkıyorum."

Reese çantasının çalışma odasındaki masanın yanında olduğunu söyledi. Jacqueline içeri girip bakındığında çantayı tam da Reese'nin söylediği yerde buldu. Bu oda evin kocasına ait bölümündeydi ve Jacqueline buraya sadece birkaç sefer girmişti. Bir an durdu, parmaklarını kızıl kahverengi raflara özenle dizilmiş kitapların üzerinde gezdirdi. Reese nadiren puro içerdi ama kaliteli tütün ve deri kokusu evin diğer kısımlarına göre burada daha baskındı.

Nostaljik duygular ve açıklamakta zorluk çektiği bir özlem Jacqueline'i kendine esir etti. Bir şekilde ellerinden kaçırdıkları aşkı anımsayınca yüreğinde bir burukluk hissetti.

Birlikteliklerinin ilk yıllarındaki aşkı hatırlamıştı... Kabullenmek istemese de artık iki yabancı olduklarını anlamıştı. Yağmurdan sırılsıklam olmuş mont giymiş gibi üzerine bir ağırlığın çöktüğünü hissetti.

Ne zaman ya da neden bu hale geldiklerini tam olarak anlamak mümkün değildi. Reese'nin salı akşamları ziyaret ettiği metresi birbirlerinden uzaklaşmalarının sebebi değil, sonucuydu. Ortaya bir metres çıktığında onlar çoktan yollarını ayırmaya başlamış, yıllar geçtikçe Jacqueline ile Reese yavaş yavaş o yakınlığı kaybetmişti. İkisinin de bunda suçu vardı. Reese çok inatçıydı. Jacqueline'in de ondan aşağı kalır yanı yoktu.

Evlilikleri yıkıma uğramıştı. Artık hayat yoldaşından çok ev arkadaşına, aşıktan çok birbirini tanıyan iki insana dönüşmüşlerdi. Bu, başka birçok çiftin de başına gelmişti. Arkadaşları onu böyle şeylerin olacağı konusunda uyarmış, kendi başlarına gelenleri kimi zaman üstü kapalı söylemiş, kimi zaman da açık açık anlatmıştı. Bunlar hissettiği o kaybın acısını azaltmıyordu yine de. Düşüncelerini bir kenara bırakıp kocasının çantasına uzandı ve çabucak garaja gitti.

Doğrudan Blossom Sokağı'na giderken arabasından güzellik salonunu aradı. Park yeri bulmak hâlâ sıkıntılı olsa da binaların onarımı çok iyi gidiyordu. Aniden Reese'nin ona arabasını nereye bırakması gerektiğini söylemediğini fark etti.

Kocasına ulaşmaya çalıştı ama adamın telefonu kapalıydı. İki sefer sokağın etrafında dolandı ama bir yer bulamadı. Ayrıca sokak diğer arabaların yanına park edilemeyecek kadar dardı. On dakikasını bir sonuca varmadan harcayan Jacqueline, en sonunda arabasını tuhafiyenin arkasındaki ara sokağa çekti. Pahalı bir arabanın rahatça bırakılabileceği bir yer değildi ve Lydia da onları bu konuda uyarmıştı. Ancak Jacqueline'in başka seçeneği yoktu. Yol dar ve karanlıktı.

Jacqueline arabasını çabucak kilitlerken ister istemez ürperdi.

Şantiyeye vardığında Reese'yi ortalıkta göremedi. Ama ofise çıkar çıkmaz onu proje müdürü karşıladı. Jacqueline, Reese'nin bu genç adamdan bahsettiğini hatırlasa da adamın adını hatırlamıyordu. Uzun süredir kocasının elemanlarının adını aklında tutmuyordu.

Genç görünümlü adam, "Teşekkürler," dedi. "Reese çantasını unuttuğuna çok üzüldü."

Jacqueline, "Sorun değil," diye söylenip dışarı çıktıktan sonra inşaat demirlerinin üzerinde dikkatle yürüdü.

Homurdanarak sokağın karşısına geçti ve oradan da aşağı doğru gidip ara sokağa yöneldi. Ne yazık ki tuhafiyenin açılmasına daha yirmi dakika vardı; yoksa doğrudan oraya gidecekti. Karanlık sokağa girdiğinde kızgınlığı daha da arttı. Evliliğinin sorunlarla dolu olmasının sebebini anlamaya başlıyordu. Kocası onu karşılamak yerine yardımcısını göndermişti. Adam, Jacqueline'in planlarını onun için bozmasını umursamıyor gibiydi. Bir dahaki sefere onun için kılını kıpırdatmayacaktı.

Halinden hiç de hoşnut olmayan Jacqueline, sokağın yarısını geçmişti. Tam da bu sırada bir şeyler içinin ürpermesine sebep oldu. Durup, etrafına bakındı. Hiçbir şey yoktu. Rahatladı ve aptallık ettiği için kendine kızdı. Güneş daha yeni yeni binalara vuruyordu. Bu yüzden sokak serin ve biraz da karanlıktı. Jacqueline iki adım daha atıp durdu, içinin ürpertisi daha da artmıştı.

Aklı ona oyun oynuyor olmalıydı. Son zamanlarda çok

sık polisiye dizi izliyordu. Korkusu dinmek bilmiyor, geçen her an daha da şiddetleniyordu. Ama arabasına ulaşmak zorundaydı. Başka ne yapabilirdi ki? Ya öyle yapacak ya da tüm sabahı bulunduğu yerde kıpırdamadan geçirecekti.

Mercedes'ine ulaşmasına beş metreden az bir mesafe kalmışken gölgelerin altından iki adam çıktı. Karanlıktan dolayı tam olarak görünmüyor, Jacqueline'in hemen önünde duruyorlardı. Tehditkâr bir havaları vardı. Jacqueline adamların yüzlerini görmese de alaycı seslerini duyabiliyordu. Adamların sokakta yaşayan pis ve serseri tipler olduğundan emindi.

Adamlardan biri, "Aman da kimleri görüyoruz?" deyip Jacqueline'in önünü kesti.

Jacqueline'in sırtından terler boşaldı. İçgüdüleri ona kaçmasını söylüyor ama bacaklarının onu yarı yolda bırakacağından korkuyordu. Topuklu ayakkabılarıyla bu adamlardan kaçma şansı yoktu.

"Nazikçe yolumdan çekilin," dedi ve cesur davrandığı için kendisiyle gurur duydu.

Adamlardan uzun olan, "Nazikçe mi?" dedi. İnce sesi sokakta yankılanan adam sağ kolunu havaya kaldırıp parmağıyla Jacqueline'i gösterdi. "Kendimize hakiki bir hanım bulmuşuz."

"Sosyetik olsa gerek."

"Parası da çoktur bunun."

"Kaltak, bize paralarını ver."

Jacqueline yan tarafında tuttuğu çantasına daha da sıkı

sarıldı. "Ne cüretle benimle böyle konuşursunuz."

"Cüretkârız işte ne yapalım? Haksız mıyım, Larry?"

Diğer adam, "Sus," diye bağırdı. Arkadaşının adını söylemesine sinir olduğu anlaşılıyordu. Adam bir sustalı çıkarıp Jacqueline'in önünde salladı.

Jacqueline sakin kalma konusunda kararlı olsa da nefesini tuttu. Bıçak sokağı hafifçe aydınlatan ışığın altında parlıyordu.

Adam, Jacqueline'in hiç itiraz etmeden çantasını vermesini beklercesine kolunu uzattı. Jacqueline de bunun bir istek değil emir olduğunu fark etti. Onlara karşı koyduğu anda şiddete maruz kalabilirdi.

Farkında olmasa da ünlü bir tasarımcının elinden çıkan çantasını yere düşürmüştü.

Jacqueline'in arkasından gelen kaba bir kadın sesi, "Senin yerinde olsam ona el sürmezdim," dedi. "Sen şartlı tahliye edilmemiş miydin, Ralph? Yeniden hapse tıkıldığını görmek hoş olmaz."

Gelen sesin Alix Townsend'e ait olduğunu anlaması biraz vaktini aldı. Onun suça bulaşmış, işe yaramaz bir rockçı olarak gördüğü Alix, kendi hayatını tehlikeye atıp onu kurtarmaya gelmişti.

Larry, "Sen karışma," dedi. Dişlerini sıkmış halde iki kadına bakıyordu.

Öne doğru çıkan Alix, "Özür dilerim, beyler, ama bu bayan benim çok iyi bir arkadaşımdır," dedi.

Jacqueline yerinden kımıldayamıyordu. Hareket edemeyeceğinden emindi. Nefes alıp vermesi bile yavaşlamıştı.

Larry çantaya baktı. "Onu sen mi istiyorsun?" diye söylendi. Bıçağını daha sıkıca tutup havaya kaldırdı.

Hemen ardından bir metal sesi geldi ama Jacqueline bu sesin neye ait olduğunu anlayamadı. Sonradan neler olduğunu fark etti; Alix'in de bir sustalısı vardı.

"İstiyorlarsa paraları alabilirler," diyen Jacqueline çantasındakileri umursamıyordu. Tek isteği başlarına kötü bir şey gelmeden buradan çıkıp gitmekti.

Alix adamlar onlara doğru yürümeye başlarken, "Hayır alamazlar," diye bağırdı. "Tuhafiyeye doğru gidelim."

"Olmaz." Jacqueline nereden geldiğini bilmediği bir cesaretle çantasını kapıp sertçe iki adama fırlattı. Üzerinde Gucci yazan çantaya yedi yüz dolar vermişti, ama çantası ona yeteri kadar hizmet etmişti. Çanta Ralph adlı kısa boylu adamın kafasına sertçe çarpmış, adam da aldığı darbeyle inlemişti.

Dükkânın arka kapısında duran Lydia, "Orada neler oluyor?" diye bağırdı.

Jacqueline çığlık atarak, "Polisi ara," dedi. Yaşadığı panik sesine de yansımıştı.

Alix öne doğru eğildi. Kollarını ileri doğru uzatmış, sol elindeki bıçağı sıkıca tutmuştu. Adamlar iki kadına ve Lydia'nın saniyeler önce önünde durduğu kapıya baktı. Sonra da birbirlerine bakıp koşarak Jacqueline ile Alix'in yanından geçtiler.

Adamlar kaybolur kaybolmaz Jacqueline titremeye başladı. Titreme ellerinden başlayıp kollarına ve bacaklarına geçti. Dizleri bir anda yüzlerce yıl yaşlanmış gibi yitirmişti gücünü.

Alix, "İyi misin?" dedi.

Jacqueline başını iki yana salladı.

Lydia, "Polis geliyor," diye seslendi. Alix kolunu Jacqueline'in beline atıp kadını Lydia'nın dükkânının arka kapısına kadar götürdü.

Örgü örmeyi öğrendikleri masa Jacqueline'e kilometrelerce uzaktaymış gibi geliyordu. Sonunda masaya ulaşınca tam anlamıyla sandalyeye yığıldı.

"Öl... öldürülebilirdim." O adamların gözlerindeki bakışı görmüştü. Alix gelmese Tanrı bilir ona neler yaparlardı?

Nefes nefese kalmış halde, "Alix, hayatımı kurtardın," dedi. Jacqueline o anda onun hakkında düşündüğü tüm kötü düşünceleri geri almayı istedi. Alix'in saçını hangi renge boyadığını önemsemiyordu artık, çünkü o aklının ucundan dahi geçmeyecek bir kaderin ellerinden almıştı onu.

Alix yanına oturduğunda Jacqueline onun da dcli gibi titrediğini fark etti. O iki adamla karşılaştığında çok cesur bir duruş sergilemiş olsa bile korkmuştu o da.

Dışarıdan siren sesleri gelince Lydia polisleri karşılamak için dükkânın önüne geçti. Birkaç dakika sonra iki polis içeriye girdi.

Üçü birden konuşmaya başladı. Jacqueline durumu kendisinin açıklaması gerektiğini düşünüyordu. Sonuçta saldırıya uğrayan oydu. Konuşmaya devam etti ve diğerlerinin sesini bastıracak kadar yüksek sesle konuştu.

Polislerden biri elini havaya kaldırıp, "Teker teker anlatın, bayanlar," dedi. Adam gençti ve temiz yüzlüydü. Jacqueline'e oğlunu hatırlatmıştı. Paul annesinin başına gelenleri öğrenince çılgına dönecekti.

Polis öncelikle Jacqueline'le konuşmaya başladı. Onunla konuşması bittikten sonra Alix'e ve en sonunda da Lydia'ya birkaç soru sordu. Üçü de adamları ufak tefek farklılıklarla olsa da netçe tarif etti. Alix konuşmak istemiyor gibiydi. İlk başta adamların adını söylemedi ama o unutmuş gibi yapsa da Jacqueline adamların adını çok iyi hatırlıyordu.

Eşkalleri alınan ve adları öğrenilen o iki serserinin yakalanması çok vakit almayacak gibiydi. Jacqueline çoktan adamlardan şikayetçi olmaya karar vermişti. Konuştuğu onca süre boyunca Gucci çantasını iki eliyle sıkıca tutmuştu.

Jacqueline'e ve sonra da Alix'e bakan polis, "Siz birbiriniz tanıyor musunuz?" diye sordu.

Jacqueline, "Elbette tanıyoruz," dedi. "Birlikte örgü kursuna gidiyoruz."

Alix, "Hı hı," dedi. Yüzünü adama doğru çevirdi. Ona meydan okuyor gibiydi. "Arkadaşız."

Jacqueline, "Tanrı bilir beni ne gibi bir beladan kurtardı," dedi.

Polis başını iki yana salladı. "Çantanızı karşı koymadan vermeniz daha akıllıca bir davranış olurdu."

Jacqueline adamın haklı olduğunu biliyordu. Bu tür durumlarda yapılması gerekenin çantayı bırakıp kaçmak olduğu söylenirdi hep.

Polisler gider gitmez Jacqueline, karşısında oturan Alix'e baktı. "Sana nasıl teşekkür edeceğimi bilmiyorum."

"Bana borçlusun artık."

Jacqueline başını salladı. Alix'in o sokağa girme sebebinden hâlâ emin değildi. Polis de aynı şeyi sorunca Alix, Jacqueline'in sokağa girdiğini gördüğünü, oranın güvenli bir yer olmadığını düşündüğünü ve bu yüzden arkadaşının peşinden gittiğini söylemişti. Jacqueline, Alix'in bu kararına ömrünün sonuna kadar şükredecekti.

Şimdilik kaygılandığı tek şey, Alix'e borçlanmış olmasıydı. Ondan karşılık olarak ne beklediğini tahmin etmekte zorluk çekiyordu.

24

CAROL GIRARD

Tüp bebek tedavisinin ilk iki günü çok kötü geçmişti. Doktoru, Carol'a kırk sekiz saat boyunca fazla hareket etmemesini söylemişti. Dinlenmek zorunda kalmak birkaç saat sonra Carol'un sinirlerini bozmuştu ama aldığı her nefeste, kalbinin her atışında olumlu şeyler düşünmeye çalışıyordu.

Yolun sonuna geldiğini biliyordu; biyolojik çocuğuna sahip olmak için bu son şansıydı. Doug ile birlikte şanslarını daha da fazla zorlamamaya karar vermişlerdi. Sigorta şirketinin karşıladığı ilk üç tedavi haklarını kullanmışlardı. İlk iki hakları boşa gitmişti. Tüp bebek tedavisi, ne getireceği belli olmayan, vakit alan, pahalı bir işlemdi. Doğrusu bu tedavinin getireceği şeylerin bazıları belliydi; iğneler, sürekli kan vermek ve ultrasona girmek... Carol doktorların defalarca bedenine dokunmasına katlanmak zorunda kalmış, artık ona yapılanları hissetmez hale gelmişti.

Carol kendini olumsuz düşüncelere bırakmak istemiyordu. Bu sefer bebeğini doğuracaktı. Bu sefer en azından döllenen ve rahmine yerleştirilen yumurtaların biri işe yarayacak ve bu sayede hamileliği sonuna kadar sürdürebilecekti. Dokuz ay sonra da bebeğini kollarına alacak, yıllardır tadamadığı o sevinci tadacaktı.

Doug ona mükemmel bir eş olmuş, Carol'u rahatlatmak için elinden gelen her şeyi yapmıştı. Yine de Carol o gözlerde dile getirilmeyen özlemi ve çocuklarının olmayacağı, olamayacağı korkusunu görebiliyordu. Bu yaşananlar Doug için de hiç kolay değildi. Kocası her ne kadar saklamaya çalışsa da Carol adamın tıpkı onun gibi endişeli olduğunu biliyordu.

İkinci gün özellikle Doug etrafında deli gibi dolandığı için olumlu şeyler düşünmesi zorlaşmıştı. Aralarında çıkan tartışma ve geçirdikleri berbat saatler ne onun ne de Doug'ın suçuydu. Duyguları ve yaşadıkları hayal kırıklıkları patlak vermiş, Doug fırtına gibi esip dışarı çıkmış, ancak gece yarısı eve dönmüştü. Carol kocasının araba sürmemesine sevinmişti çünkü kocasının ağzından alkol kokusu geliyordu.

Ertesi sabah tam da olması gerektiği gibi barışmışlardı. Doug iki bardak kahve içmiş ama ağzına başka hiçbir şey sürmemişti. Sonra da işe gitmişti. Şimdi yapmaları gereken tek şey beklemekti. Hamilelikten emin olmak için üç hafta, hamileliğin kesinleştiğini anlamaları için de üç ay bekleyeceklerdi. O zamana kadar ikisinin de sabrı tükenirdi.

Tedavi uygulandıktan on gün sonra Lydia aradı. Carol'a

ilk defa telefon açıyordu. Kadının neşe dolu sesini duymak ona iyi gelmişti.

Lydia, "Senden haber alamadım," dedi. "Durumunu merak ettim."

"Çok sağ ol." Aniden yükselen sevinç dolu sesi onu utandırmıştı.

Lydia, "Nasılsın?" diye sordu.

Carol, "Çok da iyi değilim," dedi. "Ah, Lydia çok zor şeyler yaşıyorum. Şu an beklemekten başka çaremiz yok. Doug da ben de çok gerginiz."

"Seni öğlen yemeğe götürmek istiyorum. Hem rahat rahat konuşuruz."

Bu, kulağa çok hoş geliyordu ama Carol, Lydia'nın işinin olduğunu biliyordu. "Peki ya dükkân?"

"Annemi aradım. Birkaç saatliğine gelecek. Rıhtımda buluşmak ister misin? Hava çok güzel."

Carol da onun gibi düşünüyordu. Güneş çıkmış, Puget Sound bölgesindeki sular masmavi bir renge bürünmüştü. Birkaç saatliğine evden çıkmak ona çok iyi gelecekti.

Balıkları, deniz mahsullerini ve karides yemeklerini güzel yapan orta halli bir restoran seçmişlerdi. Carol içeriye girdiğinde Lydia çoktan bahçede bir masaya geçmişti bile. Hafif esinti denizin güzel kokusunu etrafa saçıyordu. Martılar her zamanki gibi ciyak ciyak ötüyordu. Uzakta kalan Olimpik Dağları'nın beyaz tepeleri görülüyordu, Washington feribotu yakındaki iskeleye demir atmıştı. Carol'un Pasifik'in kuzeybatısında sevdiği her şey bir araya gelmişti.

Lydia'nın karşısındaki koltuğa geçen Carol, "Bana çok güzel bir sürpriz yaptın," dedi.

"Hava o kadar güzel ki bir dakika daha içeride kalmaya dayanamazdım. Zaten annem de uzun süredir kendime vakit ayırmadığımı söyleyip duruyordu. Eh, sonunda ben de haklı olduğunu anladım."

"Annen de örgü örer mi?"

"Kendini oyalayacak kadar işte. Bana yol gösterme fikrini seviyor. Böylece hem o kendini iyi hissediyor hem de bana yardımcı oluyor."

"Ona benim yerime teşekkür et."

Lydia gülümsedi. "Aslında ben de işlere biraz ara verdiğim için mutluyum. Böyle bir şeye ihtiyacım vardı. Geç haber vermeme rağmen bana eşlik etmene sevindim."

Carol, Lydia ile kısa süre önce tanışmıştı ama onu arkadaşı olarak görüyordu. Üniversite yıllarından sonra arkadaşlıklar kurmaya çok vakit ayıramamıştı. Lydia da yeni arkadaşlar edinme isteğinden bahsetmişti. İkisi de farklı sebeplerle de olsa hayatlarında aynı noktaya gelmişti. Sık sık konuşuyorlardı. Lydia, Carol'un gittikçe artan örgü sevgisine destek çıkıyordu. Onunla geçinmek çok kolaydı. Kadın çok nazik, çok sakin ve çok mütevazıydı. Carol, Lydia'nın bir kez olsun sesini yükselttiğini, sabrının tükendiğini görmemişti. Yalnızca örgü örmekten ve yün ipliklerden bahsederken neşeleniyor, heyecanlanıyordu. Kadının Alix ile Jacqueline arasında çıkan tartışmaları sakin tavırlarla çözmesinden özellikle etkilenmişti. O ikisinin yan yana durması gerçekten çok zordu. Carol, onlara çocuk gibi davrandıklarını söylememek için kendini zor tutuyordu.

Başlarının üzerindeki şemsiyenin gölgesinde oturan Carol mönüye baktı. Uzun zamandır en çok sevdiği yemeklerden biri olan deniz mahsullü makarnadan almaya karar verdi. Çoğu zaman bu yemeği restoranlarda sipariş etmez, çünkü önüne getirilenlerin hiçbiri annesinin yaptıklarıyla boy ölçüşemezdi. Son zamanlarda çok fazla yemek pişirmese de geçenlerde Doug'ın çok sevdiği zeytinyağlı deniz mahsullü spagettiden yapmıştı.

Örgü örmekten, arkadaşlıklardan bahsettiler; birbirlerine çocukluk anılarını anlattılar ve ikisinin de okuduğu kitaplardan konuştular. Öğlen yemeğinin en can alıcı hikâyesi ise, Alix'in Jacqueline'i sokak serserilerinin elinden kurtarmasıydı.

Carol eve giderken markete uğrayıp akşam yemeği için bir şeyler almaya karar verdi. Son zamanlarda hiç iştahı yoktu. Tedavi uygulandıktan sonra akşam yemekleri konusunda isteksizdi. Doug olmasa hiç yemek yemezdi.

Rıhtımdan ayrıldığında kendini çok daha iyi hissediyordu. Arkadaşıyla azıcık da olsa vakit geçirmenin moralini bu kadar çok yerine getirmesine şaşırmıştı. Marketten küçük bir bonfile aldı ve neşesi yerine gelmiş halde güneşin altında yürüyüp evine döndü.

Doug eve girer girmez Carol'un moralindeki değişikliği fark etti. Güldü, karısını öpüp üzerini değiştirmek için yatak odasına geçti. Geri geldiğinde üzerinde Mariners beyzbol takımının ceketi ve şapkası vardı.

Carol'un yüzündeki ifadeyi görünce, "Unutmadın, öyle değil mi?" dedi. "Bill'le bu akşamki maça bilet almıştık."

"Elbette unutmadım," diyen Carol yaşadığı hayal kırıklığını omuz silkerek gösterdi. Lydia ile geçirdiği vakitler kendisini çok iyi hissetmesini sağlamıştı. Şimdi kocasının üniversiteden arkadaşı Bill'le vakit geçirmesini kıskanamazdı.

Çok geçmeden Doug evden çıktı. Tüm hafta boyunca Carol ilk defa adam gibi bir yemek pişirmişti ama Doug yemeğin tadına bile bakmamıştı. Hayat, işte böyle ironi dolu küçük olaylara sahne olabiliyordu.

Haline gerçekten de üzülmüyordu ama hafiften bozulan morali ağabeyi telefon açınca tamamen çöktü. Ağabeyinin bir ay önceki ziyaretinden sonra hiç konuşmamışlardı.

Sesi üzüntülü gelen Rick, "Sana uğrayabilir miyim?" diye sordu.

"Elbette. Evde yalnızım. Doug, Bill'le maç izlemeye gitti."

Rick'in iç çektiği telefondan duyulabiliyordu. "Böylesi daha iyi olur."

Bu ilginç bir cevaptı. "Ne oldu?"

"Gelince anlatırım."

Ağabeyi yarım saat geçmeden kapısındaydı. Carol ağabeyini daha önce hiç bu kadar kötü görmemişti. Rick'in sakalları uzamış, gözlerinin altında mor halkalar belirmişti. Carol ona bir bira getirirken ağabeyi de bir sandalyeye çöktü. "Daha sert bir şeyler var mı?"

"Maalesef. Bir de şarap var."

"Önemli değil." Rick öne doğru eğilip dirseklerini dizlerinin üzerine koydu ve bileklerinin yere doğru sarkmasına izin verdi.

Carol ona soğuk bir bira uzatırken, "Neler olduğunu anlatacak mısın?" diye sordu.

Rick biranın kapağını çevirerek açtı ve şişeyi kafasına dikti. "Ben hep mi böyleydim, yoksa sonradan mı bu kadar aptallaştım?"

"Bunun cevabı sorunun ne olduğuna bağlı," diyen Carol ağabeyinin karşısına oturdu. Rick sinir bozucu olsa da onun karşısında uzun süre kızgın kalmak zordu. Carol, onun da uysal kişiliğinin değerli bir özellik olduğu kadar, bir engel olduğunu düşündü. Belki de hayat ona fazla kolay gelmişti.

"Lisa hamile."

Carol boş boş ona baktı. "Lisa mı? Lisa da kim?"

Rick gözlerini ovuşturdu. "Birkaç sefer görüştüğüm bir hostes."

Carol, "Anlaşılan onunla görüşmekten fazlasını yapmışsın," dedi. Öfkesini gizlemeye çalışmıyor, duyduklarına inanmakta güçlük çekiyordu. Bir an ağabeyinin ona pis bir şaka yaptığını düşündü ama ona baktığı anda çok ciddi olduğunu anladı. Daha birkaç hafta önce eski eşine olan aşkının ölümsüzlüğünden bahsetmişti.

"Peki ya Ellie? Son konuştuğumuzda tekrar bir araya gelmek istediğini söylemiştin." Başka bir kadınla yatmak, ağabeyinin sadakatine dair oldukça açıklayıcı bir bilgi veriyordu.

"Biliyorum... Ellie'yi seviyorum ve onunla birlikte olmak istiyorum."

"Peki şu Lisa denen kadınla ne işin vardı o zaman?"

Rick lafı ağzında geveleyerek, "Bir şekilde oldu işte," dedi. Çok üzgündü.

Carol başını iki yana salladı. Ağabeyinin neler söylediğini anlamakta güçlük çekiyordu. "Ne yani, bir anda kendini onunla aynı yatakta mı buldun?" Ağzından çıkan her kelimeyle kızgınlığı da artıyordu. Demek ki Ellie'nin ona güvenmemesinin sebebi buydu. Ellie gerçekleri söylemeye çalışmış ama Carol onu dinlemek istememişti. Güçlü ve cesur ağabeyinin sadakatsiz, vicdansız biri olduğuna inanmak istememişti.

Rick, "Bir şeyler söyle," dedi.

Carol bir kez daha başını iki yana salladı. Ağabeyine artık çok daha farklı bir şekilde bakıyordu. Onca yıl boyunca onu kahramanı olarak görmüş, ama birden aslında hovardanın teki olduğunu anlamıştı. "Bu kız gerçekten de her şeyi berbat ettin."

"İnan bana, Carol, senin söylemek istediğin her şeyi ben çoktan kendime söyledim. Bu olanlar, her şeyi mahvediyor."

"Peki, bunlar kimin suçu?" Yerinde daha fazla duramayan Carol, ayağa fırlayıp odada hızlıca dolanmaya başladı. "Korunmadan seks yapmayacak kadar akıllı biri olduğunu sanıyordum. Lanet olsun!"

Rick gözlerini kapattı.

"Ellie'nin bunlardan haberi var mı?"

"Hayır!" Rick bağırıyordu. "Ona bunları anlatmayacağım."

"Peki ya Lisa?"

"Ne olmuş ona? O da şaşkınlık içinde. Anlaşılan kullandığı doğum kontrol hapları işe yaramadı."

"Hadi canım." Carol ağabeyine çok kızmıştı. Onun düşüncelerini dinlemek istemiyordu.

Birkaç dakika sessiz kalıp bu haberi hazmetmeye çalıştı. Sonra oturup eliyle ağzını kapattı. Ağabeyi onun yanına azar işitmeye gelmemişti, sorununa çözüm bulmaya çalışıyordu. Ama Carol'un söyleyebileceği hiçbir şey yoktu.

"Bu bebeğin senin olduğundan yüzde yüz emin misin?"

Rick başını salladı ve gözlerini ellerine dikti. "Son zamanlarda birlikte epey vakit geçiriyorduk."

Carol ters bir cevap vermek üzereyken kendini tuttu. Canlı sesiyle, "Ne kadardır hamile?" dedi.

"O da yeni öğrendi. Sanırım bir ay falan."

Carol gözünün önüne gelen saçını arkaya atıp bir şeyler düşünmeye çalıştı. "Sana ne zaman haber verdi?"

"Dün. Telaşlı bir şekilde telefon etti. Ne diyeceğimi bilemedim. Ne *söyleyebilirim* ki?"

"Onu seviyor musun?"

Rick bir süre düşündü. Sonra da yavaşça başını iki yana salladı. "Onu önemsiyorum, ayrıca ondan hoşlanıyorum da. Ama onu sevdiğimi sanmıyorum. Onunla evlenmek istemiyorum. O haplarını almayı unuttu diye neden onunla evlenmek zorunda kalayım ki?" Rick'in yüzünde üzgünlük, şaşkınlık ve kızgınlık karışımı bir ifade vardı. "Ben Ellie'yi seviyorum," diye söylendi. "Ben onunla birlikte olmak istiyorum. Onun eksikliğini duyuyorum."

"O zaman kendine engel olmayı bilecektin." Carol kaba olmak istememişti ama ağabeyi onu çok üzmüştü. Ellie'yi gerçekten de seviyorsa onu geri kazanmak için gereken her şeyi yapmaya razı olmalıydı. Ama bir hostesle yatmak bu yapacaklarının arasına giremezdi.

"Lisa'yla evlenmeyeceksen ne yapacaksın?"

"Bilmiyorum."

Carol ağabeyinin gözlerinin içine baktı. Ona gerçekleri söylemesini istiyordu. "Bu ilk değil, öyle değil mi?"

"Neyin ilki? Başka çocuklarımın da olup olmadığını soruyorsan, cevabım hayır. Bu tür konularda hep dikkatli davranmışımdır ama Lisa…" Lafın devamını getirmedi.

"Ben bunun Ellie'yi ilk aldatışın olup olmadığını sormak istemiştim." Boşandıkları için bu tam anlamıyla aldatma sayılmazdı. "Ellie bu yüzden boşanma davası açmıştı, öyle değil mi?"

Ağabeyi ona bakıp başını salladı.

Rick bir saat kadar daha oturdu. Onlar konuşken akşam yemeği de buz gibi olmuştu. Rick hâlâ şaşkınlık içindeydi. Doğrusu Carol da onunla aynı durumdaydı. Rick'i hep bir idol olarak görmüştü. Ağabeyi hayatta sadece birkaç kez bocalamıştı.

Carol ayağa kalkıp biftekli sandviç ve kahve hazırladı.

Rick bir süre sonra kalkıp oteline gitti. Ağabeyinin uyumaya ihtiyacı vardı ama Carol'la birlikte ertesi gün yürüyüşe çıkmayı planlamışlardı.

Doug bir saat sonra eve döndü. Mariners'in, Yankees'i rahatça yenmesine epey sevinmişti. Carol ağabeyinin onu ziyaret ettiğinden ve anlattıklarından bahsetti.

Doug, "Çok da şaşırmadım," dedi. Yan yana koltuğa oturdular. Doug koluyla Carol'u sardı. "Rick'in kadınlarla arası hep iyi olmuştur."

Carol ağabeyinin ahlakının bu kadar bozuk olduğuna inanmakta güçlük çekiyordu. Birlikte büyüdüğü ve sevdiği kişi gözünde bir yabancıya dönüşmüştü. "Bunları biliyordun ve bana söylemedin mi?"

"Söyleyemezdim. Sen hep ağabeyinin hata yapmayacağını düşünüyordun."

Carol midesinin bulandığını hissetti.

"Onu tanıdığımdan beri hep aynı şeyi yapıyordu. Sevgilisi varken başka kadınlarla da vakit geçiriyordu." Doug Carol'u sıkıca sardı. "Doğrusu, Rick'i öyle çok da sevmiyorum."

"Doug! Böyle bir şeyi nasıl söylersin?" Onu kocası ile Rick tanıştırmıştı. İkisi de hem üniversiteden hem de yurttan arkadaştı. Ama Carol şimdi düşününce Doug'ın Rick'i onun kadar görmeyi istemediğini fark etti.

"Ama doğrusu bu, hayatım. Onunla arkadaşlığımdan kazandığım tek faydalı şey sensin. Onun davranışlarını zaten hiç onaylamamışımdır."

Carol bu sözlere bir cevap vermedi. Ağabeyinin aslında kim olduğunu ilk defa şimdi görüyordu. Rick büyümeyi kabul etmeyen, bencil bir adamdı. Carol bunu ondan önce kaç kişinin fark ettiğini bilemiyordu.

Daha sonra yatağa geçen kocasının yanına kıvrıldı. Hayatın adaletsizliğini düşünmekten kendini alamadı.

Fısıldayarak, "Neden?" dedi. "Neden hamile kalmak istemeyen o kadın bu kadar çabuk hamile kaldı?"

Kocasının hafifçe başını salladığını hissetti. "Keşke buna verecek bir cevabım olsaydı hayatım ama hayat hiç adil değil."

Carol o gece ikinci sefer, "Hadi canım," diye söylendi.

25

ALIX TOWNSEND

Alix, cuma sabahı geç saatlere kadar uyudu. Yatağına uzanmış, uykusunun son dakikalarının tadını çıkarıyordu. İçi ısınmıştı. Huzurluydu ve yerinden kımıldamak istemiyordu. Gözlerini kapatıp zihninin Jordan'la öpüştüğü anlara gitmesine izin verdi. Hiçbir öpüşmenin bu kadar kuvvetli olabileceğini fark etmemişti.

Daha önce defalarca öpüşmüş, çok farklı deneyimler yaşamıştı. Yine de o öpüşme onu çok etkilemişti. Onun tanıdığı adamlar terli olur, sert davranır ve hemen erkek olduklarını hissettirmeye çalışırlardı. Alix çok sade bir öpücüğün bu kadar büyük bir zevk yaşatabileceğini bilmiyordu. Fakat sonradan bunun altıncı sınıftayken bir gece yıkılıp giden çocukluk hayaliyle ilişkili olabileceğini düşündü.

Üzerinden bir hafta geçmesine rağmen o öpücüğün her

anını hâlâ hatırlayabiliyordu. Jordan'ın elleri onun yüzünü sarmış, gözleri gözlerine kenetlenmişti. Adamın gözlerindeki şaşkınlığı ve belirsizliği görmüştü. Çok kısa süre sonra dudakları birbirinden ayrılmıştı ama Alix yaşadıkları müthiş hissi özümseyebilmeleri için birbirlerinden ayrı vakit geçirmeleri gerektiğini anlamıştı.

O zamandan beri Jordan'ı ne görmüş ne de aramıştı. Bunlara kafa yormamaya çalışıyordu. Onu neyin harekete geçirdiğini bilmeden pazar sabahı, Jordan'ın bahsettiği Methodist Kilisesi'ne kadar yürümüştü. Sokağın karşısında durmuş, insanların içeriye toplanmasını izlerken ardı ardına üç tane sigara içmişti.

Jordan'ın söylediği şeyin doğru olduğunu o anda anmıştı. Yalnızca birkaç yaşlı insan şapka ve eldiven takmıştı. Birçok aile arkasına çocuklarını da alıp kiliseye gelmişti. Hepsinin de elinde İncil vardı. Alix'in ömrü boyunca sadece bir tane İncil'i olmuştu ama onu da en son gördüğünden beri bayağı vakit geçmişti. Kitabın nerede olduğunu dahi bilmiyordu. Kilisc halkına bakarken birçok insanın sıradan kıyafetler giydiğini fark ctmişti ama bu onda içeriye girmesini sağlayacak kadar büyük bir etki yaratmamıştı.

Sonra Jordan'ın onu görmesini umut ederek bir süre oyalanmıştı. Ama ne adam onu ne de o Jordan'ı görmüştü.

İlahiler güzeldi; etrafa neşeli ve canlı bir hava yayıyor, Alix'in hatırladıklarına hiç benzemiyorlardı. Alix küçükken de ilahiler dinlemişti ve o zamanlar dinledikleri Orta Çağdan kalmış gibiydi ama artık o kasvet kaybolmuştu. Alix bir ara mırıldandığını fark edip hemen susmuştu.

Yaklaşık kırk dakika sonra ellerini ceplerine somuş kiliseden ayrılmıştı. Arka sıralardan içeriye bir bakış atmanın zararı olmazdı ama içindeki korkular bunu imkânsızlaştırmıştı. Neredeyse bir hafta sonra yaptığı şeyleri şöylece bir düşünen Alix, neden bu kadar çok korktuğunu bilmiyordu; belki de birisinin onunla konuşmasından korkmuştu.

Alix önceki hafta yaşadığı hüsranı kafaya takmak yerine örtüyü üzerinden atıp yavaşça yataktan kalktı. Laurel renkleri solgun olarak gösteren, üzerinde de tak-seyret antenlerden olan eski televizyonun karşısında oturmuş, ciddi ciddi çizgi film izliyordu.

Alix küçük mutfağa girerken, "Günaydın," dedi.

Laurel aldırış etmedi.

Sinirlenen Alix, "Derdin ne senin?" dedi. Sözde arkadaşlardı ama Laurel artık onunla konuşmuyor, haftalardır surat asıyordu.

Laurel başını iki yana salladı. Sessiz kalarak onunla konuşmak istemediğini gösteriyordu. Alix, arkadaşının canını neyin sıktığını bilmiyor ama sorunun o pis sevgilisi olduğunu düşünüyordu. Adam son zamanlarda ortalıkta görünmüyordu. Bir süreliğine ikisi bayağı sıkı fıkı olmuş, sonra adam aniden kaybolmuştu. Yaşadıkları şeyler gizemini koruyor, Laurel de hiçbir şey anlatmıyordu.

"İyi, sen öyle suratını as dur," diyen Alix eline bir muz aldı. "Bak hiç umurumda mı?"

Laurel bir kez daha onu görmezden geldi. Elindeki muzu soyan Alix, puf koltuklardan birine çöktü. Oturduğu koltuğu boş bir arsada görmüşler ve üç mahalle öteden taşıyıp evlerine getirmişlerdi. Epey yıpranmıştı ama Alix desenli bir çarşafla üstünü örtmüş, çarşafı kenarlarına sıkıştırıp katlayınca ortaya çok da fena bir şey çıkmamıştı. Hiçbir tasarımcı çıkardığı bu işe bakarak onu sergisine davet etmezdi ama şimdilik iş görüyordu.

Alix muzdan bir ısırık alırken ördüğü bebek battaniyesinin yerde olduğunu fark etti.

Kızgınca, "Burada ne oldu böyle?" diye sordu. Battaniyeyi yerden kaldırmak için hemen koltuğundan fırladı. Battaniyeye bağlı yumak açılıp evin kapısına kadar gitmişti.

Laurel ona hiç mi hiç aldırış etmiyordu.

Televizyonun tam önüne geçen Alix, ev arkadaşına baktı. "Derdin ne bilmiyorum ama şu tavırlarından hemen vazgeçsen iyi olur."

"Örgünü falan benden uzak tut yeter."

Alix kıs kıs güldü. Kendine engel olamamıştı. "Şu güzelim battaniyc canını mı sıktı?"

"Ayağımın altında dolanıyordu."

"Sen de sırf bu yüzden yumağı kapıya mı fırlattın?"

Laurel cevap vermedi.

Alix bitmek üzere olan battaniyeyi inceledi. Laurel ilmekleri çözmüş ya da daha kötüsü şişleri çekmiş olsa ne yapardı bilemiyordu. Laurel kavgaya davetiye çıkarıyordu. Alix ev arkadaşının asık suratından, pis alışkanlıklarından, serserinin tekine kafayı takmış olmasından bıkmıştı.

Yatak odasına geri dönerken, "Kendine çekidüzen ver," dedi. Yatak odaları da ortaktı. Bu da Alix'in hayatını fazlasıyla zorlaştırıyordu. Son dedikodulara göre apartmanları satılmıştı. Nereye taşınacakları, Alix'in örgü örme işinde uzmanlaşması kadar belirsizdi.

"Olanlar yetmezmiş gibi bir de sen..." Laurel daha fazla konuşamadı. Yüzünü ellerine gömüp ağlamaya başladı.

Alix kendini çok kötü hissetmişti. Laurel'in yanına oturdu. "Sorun sevgilin, öyle değil mi?"

Laurel başını salladı. "Benimle... daha fazla görüşmek istemediğini söyledi."

Alix o anda güzel hiçbir şey söyleyemezdi. Laurel, John'un ne kadar değersiz biri olduğunu duymak istemiyordu. Alix, neden herkesin gördüğü şeyleri göremediğini anlayamıyordu. Tamam, John'un güzel bir işi olabilirdi. Ama adam adinin tekiydi ve hiçbir şey bu acı gerçeği ortadan kaldıramazdı.

Laurel ayaklarını kendine doğru çekip kollarını dizlerinin önünde birleştirdi. Tanıştıklarında Laurel şişmandı ama şimdi Alix'in hatırladığından daha da kiloluydu. Ayrılıktan sonra epey kilo almış olmalıydı. Alix bunları düşününce son zamanlarda daha sık alışveriş yaptıklarını fark etti.

"Yemek yemenin sana bir faydası olmaz," diyen Alix arkadaşının durumunu anlamaya çalışıyordu.

"Şişman olduğumu söylemeye mi çalışıyorsun?"

"Öyle demek istemedim."

"Tamam, şişman ve çirkinim. Bunu bilmediğimi mi sanıyordun?" Laurel'in sesi boğuklaşmıştı. Başını dizlerine gömerken kızın yağlı sarı saçları önüne döküldü. "Ayrıca kıskancım."

Laurel başını salladı. "Jordan, salı günü dükkâna uğradı ve sana bir mesaj iletmemi istedi. Ama ben dediğini yapmadım."

Alix'in içini bir ürperti kapladı. "Ne mesajıymış o?"

"Seni... seni paten kaymaya götürmek istiyormuş."

"Ne zaman?"

"Kilisesindeki bir grup çocukla birlikte bugün öğleden sonra. Ama sana söylemedim... Söylemem gerekirdi biliyorum ama benim bir sevgilim yokken senin de olmasını istemedim. Şişmanım. Çirkinim. Hiç kimse beni istemiyor."

Laurel ayağa kalktı ve kot pantolonun cebine uzanıp katlanmış büyükçe bir kâğıt çıkardı. "Sana bunu vermem gerekiyordu."

Alix kâğıdı açıp Jordan'ın gönderdiği beş sokak ötedeki bir alanda düzenlenen paten partisinin el ilanını gördü. Kâğıda baktı. Arkasını çevirince Jordan'ın ona bir not yazdığını fark etti. "Alix, bana eşlik edecek birini arıyorum. Gelmek ister misin?"

Bu soruya en iyi cevabı kalbinin deli gibi atması veriyordu. Ama o ve paten yapmak birbirine çok uzak şeylerdi. Daha önce hiç paten ayakkabıları giymemişti. Beş altı yaşındayken binalarındaki tüm çocukların pateni vardı. Alix de çocukken hep bir pateninin olmasını istemişti ama ailesinin maddi durumu hiç düzelmemişti. Bira, sigara ve uyuşturucu alacak paraları vardı ama paten alacak paraları yoktu.

Laurel'in kendini dışlanmış hissettiğini anlayan Alix, "Gelmek ister misin?" diye sordu.

Laurel başını kaldırdı, sonra da iki yana salladı. "Hayır. Sen gerçekten gidecek misin?" Alix'in kararına şaşkınlığını gizlememişti.

Alix omuz silkti. "Belki giderim."

Alix bir saat boyunca oraya gidip gitmemeyi düşündü. Jordan onu olduğu gibi sevdiğini söylemişti. Alix ona inanıp inanmamak konusunda kararsızdı. Jordan on bir yaşındaki bir kızı hatırlıyordu ama aradan yıllar geçmiş, Alix artık tamamen farklı bir kadın olmuştu. Aklından geçen şüphelere rağmen ona güvenmek istediğini fark etti. Tıpkı yıllar önce olduğu gibi yine onunla beraber olmayı istiyordu.

Zaten Alix'in hayatındaki hiçbir şey basit değildi. Hayatının her alanında bir mücadele vermek zorunda kalmıştı. Güzel bir hayatının olmasını istiyorsa, çaba sarf etmek zorundaydı. Bunu fark etmek bu ilişkiye bir şans verme konusundaki kararlılığını fazlasıyla arttırdı.

Büyük kilise otobüsü geldiğinde Alix paten pistinin dışında sırtını duvara yaslamış bekliyordu. Otobüsün kapıları açıldı ve neredeyse bin tane küçük çocuk dışarı döküldü. Hiç kimse Alix'i fark etmedi. En sonunda otobüsten inen Jordan ise, Alix'in hayatında gördüğü en büyük gülümsemeyle ona doğru yürüdü.

"Seni görmeyi çok istiyordum."

"Geldim ama paten yapmayacağım." Alix bunun en başından açıklığa kavuşmasını istiyordu. "Sadece izlemeye geldim." Çocuklardan oluşan kalabalığın önünde beceriksiz biri olarak görülmeyi istemiyordu.

"Ama eğlenceyi kaçıracaksın."

Alix eğlenmeyi falan önemsemiyordu. Hiç kimse ona bir çift paten giydiremezdi.

Paten pisti açılınca çocuklar içeriye akın etti. Alix bir süre sokakta takıldı, sigara içti ve sonra da sakince piste yöneldi. Çocuklar cilalanmış tahta zeminde çoktan paten yapmaya, çalan müziğin eşliğinde hızlıca gidip gelmeye başlamıştı. Çalan şarkıları hatırlayamadı. Sonradan duyduğu sesleri fark etti; şarkılardan birini geçen pazar sabahı kilisenin önünde beklerken duymuştu. Paten pistinde ilahiler çalınıyordu.

Alix, Jordan'ı bulmak için etrafa bakınmak zorunda kaldı. En sonunda adamı gördü. Etrafını saran çocuklar onu gittiği her yerde takip ediyordu. Alix gülümseyerek, tıpkı Musa gibi, diye düşündü. İncil'de geçen şeylerden biri sonunda aklına gelmişti. Jordan çocukların patenlerini ayarlamak ve kendi patenini giymekle meşguldü. Adam piste girmeden önce durup etrafına bakındı. Alix'i görünce mutluluktan gülümsedi. Alix başını sallayarak ona cevap verdi. Sonra Jordan ona göz kırptı. Alix güneş ışıklarının doğrudan üzerine vurduğunu hisseder gibi olmuştu.

Alix meraklanmasına rağmen geride durmaktan vazgeçmedi. Gördüğü her şeyin tadını çıkarıyordu. Jordan en sonunda piste girdiğinde dengesini bulana kadar biraz bocaladı. Dengesini bulur bulmaz da pistte kendinden emin halde süzülmeye başladı. Alix onu izlemenin zevkli bir şey olduğunu fark etti. Çocukların birkaçı da onun etrafında paten yapıyordu. Bazıları gerçekten de çok iyiydi. Geri geri paten kayıyor, müziğe eşlik eden yaratıcı dans figürleri sergiliyorlardı.

Alix, Jordan'ı gözden kaçırınca korkulukların yanına gitti. Jordan hızlıca önünden geçip ona el salladı. Kiliseye giden çocukların, Jordan'ın Alix'e gösterdiği ilgiyi fark etmesi çok vakit almadı. Çocukların bazıları durup ona bakmış ve kendi aralarında bir şeyler konuşmuşlar, Alix ise onları görmezden gelmişti.

Kızlardan biri, "Jordan'la arkadaş mısınız?" diye sordu. En fazla on üç yaşındaydı. Siyah saçları çok güzeldi, teni pürüzsüzdü. Diş telleri olan, sarışın bir başka kız da onun yanında durdu.

Alix başını salladı.

Sarışın kız, "Sizden bahsetmişti," dedi.

Alix işte şimdi meraklanmıştı. "Size ne söyledi?"

Diğer kız cevap verdi. "Jordan bir arkadaşını davet ettiğini söyledi. Söylediğine göre bir zamanlar sevgililer gününde birlikteymişsiniz."

Alix omuz silkti. "Uzun zaman önceydi."

Sarışın kız, "Sizce de Jordan çok sevimli biri değil mi?" diye sordu.

Alix tekrar omuz silkti. Ne söylerse söylesin kızlar lafı Jordan'a getirecekti.

Yanına ilk gelen kız, "Siz paten yapmayacak mısınız?" diye sordu.

"Belki sonra."

Jordan en az on sefer pistin etrafında dolandı, sonra da yorgun düştü. Yavaşça Alix'in yanına doğru geldi. "Seni bir süredir göremedim."

"Etrafta takılıyordum işte."

"Gelmeyeceğini düşünmeye başlamıştım."

Alix neredeyse gelmiyordu ama kararsızlığının sebebinden bahsetmedi.

"Daha önce hiç paten yapmadın, öyle değil mi?"

Alix gerçeği söylemek yerine, "Herkes çocukken paten yapmıştır," dedi.

Bir saat sonra Alix bir çift paten giymiş, o ne olduğunu anlayana kadar yeni edindiği iki arkadaşı onu şansını denemeye ikna etmişti. Alix patenleri giyer giymez kızlar iki elini de tutup onu piste geçirmişti.

Sarışın kız, "Merak etme, düşmene izin vermeyiz," dedi.

Kızlar, Alix'in ellerini bu sözlere inanmasını sağlayacak kadar sıkı tutmuştu.

Ama Alix onlara inanmamalıydı.

İki ayağı birden kaygan zemine deyince Alix bocalamaya başladı ve on saniye bile geçmeden kıç üstü yere yığıldı. Daha ne olduğunu anlama fırsatı bulamadan Jordan arkadan gelip kollarını Alix'in koltukaltlarına yerleştirerek onu ayağa kaldırdı.

"Herkes düşer," dedi ve sonra elini Alix'in beline attı,

boşta kalan eliyle elini tuttu. Birlikte pistte bir tur attılar. Çocuklar yanlarından çabucak geçiyordu. Onların hızı Alix'in başının dönmesine sebep oldu. Alix onlara bakmıyor, bakamıyordu. Tüm dikkatini ayakta kalmaya vermeliydi.

"Çok da zor değilmiş." İşi kavramaya başlamıştı. Haline aldırış etmeden güldü. Tekrar o altı yaşındaki kız olmuş ve Noel Baba da sonunda ona istediği patenleri getirmiş gibiydi.

"Cherie havalı biri olduğunu söylüyor."

Alix, sarışın kızın ne düşündüğünü önemsemiyordu. Jordan'a, "Sen ne düşünüyorsun peki?" diye sordu.

Jordan gülümseyerek ona baktı. "Bence de sen çok havalı birisin."

Jordan'ın sözleri Alix'in duyduğu tüm şarkılardan daha güzeldi.

26

"Örgü örecek kadar sabrı olmadığını söyleyenler, örgü örerek hayatlarında en büyük değişimi tadacak olanlardır."

Sally Melville,

LYDIA HOFFMAN

Bu hafta epey hızlı geçti. Bu yedi günlük süre zarfında iki sefer sosyalleşme fırsatı buldum. Çarşamba günü Carol ile birlikte yediğim öğle yemeği ikimize de çok iyi geldi; Carol'la artık aramızda bir bağ olduğunu düşünüyorum. Ben ona arkadaşlık elimi uzattım, o da teklifimi kabul etti. Örgü örmeye devam etmese de arkadaş kalacağımızdan eminim.

Bugün öğleden sonra yaptığımız ders şimdiye kadarkilerin en iyisiydi. Arka sokakta yaşanan olaylardan sonra Alix ile Jacqueline birbirine yaklaşmış ve bence ikisinin gerçekten de arkadaş olmasına az kalmıştı. Jacqueline yakalanan suçlularla yüzleştirilmelerini en ufak detayına kadar anlatmış, Alix de bir şeyler söylemek için ikide bir araya girmişti. Onlara bakan herkes uzun zamandır arkadaş olduklarını düşünebilirdi.

Jacqueline'e kocasının olanları duyduğunda nasıl bir tepki verdiğini sorduğumda kadın sessizleşti. Bu sessizlikten nasıl bir anlam çıkaracağımı bilemiyordum ama Jacqueline ile Reese Donovan'ın arasının çok da iyi olmadığını seziyordum.

Kurs saatleri hızla akıp geçti. Akşamüstü Brad'le görüşecektim. Dükkânımı kapattım ve saat altıda Pour House adlı barda birer bira içmek için Brad'le buluştum. Sabahtan beri ara ara serpiştiren yağmura rağmen keyfim yerindeydi.

Pour House, Blossom'un iki sokak aşağısındaydı ve gördüğüm kadarıyla işten çıkan insanların uğrak yerlerinden biriydi. Müzik kutusunun, atılan kahkahaların ve bar tezgâhının üzerindeki televizyonun sesi içeriyi epey gürültülü hale getirmişti. Televizyonda da beyzbol maçı vardı. Ben maçlara pek ilgi duymasam da erkeklerin birçoğu seviyordu. Gürültünün ve loş ortamın etkisine alışmam biraz vakit aldı.

Brad arka tarafta bir masa bulmuştu. Beni görünce ayağa kalktı ve ellerini havaya kaldırıp sallamaya başladı. Ben de gülümseyip ona el salladım. Masa ve sıraların arasından biraz çaba sarf ederek geçtim ve yanına ulaştım.

Brad, "Gelmeyeceğini düşünmeye başlamıştım," dedi.

"Geç mi kaldım?" Saatime baktım ve altıyı çeyrek geçtiğini görünce şaşırdım. Ceketimin üzerindeki yağmur damlalarını silkeledim, Brad ceketimi alıp benim yerime astı.

"Önemli değil ama sadece yarım saatim var. Kreşteki öğretmen Cody'yi en geç saat yedi çeyreğe kadar tutabileceğini, bir dakika olsun gecikmemem gerektiğini söyledi. Ayrıca buradan oraya gitmek de yirmi dakikamı alıyor."

"Oğlun kaç yaşında?"

"Sekiz. Bana artık kreşe gidemeyecek kadar büyüdüğünü söyleyip duruyor ama tüm gün boyunca evde yalnız kalmasına izin veremem." Brad'in kaşlarını çattığını görünce yaz ayları boyunca bu konuyu oğluyla sık sık tartıştığını anladım. "Yemin ederim bazen sekiz yaşında değil de on sekiz yaşındaymış gibi davranıyor."

Aklıma yeğenlerim geldi. Anne olmamama rağmen Brad'in neden bahsettiğini anlayabiliyordum.

Brad, "Bunları konuşarak vaktimizi boşa harcamayalım," dedi. "Ben senin hayatını öğrenmek istiyorum."

Hiç de ilgi çekici bir hayat hikâyemin olmadığını biliyordum. Yine de Brad'in meraklı tavrı hoşuma gitmişti.

"Örgü örmeyi çok sevdiğini biliyorum ama şu günlerde işyeri açmak riskli değil mi?" Brad benden hızlı davranmış, onu sorulara boğmama müsaade etmemişti. Brad hakkında bildiklerim gözlerimin anlattıklarından ibaretti. Adam çok yakışıklıydı; ufak tefek muhabbetlerimizden boşandığını ve sekiz yaşındaki oğlunun velayetini aldığını biliyordum, ama hepsi bu kadardı.

Dükkânımı açış zamanımla ilgili endişelerini dile getiren ilk kişi o değildi. Herkes bozulan ekonominin kurbanı olacağımdan, başımdan büyük işlere kalkıştığımdan bahsediyordu. Ama ben on altı yaşımdan beri zorluklarla mücadele ediyordum. Yani dükkânımı açmak hayatımdaki diğer risklerden biri olsa da beni korkutmuyordu. Margaret hemen ortaya çıkıp bir hata yaptığımı söylemişti. Ama tüm şartların uygun olmasını bekleseydim, dükkânımı hiçbir zaman açamayabilirdim. Kanserle iki sefer mücadele ettikten sonra hayatın mükemmel olmasını beklememek gerektiğini öğrendim. Mutluluğun beni bulmasını beklemektense ben onu bulmaya çalışmalıydım.

Garson yanımıza elleri dolu halde gelince, Brad'in ben gelmeden önce bir sürahi bira sipariş ettiğini anladım. Brad garsona içkinin parasını verdi ve ikimize de bira doldurdu. "Babam Noel'den hemen sonra öldü," dedim. Bunu hayatımdaki her şeyi açıklıyormuş gibi söylemiştim. "Babamın acısını atlatmaya çalışıyordum. Sonra bir gün hiç durmadan örgü örmeye başladım ve babamla birkaç yıl önce yaptığımız bir konuşmayı hatırladım."

Brad birasından bir yudum aldı ve anlatmaya devam etmemi istercesine başını salladı.

Boğazım düğümlenmeye başladı. Babamdan bahsedince içimi kaplayan o duyguyu bastırmaya çalıştım. Babamı kaybettiğim gerçeğine alışıp alışamayacağımı bilmiyorum. Bir anlığına durdum.

Brad, "Devam et," dedi.

"O zamanlar babamdan daha önce öleceğimi düşünüyordum."

"Kansere yakalandığını söylemiştin."

"Evet, iki sefer." Brad'in bunu anlamasını istiyordum. Bir tepki vermesini bekledim ama herhangi bir şey söylemedi.

Bir süre sonra, "Ee," dedi. "Babandan bahsediyordun."

Biramı yudumladım. Brad dark bira söylemişti. Ben de iyi bir seçim yaptığını anladım. "O konuşmayı yaptığımızda hastanedeydim. İkinci beyin ameliyatımdan önceki günün akşam saatleriydi. Annemle babam, akşam yanımda kalmak için hastaneye gelmişti. Annem bir şeyler okuyor, ben de babamla konuşuyordum." O akşamı çok net hatırlıyorum. Çünkü o gün yeni yılı göremeden öleceğime inanmıştım. Bana inanan, ölümü ikinci sefer yeneceğimi ısrarla söyleyen kişi, babamdı.

"Benden yaşamak istediğim mükemmel günü tarif etmemi istedi," dedim. Babamın yaşama isteğimi arttırmaya çalıştığını biliyordum. Bu şekilde bana geleceğimi, yaşayamayacağıma inandığım günleri göstermeyi istiyordu.

"Ona ne anlattın?" diyen Brad öne doğru eğilip iki eliyle bardağına sarıldı.

Birkaç saniyeliğine gözlerimi kapattım. "Ona sabahleyin bir hastane yatağında uyanmaktansa, kendi yatağımda uyanmayı istediğimi söyledim."

"Çok haklısın."

Bu lafa sırıtarak karşılık verdim. Brad, kendi hakkımda

rahatça konuşmamı sağlamıştı. "Sonra da çiçekleri koklamak, denize yakın olmak ve güneş ışıklarını yüzümde hissetmek istediğimi söyledim."

"Tüm bunlar Pasifik'in kuzeybatısında mı olacakmış?" Brad bu soruyu sorarken güldü, ben de gülmeden edemedim.

"Benim mükemmel diye tarif ettiğim gün yaz aylarında, fazlasıyla güneş ışığı aldığımız günlerden biriydi." Geçtiğimiz çarşamba günü tam da tarif ettiğim gibi bir güneş vardı. "Dikkatimi dağıtma da anlatayım."

"Peki, madam." Brad gözlerini kırpıştırdı. Ben de bir anlığına mest olup uzaklara bakmak zorunda kaldım.

"Güneşin doğuşunda kuşların ötüşüyle uyanacak, bir bardak koyu kahve ve sıcacık bir kruvasanla güne başlayacak, sahile gidip kısa bir yürüyüş yapacaktım."

"Peki sonra?"

"Örgü örecektim." Bunu söyleyince babamın ne kadar da etkilenmiş göründüğünü hatırladım. Ama babamın aslında o kadar da etkilenmediğini içten içe biliyordum. Örgü örmeye başlayalı yıllar olmuş, bu konudaki isteğim ve bunu hayalimdeki mükemmel günün mükemmel bir parçası olarak görmem babamın hoşuna gitmemişti. Ona göre beni toplumdan uzaklaştıran bireysel bir uğraştı bu.

Brad, "Kendi dükkânında mı örgü örüyordun?" diye sordu.

"Öyle sayılır." Örgü örmenin en çok sevdiğim yanlarından biri de, insanlar arasında bağ kurup bir topluluk yaratmasıdır. Ne zaman örmeyi bilen biriyle karşılaşsam kendimi uzun zaman önce kaybettiğim bir arkadaşımı bulmuş gibi hissederim. Anında karşımdaki insanla aramda bir bağ olduğunu anlarım, işte o anda saniyeler önce birer yabancı olmamızın hiçbir önemi kalmaz. Doktor kapılarının önünde, alışveriş merkezlerindeki kasa sıralarında ve hemen hemen her yerde örgü ören insanlarla konuşmuşumdur. Onlarla birbirimize yanlış basılmış örgü tariflerinin sebep olduğu çirkin çalışmaları, yarım bırakılmış örgülerin hikâyelerini anlatmışızdır ve hepimiz de aldığımız güzel iplerle övünmeyi sevmiş, elimizdeki işten bahsetmişizdir.

"İnsanların sevdiğim birine örgü ördükten sonra hissettiğim gurur ve memnuniyet duygusunu keşfetmesini istedim." Durumu en iyi böyle açıklayabileceğimi düşündüm.

"Peki, şu hayalindeki günü nasıl bitiriyorsun?"

Biraz da utanarak, "Müzik, şampanya ve mum ışığıyla," dedim. Aklımdan geçenlerin tamamını ona anlatmamıştım. Oysa babama günümü dans ederek bitirdiğimi söylemiştim.

Babam o günleri göreceğimi söylemişti ama ikimizin o günü birlikte geçiremeyeceğimizi bilmiyorduk.

Dalgınlığımı fark eden Brad, "Ne oldu?" dedi.

Başımı iki yana salladım. "Babamı ne kadar çok özlediğimi düşünüyordum."

Brad masanın üzerinden bana doğru uzanıp, elimi sıkınca şaşırdım. "Sanırım çok zor günler geçirdin."

İçimi bir ürperti kapladı. Brad'in bana acımasını da, sempati duymasını da istemiyordum. En çok istediğim şey normal olmak, en büyük korkum ise; normalin ne olduğunu anlayamaz hale gelmekti.

"Kanser, hayatımın bir parçası olabilir ama hayatım hiçbir zaman ondan ibaret olmadı. O kötü hastalığı atlatmış olabilirim. Ancak ne yarınımın ne de gelecek günlerimin bir garantisi var. Yirmili yaşlarımı kanserin geri geleceğini düşünerek geçirdim ama o günleri aştım artık. Beni kurtaran şey doktorlar, ilaçlar ya da ameliyatlar değildi. Özellikle de yeniden kansere yakalandığımı öğrenince duygusal olarak öldüm." Derin bir nefes aldım. "Babam hayatımdan vazgeçmeme engel oldu. Örgü örmeyi öğrenince de kendimi Kutsal Kâse'yi bulmuş gibi hissettim. Kendi başıma yapabileceğim bir şey bulmuştum. Gerekirse yatakta uzanarak da örgü örebilirdim. Örgü, sadece kanserli bir hasta olmadığımın bir kanıtıydı."

Brad'in gözleri hüzünlendi, beni gerçekten anladığını görebiliyordum.

"Bana sormak istediğin başka bir şey var mı?" dedim. Dimdik durdum. Geri çekilmeye hazırdım.

Brad'in ağzının kenarı, yüzüne yansıyan gülümsemeyle birlikte hafifçe kalktı. "Benimle buluşmayı kabul etmen neden bu kadar vakit aldı?"

"İlişkiler, hayalimdeki mükemmel günün bir parçası değil de ondan," dedim. Ama bunun asıl sebeple uzaktan yakından ilgisi yoktu.

"Gerçekten, öğrenmek istiyorum."

Galiba onu reddetmemin asıl sebebi, içimi saran reddedilme korkusuydu. Ama ona, "Bilmiyorum işte," dedim.

Brad, "Benimle tekrar dışarı çıkmak ister misin?" dedi. Gözlerimin içine bakıyordu.

Başımı salladım.

"Güzel, çünkü sadece birkaç dakikam kaldı ve seni daha iyi tanımak istiyorum."

Bir süre daha konuştuk ve sonunda ona soru sorma fırsatı buldum; sorularımın çoğu da boşanması ve oğluyla ilgiliydi.

Kırk dakika sonra arabamı Margaret'in evinin önüne park ettim. Ablamın evine daha önce hiç habersiz uğramadığımı fark ettim. Bunu düşününce de ablamın aslında beni evine hiç davet etmediğini hatırladım. Her neyse, artık kapısının önündeydim. Heyecandan yerimde duramıyor, birileriyle konuşmaya can atıyordum. Beni Brad'le adeta zorla buluşturduğu için yaşadıklarımı ablama anlatmam gerektiğine karar verdim.

Zili çaldım ve sonra da geri çekildim. Ablamın beni içeri davet etmeyeceğinden korkuyordum. Kapıyı Hailey açtı ve mutluluktan çığlık attı. Koşa koşa annesini çağırmaya giderken beni verandada bıraktı.

"Lydia." Margaret dışarı çıktı ve kapalı sinekliğin öteki tarafında durdu. "Aa, sen mi geldin?"

Annesinin arkasında duran Hailey, "Sana söylemiştim," dedi.

Ablam kapıyı açıp içeri girmemi işaret etti.

"Genelde haber vermeden uğramam ama sana olanları hemen anlatmak istedim. Brad'le buluştum."

"Aman Tanrım, o bu akşam mıydı?" Ablamın gözleri birden canlandı. Beni çekerek eve aldı. Neler olduğunu anlamadan beni mutfak masasına oturttu ve buzdolabının önündeki taburenin üzerine çıktı. Parmak uçlarının üzerinde durup üstteki içki dolabına uzandı.

"Ne yapıyorsun?" diye sordum. Sersemlemiş gibiydim.

"Böyle bir akşamı ev yapımı margaritalarla kutlamalıyız." İki elinde de birer şişe vardı. Şişelerden biri tekila, biri de Cointreau doluydu.

Küçücük bir kız gibi kıkır kıkır güldüm. Hailey buzdolabının buzluğuna uzanıp buz çıkardı. Margaret de bu sırada limon buldu, blenderi ve margarita bardaklarını çıkardı.

Birkaç dakika geçmeden ablam içkileri karıştırmış, bardakların kenarlarını tuza batırmıştı. Ayrıca Hailey için de içinde zencefil gazozu ve meyve suyu olan alkolsüz bir içecek hazırlamıştı.

"Matt ile Julia nerede?" diye sordum.

Bana bardağımı uzatan Margaret, "Beyzbol maçı izlemeye gittiler," dedi. "Şimdi bana her şeyi anlat."

İki bira içip üstüne de bir kokteyl yudumlamaya başladığım için tam olarak nereden başlayacağımı bilmiyordum. "Brad'le Pour House'da buluştum." Ablam da Hailey de daha da yakına geldi. "Oğlunu kreşten alması gerektiği için bir saatten az bir vakti vardı." Gitmek zorunda kalmasa bence gece yarısına kadar hiç sıkılmadan konuşabilirdik.

Margaret, "Cuma akşamı çocuğuna bakması için kreşe fazladan para mı ödemiş?" diye sordu.

Başımı salladım.

"Adamın bayağı kazıklandığından emin olabilirsin."

"Öyle bir şey söylemedi." Bizi pür dikkat izleyen yeğenime baktım.

"Ee, neler söyledi?"

"Çok bir şey söylemedi. Bir sürü soru sordu ama kendisi hakkında fazla konuşmadı. Çoğunlukla oğlundan bahsetti."

Margaret, bunun adamın kreşe fazladan para ödemesi kadar etkileyici bir şey olmadığını düşünüyormuşçasına omuz silkti. "Eski eşiyle ilgili ne söyledi?"

Bu sorunun cevabını bir süre düşünmem gerekti. Bu sırada margaritadan bir yudum aldım. Ablamın beni şaşırtan yetenekleri vardı; yıllardır içtiğim en güzel margaritaydı bu.

"Genelde boşanmalarından bahsetti. Evlendiklerinde çok gençlermiş, eşi de evliliklerini daha fazla sürdürmemeye ve çocuk bakmayı istemediğine karar vermiş. Brad konuştuğumuz süre boyunca Cody'nin annesiyle ilgili tek kötü söz söylemedi."

Margaret gülümsedi. "Ondan şimdiden hoşlandım."

Ben de ondan hoşlanmıştım ama yine de tedbirliydim. Ayrıca biraz da gergindim.

Yeğenim, "Ona kanser olduğundan bahsettin mi?" diye sordu.

Başımı salladım. "Bahsetmesem ona haksızlık etmiş olurdum."

"Onunla yine görüşecek misin?" diyen Margaret gözlerini bana dikti.

"Evet," deyip içkimden bir yudum daha aldım. "Bu margaritadan bir bardak daha içersem, onunla hemen evlenmek isteyebilirim."

Ablam kahkahalarla gülmeye başladı. Ablamın daha önce benim adıma bu kadar sevindiğini görmemiştim. Ne kadar aptalca görünse de Brad'le görüşmemi onaylamasının tadını çıkarıyordum.

27

JACQUELINE DONOVAN

Yemek odasındaki masayı temizleyen Tammie Lee, "Reese'le aranızda bir sorun yok, öyle değil mi?" diye sordu.

Jacqueline iç çekip soruyu duymazdan geldi. Akşamki yemekte kocasıyla arasındaki gerginliği kimsenin fark etmemiş olmasını dilemişti. Vali ve iki belediye meclisi üyesi eşleriyle birlikte yemeğe katılmıştı. Ayrıca üç çift daha onlara eşlik etmişti.

Reese Jacqueline'e hiçbir şey sormadan Paul'ü ve Tammie Lee'yi son anda yemeğe davet etmişti. Paul'ün onlara eşlik etmesi güzel ve hatta çok hoş bir şeydi ama gelininin o ilkel espri anlayışıyla şehrin üst kademesindeki önemli kişilerle konuşacağını düşününce Jacqueline kendini kötü hissetmişti. Artık yapacak bir şey yoktu.

Tüm gece ufacık bir aksiliğin dışında çok güzel geçmişti. Vali, Tammie Lee'ye kulüple ilgili neler düşündüğünü sormuş, Tammie Lee ağır, güneyli aksanıyla tek nefeste kulübün tenisten, briçten, yemek yemekten ve mızmızlanmaktan ibaret olduğunu söylemişti. Hemen ardından bir saniyelik bir sessizlik olmuş, Jacqueline o anda ölüp gitmeyi dilemiş, ama hemen ardından vali kahkahalar atmıştı. Bunun hayatı boyunca duyduğu en dürüstçe laf olduğunu söyledi. Jacqueline adamın gerçekten böyle mi düşündüğünü yoksa iyi bir misafir olarak onları kırmamak için mi böyle davrandığını bilmiyordu.

Masanın karşı tarafında oturan Reese, Jacqueline'e Tammie Lee hakkında yanıldığını, onun haklı çıktığını göstermek isteyen bir bakış attı.

Ancak son tartışmalarının sebebi oğullarını ve gelinlerini yemeğe davet etmeleri değildi. Jacqueline ile Reese nadiren kavga ederdi. Reese, karısının iki sapık tarafından bir sokakta kıstırıldığını ve neredeyse saldırıya uğrayacak hale geldiğini duyunca küplere binmişti. O iki saldırgan da yakalanmış, adamlar hakkında dava açılmıştı. Ama kocası Jacqueline'e en az on dakika bağırıp çağırmış, başına gelenleri açıklamasına ve de her şeyin arabasını o sokağa park etmek zorunda kalmasıyla başladığını anlatmasına müsaade etmemişti. Lafı, Jacqueline'in saldırıya davetiye çıkardığını söylemeye kadar getirmişti. Sonra da ona, "Aptal!" demişti.

Jacqueline kocasına hâlâ kızgındı. Reese ne cüretle ona böyle şeyler söylerdi. Özellikle de orada bulunma amacı kocasına yardımcı olmakken bunları duymayı hak etmemişti.

Onun yüzünden tüm günü mahvolmuştu. Güzellik salonundaki randevusunu kaçırmış, öğle yemeğine geç kalmış, gezdiği alışveriş merkezlerinde alacak bir şey bulamayınca sinirlenmişti.

Beş gündür çok gerekmedikçe konuşmuyorlardı. Haftalar önce planladıkları akşam yemeği olmasa şimdi de konuşmazlardı. Son dakika yemeği iptal etmeleri hoş olmazdı. Bu yüzden aralarındaki tatsızlığı unutup, o bilindik tavırlarına bürünmüşlerdi. Jacqueline, Tammie Lee'nin aralarındaki soğukluğu fark etmesine şaşırmıştı.

Jacqueline'i elleri tabaklarla dolu halde mutfağa kadar takip eden Tammie Lee, "Beni duydunuz mu?" diye sordu.

Onun dışındaki herkes böyle durumlarda Jacqueline'in verdiği mesajı anlayıp lafı uzatmazdı. Ama Tammie Lee bir türlü işin peşini bırakmıyordu.

Jacqueline, "Tabakları tezgâha bırakabilirsin," dedi. "Gerçekten de yardım etmene gerek yok. Martha sabahleyin gelip her şeyi halleder." Hizmetlileri arka taraftaki küçük konuk evinde kalıyordu. Artık yaşlandığı için servis yapacak takati yoktu. Kadın emekliye ayrılmak istemiş ama Jacqueline o olmadan evi çekip çeviremeyeceğini bildiği için Martha'dan yanlarında kalmasını rica etmiş, kadın da onu kırmamıştı.

Tammie Lee, "İnanın bulaşıkları bu halde sabaha kadar bırakmak istemezsiniz," dedi, haklıydı da. Herkes gider gitmez Jacqueline her şeyi lavaboya bırakmıştı, bu kendi başına yapmayı tercih ettiği bir işti.

Gelini, "Çok güzel bir yemekti," dedi.

"Teşekkürler," diyen Jacqueline, bir gün Tammie Lee' den de böyle yemekler düzenlemesinin bekleneceğini söylememek için dilini ısırdı. O günler gelene kadar Tammie Lee' nin ondan bir iki şey öğrenmiş olmasını diliyor, bir yandan da gelinin hiçbir şey öğrenemeyeceğinden endişe duyuyordu.

Üst üste koyduğu porselen tabaklarla mutfağa geri gelen Tammie Lee, "Çok mütevazı bir ev sahibisiniz," dedi.

"Teşekkürler," diyen Jacqueline, gelinine elindeki tabakların dolabındaki tüm elbiselerden pahalı olduğunu söyleme isteğiyle mücadele ediyordu. Meraklıca, "Reese ile Paul nerede?" diye sordu.

Jacqueline yorulmuş, düzenlediği yemek tüm enerjisini tüketmişti. Uyumak istiyordu ama öncelikle Paul ile Tammie Lee'yi yolcu etmeli ve son işlerini halletmeliydi.

"Çalışma odasında konuşuyorlar." Tüm bulaşıklar mutfağa getirilmiş olmalıydı. Çünkü Tammie Lee oturmuş, bacaklarını da karşısındaki sandalyenin üzerine koymuştu. Ellerini yusyuvarlak olan karnının üzerine koydu ve karnını okşadı. Artık hamile olduğu rahatlıkla anlaşılabiliyordu. Jacqueline, karısının hamile olduğunu onlardan altı ay saklayan oğlunu henüz affetmemişti.

Jacqueline, Reese ve Paul'ün bu kadar uzun süredir neyi konuştuğunu merak ediyordu. Tabakların üzerindeki yemek artıklarını sıyırıp bulaşıkları makineye yerleştirdi.

Tammie Lee lafı ağzında geveleyerek, "Umarım bebeğimize ördüğünüz battaniyeyi valiye gösterdiğim için bana kızmamışsınızdır," dedi. "Bence torununuza bundan güzel bir hediye veremezdiniz."

Jacqueline kaşlarını çattı ama Tammie Lee'nin yüzündeki ifadeyi görmemesi için başını çevirdi. "Hayır, önemli değil."

"Bebeğimiz için bir şeyler örmenize çok sevindik."

Jacqueline bir şeyler söylemektense başını salladı. Tabaklardaki artıkları çöpe dökmeye devam etti.

İşi bitince Tammie Lee'nin yanındaki sandalyeye oturup kendine bir bardak şarap doldurdu. Geliniyle mutfakta tıkılıp kalacaksa bir şeyler içmeliydi.

Tammie Lee onu inceledi. "Annemin, babamın traktörüyle posta kutumuzu ezip geçtiğini anlatmış mıydım size?" dedi.

Jacqueline söylenmemek için kendini zor tuttu. Şarabını kadehin içinde çalkalarken, "Bir o hikâyeyi duymadım sanırım," dedi.

Tammie Lee, Jacqueline'in alaycı tavrını fark etti ama umursamamaya karar verdi. "Babamın bir tek o zaman anneme bağırdığını hatırlıyorum. Annem ağlayarak eve girmişti. Babamın ona bağırmasına kızdığım için ben de onun peşinden gitmiştim."

Jacqueline, "Ne yazık ki erkekler bazen böyle düşüncesizce davranabiliyor," dedi. Şarabını yudumladı ve bir süre ağzında tuttu; şişesi elli dolar olan şarabın tadına varmaya çalışıyordu.

"Daha sonra annem babamın ona sadece traktörün altında kalmasından korktuğu için bağırdığını söylemişti. Posta kutusunu zerre önemsemiyordu. O, annemi seviyordu. O gün traktörle sulama kanalına düşüp ezilebilirdi. Babamın bağırması, annemi ne kadar çok sevdiğinin bir göstergesiydi o kadar."

Jacqueline bu hikâyenin nereye gideceğini kestiremiyordu ama şimdilik hiçbir şey anlamamıştı. Şarabından bir yudum daha aldı.

Tammie Lee nazikçe, "Umarım bu akşam haddimi aşmamışımdır," dedi. Gözlerini kocaman açmıştı.

Jacqueline umursamazca omuz silkti. "Valinin muhabbetinizden... hoşlandığına eminim."

Tammie Lee, "Hayır, validen bahsetmiyorum," dedi. "Reese ile aranızda bir sorun olup olmadığını sormuştum."

Jacqueline ciddi bir havayla, "Kocamla aramda hiçbir sorun yok," dedi. Şarabın kalanını kafasına dikti, tadını almayı falan umursamıyordu artık. Boş bardağı masanın üzerine koydu.

"Çok güzel. Paul ve ben sizleri çok seviyoruz. Bebeğimizin de babaannesi ve dedesi olmadan büyümesini istemeyiz."

Jacqueline bir şekilde gülümsemeyi başardı. "Gerçekten de annen traktörle posta kutusunun üzerinden mi geçti?"

"Hem de iki sefer."

"İki sefer mi?" Belki de şarabın etkisiyle Jacqueline kahkaha attı.

"Ama babam ikinci seferde de ona kızdı."

Jacqueline de aynen öyle olduğunu düşünüyordu.

"Babam annemi aynen Reese'nin sizi sevdiği gibi seviyor."

Az önce gülen Jacqueline birden sustu. Reese'nin ona olan sevgisi yıllar önce bitmişti. Evlilikleri hayatlarını rahatça sürmelerini sağlıyordu. Kocasının salı akşamı kaçamaklarından şikayetçi değildi. Ayrıca adam kredi kartlarındaki borçlardan da bahsetmemişti. İlişkilerini bir düzene oturtmuşlardı ama bir zamanlar birbirlerine besledikleri aşktan eser kalmamıştı.

"Tammie Lee." Paul'ün sesi yemek odasından geliyordu.

Tammie Lee de, "Buradayım," diye seslendi.

Reese ile Paul kapıdan girip yanlarına geldi. Kapı arkalarından sallanmaya devam etti.

Paul, "Yorgun düşmüş olmalısın," deyip karısına sevgiyle gülümsedi. Onları izlemek bile Jacqueline'in canını yakıyordu. "Eve gitmeye hazır mısın?"

Tammie Lee başını sallayınca, Paul karısının ayağa kalkmasına yardım etti. Sonra gelini eğilip kollarını Jacqueline'in boynuna attı.

Tammie Lee ona sarılırken fısıldayarak, "Teşekkürler," dedi.

Şaşkına dönen Jacqueline nasıl bir cevap vereceğini bilmiyordu. Kollarını dikkatlice boynuna atıp gelinine sarıldı. Ona birisi böyle sevgi dolu bir şekilde sarılmayalı yıllar olmuştu. Gözlerine yaşlar doldu.

Tammie Lee, “Çok harika bir kaynanasın,” dedi. “Bence şu dünyada benim kadar şanslı bir kadın yok.”

Jacqueline, Tammie Lee’nin omzunun üzerinden Reese’ye baktı ve Reese’nin gözlerindeki o güçlü parıltıyı gördü. Reese onu hâlâ seviyor olabilir miydi? Arabasını tenha bir sokağa park ettiği için ona bu kadar kızmasının sebebi bu muydu? Tammie Lee’nin o hikâyeyi anlatma sebebini şimdi anlıyordu.

Aklında beliren düşüncelere inanmakta güçlük çekiyordu.

28

CAROL GIRARD

Cuma günü öğleden sonra kursa ilk Carol geldi. Yeni bir modele başlayacaktı ve desen kitabına bakmak için acele etmişti.

Carol erkek kazaklarıyla ilgili kısmı çabucak geçince Lydia, "Ağabeyine kazak ördüğünü sanıyordum," dedi.

"Örüyordum ama beni çok üzdü. İçimden onun için bir şeyler yapmak gelmiyor." Carol, bir haftadan fazla bir süredir Rick'le konuşmamıştı. Bu çok da alışılmadık bir şey değildi ama ağabeyinin itiraf ettiği şeylerden sonra onu bir kez daha aramasını beklemişti. Bu sefer ağabeyinin sevimliliği onu içine düştüğü bataktan kurtaramayacaktı; sorunları kolayca çözülecek türden değildi.

Kapının üzerindeki küçük çan çalınca Carol başını kaldırdı ama içeriye giren kişiyi ilk başta tanıyamadı. Üzerinde kot pantolon ve bir tişört olan Alix içeri adım atmıştı. Carol onu ilk defa üzerinden düşürmediği deri ceketten, siyah pantolonlardan ve mini şortlardan başka bir şey giyerken görmüştü. Saçı da eskisi kadar... anormal görünmüyordu. Carol bir şeyler söylemek için ağzını açtı ama hemen vazgeçti. Alix sürekli diğer insanlardan farklı görünmeye çalışsa da, ilgi odağı olmayı sevmeyen biriydi. Carol hayatında böylesine büyük bir çelişki görmemişti.

Masaya doğru yavaş yavaş ilerleyen Alix, "Merhaba," dedi. Sıkılgan bir hali vardı. Lydia'ya ve Carol'a görünüşündeki değişiklikle ilgili yorum yapmaları için meydan okur gibi bakıyordu. Sandalyelerin birine oturup film dükkânının poşetlerinden birine koyduğu örgüsünü çıkardı.

Diğerleri de, "Merhaba," dedi.

"Hamilelik nasıl gidiyor?" Alix'in sesi sakin çıkmıştı. Sorduğu sorunun çok normal olduğunu düşünüyor gibiydi.

Carol, Lydia'nın kaygılı gözlerle onlara baktığını fark etti. Carol'a durumunu sorma cesaretini hiç kimse gösterememişti. "Şimdiye kadar fena değil," dedi. "Mavi çubuğu görmeye devam."

Alix başını kaldırdı. "Ne?"

Carol, "Hamile kaldığımı gösteren testlerden bahsediyorum," dedi. Rahimlerine döllenmiş embriyo yerleştirilen kadınlar için zor olan hamile kalmak değil, hamileliği devam ettirebilmekti. Carol ilk iki seferde hamileliğin ilk üç haftasında düşük yapmıştı. Hamileliğinin bu kadar uzun süre sorunsuz devam etmesi umut vaat ediyordu. Ancak tedavinin hiçbir aşamasında kesinlikten söz edilemezdi. Hamileliğin ilk üç ayı en riskli dönemdi. Carol, internetteki destek grubundaki iki buçuk aylık hamile arkadaşının düşük yaptığını öğrenmişti. Bu çok üzücü bir haberdi ve gruplarındaki tüm kadınlar Susan'ın kaybını çok iyi anlıyordu.

Kapı tekrar açıldı ve Jacqueline bileziklerini şıkırdata şıkırdata içeri girdi. Üzerinde özel bir terziye diktirdiği pantolon ceketten oluşan bir takım vardı. Carol kadının kurs için fazla resmi giyindiğini düşündü. Jacqueline, Gucci çantasının yerine deri bir çanta taşıyordu. İçeriye havalı bir şekilde girmeyi seviyordu. Herkesin onun geldiğini fark etmesini ve ona göre davranmasını istiyor gibiydi. Aslında Carol bunları önemsemiyordu. Örgü kursundaki tüm kadınlardan hoşlanmaya başlamıştı.

O da Jacqueline de yeni çalışmalara başlamıştı. Bebek battaniyesini sadece Alix bitirememişti. Carol bunun iplik alacak parası olmamasından kaynaklandığını düşünüyordu.

Carol sayfaları karıştırmaya devam ederken, "Yeni bir kazağa başlıyorum," dedi.

"Diğerine ne oldu?" Alix'in gri kaşmiri beğendiğini biliyordu.

"Ondan sıkıldım." Lydia'ya bakıp gülümsedi. "Elimde kalan ipleri sana vermemi ister misin?"

Alix'in gözlerinin içi güldü. "Sana lazım değil mi?"

"Değil."

"Peki ya örneğin? Ona ihtiyacın var mı?"

"Bende kalmasa da olur."

"Harika!" Alix elindeki örgüyü poşete tıkıştırdı. Neredeyse sevinçten ellerini ovuşturacaktı. "Battaniyeyi bitirmek üzereydim. O kazağı bir... arkadaşım için örmek istiyorum."

Jacqueline, "Arkadaşın da kimmiş?" deyip araya girdi.

Alix, "Dediğim gibi sadece arkadaşım," diye söylendi.

"Anladık, terslemene gerek yok. Merak ettim o kadar."

Jacqueline, Alix'in hayatıyla ilgilenmeye başlamıştı. Birkaç hafta önce böyle bir şeyi hayal etmek bile zordu. Aralarındaki ilişki arka sokakta yaşanan o olaydan sonra farklı bir boyut kazanmıştı. Hâlâ birbirleriyle zıtlaşıyorlardı ama bunu daha çok alışkanlıktan yapıyor gibilerdi.

Lydia, Alix'e bakıp gülümseyerek, "Erkek arkadaşın olduğunu bilmiyordum," dedi.

Alix hemen, "Zaten erkek arkadaşım yok," dedi. Aslında aşırı aceleci tavrı bunun tam tersini söylüyordu.

"Peki kazağı kimin için örüyorsun?"

"Dedim ya bir arkadaşım için."

Jacqueline gülümseyerek, "Tabii canım," dedi. Alix'e göz kırptı. Onun da aninden yüzü kıpkırmızı oldu.

Sinirlenen Alix, "Çok merak ettiyseniz söyleyeyim," dedi. "Dükkânda tanıştığım bir adam." Carol, Alix'in onlara olan biten her şeyi anlatmak istediğini hissedebiliyordu.

Jacqueline, "Senden hoşlanıyor mu?" diye sordu.

Alix omuz silkti. "Altıncı sınıftayken hoşlanıyordu ama... rahip olmuş. Bir sandalda güneşin batışını izlediğimizi gözlerimin önüne getiremiyorum. Neyse, ne demek istediğimi anladınız sanırım."

Lydia, "Neden ki?" diye sordu. "Rahipler de güzel bir hayat sürebilir."

Alix başını önüne eğip örgüsüne odaklandı. Sakin bir sesle, "İyi öpüşüyor," dedi.

Bu gruptakilerin ilgisini çekti elbette. Böylece çok güzel bir muhabbet başlamış oldu.

Jacqueline, "Reese de zamanında güzel öpüşürdü," dedi. "Beni ilk öptüğü anı daha dün gibi hatırlıyorum. Bedenimdeki tüm hücreler hayatla dolmuştu."

Carol, Jacqueline'in yüzündeki dalgın ifadeyi görünce gülümsedi. "Doug beni ilk öptüğünde kendimi cennete düşmüş gibi hissetmiştim." Lydia'nın bu sırada dükkânın içinde dolandığını, dümdüz duran örnekleri düzelttiğini fark etti. "Peki ya sen Lydia?"

Lydia etrafta dolanmaya devam etti. Onu da muhabbete davet etmelerine alınmış gibi davranıyordu. Sonra da iç çekti. "Normal bir öpüşmeden fazlasını hissettiğimi sanmıyorum. Hep güzel şeyler hissettim ama sonrasında öyle ahım şahım duygular yaşamadım."

Jacqueline, "Bir gün o da olur," dedi.

Lydia, "Öpüşmeye çok fazla önem verdiğinizi düşünmüyor musunuz?" diye sordu. "Tamam, hepimiz zaman zaman sevgililerimizle öpüşmüşüzdür. Çok güzel bir deneyim olmasına rağmen bence çok da abartılacak bir şey değil."

Jacqueline, Alix'e döndü. "Şu rahip seni öptüğünde sence hissettiklerin abartılacak gibi miydi, değil miydi?"

Carol, Alix'in biraz utandığını görebiliyordu. Alix gözlerini uzaklara çevirdi. "Öyleydi sanırım. Ama çok fazla düşünmedim." Etrafa bakındı. Yüzündeki ifade daha da fazlasını düşündüğünü gösteriyordu.

İçerisi bir an sessizleşti ve herkes kendi işine baktı. Carol, Jacqueline'in ne ördüğünü bilmiyordu. Kadın pahalı mı pahalı iplerle şal örmeye başlamış, sonra da şapkalara ve çantalara geçmişti. Bir çalışmadan diğerine geçen Jacqueline'in hızına yetişmek zordu. Aynı anda birkaç model örüyor gibiydi. Carol, kadının Lydia'nın en sağlam müşterilerinden biri olduğunu düşünüyordu.

Alix, Lydia'ya aniden, "Seni geçen cuma, Pour House'dan çıkarken gördüm," dedi. "Şu UPS'de çalışan adamla birlikteydin."

"Ben mi?" Lydia'nın yanakları al al oldu. Kadın elini göğsüne götürdü. "Evet, bir şeyler içmek için buluşmuştuk."

Alix hafiften bir ıslık çaldı. "Adam epey yakışıklı hani."

Lydia örgü kitaplarını dizdiği yerde ilgilenmesi gereken bir şey buldu. "Bu hafta akşam yemeği yiyeceğiz."

Jacqueline sevecen bir ses tonuyla, "Yoksa burnuma romantizm kokuları mı geliyor?" dedi.

Carol, "Çok da iyi olur," dedi. Lydia'nın erkekler konusunda bu kadar utangaç olması hoşuna gitmişti. Brad bahsettiği ilk adamdı. Alix'in takıldığı şu rahiple olanları anlatması... Carol, Alix'in onlarla yaşadıklarını paylaşmasına sevinmişti.

Carol, "Haftaya evime gelip ipleri almak ister misin?" diye sordu.

Alix başını salladı. "Senin için sorun olmazsa gelirim."

"Ne demek, buyur gel. Yine de istersen ipleri buraya da getiririm."

"Seni yormayayım. Ben uğrarım."

Carol, Alix'in çok sık davet almadığını seziyordu. "Pazartesi öğle yemeğine gelsene."

"Olur." Alix kulağa ilgisiz gibi gelen bu cevabına rağmen heyecanını saklayamıyordu.

Carol etrafındakilere sevgi dolu bir gülümsemeyle baktı. Alix'in savunmacı tavrı gözle görülür şekilde değişime uğramıştı. Jacqueline onları artık sosyal bağlantılarıyla etkilemeye çalışmıyordu. Lydia içe kapanıklığını biraz yenmiş, geçen her haftayla birlikte karşısındakilere ne kadar samimi ve zeki biri olduğunu göstermeyi başarmıştı.

Carol desen kitabının sayfalarını karıştırmaya devam ederken, yaşadıkları şeylerin ne kadar tuhaf olduğunu düşündü. Hiçbir ortak yanı olmayan, birbirinden tamamen farklı dört kadın bir araya gelmiş ve geçen birkaç aylık sürede gerçek bir arkadaşlık kurmuşlardı.

29

JACQUELINE DONOVAN

Jacqueline pazartesi sabahı güzellik salonunda saçını yaptırdıktan sonra eve dönmüş ve kendisine bir düzine gül gönderildiğini fark etmişti. Hizmetçisi Martha çiçekleri misafirler için ayrılmış oturma odasındaki yuvarlak masanın üzerine koymuştu.

Buketi görünce şaşıran Jacqueline, "Bunları kim göndermiş?" diye sordu.

Martha başını iki yana salladı. "Kartı okumadım."

Jacqueline oturma odasına girdi, kırmızı gülleri inceledi ve içlerinden birini nazikçe eline aldı. Güller çok güzeldi. Üzerleri hâlâ nemliydi ve tamamen açılmak üzerelerdi. Kokuları insanın canına can katıyordu. Jacqueline bu güllerin çok özel olduğunu düşündü. Yanılmıyorsa elinde tuttuğu güller çok pahalıydı. Ona bunları kimin neden gönderdiğini ise tahmin edemiyordu.

Karta uzandı ama küçük zarfı hemen açmadı, bu merak duygusunun tadını çıkarmayı istiyordu. Doğum günü ya da evlilik yıldönümü değildi. Kocası zaten bu tür şeyleri hiç hatırlamazdı. Aslında Reese ona yıllardır hiç çiçek göndermemiş, Paul de bu konuda babasına çekmişti. Özellikle özel bir gün değilse oğlu böyle bir şey yapmazdı.

Gülleri kimin gönderdiğini bir türlü tahmin edemeyen Jacqueline en sonunda zarfı açtı, kartı çıkarıp okudu.

Reese.

Kocası! Kartın üzerinde ne bir açıklama ne de bir mesaj vardı. Kafası karışan Jacqueline, kartı elinde tutarken koltukların birine çöktü. Martha'nın gözlerini dikip ona baktığını, şaşkınlığını saklamaya çalışmadığını gördü.

Martha, "Ee?" dedi.

"Reese göndermiş."

Martha'nın yüzünde kocaman bir gülümseme belirdi. "Ben de öyle düşünmüştüm."

Jacqueline kendini tutamayıp güldü. Belki de hizmetçisi hayatını ondan daha iyi biliyordu.

Martha mutfağa doğru giderken, "Sana yemek hazırlamamı ister misin?" diye sordu.

Jacqueline başını salladı. "Hayır. Yemeği bu akşam ben yapacağım, Martha."

Martha bunları duyunca hiçbir tepki göstermedi ama Jacqueline kadının şaşırdığını anlamıştı. Jacqueline genelde mutfağa adım atmazdı. Ayrıca yıllardır yemek sayılabilecek bir şey pişirmemişti. Reese'nin evliliklerinin ilk yıllarında yaptığı körili tavuğa bayıldığını hatırlıyordu. O yemeğin tarifini bir dergide görüp saklamıştı. Uzun zamandır kullanmamış olsa da tarifin yerini tahmin edebiliyordu.

"Martha, evde köri var mı?"

"Var sanırım. Şimdi bakarım."

"Dolapta tavuk var mı?"

"Olmalı."

Jacqueline kadını yarım kulakla dinliyordu. Hizmetçisinin yanından hızlıca geçip mutfağa gitti ve yemek tarifi kitaplarını koyduğu alt çekmeceyi açtı. "Yıllar önce körili tavuk tarifini koyduğum yeri hatırlıyor musun?"

Martha kaşlarını çattı. "Maalesef. Mutfağımı batırmayacaksın, öyle değil mi?"

Jacqueline gülümsedi. Buranın kimin mutfağı olduğunu hatırlatmaya çalışmayacaktı. "Merak etme, sabaha her şeyi sana bırakırım."

Martha başını salladı. Yine de endişeli görünüyordu.

Jacqueline altı kitabı karıştırdıktan sonra aradığı şeyi Julia Child'ın *Fransız Yemek Sanatları* adlı kitabının arkasında yıllar boyunca çeşitli yerlerden koparıp sakladığı tariflerin içinde buldu. Masaya oturup bir alışveriş listesi çıkardı.

Reese saat altıda geldiğinde mutfaktan mis gibi hindistancevizi sütü, tavuk, köri ve yoğurt kokuları geliyordu.

Kravatını gevşeten Reese, "Ne oluyor?" dedi.

Jacqueline kocasının geldiğini duymamıştı. Elinde tahta kaşıkla arkasına döndü. Neşeyle, "Yemek yapıyorum," dedi.

Kendini kaybeden Jacqueline, kocasının yanına gidip adamın yanağına bir öpücük kondurdu. "Gönderdiğin güller çok güzel. Teşekkür ederim."

Şaşkınlıktan Reese'nin gözleri kocaman açıldı. Lafı ağzında geveleyerek, "Sana bir özür borcum olduğunu düşündüm," dedi. "Arabanı o tenha sokağa park ettiğin için üzerine fazla geldim. Sana öyle sözler söylememeliydim."

"Seni anlıyorum. Benim için endişelenmiştin. Bunu benim posta kutusunun üzerinden traktörle geçmeme benzetebiliriz."

Reese kaşlarını çattı. "Ne?"

Jacqueline gülüp Tammie Lee'nin hikâyesini anlattı. "Babası bu yüzden annesine bağırıp çağırmış," diyerek sözlerini tamamladı. "Hem de iki sefer."

Reese kıkır kıkır gülüp karısını öptü. Jacqueline şaşıp kalmıştı. Kocasının sadece dudaklarını onun dudaklarına değdirmeyi istediğinden emindi ama ağızları birbirine temas edince çok heyecan verici bir şey sarmalamıştı ikisini de.

Tahta kaşık elinden kayıp düşerken Jacqueline, kollarını kocasının boynuna attı. Reese'nin dudakları aç duygularla hareket ediyordu; birbirlerini yeni bulmuş aşıklara benziyorlardı.

Jacqueline zaman ve mekân duygusunu kaybetmiş, ne kadar süredir kollarının birbirine kenetlendiğini hatırlayamaz hale gelmişti. Dudaklarını birbirlerinden ayırdıklarında ne söyleyeceklerini ya da ne yapacaklarını bilememişlerdi. Bu, yıllardır yaşadıkları en ateşli öpüşmeydi.

Jacqueline'i en çok etkileyen şey, Reese'nin öpücüğüne büyük bir arzuyla cevap vermesiydi. İlişkiye girmeden geçirdiği yıllardan sonra cinsel dürtülerinin körelmiş olduğunu düşünüyordu. Cinsel anlamda ne kadar yoğun duygular hissedebileceğini anlayınca şaşkına dönmüştü.

Reese ondan uzaklaşırken, "Duş alsam iyi olur," dedi. O da şaşkına dönmüş gibi görünüyordu.

Jacqueline konuşursa sesinin onu ele vereceğinden korkuyordu. Bu yüzden başını sallamakla yetindi. Mutfak tezgâhına dayanıp gözlerini kapattı.

Tek başına kaldığı mutfakta, "Vay be!" diye fısıldadı. İşte bu yaşadıkları çok etkileyiciydi. Titremesi durunca iki tane yemek tabağı kapıp yemek odasındaki masaya koydu.

Reese duştan çıkmış, geniş bir kumaş pantolonla yakalı bir tişört giyinmişti. Adamın saçları ıslaktı. Jacqueline de mumları yeni yakmıştı. Ortaya çıkardığı işten gurur duyuyor, gerektiğinde iyi bir ev hanımı olabiliyordu. Bugün bu tür şeylerden gerçekten zevk aldığını keşfetmişti.

Reese, "Benim yapabileceğim bir şey var mı?" diye sordu.

Jacqueline omzunun üzerinden ona baktı. Otuz yıllık kocasının karşısında utanması çok komikti. Böyle bir şey yaşayacağı aklının ucundan geçmezdi. O öpücüğün hayatlarında gerçek anlamda yaşadıkları ilk öpücük olduğunu hissediyordu. Az önce tattıkları yakınlığa yabancılardı. "Şarapları doldurur musun?"

"Elbette." Reese buzdolabını açıp bir şişe şarap çıkardı

ve açtı. Birer kadeh doldurduktan sonra CD çaları çalıştırdı.

Les Misérables'e eşlik eden Jacqueline, tabaklarına pilav doldurdu ve yanına da bolca körili tavuk koydu. Tabakları masaya yerleştirdi. Reese onu ayakta bekliyordu. Eşinin sandalyesini çekip Jacqueline'in yerine geçmesine yardımcı oldu. Bu nazik davranışı yıllardır yapmamıştı.

Jacqueline'in karşısına geçerken, "Körili tavuğundan yemeyeli uzun zaman oldu," dedi. "Harika kokuyor. Teşekkür ederim." Şarabına uzandı ve kadehi havaya kaldırdı. "Kadeh kaldırabilir miyiz?"

"Elbette." Mutluluktan başı dönüyordu. Jacqueline evliliklerinde aşkı yakalayabileceklerine olan umudunu yitirmişti. Kadehini kaldırıp Reese'nin kadehine tokuşturunca duyacağını düşündüğü sözlerden dolayı heyecanlandı.

Reese, "Geleceğe," dedi.

"Geleceğe."

Şarabından bir yudum içen Reese, çatalını eline aldı. Kocası yemeğin tadına bakarken nefesini tuttu, Reese'nin vereceği tepkiyi merakla bekliyordu.

Reese gözlerini yumup yemeğin tadına vardığını belirten bir şekilde iç çekince, Jacqueline başarılı olduğunu anladı.

"Tadı hatırladığımdan da güzelmiş."

Jacqueline rahatladı ve yemeğini yemeye başladı. Körili tavuk umduğu kadar güzel olmuştu. Geçmişe şöyle bir bakınca Reese'nin bu yemeği sevdiğini ve kendisinin de mutfakta vakit geçirmekten zevk aldığını hatırladı. Neden ikisini de bu mutluluktan mahrum bıraktığını merak etti. Yıllar önce tüm davetlerin hazırlığını kendisi yapardı. Son zamanlarda verdiği partilerin yemek işlerini yemek şirketlerine bırakmıştı. Daha geçenlerde örgü dersinde sevdikleri yemeklerden bahsederken bunu dile getirmişti. Alix bir gün kendi katering şirketini kurmak istediğini söyleyince Jacqueline çok şaşırmış, Alix'in bu işlere ilgi duyacak biri olduğunu düşünememişti. Kızın böyle bir şey istediğini hiçbiri tahmin edemezdi. Yine de Jacqueline'in aklından bir şeyler geçiyordu; kadın, Alix'e olan borcunu ödemesi gerektiğini biliyordu.

Reese düşüncelere dalan Jacqueline'e, "Ufak bir itirafta bulunmalıyım," dedi.

Neler duyacağından emin olmayan Jacqueline, kocasına susmasını söyleme fırsatı bulamadı. Reese çoktan bir şeyler anlatmaya başlamıştı.

"Güller için Tammie Lee'ye teşekkür etmelisin. Bana bu fikri o verdi."

Jacqueline kadehini eline aldı. "Zaten ben de tek başına düşünemeyeceğinden şüphelenmiştim."

Reese şarap kadehini kaldırıp, "Tammie Lee'ye," dedi.

"Tammie Lee'ye."

Telefon çaldı ve Jacqueline iç çekti.

"Ben bakarım," diyen Reese, Jacqueline'e itiraz etme fırsatı tanımadan sandalyesinden kalktı.

Jacqueline sadece bir kerecik birlikte sakince bir akşam yemeği yemek istemişti. Keşke telefonun kablosunu çekseydim, diye düşündü.

Telefonun diğer ucundaki kişi her kimse Reese'nin dikkatini çekmeyi başarmıştı. Adam kaşlarını çatıp yavaşça başını salladı. Ahizeyi yerine koyarken kısık bir sesle, "Gitmek zorundayım," dedi.

Jacqueline, "Nereye?" demekten kendini alamadı.

"İşle ilgili bir sorun var." Arabasının anahtarlarını kapıp kapıya yöneldi. "Şantiyelerden birinde bana ihtiyaçları varmış. Northgate projesini yaptığımız yerde devrelerden biri yanmış ve tüm mahalle elektriksiz kalmış."

Bir başına masada oturan Jacqueline, Reese'nin arabasının motor sesini duyunca vücudunun uyuştuğunu hissetti.

Bir süre sonra önündeki mendili öfkeyle tabağına fırlattı ve sonra lavaboya gitti. İki eliyle tezgâha yaslandı. Altdudağını sertçe ısırıyordu.

Sesi çatlayarak, "Şantiyede ona ihtiyaçları varmış," dedi. Kimin telefon ettiğini de, Reese'nin nereye gittiğini de çok iyi biliyordu. Kocası şantiyeye falan gitmiyordu.

30

ALIX TOWNSEND

Alix pazar sabahı son birkaç haftadır beklediği sokağın köşesine geçmiş, insanların kiliseye doluşmasını izliyordu. Gördüğü insanların bazıları varlıklı bazıları da fakirdi. Örgü grubundaki insanlara benziyorlar, Carol Girard ve kocasını andırıyorlardı.

Carol'un pahalı apartman dairesinde yemek yemek, deyim yerindeyse gözlerinin açılmasını sağlamıştı. Daha önce baktığı hiçbir yere benzemeyen manzara nefes kesiciydi. Seattle'da yaşıyor olabilirdi ama Seattle'a bu açıdan hiç bakmamıştı. Puget Sound anlatılamayacak kadar güzel görünüyordu. Alix kendini dekorasyon dergilerinin sayfalarındaki şatafatlı evlerden birine adım atmış gibi hissetmişti. Ev zaten çok ferahtı. Mobilyalar sadeydi. Ayrıca birkaç küçük dokunuşla göze hoş gelen görüntüler oluşturulmuştu. Alix Carol'un davetlerini reddetmeyi bir daha aklının ucundan bile geçirmeyeceğinden emindi. Carol onun evini görse Tanrı bilir nasıl bir tepki verirdi. Özellikle Laurel'in pasaklılığının daha da arttığı şu günlerde orayı görmemesi çok iyi olurdu.

Carol bir İspanyol yemeği olduğunu söylediği soğuk domates çorbasıyla ve deniz mahsulleri salatasıyla ona çok hoş bir öğlen yemeği hazırlamıştı. Ayrıca masaya birbirine mükemmel bir şekilde uyan tabaklar yerleştirmiş, onları da bez mendillerle tamamlamıştı. Alix birkaç hafta önce böyle şeylerin anlamsız olduğunu düşünürdü ama artık bu ayrıntılar dikkatini çekiyordu. Eğer umduğu gibi bir gün kendi işyerini açacaksa, bu tarz şeylerden haberdar olması gerekirdi. İlk başlarda gergindi. Yanlış çatalı kullanarak gülünç duruma düşeceğinden korkuyordu. Jacqueline yanında olsa daha da telaşlanırdı. Ama Carol sıradan, nazik bir insandı. Onca zenginliğe rağmen hâlâ sorunlarının olması Alix'e komik geliyordu.

Alix o anda milyon dolarlık manzaraları olan gösterişli evlerde yaşasa da herkesin sorunları olduğunu fark etti. Yemek boyunca Carol'la birçok konudan konuşmuşlar, bir süre sonra kendilerini Lydia'nın dükkânında oturuyormuş gibi hissetmişlerdi. Alix bu kadınlarla arkadaş olacağını hiç düşünmemişti ama artık Jacqueline'le bile anlaşmaya başlamıştı.

Hepsi de Jordan'la ilişkisini sürdürmesi için ona cesaret vermişti.

Alix paten partisinden sonra Jordan'ı sadece bir kere

görmüştü. Jordan film dükkânına uğrayıp şehir dışına çıkacağını söylemişti. Söylediğine göre bir yaz kampı programıyla ilgilenmesi gerekiyordu. Bir de bazı çocukları Doğu Washington'a götürecekti. Ona kartpostal göndereceğini söylemişti ama Alix'e henüz hiçbir şey gelmemişti. Jordan gittiğinden beri o kartpostal aklından çıkmıyordu.

Alix, Methodist Kilisesi'nin karşısındaki köşe başında beklerken, açık kapılardan dışarıya ilahi sesleri geliyordu. Alix bu ilahiyi daha önce de birkaç sefer duyduğunu hatırladı. Sebebini anlayamasa da cesurca sokağın karşısına geçip merdivenleri çıktı. Sonra da şöyle bir etrafına bakındı. Birilerinin onu durdurmasını bekliyor gibiydi.

Jordan'ı özlemişti ve kendisini ona yakın hissetmenin tek yolu bu kiliseye adım atmaksa hiç çekinmeyecekti. İçeriye girmesini tuhaf karşılayan kişilerle kavga etmeye hazırdı.

Gelenlere oturacakları yerleri gösteren kilise görevlisi ona baktı. Alix de ona kızgınca bakınca adam geri çekilmek zorunda kaldı. Nereye oturacağının söylenmesine ihtiyacı yoktu. En sondaki kilise sırasına geçtikten sonra insanların ayakta durup ilahiye eşlik ettiğini fark etti. İlahi kitabı zannedip yanlışlıkla İncil'i aldı. Birilerinin fark edip etmediğini merak etti. Hiç çaktırmadan İncil'i bırakıp kırmızı kitabı aldı. Sonra da kilisenin ön tarafındaki tahtaya yazılmış olan sayfa numarasını açtı.

Kilise hiç beklemediği kadar kalabalıktı. Alix ayine bu kadar çok insanın katıldığını bilmiyordu. Belki de ailesi bir araya gelip dua etse parçalara ayrılmazdı. Çocukken fazlasıyla dua etmiş, ona da fazlasıyla iyilikte bulunulmuştu. İçini aşina olduğu bir acı kapladı. Bu çocuklar şanslıydı çünkü onları seven bir aileleri vardı. Alix annesiyle görüşmemeye karar vermiş, babasını da yıllardır görmemişti. Adam, oğlu öldüğünde bile ortalığa çıkmamıştı. Ağabeyini düşününce elindeki ilahi kitabını daha sıkı sardı. Tom'un istediği tek şey, onu önemseyecek birini bulmaktı. Hayat bu konuda ikisinin de yüzüne gülmemişti. Babaları çocuklarıyla vakit geçirmektense, içki içip arkadaşlarıyla takılmayı tercih etmişti. Annesinin de ondan aşağı kalır yanı yoktu. Hayatında ufak tefek sorunlar olmasının normal olduğunu düşünen Alix, daha iyi bir hayat sürme konusunda kararlıydı.

Önündeki sayfada yazan kelimelere baktı ama ilahiyi okumadı. Alix'in en büyük korkularından biri, ne zaman durup ne zaman oturacağını bilememesiydi. Arka sırada olmanın avantajı da burada ortaya çıkıyordu. Böylece önündeki insanları takip etmesi yeterli oluyordu.

İlahi sona erince herkes oturdu ve yaşlıca bir adam olan papaz kürsüye çıktı. Alix, vaazın sonuna kadar beklemeye karar verdi, hemen kalkıp gitmesi hoş olmayabilirdi.

Papaz, Eski Ahit'ten ve Alix'in adını daha önce duymadığı Nehemya'dan alıntılar yaptı. Kudüs'ün yıkılan duvarlarıyla ve bunun insanların hayatlarını sembolize etmesiyle ilgili sözler, papazın ağzından çıkan her şeyi anlamasa da Alix'in ilgisini çekmişti.

Tam da sessizce çıkıp gitmeye hazırlanırken Jordan'ın

kilisenin ön tarafına yürüdüğünü gördü; film dükkânına uğramamış olsa da yaz kampından dönmüştü.

Alix yaşadığı hüsrana ve acıya aldırış etmemeye çalıştı. Onu aniden kilisede görmek, yaşadığı en büyük şok değildi. Adamın yanında sarışın, güzel bir kız vardı. Kız, Jordan'a Armageddon'dan önce azizlerini yanına almaya dönen İsa'ya bakıyormuş gibi bakıyordu.

İkisinin de elinde mikrofon vardı. Müzik çalmaya başladı ve ömürleri boyunca birlikte şarkılar söylemişler gibi sesleri uyum içinde yükseldi. Alix onları izlemeye dayanamıyordu. Aceleyle sıradan çıkmaya çalışırken neredeyse yanındaki kadının ayaklarına kapaklanıyordu. Hiç arkasına bakmadan bir hışımla çıkıp gitti.

Gördükleri kendini kandırdığının kanıtıydı. Sersemlemiş halde bir ara sokağa daldı. Gözlerini kapatıp, kendisine aklına gelen her türlü kötü sözü söyledi. Sırtını tuğladan yapılmış duvara yasladı, yere çöktü ve başını önüne eğdi.

Jordan elbette manken gibi bir kızla kilisede ilahi okuyacaktı. Bir papazın oğluydu ve kilisede yetişmişti. Hiç kodese atılmamış ya da bir hakimin karşısına çıkmamıştı. Anne babası onu sevmiş, yanlarından ayırmamıştı. Jordan'ın onunla takıldığını görse kim bilir babası neler söylerdi?

Öylece yere çömüş durumda acınası halini düşünüyor, yerinden kımıldayamıyordu.

"Hey, Alix?"

Duyduğu ses, Alix'i kendine getirdi. Başını kaldırınca daha çok T-Bone lakabıyla tanınan Tyrone Houston'un başına dikildiğini gördü. T-Bone çete üyesi ve uyuşturucu satıcısıydı. Alix'in duyduğuna göre adam en son hapisteydi. Demek ki sokaklara geri dönmüştü.

T-Bone, "Ne yapıyorsun böyle?" dedi.

"Kendi kendime takılıyorum. Yoksa benimle bir alıp veremediğin mi var?" Normalde hiç kimse T-Bone'ye karşı böyle tavır takınamazdı. Alix canını tehlikeye atıyordu, ama bir anlığına artık hayatta kalıp kalmamayı önemsemediğini düşündü.

"Yok. Parti düzenliyoruz. Gelmek ister misin?" Alix'i şöyle bir süzdü.

Alix hiç de birileriyle eğlenecek durumda değildi.

"Elimde mal var."

T-Bone elinde uyuşturucuların olduğundan bahsediyordu. Meth, kokain ya da T-Bone'nin ona satabileceği çeşit çeşit uyuşturucular belki de kafasındaki sesleri susturmaya yardımcı olabilirdi.

Alix, "Gelebilirim," dedi. Uzun süredir uyuşturucudan uzak duruyordu. Ağabeyinin aşırı dozdan öldüğünü öğrendiğinden beri elini haplara sürmemişti, ama içini yiyip bitiren o pis duygulardan nefret ediyordu. Ağzına atacağı birkaç hap kendisini iyi hissetmesini sağlayacaksa, onu hiçbir şey durduramazdı. Çünkü T-Bone'nin ona vereceği şey, aklındaki o berbat seslerden daha kötü olamazdı.

Partinin düzenlendiği ev birkaç sokak ilerideydi. Bu civarda yaşayan herkes kafayı bulmak istediğinde T-Bone'nin yanına uğraması gerektiğini bilirdi. Elbette her şeyin bir bedeli vardı. Alix adamın malları nereden aldığını bilmiyor, öğrenmeyi de istemiyordu.

Alix eve adım atınca perdelerin çekili ve içerinin karanlık olduğunu fark etti. Beş ya da altı tane adam etrafta dolanıyordu. Havada duman kokusu vardı. Alix yavaşça etrafı incelerken ellerini deri ceketinin ceplerine soktu.

Odanın köşesinde adamın birinin yanında oturan kız dikkatini çekti. Adamın kolu kızın omzundaydı ama adam aldığı uyuşturucuların etkisiyle kendinden geçmiş gibiydi. Bir kez daha dikkatlice kıza baktı. Yüzü ona hiç yabancı gelmiyordu ama kim olduğunu çıkaramadı. Film dükkânında çalıştığı için her gün birçok kişi görüyordu. Adlarını hatırlamasa da müşterilerinin yüzlerini hemen hemen hiç unutmazdı.

Ama bu kızın film dükkânına gelmediğinden emindi. Kız küçüktü. On dört ya da en fazla on beş yaşındaydı ama kendini büyük göstermeye çalışıyordu. Birkaç yıl önce aynı şeyleri yapan Alix, kızın görünüşüne aldanmamıştı.

Sonra birden onu nerede gördüğü hatırladı. O gün Jordan'ın yanında paten yapanlardan biri de oydu. Kilisenin çocuklarından biriydi. O da Alix'i tanımış, yüzünü başka tarafa çevirmişti.

Alix çok sinirlenmişti. Daha çocuk yaştaki bu kız, bir grup uyuşturucu bağımlısının yanında olmamalıydı.

Kızın kafayı bulmuş sevgilisiyle oturduğu koltuğa doğru yavaş yavaş gitti. Koltuğun koluna oturdu ve onlara baktı.

"Burada ne arıyorsun?" diye sordu.

Genç kız da Alix'e baktı. Gözleri ona meydan okuyordu. "Sen ne arıyorsan onu?"

Kızın yanındaki adam başını çevirdi ve Alix'i işaret etti. "Bu kim, Lori?"

Alix kızı şimdi tamamen hatırlamıştı. Adı Lori'ydi ve buraya birkaç arkadaşıyla birlikte gelmişti. Bir ay önce kilise çocuklarıyla paten yapmak, sonradan da uyuşturucu bağımlıları ve suçlularla takılmak, tezat denen şeyi çok da iyi tarif ediyordu.

Lori dik dik Alix'e baktı. Yüzü gerilmiş, gözleri donuklaşmıştı. "Bu mu? Hiç kimse."

Alix ayağa kalkarken, "Böyle mi davranacaksın?" dedi. "Gitmemiz gerekiyor." Lori'yi kolundan tuttu. Kız biraz itiraz etse de Alix'in onu ayağa kaldırmasına izin verdi.

Lori, "Ne yaptığını sanıyorsun sen?" diye bağırdı.

"Seni buradan çıkarıyorum."

"Bırak beni."

"İkimiz de buraya ait değiliz."

"Hayatım?" Erkek arkadaşı öyle bir uçmuştu ki, Alix'e karşı gelecek halde değildi. Ancak T-Bone bu durumdan hiç hoşlanmamıştı. Adam kapının önüne geçti, kaslı göğsünün önünde kollarını birleştirdi ve gözlerini Alix'e çevirdi. Alix'in korkudan tüyleri diken diken olmuştu. T-Bone, Alix'in işlerini baltalamaya çalıştığını düşünürse, Alix'in boğazını elleri hiç titremeden keserdi.

T-Bone'ye bakan Alix, "Bu kız kilisenin çocuklarından," dedi. "Onun burada olduğunu duyarlarsa ihtiyar kadınlar ordusu kapına üşürür, polisi çağırır. Başına bela olurlar."

T-Bone'nin gözleri Alix'ten Lori'ye döndü. Lori de o bakışların altında süklüm püklüm oldu.

Alix iki kolunu da bıkmışçasına havaya kaldırdı. "Başına bela açıp açmamak sana kalmış," dedi.

Adam, Alix'e, "Çık git buradan," dedi. "Giderken onu da götür."

Alix, Lori'yi kolunun üst tarafından tuttu ve çekiştirerek dışarı çıkardı.

Dışarı çıkar çıkmaz Lori kolunu çekerek Alix'ten uzaklaştı. "Ne yaptığını sanıyorsun sen?" diye bağırdı.

Alix gülerek, "Ne mi yapıyorum?" dedi. "Başına büyük bir bela açmadan seni o pisliklerden kurtarıyorum."

"Hiç kimsenin beni kurtarmasına ihtiyacım yok."

Jordan rahip olduğunu söylediğinde o da aynen bu sözleri söylemişti, ama bunlar Lori'nin ve belki de Alix'in hayatındaki gerçeklere uymuyordu. Lori'nin akılsızca davranıp kendisini ne tür bir belaya bulaştırdığından haberi yoktu. Alix'in canını tehlikeye atarak onu kurtarmaya çalışmasını da umursamıyordu. T-Bone'ye gerçekten de karşı geldiğini fark edince, Alix'in dizleri zangır zangır titredi. Çabucak oralardan tüymenin vakti gelmişti.

Alix, "Evine git," dedi.

Lori ters ters ona baktı ve eve geri döndü. Ama kapıda durduruldu. Alix kıza neler söylendiğini duyamadı ama Lori'nin gereken cevabı aldığını fark etti. Kız, saniyeler sonra sokağa döndü ve arkasına bakmadan oradan uzaklaştı.

Gidecek başka yeri olmayan Alix, evine döndü. Laurel gitmişti. Ev arkadaşı mutsuzluktan ortalıkta gördüğü her şeyi yiyor, onun pisliğini toplamak da Alix'e kalıyordu. Laurel'in kot pantolonlarına sığmayı başarıp başaramadığını merak ediyordu. Kız, John'dan ayrıldıktan sonra on kilo almıştı. İşte değildi. Evde gizli gizli patates cipsi yemeye de çalışmıyor, ayrıca yüzünü bir kutu dondurmaya gömmüş halde televizyon da izlemiyordu. Doğrusu Alix'in aklına başka bir yer de gelmiyordu ama bir kez olsun evde yalnız kaldığına seviniyordu.

Örgüsünü eline alan Alix, ördüğü şeyi görünce derin bir iç çekti ve elindeki işi tiksintiyle yere fırlattı. Carol ona gri ipliği, örneğin yanı sıra yarıda bıraktığı örgüsünü de vermiş, Alix de özenle kazağı örmeye devam etmişti. Kazağı bitirdikten sonra Jordan'a verecekti. Sanki onun da çok umurundaydı!

Kanepeye uzanan Alix'in işe gitmesine bir saat vardı. O zamana kadar gözlerini tavana dikip bir şeyler düşündü. Film dükkânı pazar günü öğleden sonra iyi iş yapıyordu. Özellikle Laurel işe gelme zahmetinde bulunmadığı için Alix fazlasıyla meşguldü.

İşe başlayalı bir saat olmuşken Jordan içeri girdi. Alix'in kalbi aniden hızlı hızlı atmaya başladı. Duyguları onu çileden çıkarıyordu. Becerebildiğince Jordan'ı görmezden geldi.

Jordan, "Alix," dedi.

"Geri dönmüşsün," diyen Alix bunu çok da önemsemediğini Jordan'ın bilmesini istiyordu.

"Bir sorun mu var?"

Alix omuz silkti. Kasanın önündeki müşterisine iki tane film uzattı ve adama kocaman bir gülümsemeyle baktı. Dikkatini Jordan'a çevirdiğinde yüzündeki gülümseme kaybolmuştu. "Olması mı gerekiyor?"

Jordan kaşlarını çattı. "Bu akşam buluşabileceğimizi düşünüyordum."

Alix, adamın teklifini bir an düşündü. Aklı bir yandan heyecan dolu çığlıklar atarken, bir yandan da onu unutmasını ve başka bir şeyler söylemesini istiyordu.

Alıngan bir havayla, "Yanındaki manken de kimdi?" dedi.

Kafası karışan Jordan, "Ne?" dedi.

"Bu sabah onunla ilahi okuyordun."

Jordan'ın gözleri fal taşı gibi açıldı. "Kilisede miydin?"

"Yanındaki sarışınla birbirinize gülümsediğinizi görünce çıkıp gittim. Çok iyi arkadaş gibi görünüyordunuz."

"Zaten öyleyiz."

"Hiç şaşmadım."

Tezgâhın önünde sırada bekleyen müşteri, "Bir bakar mısın?" dedi.

Alix adamın uzattığı filmleri aldı, isimlerini bilgisayara kaydetti ve parayı aldı. Paranın üzerini verirken de adama sevimlice gülümsedi. Bir kez daha Jordan'a döndüğünde, onu gördüğüne hiç de mutlu olmadığını belli etti.

Jordan kaşlarını çattı. "Peder Sutton'un on yedi yaşındaki kızını mı kıskandın?"

Kız daha on yedi yaşında mıydı? Kilisenin arka tarafından bunu kestirmek zordu. Yine de…

"Aptalca kıskançlıklarına ayıracak vaktim yok. Bana kızmak istiyorsan, istediğin kadar kız. Ama benim yapacak daha iyi işlerim var."

Alix tam da ona bir cevap vermek üzereyken, Jordan arkasını döndü ve kapıdan çıkıp gitti.

31

"Örgülerinizin sayısını sayabiliyorsanız,
hemen yeni bir modele başlamalısınız.
Bu sayede çeşitli zorluklarda işlerle uğraşır,
hiç düşünmeden yapabileceğiniz kadar basit işlerden,
dikkatinizi bir dakika dahi ayırmamanız
gereken çalışmalara geçebilirsiniz."

–Laura Early

LYDIA HOFFMAN

Yıllar boyunca doktor muayenehanelerinde o kadar çok vakit geçirmiştim ki, artık en sıradan kontrollerden bile korkar hale gelmiştim. Hep aynı şeyleri yaşardım. Tanımadığım insanlarla dolu bekleme odasında, hiç de rahat olmayan sandalyelerden birine otururdum. İçerideki herkes de birbirleriyle göz göze gelmemek için kırk takla atardı. Genelde örgümü getirip örer ya da aylar, hatta yıllar önce çıkmış dergileri karıştırırdım.

Doktor Wilson'un muayenehanesinde olmanın tek güzel yanı, geçen onca vaktin sayesinde çalışanlarla ailemden birileriymiş gibi yakınlaşmamdı. Özellikle de Doktor Wilson'un hemşiresi Peggy'yi çok seviyordum.

Peggy yaklaşık on beş yıl önce ilk randevuma geldiğimde de Doktor Wilson için çalışıyordu. On beş yıl içinde iki kez hamile kaldığını hatırlıyorum. İkinci çocuğunu görecek kadar yaşayıp yaşamayacağını merak ettiğim günler daha dün gibi aklımda. İnsan kansere yakalanınca hayatta hiçbir şeyin garantisinin olmadığını öğreniyor. Ne bir günü, ne bir saati ne de bir dakikayı görebileceğimi bilmiyorum. On altı yaşındayken yıl sonu balosuna katılabilmek için on yedi yaşıma basmaya can atıyordum. O günleri görecek kadar yaşamış olsam da beni kimse baloya davet etmemişti.

"Lydia." Peggy dosyamı tutmuş, kapının önünde bekliyordu. On kilo ağırlığında olduğunu düşündüğüm dosyamda hastalığımla ilgili semptomlar, tedaviler ve ayrıntıların yanı sıra aldığım çeşit çeşit ilaçların adları vardı.

Ayağa kalkınca odadaki tüm gözlerin üzerimde olduğunu fark ettim. Gösteriş yapmayı seven birisi olsam ayağa fırlar, hayat piyangosunu tam iki kez kazandığımı herkese ilan ederdim. Ama daha çekingen bir yapım olduğu için sakince elimdeki örgüyü ve şişleri çantama koydum, sonra da

Peggy'yi takip ettim.

Kilomu ölçtükten sonra da dosyama bir not düşen Peggy, "Nasılsın?" diye sordu.

"Çok çok iyiyim." Tartıdan indim. Son kontrolden sonra hemen hemen aynı kaldığımı görünce içim rahatladı. Ardından Peggy beni koridorun sonundaki bir bölmeye götürdü, dilimin altına tek kullanımlık termometrelerden koydu ve bileğimi tuttu. Saatine baktıktan sonra çabucak dosyama bir not daha düştü. "Kalp atışların çok iyi," dedi.

Umarım dediği kadar iyidir. Sigorta şirketim o kalp atışları için büyük harcamalar yapmıştı. Bunları ona da söyleyebilirdim ama konuşmanın zamanı değildi.

Peggy kolumun üst tarafına sardığı tansiyon aletinin pompasını şişirmeye başlamıştı. En sonunda aletin vanasını açınca kolumdaki baskıdan da kurtulmuş oldum. Kulağından stetoskopu çıkarıp başını salladı. "Çok iyi."

Son olarak da termometreyi çıkardı. "Kendini iyi hissediyor musun?"

"Harika hissediyorum."

Peggy gülümsedi. "Gözlerinin içi gülüyor. Biriyle tanıştın, öyle değil mi?"

"Öyle sayılır." Her ne kadar bu ilgili tavrını görmezden gelsem de ona Brad'den bahsetmeyi çok istiyordum. Ama en azından şimdilik anlatacak çok bir şey olmadığı için konuşmamaya karar verdim. Brad'le iki sefer bir şeyler içmeye gitmiş, haftada iki ya da üç kez de telefonda konuşmuştuk. Görüşmelerimiz bazen birkaç saati geçmişti. Haftada en az bir kez dükkânıma uğruyordu ve ara sıra da öpüşüyorduk.

Birbirimizi daha yeni tanımaya başlıyorduk. Ciddi bir ilişkimiz yoktu. Hatta ciddi olacak kadar birbirimize yakın da değildik. Brad oğlunun hayatıyla, ben de işlerimle meşguldüm. Carol Girard'la nasıl arkadaşsam onunla da öyle arkadaştım. Tamam, aramızda biraz daha farklı şeyler olabilirdi ama arkadaştan çok da öte değildik. Bu şimdilik benim için de, onun için de yeterli gibiydi.

Peggy tekrar, "Biriyle mi tanıştın?" diye sordu.

Biraz da tereddüt ederek başımı salladım.

Beni alkışlamak üzere olduğunu düşünüyordum. Sevinçle gülümseyerek, "Birini bulacağını biliyordum," dedi.

"Ah, Peggy, otuz yaşına gelmişim, olsun o kadar."

"Ne olmuş canım otuz yaşındaysan!"

Bu kadar açık sözlü olmak, özellikle de benim yaşımdaki bir insan için utanç vericiydi ama genç yaşta kansere yakalanmış olmanın bir diğer etkisi de buydu. Sosyal anlamda olgunlaşmam ehliyetimi aldığım gün büyük bir darbe almıştı. Sosyal gelişim, hayat yolculuğunda yolundan sapmak zorunda kalan benim gibi insanlar için rafa kaldırılmış bir şeydi. Halime üzülmüyorum, üzülüyormuş gibi algılanmak da istemiyorum ama bu, insanın ilişkilerinde dikkate alınması gereken basit bir gerçek.

Kontrollerde izlenen sırayı bir sonraki işlemin kan alma olduğunu bilecek kadar iyi öğrenmiştim. Kolumu uzatacak, Peggy'nin bedenimden tüpler dolusu kan almasını izleyecektim. Bir ara ona benden aldığı kanları hesabına yazdığımı söyleyerek takılmıştım. Peggy iki büyük, iki de küçük tüp kan alacaktı.

İğne derime battığında gözümü bile kırpmadım. Oysaki ilk başlarda iğneyi görünce bile başım dönerdi. Hatta bir seferinde bayılacak gibi olmuştum ama bu, yıllar önceydi. Kan vermek, katlanmak zorunda olduğum tedavilerin yanında çocuk oyuncağıydı.

Peggy dolan tüpü çıkarıp boş olanı takmak için bir anlığına durup bana baktı.

"Seni daha önce hiç bu kadar mutlu görmemiştim."

Ben de, "Mutluyum," dedim. Mutluluğumun birkaç sebebi vardı. Kendimi böyle hissetmemde dükkânımı açmamın etkisi büyüktü. Tabii ki Brad ile tanışmam da beni mutlu etmişti. Bir Yumak Mutluluk hayatımın kanıtıydı. Brad ile olan birlikteliğim ise hayatıma olan inancımın göstergesiydi.

"Senin adına çok sevindim." Peggy başka tüplere de kan çektikten sonra tüplerin üzerine adımı yazdı. "Birkaç gün sonra seni ararım," dedi.

Başımı salladım.

Beni kapıya kadar götürdü ve bir başka kişinin dosyasını eline aldı.

Muayenehaneden çıkarken keyfim yerindeydi. Güzel bir ağustos günüydü. Dükkânım pazartesi günleri kapalı olmasına rağmen gitmek isteyeceğim başka hiçbir yer gelmiyordu aklıma. Orayı gerçekten de çok seviyordum. Sadece içeride oturmak ve etrafımdaki yünlere bakmak bile bana büyük bir huzur veriyordu. Dükkânımın ortasında durunca daha birkaç ay önce hayal ettiğim şeylerin gerçeğe dönüşmesinin verdiği hazzı yaşıyordum.

Üzerimde pamuklu kumaştan yapılmış, beyaz yakalı, kolsuz, yazlık bir elbise vardı. En çok sevdiğim elbiselerden birini giymiştim ve dükkânıma Brad ile tesadüfen karşılaşabileceğimi bildiğim için gidiyordum. Brad mahalleye pazartesi günleri dağıtım yapıyordu ve beni oralarda görünce de kapımı çalmadan gitmezdi ne de olsa.

Radyo dinlerken gözümü dışarıdan ayırmadım. Brad her an buralardan geçebilirdi. Blossom Sokağı artık trafiğe tamamen açılmıştı. Bu da işlerimi fazlasıyla arttırmıştı. Birçok insan sırf yapılan değişiklikleri görmek için sokağa geliyordu. Sokağın her iki tarafına dizilmiş dükkânlar kapılarının önüne, üzerinde "Hoş Geldiniz" yazan paspaslar koymuştu.

Tam karşımda kalan inşaat, etrafında hâlâ çok sayıda kasklı işçilerin olmasına rağmen bitmiş sayılırdı. Her şeyin resmen ne zaman tamamlanmış olacağından emin değildim ama az bir süre kaldığını biliyordum.

Tam da beklediğim gibi Brad'in koyu kahverengi kargo arabasının sokağa girdiğini gördüm. Camın önünde cansız mankenler gibi durmamalıydım ama yerimde zıplayıp el kol sallamamak için de kendimi zor tutuyordum. Sonuç olarak ikisini de yapmadım. Ancak içimden bir ses beni dürtüyordu. Çocuksu bir havaya bürünmüştüm.

Kahverengi üniformasını giyinmiş Brad'in, eline aldığı birkaç paketle kamyonundan inip yan taraftaki çiçekçiye girdiğini gördüm. Uzun saplı kırmızı bir gülle kapımın önüne gelene kadar beni gördüğünden emin olamamıştım. Aldığım karara rağmen el sallamaktan kendimi alamadım. Brad de bana göz kırptı.

Ön kapıyı açıp içeri girmesine müsaade ettim. "O gül benim mi?" diye sordum.

"Ücretini ödersen senin olur."

"Ücreti ne kadarmış?"

Brad sırıtarak, "Bir öpücük," dedi. "İki de olabilir."

Çocukça bir şey olduğunu biliyorum ama yanaklarım kızarmıştı. Brad elimi tuttu ve beni yün iplerle dolu uzunca bir rafın arkasına götürdü. En azından orada gözlerden biraz uzakta kalabilirdik.

"Doktor ne dedi?"

"Doktoru görmedim bile. Rutin tahliller için kan verdim o kadar."

"Endişeli misin?"

Başımı iki yana salladım. Belki de endişelenmeliydim, ama kanser uzun bir süre önce hayatımdan çıkmıştı. İnsan belli bir süre geçtikten sonra kendine biraz olsun güvenebiliyordu. Ayrıca kendimi hiç hasta gibi hissetmiyordum. Arada sırada tutan migren ağrılarının dışında geçmişteki semptomlardan eser kalmamıştı. Hayatımda ilk defa gelecekten gerçek anlamda umutluydum.

Brad başını eğmiş bana bakarken, "Cumartesi akşamı boşum," dedi. Bakışları kuvvetli ve de tahrik ediciydi. Bu haldeyken nefes almak bile zordu.

"İyi."

"O gün seni yemeğe ve oradan da sinemaya götürmemi ister misin?"

Gülümsedim ve başımı salladım.

"McDonald's hariç nereye istersen gidebiliriz."

Bir kez daha gülümsedim. Cody çizburgeri çok seviyordu. Brad ise fast fooddan artık bıkmıştı.

"Tamamdır. İstediğin yere gidebiliriz."

Sonra Brad çok nazikçe hareket ederek, ne olduğunu anlamadan beni kollarına alıp öptü. Dünya dönmüyor, gökyüzündeki bulutlar hareket etmiyordu, ama o öpücüğü tepeden tırnağa tüm bedenimde hissetmiştim. Brad sadece bir öpüşmeyle bana bunları hissettiriyorsa, kim bilir seviştiğimizde neler hissederdim. Gözlerimi yumdum. Bu muhteşem duyguyu olabildiğince uzun süre hissetmek istiyordum.

Boynuma sokulurken, "Çok güzel kokuyorsun," diye fısıldadı.

"Parfümümün kokusu." Başımı arkaya yatırınca Brad boynuma küçük küçük öpücükler kondurmaya başladı. Tıpkı kedim Whiskers'in pencere pervazında güneşin altında mayıştığı gibi mayışmıştım.

"Ne olduğunu bilmiyorum ama cumartesi gecesi aynı kokuyu süreceğine bana söz ver."

"Söz," diye fısıldadım. Brad beni bir kez daha öptü. İkimiz de durmak istemiyorduk ama Brad'in mesaisi devam ettiği için durmamız gerektiğini biliyorduk. Brad dudaklarını dudaklarımdan ayırınca onun da benim kadar istekli olduğunu hissettim. O öpücüklerin bağımlısı olmamak elde değildi.

Brad, "Cumartesi saat yedide gelir seni alırım," dedi.

"Harika," dedim.

O anda hayatımı tanımlayabilecek tek kelime "harika"-ydı.

32

CAROL GIRARD

Embriyo naklinin en kritik aşaması olan ilk üç hafta geçmiş, herhangi bir sorun çıkmamıştı. Carol tam beş haftadır hamileydi ve hamileliğinin her anını birçok kadının anlayamayacağı duygularla geçiriyordu.

Oregon'daki annesiyle yirmi dakika konuştuktan sonra telefonu kapatıp kendine çiftlik peyniri ve taze meyvelerden sağlıklı bir öğlen yemeği hazırladı. Aslında Carol çiftlik peynirini hiç sevmezdi ama bu, evrene bebeğinin hatırına her türlü fedakârlığı yapacağını duyurma şekliydi. Zaten hiçbir fedakârlık sevilerek yapılmazdı. Bebeğinin hayata güzel bir şekilde başlaması için elinden gelen her şeyi yaptığından emin olmak istiyordu.

Tabağına biraz çiftlik peyniri koyarken yüzünde bir gülümseme belirdi. Peynirin yanına dilimlediği ananasların da bir sebebi vardı. İnternetteki destek grubunun üyelerinden biri ananasın, embriyonun rahme tutunma şansını artırdığını söylemişti.

Çatalını tam da ağzına götürürken telefon çaldı. Çatalını indirip ahizeye uzandı.

Arayan kişi Doug'dı. Normalde işten telefon açamayacak kadar yoğun olurdu ama son tedavinin uygulandığı günden beri onu günde en az bir kere arıyordu.

"Az önce de annemle konuştum," dedi Carol.

"O nasılmış?"

"Babamla birlikte bize beşik almak istiyorlarmış."

"Onlara beşiğimizin olduğunu söyledin mi?"

"Yüreğim elvermedi." Tedavinin üçüncü haftasında Carol'a Bon Macy Mağazaları'nın kataloğu gelmiş, aynı akşam Doug'ı çekiştire çekiştire mağazalardan birine götürmüştü. Heyecandan yerinden duramıyordu. Bebeklerinin odası için gereken her türlü şeyi almışlardı.

"İki tane beşiğimiz mi olacak?"

"Ee, ikizlerimiz olabilir."

Doug kıkır kıkır güldü. Carol yıllar önce aşık olduğu o dizginlenmemiş kahkahayı bir kez daha duymuştu. Doug artık çok sık öyle gülmüyordu. Carol kocasının bu neşeli tavırlarının sebebinin hamileliği olduğundan hiç şüphe duymuyordu.

"Hem işimize yaramazsa ikinci beşiği Rick'e verebiliriz." Carol kocasının neşeli havasını bozmaktan nefret ediyordu ama ağabeyi, Carol doğum yapmadan birkaç hafta önce annesine ve babasına bir torun verecekti.

Doug, "Ağabeyinden hiç haber aldın mı?" diye sordu.

"Hayır."

"Herhalde annenlere durumundan bahsetmedi."

"Ondan da haberim yok. Açıkçası işi kurcalamaya da hiç niyetim yok."

"Haklısın. Orası ağabeyinle onların arasında."

Carol tekrar sandalyesine oturdu. "Umarım üzerine düşeni yapar ve onunla evlenir."

Doug biraz tereddüt etti. "Bana söylediğine göre evlenmek gibi bir şeyi çoktan kafasından çıkarmış."

"Ama ortada bir *bebek* var."

"Biliyorum ama Rick'i iyi tanırım."

Carol iç geçirdi. Anne ve babasının olanlardan haberi olunca ne diyeceklerini merak ediyordu. Annesi torun sahibi olmak için can attığı için Rick o kadınla evlense de evlenmese de sevinçten havalara uçardı herhalde.

Carol kocasına, "Öğlen yemeğinde çiftlik peyniri yiyorum," dedi. Doug eşinin yaptığı fedakârlığı takdir ediyordu.

"Umarım tadı bebeğimizin hoşuna gitmiştir."

"Umarım."

Birkaç dakika daha konuştuktan sonra Carol telefonu kapatıp yemeğine geri döndü.

Ve o gün öğleden sonra düşük yaptı.

Tam da rüyaları gerçeğe dönüşürken... Tam da geleceğine inanmak için kendisine müsaade etmişken... Tam da her şeyin plana göre gittiğinden emin olmuşken...

Öğleden sonra saat dörtte vücudundan kanlar akmaya başladı. Kanı görür görmez bayılacağını düşündü. Hemen ardından vücuduna şiddetli kramplar girdi. Artık başına gelen şeyden şüphe duymuyordu. Düşük yapmıştı.

Ellerini yumruk haline getirdi ve "Hayır," diye fısıldadı. "Olmaz... Olamaz... Ne olur olmasın..." Boğazı düğümlenmişti. Yatağının ucuna oturdu ve gözlerini kapattı.

Şimdi neler yapacağını çok iyi biliyordu. Doktorunun muayenehanesini aradıktan sonra çantasını topladı. Doug'ı aramadı. Kocasının gününü mahvedemezdi. Bebeklerinin olmayacağı haberini verip adamın dünyasını yıkmadan önce bir süre daha mutluluğu tatmasını istedi.

Doktor Ford onu muayene ettikten sonra, tahminlerinin doğru olduğu kesinleşti. Bedeni, bebeği reddediyordu. Bebek ölmüş, rahminden çıkmıştı. Doktor Ford ona ilgili davranmış, yardımcı olmuştu. Üzerini giyindikten sonra nazikçe Carol'un kolunu tuttu.

"Çok üzgünüm."

Hiçbir şey hissetmeyen Carol öylece adama baktı.

"Doug'ı aratmamı ister misin?"

Carol başını iki yana salladı.

"Aramamı istediğin birisi var mı?"

Carol adamın sözlerini anlamakta güçlük çekiyordu. Zihni bulanmış gibiydi. Acılarla dolu bir denizde boğuluyordu. Normale dönmesi imkânsız bir hal almıştı.

Fısıldayarak, "Annemi istiyorum," dedi. Bedeni üç hamileliğini de istememişti ve artık başka tedavi şansı kalmamıştı. Bu onun ve Doug'ın sonuydu. Her şey bitmişti.

"Onu aratmamı ister misin?"

Carol başını kaldırıp ona baktı. Adamın kimi kast ettiğini merak ediyordu. Sonradan adamın, annesinden bahsettiğini fark etti. Başını iki yana salladı. "Annem Oregon'da yaşıyor."

Doktor Ford bir şeyler daha söyledi. Ona baş sağlığı diledi ve birkaç dakika sonra yanından ayrıldı. Carol sedyenin üzerinden indi, üzerini giyindi ve kapıdan dışarı çıktı. Nereye gittiğini bilmiyor, önemsemiyordu. Yürümeye başladı. Amaçsızca, ayaklarını sürüyerek yürüyordu. En sonunda kendini rıhtımın yakınlarındaki Seattle Akvaryumu'nda buldu. Turistler kaldırımı doldurmuştu. Carol kendini engin dalgaların ortasındaki bir kaya parçası gibi hissediyordu. Etrafından kadınlar, erkekler ve çocuklar hızla geçerken o öylece ağır ağır ilerliyordu.

En sonunda hareket edemeyecek kadar yorgun düşüp bir banka oturdu. İşte o anda ağlamaya başladı. Ruhunun derinlerinden gelen duygularla acı hıçkırıklara boğuldu. Yine başarısız olmuştu. Kocasını, annesini babasını ve de ona inanan herkesi hüsrana uğratmıştı.

Cep telefonu çaldı. Nedenini bilmese de çok sinirlenmişti buna. Kimin aradığına bakmadan telefonu çantasından çıkarıp sokağa fırlattı. Belediye otobüsü telefonunu ezip geçerken kendini biraz olsun iyi hissetti. Telefonundan geriye sadece etrafından kablolar fırlamış dümdüz bir plastik parçası kalmıştı.

Genç bir polis yanına gelip, "Her şey yolunda mı, hanımefendi?" diye sordu.

"Hayır." Yüzü, gözünden akan yaşlarla ıslanmış, gözleri kıpkırmızı olmuştu. Tarif edilemez bir acı yaşıyordu. "Hiçbir şey yolunda değil." Sonradan birisinin onu görmüş olduğunu fark etti. Yardıma ihtiyacı olduğunu düşündü. Ama ne yazık ki ne o polis ne de bir başkası yardım edebilirdi ona.

"Birisini aramamı ister misiniz?"

"Hayır, teşekkürler."

"Emin misiniz?"

Carol ayağa kalktı. Oralardan kaçmak istiyordu. "Çok teşekkür ederim ama bana yardım edemezsiniz. Bana hiç kimse yardım edemez." Hemen oradan ayrılmazsa kendini ya bir acil serviste ya da bir akıl hastanesinde bulacaktı. Kararını verip tekrar yürümeye başladı. Yürüdü, yürüdü, yürüdü...

Evinden kilometrelerce uzağa gittiğini fark ettiğinde hava kararmıştı. Doug meraktan çıldırmış olmalıydı ama Carol onunla yüzleşemezdi. Bebeklerinin olmayacağını öğrendiğinde kocasının gözlerine bakamazdı.

Bir saat sonra bir taksiye atlayıp evine döndü.

Kapıdan içeri girdiğinde Doug ona doğru koştu. "Nerelerdeydin?"

"Düşük yaptım."

Doug onu dinlemiyor gibiydi. "Telefonuna neden cevap vermedin?"

Carol hıçkıra hıçkıra, "Beni duymadın mı?" dedi. Omuzları deli gibi titriyordu.

Doug fısıldayarak, "Biliyorum," dedi ve ona sarıldı.

Carol tekrar ağlamaya başladı. Duramıyordu. Gözyaşları kalbinin derinliklerinden geliyor, hıçkırıkları ruhunu parçalıyordu. Bu, yalnızca böyles bir şey yaşayan insanların anlayabileceği bir acıydı. Kalbinin göğsünden söküldüğünü hissediyordu. Bir daha mutluğu, iyiliği ya da güzel hiçbir duyguyu hissedemeyecekti. Geleceği kararmış, umutları sönmüştü.

Kocasının kollarında ağlarken, "Çocuğumuzu doğurmayı çok istiyordum," dedi.

Doug eşine daha da sıkıca sarıldı. Başını onun omzuna yasladı. Carol o anda kocasının da ağladığını fark etti. Birbirlerine tutunmuşlardı. İkisinin de birbirine söyleyeceği hiçbir şey yoktu. Yıkılmışlardı. İnanılmaz bir acı çekiyorlardı.

Zar zor konuşan Carol, "Üzgünüm," dedi. "Çok ama çok üzgünüm."

"Biliyorum... Biliyorum."

"Seni seviyorum."

Doug başını salladı.

"Çok uğraştım ama..." Hamileliği sırasında yapması gereken her şeyi yapmıştı. "Ama" diyebileceği hiçbir şey yoktu.

Doug, "Seni hep seveceğim," diyerek onu teselli etti.

Bitap düşen Carol duş aldı, yatağına girdi ve Doug'ın kollarında derin bir uykuya daldı.

Saat üçte göğsünde bir ağrıyla uyandığında artık rahminde büyüyen bir bebeğin olmadığını hatırladı. Gözlerinden yine yaşlar aktı. Gözleri yanıyordu.

Yataktan çıkıp bebekleri için hazırladıkları odaya gitti ve karanlık odanın ortasında durdu. Parmaklarını beşiğin ucunda gezdirirken hıçkırıklara boğulmamak için alt dudağını sertçe ısırdı.

İşte o anda duvara baktı. Hayal gücünün ona oyun oynamadığından emin olmak için gözlerini kıstı. Odanın lambasını açıp bir kez daha gördüğü şeye baktı. Kocasının duvarı yumruğuyla parçaladığı yeri görünce dizlerinin bağı çözüldü ve yere yığıldı.

33

JACQUELINE DONOVAN

Jacqueline, cuma günü öğleden sonra Lydia'nın dükkânına vardı. Her zamanki gibi kursun başlama saatinden beş dakika sonra gelmişti. Kendini göstermek için geç kalma alışkanlığını yıllar önce kazanmış, bir türlü de aşamamıştı. Carol'un ortalıkta olmadığını görünce şaşırdı. Alix de sandalyelerin birine gömülmüş, suratını asmıştı.

Masanın en sonunda oturan ve elinde örgü şişleri olan Lydia'ya, "Carol nerede?" diye sordu. Lydia iplerini ve şişlerini yanından hiç ayırmaz, eli hep dolu olurdu.

Lydia, "Carol bugün evde kalmayı istedi," dedi. "Maalesef düşük yapmış."

Jacqueline de böyle bir şeyin olmasından korkuyordu. "Çok üzüldüm."

"Kendine gelmek için birkaç gün dinlenecektir. Umarım aramıza geri döner."

Jacqueline başını salladı. Carol'un durumuna gerçekten de çok üzülmüştü. Kadının çocuk hasretini kelimelerle anlatmak zordu. Jacqueline onun durumundan endişe duyuyor, bir şekilde kaybını atlatmasını umut ediyordu. İkinci çocuğunu dünyaya getirememenin ona yaşattığı acı duyguları hatırlamıştı ama en azından o, Paul'ü hayatlarına katabilmişti. Carol ve Doug'ın evlat edinme yoluyla bebek sahibi olma ihtimali de çok düşüktü. Jacqueline iç geçirdi. Çok üzücü bir olayla karşı karşıyalardı ama hiçbirinin elinden bir şey gelmezdi.

Lydia, "Carol'un geri gelmemesinden korkuyorum," dedi.

Alix, "Neden?" diye sordu. Sesinde belirgin bir endişe vardı.

"Hiçbir şey söylemedi ama bence çalışmaya geri dönebilir. İşinden ayrılmasının tek sebebi, bebek sahibi olmaktı. Birkaç hafta önce bana eskiden çalıştığı şirketin onu yeniden işe almak istediğini söylemişti."

Alix daha da kederli görünüyordu.

Jacqueline, Alix'in canını bu kadar çok sıkan şeyin ne olduğunu merak etti. Carol'un durumuna üzüldüğü belliydi ama Jacqueline kötü giden başka şeylerin de olduğunu seziyordu.

Örgüsünü çıkarmak için çantasına uzanan Jacqueline, "Sen nasılsın, Alix?" diye sordu. Oğluna atkı örüyordu. Atkıyı, Paul'ün çocukken sevdiği midillinin kahverengi tonuylaaynı renkte olan kaliteli yün iplerle örüyordu. Oğlunun Brownie adlı atlarını hatırlayıp atkısının renginin nereden geldiğini anlayıp anlamayacağını da merak ediyordu bir yandan.

Başını önüne eğmeye devam eden Alix, lafı ağzında geveleyerek, "Eh işte," dedi.

Jacqueline, omuz silken Lydia'ya baktı. O da Alix'in sorunun ne olduğunu bilmiyordu. Dükkân daha da sessizleşti. Sadece sokaktan gelen arabaların sesi duyuluyordu.

Alix başını kaldırınca Jacqueline, kızın Carol'dan aldığı erkek kazağına artık devam etmediğini gördü. Tamamen farklı bir modele başlamıştı.

Jacqueline lafı dolandırmadan, "Ne oldu?" diye sordu.

"Sana ne?" diyen Alix'in gözleri, söz dalaşına girmeyi istediğini gösterircesine kocaman açıldı.

Jacqueline, Lydia'ya bakıp, "Bir erkek canını sıkmış gibi duruyor," dedi. Lydia da hafifçe gülümseyip başını salladı.

Alix ağzını açar gibi oldu ama yemi yutmadı.

"Tahminime göre canını sıkan şu adam, rahip sevgilin olabilir."

"Biz sevgili değildik… Sadece arkadaştık."

Lydia kibarca, "Neden olmuş bitmiş gibi konuşuyorsun?" diye sordu. "Artık görüşmüyor musunuz?"

"Onu bir süredir görmedim. Başka arkadaşları da var. Bilmem anlatabildim mi?"

Jacqueline, "Onu başka biriyle mi gördün?" diye sordu.

Alix başını hızlıca yukarı aşağı salladı. Çenesi neredeyse boğazının köküne değiyordu.

Alix, "Güzel bir kızdı," dedi. "Sarışındı."

Jacqueline, "Hiç şaşırmadım," dedi. Hep Reese'nin metresinin sarışın olduğunu düşünmüş, kocasının yanına yaklaşan tüm sarışınlardan şüphelenmişti. Kocasının metresinin neye benzediğini ara sıra merak ediyordu, ama merakını gidermeyi de hiç istemiyordu. Aslında çoğu zaman o kadını düşünmemeye çalışıyor, böylece onu önemsemediğini kendine de göstermiş oluyordu.

Jacqueline'in evliliği ya da evliliğinden geriye kalan ilişkisi Reese'nin, yemek hazırladığı akşam çekip gitmesi ile daha da kötü bir hal almıştı. Kocasını affetmemişti. Öyle ki, adamı büsbütün görmezden gelmeye başlamıştı.

Reese de aralarını düzeltmek için hiç çaba sarf etmemişti. Herhalde Jacqueline'e aldığı gülleri ertesi sabah çöp kovasına atılmış olarak görünce gereken mesajı almıştı.

Üç kadın sessizce örgü örmeye başladı. Lydia içeriye giren müşterilere bakmak için iki sefer örgüsünü elinden bırakmak zorunda kalmış, Jacqueline'i de Alix ile baş başa bırakmıştı.

Jacqueline'in aklına bir fikir geldi. Üzerinde biraz düşünmesine rağmen fikrinden vazgeçmedi.

Neşeli bir şekilde, "Sana borcum var," dedi.

"Neden?"

Jacqueline, Alix'in olanları unutmasına şaşırmıştı. "Hayatımı kurtardığını ne çabuk unuttun."

Alix'in yüzü hafifçe gevşedi ama gülümsemesi hemen

kayboldu. O gün o sokağa girip iki serseri ile dalaşmak sıradan bir şeymiş gibi omuz silkti.

Jacqueline kararlı bir havayla, "Sana iyiliğinin karşılığını vermenin vakti geldi," dedi.

Alix aslında meraklanmıştı. "O nasıl olacakmış?"

"Bence seni baştan yaratmalıyız. Tüm masrafları ben karşılayacağım."

"Anlamadım. Ne yapacağız, ne yapacağız?"

"Daha da güzel bir hanım olman için birkaç yere uğrayacağız."

Alix kaşlarını çattı. "İyi de bu benim ne işime yarayacak?"

"Bu sayede istediğin erkeğin dikkatini çekebileceğini söylesem?"

"Neler yapmayı düşünüyorsun ki?" diye soran Alix ilgilendiğini gizlemeye çalışsa da Jacqueline'i kandıramamıştı.

"Öncelikle saçınla başlarız," diyen Jacqueline, Alix'in ucu mora boyanmış saçlarını eleştirel gözlerle incelerken yüzünü ekşitmemek için kendini zor tuttu. O korkunç rengin ortadan kaldırılması gerekiyordu. Eliyle kızın saçlarını işaret edip birkaç tavsiyede bulundu. "Saçlarını kestirir, güzel bir şekle sokarız. Belki de farklı bir renge boyarız."

"Yalnız, bunları sadece hoşuma giderse yaptırırım."

"Elbette!"

"Saçlarımı istediğim renge boyatabilir miyim?"

"Güzel bir renk seçtiğin sürece sana hayır demem."

Alix omuzlarını umursamaz bir havayla kaldırıp indirdi.

"Öyleyse olabilir." Jacqueline ona değil de o, Jacqueline'e iyilik yapıyormuş gibi davranıyordu. Jacqueline iki ay önce olsa kızın bu tavrına kızardı ama artık bu tür şeylerin rol icabı olduğunu biliyordu.

"Seni sonra da moda danışmanıma götürüp..."

Jacqueline daha lafını tamamlamadan Alix başını sallamaya başlamıştı. "Nasıl giyineceğim konusunda kimsenin tavsiyesine ihtiyacım yok."

"Sen nasıl istersen öyle olsun. Ama bence sana birkaç yeni kıyafet de almalıyız."

Alix hâlâ kararsız olmasına rağmen başını hafifçe sallayıp Jacqueline'in teklifini kabul etti. "Ödemeyi sen mi yapacaksın?"

"Elbette."

"O zaman olabilir. Bunları ne zaman yapmak istiyorsun?" Alix hiç boş vakti yokmuş gibi konuşuyordu.

Jacqueline, "Mümkünse hemen," dedi, elindeki örgüsünü bir kenara bıraktı ve cep telefonunu eline aldı. "Hemen Desiree'yi arıyorum. Şehirdeki en iyi kuaför odur. Ondan randevu almak için insan bazen haftalarca bekler."

"Peki," diyen Alix artık heveslendiğini gizleyemiyordu. Dimdik oturmuş, alt dudağını ısırıyordu.

Jacqueline telefonu açan sekreterin, sesindeki aciliyeti anlayacağını ümit ederek, "Desiree'den en kısa zamanda randevu almam gerekiyor," dedi. Desiree, çok ünlü bir güzellik uzmanıydı. Ücretleri biraz pahalı olsa da Jacqueline'in saçlarını kimyasal maddeler kullanmadan perma yapabilen biriydi. Zaten ortaya çıkardığı harika işlerle aldığı her kuruşu hak ediyordu. Kulüpteki tüm kadınlar ona gidiyordu.

Sekreter onu beklemeye alırken Jacqueline sabırsızlanmıştı. Kadının sesini bir daha duyduğunda ona aradan yıllar geçmiş gibi geldi. "Desiree saat dört buçuğa kadar buraya gelebilirseniz sizi alabileceğini söylüyor."

"Dört buçuk mu?" Jacqueline, Alix'e baktı. Alix de başını salladı. Jacqueline sevinçle, "Orada olacağız," dedi. Cep telefonunu kapatıp çantasına koydu. Alix'in ne kadar şanslı olduğunu bilmediğinden emindi. Jacqueline genelde o kuaföre gitmek için bir ay öncesinden randevu almak zorunda kalıyordu.

Lydia geri dönmüştü. İkisinin konuştuklarının çoğunu duymasa da neler döndüğünü anlamış gibiydi. O da yapacaklarını onaylarcasına başını salladı. Jacqueline kendine bir görev edinmişti. Yeni kıyafetler alıp saçını da kestirdikten sonra Alix'i alımlı, genç bir hanıma çevireceğinden emindi. Heyecanlanmıştı. Eğleneceğini düşünüyordu.

Kurs biter bitmez Alix'i yeni kıyafetler almak için Nordstrom'a götürdü. Jacqueline tasarımcıların koleksiyonlarda yer alan elbiselerini, onunla yıllardır aynı satış görevlisinin ilgilendiği, merkezi Seattle'da olan bir mağazadan alırdı.

Victoria, Alix'e bir sefer bakmış, sonra derhal işe koyulmuştu. Jacqueline, Alix'e giyinme odasında eşlik etmiş, kızın doğru düzgün iç çamaşırları giyinmediğini görünce çok şaşırmıştı. Alix'e öncelikle üzerindeki gülünç tanganın yerine yeni sutyen ve iç çamaşırı almaları gerektiğine karar vermişti. Ve bu konuda ısrarcıydı.

Alix hemen yaygara koparsa da lafı fazla uzatmamıştı. Jacqueline bu küçük mücadeleyi kazanmış olabilirdi ama sıra büyük savaşlara gelince Alix zaferi tadan taraf olduğunu göstermişti. Victoria'nın getirdiği St. John markalı elbiseyi de diğer kıyafetleri de denemeyi kabul etmemişti.

Vakitlerinin bugünlük kısıtlı olduğunu bilen Jacqueline, Alix'e kaliteli iç çamaşırları almakla yetinmek zorundaydı. Ama başladığı işi bitirdiğinde Alix'i şık bir kıyafetin içine sokmayı başaracağına yemin etti.

Ne yazık ki kuaför maceraları da çok hoş geçmedi. Alix'in uçları mora boyanmış saçlarını görünce Desiree'nin nutku tutulmuş, Fransızca küfürler savurmaya başlamıştı. Yıllarca lisede ve üniversitede Fransızca almış olmasına rağmen Jacqueline kadının neler söylediğini anlayamamıştı ama kadının ses tonuna bakarak söylediklerini çevirmemesinin herkesin hayrına olacağına karar vermişti.

Jacqueline bekleme salonunda oturdu ve hararetli konuşmalar devam ederken kahvesini içti. Şansına güzellik salonunun elit müşterileri çoktan işini bitirip gitmişti. Yoksa onlar da Alix ile Desiree arasında geçen ağır konuşmalara maruz kalacaklardı.

İçeriye girdikten doksan dakika sonra Alix hapisten yeni çıkmış biri gibi salonun ön tarafına atmıştı kendini. Jacqueline onu neredeyse tanımayacaktı. Alix'in arasına patlıcan moru serpiştirilmiş kopkoyu saçları gitmiş, yerine Jacqueline'in oğlu Paul'ün kazağı için seçtiği ipin rengine benzer kızılımsı gölgeleri olan açık kahverengi saçlar gelmişti.

Jacqueline ayağa kalkarken, "Alix," dedi. Desiree bir kez daha harikalar yaratmıştı. Kadın, Alix'in saçını boyamakla yetinmeyip bir de dalgalı bir model yapmıştı.

Parmaklarını saçlarının arasında gezdirip daha yeni yapılmış saçını bozan Alix, "Hiç beğenmedim," dedi. "Bu ben değilim."

Jacqueline sabırla, "Hayır canım, sensin," dedi. "Sadece yenilendin."

Alix bir anlığına ağlayacakmış gibi oldu. "Eski... dizilerden fırlamış gibi görünüyorum," diye söylendi.

"Çok güzel görünüyorsun."

"Hiç de güzel görünmüyorum."

Jacqueline kızgınca, "Aptallık etme," dedi.

"Ama herkes gülecek bu halime."

Alix gerçekten de boş konuşuyordu. "Bence hiç de öyle olmayacak."

"Bana iyilik yapmak istediğini biliyorum ama bu kişi ben değilim... Değilim işte."

Alix bir teşekkür bile etmeden güzellik salonundan çıkıp gitti. Jacqueline'in dili tutulmuştu.

Başını iki yana sallayan Desiree, "Bu kızla da nereden tanıştın?" diye sordu.

Jacqueline, "Uzun hikâye," dedi. Hevesi kırılmıştı. Alix için güzel bir şey yapmaya ve ona minnettar olduğunu göstermeye çalışmış ama başarılı olamamıştı.

Eve geri döndüğünde Reese'nin buzdolabından kendine

bir bira aldığını gördü.

Bir hışımla yanından fırlayıp evin ona ait olan tarafına geçince kocası, "İyi misin?" diye sordu.

Jacqueline, Reese'nin ona soru sormasına şaşırmıştı. Günlerdir evle ilgili ufak tefek konuların dışında konuşmamışlardı çünkü. Başka bir zaman olsa ona aldırış etmezdi ama bu gece canı yanmış, kafası karışmıştı, ve şimdi bunları saklamayı başaramıyordu.

Bu kadar iyi bir amaçla yola çıkmasına rağmen işin neden bu hale geldiğini anlamamıştı. Mutfak masasına otururken Reese'nin ona uzattığı şarap dolu kadehi aldı. Sonra da Alix'le yaşadığı macerayı anlatmaya başladı.

"Nerede yanlış yaptığımı bilmiyorum."

"Şu Alix kaç yaşında?"

Jacqueline kızın yaşını tam olarak bilmiyordu. "Yirmili yaşlarının başında sanırım."

"Onu kendine benzetmeye çalışmışsın, Jacquie."

Jacqueline sesini yükselterek, "Hiç de bile," dedi. Reese'nin hemen onu hatalı bulmasına kızmıştı. Ona danışmaması gerektiğini bilmeliydi.

Sonra birden kocasının haklı oluğunu fark etti. Alix'i kendi kıyafetlerini aldığı, kendi saçlarını yaptırdığı kişilere götürmüştü. Reese'nin gözlerinin içine bakarak yavaşça başını salladı. "Olabilir," dedi.

"Bir dahaki sefere Tammie Lee'ye fikrini sor."

Jacqueline, "Tammie Lee mi?" dedi ve hemen başını iki yana salladı. "O bu işleri benden iyi bilemez."

"Öyle olabilir ama Tammie Lee, Alix'le yaşıt sayılır. Sana işe yarar birkaç fikir verebilir."

Jacqueline, "Peki, o zaman ona danışırım," dedi. Gelini çok iyi bir iş çıkaramayabilirdi ama ne yaparsa yapsın işi Jacqueline kadar eline yüzüne bulaştıramazdı.

34

"Örgü bize yoldaşlık eder, sakinleşmemizi sağlar."

–Morgan Hicks

LYDIA HOFFMAN

Doktor Wilson'un muayenehanesinden hafta sonuna kadar haber almayınca neler olduğuna anlam veremedim. Genelde Peggy öğle arasında hastaları arar, test sonuçlarını iletirdi. Adıma yeni ilaçlar yazılmışsa da, saat on birden önce Doktor Wilson'un muayenehanesine gitmem gerekirdi.

Salı sabahı dükkânımı açarken bir anda Peggy'nin beni aramadığını fark ettim. Pazartesi günü bana ulaşmaya çalışmış ama dükkân kapalı olduğu için karşısına telesekreter çıkmış olmalıydı. Sonra da Peggy'ye yeni telefon numaramı vermediğimi ve bana ancak dükkânın telefonundan ulaşabileceğini fark ettim. Kapıdaki "KAPALI" yazısını "AÇIK" yazan tarafa çevirir çevirmez telesekreteri kontrol ettim ama hiç kimse mesaj bırakmamıştı.

Daha sonra bunları yine düşündüm ve muayenehaneyi kendim aramaya karar verdim. Ama tam da o sırada olabilecek en güzel şekilde bütün bu işlere ara vermem gerekti. Brad kahve molası olarak tanımladığı ziyaretini yapmaya gelmişti.

Brad ne zaman yanıma gelse sevinçten içim kıpır kıpır oluyordu. Geçen hafta iki kez akşam yemeğine çıkmıştık. Pazar günü öğleden sonrayı da birlikte geçirmiştik. Cody hafta sonunu, çoğu zaman iş gezilerine giden annesiyle birlikte geçirmişti. Sevimli, şakacı bir çocuk olan Cody'yi ne kadar çok sevsem de böyle bir fırsatı çok sık yakalayamıyorduk. Cody benden ona üzerinde dinozor resmi olan bir kazak örmemi istemiş, ben de bunu kabul etmiştim.

Brad dükkâna girerken, "Selam yakışıklı," dedim. O güzel gülümsemelerinden birini göstererek başımı döndürdü.

"Kahve yaptın mı?" diye sorduğunda gözlerimi kocaman açıp, ona hayran hayran bakmaktan başka bir şey yapamayacakmışım gibi durmuştum.

"Daha yapmadım. Ben de içeri yeni girdim."

"Ben suyu koyarım," diyen Brad birçok defa baş başa kalmak için kullandığımız arkadaki odaya geçti.

Kahvenin bir bahaneden ibaret olduğunu ikimiz de çok iyi biliyorduk. Ben de ona yardımcı olma numarasıyla peşinden gittim. Ama odanın önüne astığım çiçekli perdeyi geçer geçmez Brad kollarını belime dolayıp beni kendine doğru çekti.

Ellerini sırtıma koydu ve fısıldayarak, "Çok güzel bir hafta sonu geçirdim," dedi.

"Ben de." Washington Gölü'nde kano gezintisine çıkmıştık. Gezintinin yarısına varınca Brad gitarını çıkarıp bana serenat yapmaya çalışmıştı. Bana gerçekten de çok romantik bir sürpriz hazırlamıştı. Bu galiba bir erkeğin benim için yaptığı en sevimli şeydi. "Sadece bana bir daha şarkı söylemeyeceğine söz ver yeter."

"Ne yani tok sesimden hoşlanmadın mı?" Şakacıktan üzülmüş gibi yaparak alt dudağını dışarı çıkardı.

"Hayır, ondan demedim. Şarkı söylemen hoşuma gitti ama sana aşık olmaktan korkuyorum." Aslında söylemek istediğim bunlar değildi ama kalbim dilimi esir almıştı.

"Ben de bana aşık olmanı istiyorum," diyen Brad beni daha da yakınına çekti. Beni öyle güçlü ve arzulu öptü ki ayaklarının dibine yığılacağım diye korktum. Aramızdaki tutkunun boyutunu hafta sonu birlikte keşfetmiştik. İlişkimizde artık belli bir noktaya ulaştığımı fark ettim. Tutkularımız kolayca fiziksel sevgiye dönüşebilirdi. Ama bunlar olmadan önce hayatımızda aynı değerleri ve amaçları paylaştığımızdan emin olmalıydım.

Margaret ilişkilerde bazı şeyleri ağırdan almanın önemini anlatmıştı. Annem de bu konuda bana nasihatler vermişti. İkisinin de haklı olduğunu biliyordum ama Brad'in kollarındayken kendimi çok iyi hissediyordum.

Brad, "Hep yanında kalmak istiyorum," dedi. "Gece yatmadan önce de, sabah kalkınca da seni düşünüyorum."

Aynı şekilde Brad de benim aklımdan hiç çıkmıyordu. Dürüst olmak gerekirse bu durum beni korkutuyordu. Daha önce umut vaat eden iki ilişkim olmuştu. İlkinde Brian'la birlikteydim. O zamanlar bana beyin tümörü teşhisi konulup Brian'la ayrılınca neler kaybettiğimi anlayamayacak kadar gençtim.

Roger ile olan ilişkim de bana tamamen farklı şeyler yaşatmıştı. Roger beni terk edip gidince kalbim kırılmıştı. Ölmek istemiştim. Şimdi geçmişe bakıyorum da, o zaman düşündüğüm şeylerin aynen başıma geldiğini görüyorum. Eskilerin dediği gibi; zaman her şeyin ilacıdır. O yaşadıklarımın üzerinden yaklaşık altı yıl geçti. Şimdi Roger'in beni neden terk ettiğini anlıyorum. Beni sevmişti ve ben de buna tüm kalbimle inanıyordum. Asıl bana olan sevgisinden dolayı çekip gitmişti. Ölüp gitmeme tanıklık edemezdi. İşe yarayacağını bildiği tek yolu, yani kaçıp gitmeyi seçmişti.

Ayrılığımızdan dört ay sonra evlendiğini duymuştum. Onu her ne kadar düşünmemeye çalışsam da arada sırada onunla yaşadıklarımın acısını içimde hissediyorum. İlişkimiz nereye giderse gitsin Brad'le yaşadıklarımdan ya da yaşamadıklarımdan pişmanlık duymak istemiyorum.

"Çok sessizsin." Brad başını eğmiş bana bakarken alnımın üzerine düşen saçlarımı nazikçe kenara çekti.

"Acele etmeyelim," dedim. Ona Brian'dan ve Roger'den bahsetmiş, daha doğrusu hayatımla ilgili anlatılabilecek her şeyi anlatmıştım. Brad zaten belli başlı şeyleri, duygusal geçmişimin ana hatlarını biliyordu ama kanodayken ona hayatımdaki tüm ayrıntılardan bahsetmiştim. Ona yaslanmış ve yavaşça ilerlerken Washington Gölü'nün güzelim yeşil sularına bakınmıştım. Ona bakmayınca yaşadığım aşkları daha kolay dile getirebiliyordum.

Brad de karşılık olarak bana başından geçen evliliği anlatmıştı. Hâlâ eski eşi Janice'i hayal kırıklığına uğrattığını düşünüyordu. Buna anlam veremesem de Brad'in kendini suçlamaya devam etmesini anlayabiliyordum. Bizler ilişkilerimizde ya da ailemizde yaşanan kötü şeylerden kendimizin sorumlu olduğuna inanırız. Ama ben başka insanların duygularını kontrol edemeyeceğimizi öğrenmiştim.

Brad, "Cuma akşamı yemeğe gidelim mi?" diye sordu. Sonra da bir cevap vermeme fırsat bırakmadan öptü beni.

Telefon çaldı. Ben de buna sinir olup iç çektim. Kollarının arasından çıkarken, "Bir dakika," diye fısıldadım.

Bir telaşla telefona koştum ve telesekreter devreye girmeden ahizeyi kaldırdım. "Bir Yumak Mutluluk," derken sesimin az önce yaptığım şeyleri ele vermemesi için dua ettim.

"Lydia, benim, Doktor Wilson'un hemşiresi Peggy."

"Aa, Peggy," dedim. Beni aramasına sevinmiştim. "Ben de ne zaman arayacağını merak ediyordum."

"Cuma günü telefon açacaktım ama fırsat bulamadım."

"Önemli değil. O gün ben de çok yoğundum."

Peggy tereddüt ediyordu. Belki de o anda neler söyleyeceğini anlamalıydım ama anlamamıştım.

Peggy, "Seni aramalıydım," dedi.

Sesindeki isteksizliği fark etmiştim.

"Kötü haberlerin mi var?" Kötü bir şeyler duyacaksam hemen duymayı tercih ederdim. Peggy hafta sonunu bana hediye etmişti. Bunları kelimelere dökmese de hemen sezmiştim.

"Dün aramaya çalıştım ama sonradan pazartesi günleri dükkânının kapalı olduğunu hatırladım."

"Mesaj bırakmamıştın." Artık sezgilerimin yersiz olmadığını anlamıştım. Peggy söylemek istediklerini telesekretere de söyleyebilirdi.

"Şey," dedi. Sesi endişeli geliyordu.

"Ne oldu?" diye sordum. Kendimi en kötü şeylere hazırlamaya başlamıştım.

"Ah, Lydia, çok üzgünüm ama Doktor Wilson tahlil sonuçlarına baktı ve birkaç röntgeninin çekilmesini istedi. En kısa zamanda buraya gelmeni istiyor."

"Olur." Peggy kanserin geri döndüğünü söylememişti ama onunla konuşurken bile beynimde tümörler büyüyordu. Kanser geri gelmişti ama bu sefer onu hiçbir ameliyat, hiçbir ilaç durduramazdı. Yapacak hiçbir şey yoktu. İçeride tek başıma olsam hemen Peggy'den gerçekleri söylemesini isterdim. Ama Brad telefonda söylenenleri duyabilecek durumdayken böyle bir şey yapamazdım.

"Yarın sabah saat sekizde radyolojiden sana randevu alıyorum. Uygun mudur?"

Lafı ağzımda geveleyerek, "Tamam," dedim.

"Doktor Wilson saat dokuzda röntgenlerini alıp buraya gelmeni istiyor."

"Peki," dedim ama bedenimin uyuştuğunu fark edebiliyordum. Bana altı yıl boyunca o acılardan uzak durma fırsatı tanınmıştı. Şimdiyse o fırsatın elimden alındığını görünce kendimi aldatılmış gibi hissediyordum. Daha uzun yıllar sağlıklı yaşamak istiyordum.

Kanseri yendiğim iki seferde de babam yaşam kaynağım olmuştu ama artık o yanımda değildi. Bir başıma kalmıştım. Annem bana bakabilecek biri değildi. Margaret ise bu haberi duyunca çılgına dönecekti. Ablamın beynimde tümörler çıktığı için bir şekilde beni suçlamasına akıl sır erdiremiyordum. İlgiye muhtaçlığımın beynimde tümörler türettiğini söyleyecekti. Ablamın vereceği tepkiyi düşününce içime bir acı oturdu.

Telefonu kapattıktan sonra Brad, "Haberler kötü mü?" diye sordu.

Arka odadan çıkıp gelişini fark etmemiştim. Kahveyi hazırlamıştı. Elinde bir kupa vardı.

"Hayır," dedim. "Ama ne yazık ki cuma günü yemeğe gelemeyeceğim."

"Her şey yolunda mı?"

"Elbette!" O anda nasıl başardığımı bilmesem de gülümsemiş, ona Oscar'lık bir bakış atmıştım.

Brad çok geçmeden çıkıp gitti. Kötü bir şeylerin olduğunu sezse de hiçbir şey söylemedi. Bir veya iki saat daha bekleyip ona telefon açacak ve ilişkimizin kesin olarak bittiğini söyleyecektim. Bir korkak gibi davrandığımı biliyorum ama bu konuda tartışmaya gücüm yetmezdi. Boş umutlara tutunmayı da, Brad'in bana gerçekleştiremeyeceği vaatler vermesini de istemiyordum. Tecrübenin hayattaki en büyük öğretmen olduğunu çoktan öğrenmiştim. Brad'e iyilik yapacak, onu uğraşmaması gereken dertlerden kurtaracaktım.

Tam da hayatta gerçek bir şans elde ettiğimi hissetmeye başlamışken her şey bir kez daha elimden alınıyordu. Bu andan sonra yapılacakları biliyordum. Bu günleri eskiden de yaşamıştım. Ne olduğu anlaşılamayan tahlil sonuçlarıyla karşılaşacak, doktorların isteği üzerine daha fazla tahlil ve teste maruz kalacaktım. Kapsamlı testler yüzünden geceleri hastanede yatmam gerekecekti.

Sonra da somurtkan halde karşıma çıkan Doktor Wilson bana teşhisini söyleyecek, muayene odasını terk etmeden önce elimi sıkacaktı.

O küçük jestin ne anlama geldiğini hep merak etmişimdir. İlk başlarda bunun, Doktor Wilson'un bana cesur olmamı ifade etme şekli olduğunu düşünmüş, iyi bir mücadele vermemi, yenilgiyi kabul etmememi söylediğini farz etmiştim. Ama artık daha farklı bir şey demek istediğini seziyordum. Bana üzgün olduğunu, kendisinin de bir insan olduğunu, elinden başka bir şeyin gelmeyeceğini anlatmaya çalışıyordu.

En kısa zamanda Brad'le olan tüm bağlarımı koparacaktım. Bana şimdilik teşekkür etmeyecek olsa da elbet bir gün asıl amacımı anlayacaktı.

35

CAROL GIRARD

Carol'un düşük yapmasının üzerinden bir hafta geçmişti. Doug horlaya horlaya yanında uyuyordu ama Carol'un gözleri açıktı. Başının ucundaki radyolu çalar saatin dijital göstergesi 3:27'i gösteriyordu. Uykuya dalmasının imkânsız olduğunu bildiği için sessizce yataktan çıktı. Karanlıktan dolayı hiçbir şeyi görmeden oturma odasına geçti.

O da Doug da gelecekle ilgili tüm planlarından vazgeçmişlerdi. Carol yıkılan hayallerin altında eziliyordu. Bebeği olmayacaktı. Kollarında yeni doğmuş bebeğini sallayamayacak, emzirmenin verdiği zevki yaşayamayacaktı.

Düşük yapmasının üzerinden tam yedi gün geçmişti. Carol o korkunç geceden sonra bebekleri için hazırladıkları odaya adım atmamıştı. Oraya giremezdi. Çok acı çekiyordu. Odanın kapısı kapalıydı. Doug'ın da içeriye girmediğinden emindi.

Geçen akşam yemek yerken Doug eşyaları aldıkları mağazayı arayıp her şeyi geri verebileceklerini söylemişti. Onlara artık ihtiyaçları yoktu ve hiçbir zamanda olmayacaktı. Carol kocasının bunları onu incitmek için söylemediğini biliyordu. Ama ne olursa olsun Doug'ın kalbine doğrudan bir bıçak saplandığını hissedebiliyordu.

Bunların olmaması gerekirdi. Onların başına böyle şeyler gelmemeliydi. Birbirlerini çok seviyorlardı ve iyi kalpli insanlardı. Onları tanıyan herkes çok iyi birer anne baba olacaklarını söylüyordu.

Carol ciğerlerini parçalayan bu acının zamanla azalacağını ümit ediyordu. Ancak bir hafta geçmesine rağmen içindeki acı ve boşluk hissi hiç değişmemiş, tam tersine daha da artmıştı. Tek teselliyi internetteki arkadaşlarında bulmuştu. Onlar onun halini anlıyor, onunla birlikte ağlıyorlardı.

Başını arkaya atıp gözlerini yuman Carol, ellerini karnının önünde birleştirdi, keder ve acıyla sallanıp durdu.

Bunları yaşamayı hak etmiyordu. Sorumsuz, düşüncesiz ağabeyi Rick, sevmediği bir kadınla istenmeyen bir çocuk yapmıştı. Adalet bunun neresindeydi? Hak bunun neresindeydi? Ah zavallı bebek... Ne annesi ne de babası onu önemsiyordu.

Carol'un gözleri birden kocaman açıldı. İçi gıdıklanmaya başladı. Rick! Koltuktan fırladı ve hemen yatak odasına döndü. Kocasını uyandırmak için yatağa zıpladı.

Kocasının üzerine eğilip, "Doug, uyan!" dedi.

Kocası ona aldırış etmeyip diğer tarafa döndü.

Carol, "Doug," diye bağırdı. Yaşadığı rahatlık ve sevinç yüzünden yerinde duramıyordu. Umut, her derdin devasıydı ve Carol da o anda umudunu bulmuştu. "Doug, konuşmalıyız." Kocasını sabırsızca sarstı.

Doug bir gözünü açıp saate bakarken, "Carol," diye söylendi. "Gecenin bir yarısında mı?"

"Biliyorum ama..." Dizlerinin üstüne çöküp kocasının boynuna bir öpücük kondurdu. "Uyanmak zorundasın."

"Neden?"

"Çünkü sana çok önemli bir şey söylemem gerekiyor."

Her hareketiyle uyanmak istemediğini gösteren Doug sırt üstü uzanırken gözlerini ovuşturdu. Sonra da gözlerini kırpıştırıp Carol'a baktı. Kaşlarını çatmış halde, "Gülümsemenin bir sebebi var mı?" diye sordu.

Carol başını salladı ve tekrar eğilip kocasına sarıldı.

"Ne oldu?"

"Az önce salonda oturuyordum." Kollarını açtı. Enerji doluydu. "Kendimi çok kötü hissediyordum. Hayatın ne kadar adaletsiz olduğunu düşünmeye başlamıştım. Bebeğimizin olacağından o kadar çok emindim ama olmadı işte... Sonra da bir şey fark ettim ve seni uyandırmam gerektiğine karar verdim."

Doug zar zor da olsa doğrulup oturduğunda göz göze geldiler.

Carol, "Bebeğimiz olacak," diye fısıldadı.

"Bir saniye." Doug başını iki yana salladı. "Ne demek

istediğini anlamadım." Kaşlarını çatıp Carol'a baktı. "Evlat edinmekten mi bahsediyorsun?"

Bu daha önce de konuştukları bir konuydu. Evlat edinilebilecek bebeklerin sayısının az olduğunu biliyorlardı. Bu yolla bebek sahibi olma ihtimalleri düşüktü. "Öyle de diyebiliriz. Rick'in bebeğini evlat edinmekten bahsediyorum."

"Ağabeyinin mi?"

Carol güldü. "Tanıdığın başka Rick var mı?"

"Yok, ama Rick'in hamile olduğunu bilmiyordum."

"Şimdi dalga geçmenin zamanı değil. Hamile olan Lisa. Yoksa adı Kim miydi? Hatırlamıyorum ama çok da önemli değil. Ne demek istediğimi anlamıyor musun? Tanrı o bebeğin bizim olmasını istiyor."

Doug, Carol'un planını tam olarak anlamamıştı. Daha doğrusu anlamış olsa da onun kadar hevesli değildi. Carol'un gözlerinin içine baktı ve nazikçe, "Hayatım, doğru düzgün düşünemiyorsun sen," dedi.

"Yanılıyorsun. Söylediklerim çok mantıklı. Anlamıyor musun? Ağabeyimin, istemediği bir çocuğu olacak. Çocuğunun annesiyle de evlenmeye niyeti olmadığını söyledi. Hamileliğin Lisa'yı da çok şaşırttığından bahsetti. Yoksa Kim miydi? Her neyse. O da bebek beklemiyormuş. Kızın doğum kontrol hapı kullandığını bizzat Rick söyledi bana."

"Evet, ama..."

"Çok ani olduğunu biliyorum ama gerçekten de bu bebeğin kazara dünyaya gelmediğini hissediyorum. O bizim bebeğimiz olacak."

Doug'ın iç çekişi odada yankılandı. "Hayatım..."

"Bebekle aramızda kan bağı var. Yabancı birisinin çocuğunu evlat edinmek gibi olmayacak."

"Sence Rick bunu kabul eder mi?" Doug'ın aklında şüpheli düşünceler olduğu belli oluyordu.

Tekrar gülerek, "Kabul etmek mi?" dedi. "Bence bunu bir fırsat olarak görür. Bu sayede çocuğu yetiştirmek için çalışıp didinmek zorunda kalmaz. Ayrıca ona ikimizin de Ellie'ye, bebeğin asıl biyolojik babasının kim olduğunu söylemeyeceğimize söz veririz. Böyle bir şey yapar mısın?"

"Neden olmasın?"

"Böylece Ellie'yle yeniden bir araya gelirse ağzımızı açmayacağımızdan emin olabilir."

"Peki ya bebeğin annesi? O bu duruma ne der?"

"Ben de onu düşünüyordum. Birkaç haftalığına işinden ayrılmak zorunda kalacak. Biz de seve seve tüm maddi kayıplarını karşılarız."

Kafası karışan Doug omuz silkti. "Böyle bir teklifte bulunmanın bir zararı olmaz sanırım."

"Lisa'nın isteklerini karşılamaya yardım etmek için işe geri dönebilirim. "

"Olmaz."

"Neden?" Doug şimdiden onun planlarına itiraz etmeye başlamıştı. Doug'ın en az onun kadar kararlı olması önemliydi.

"Sadece birkaç haftalığına işe girip sonra da istifa edemezsin. Şirketine geri dönersen onlara sadece belli bir süre çalışacağını açıkça belirtmen gerekir."

Doug haklıydı. Ayrıca söyledikleri Carol'un umutlarıyla ya da planlarıyla çelişmiyordu da. "Bu evlatlık alma işini halletmek için her şeyi yapmaya hazırım. Sen sadece beni destekleyeceğine söz ver yeter."

"Seni her zaman destekleyeceğimi biliyorsun, hayatım."

"Bu bebek bizim. Onu kalbimde hissedebiliyorum." Kocasını inandırmaya çalışan Carol, adamın elini kaldırıp kalbine götürdü.

Doug gözlerini kapattı. Carol kocasının ne düşündüğünü bilmiyordu. O da Carol gibi endişeliydi ama kalkıştıkları bu işin korkularını yenmelerini sağlayacağından da emindi.

"Hayal kırıklığına uğrayacağımızı düşündüğün için korkuyorsun, öyle değil mi?"

Doug başını salladı. "Böyle şeylere başvurmak zorunda kalmaktan nefret ediyorum. Ya yine bir yere varamazsak?"

"O konuda endişelenmesi gereken kişi benim." Carol, Doug'ın kaygılarına rağmen ağabeyinin bu fikri beğeneceğine inanıyordu.

"Rick'i arayayım mı? Yoksa bunu sen mi yapmak istersin?"

Sevinçten havalara uçan Carol, kollarını kocasının boynuna doladı. "Sabah ilk iş onu arar, her şeyi anlatırım ben." Rick'in ona hamilelik olayından bahsettiği günden beri görüşmemişlerdi. Şimdiye kadar anne ve babasından Carol'un düşük yaptığını öğrenmiş olmalıydı. Ağabeyinin onu bilerek aramadığını anlamıştı. Rick bu durumda kardeşini nasıl teselli edeceğini bilmiyordu. Ayrıca Carol'un acısını görmezden gelmek daha kolaydı. Rick işin kolayına kaçmayı seven biriydi. Carol da ağabeyinin bu yönlerini yeni yeni öğreniyordu.

Doug, "Şimdi uyumaya devam edebilir miyim?" dedi. Sonra sorusuna cevap almayı beklemeden yatağa uzandı, yorganı kulaklarına kadar çekti.

Carol telaşlı tavırlarının geçtiğini, enerjisinin tükendiğini hissetti. O da yorganın altına girip başını yastığına gömdü. Doug kendi tarafında yatıyordu. Carol da ona sarıldı, elini kocasının beline attı.

Yorgun olsa da zihni o bebekle ilgili düşüncelerle doluydu. Evlat edinmenin hayatlarına neler katacağını düşünüyordu. Eski bir söz her şeyi açıklıyordu: Tanrı bir kapıyı kapatırken diğerini açar. Şimdi Tanrı ikinci kapıyı onlar için ardına kadar açmıştı. Carol değişim rüzgârlarını hissetmek için o kapının önünde bir süreliğine durmalıydı. En sonunda başından beri olması gereken şeyin ne olduğunu anlamıştı.

36

ALIX TOWNSEND

Alix kirli tişörtlerini çamaşır makinesine boşalttı, makineye deterjan ekledi ve yan tarafındaki hazneye para attı. Üzerinde çeşitli rock gruplarının resimleri olan tişörtleri ona iki hafta rahat yetiyordu. İç çamaşırlarının sayısı, Jacqueline'in ona zorla aldıklarıyla birlikte tişörtlerinin sayısına yetişmişti.

Laurel'le birlikte biraz tasarruf yapmak için kirli kıyafetlerini aynı sepette biriktiriyor ve sırayla ortak kullanılan çamaşırhaneye getiriyorlardı. Kirlilerle ilgilenme sırası Alix'teydi ve bu işten nefret ediyordu. Sırf bu yüzden pazartesi sabahı erkenden çamaşırhaneye gelmişti. Bir gün kendi çamaşır makinesini alabilecek kadar zengin olursa hayatta başarılı olduğunu anlayacaktı.

Plastik sandalyeye oturup yanındaki dergiye uzandı. *Pe-*

ople dergisinin üzerinde geçen Noel'in tarihi vardı. Buraya son gelişinde aynı sayfaları baştan sona okuduğunu fark edince dergiyi bir kenara bıraktı. Aslında çamaşırhanedeki okunabilecek her şeyi okumuştu.

Kollarını önünde birleştirdi, bacaklarını uzattı ve gözlerini kapattı. Jacqueline'i hatırlayınca gülümsedi. Arkadaşı ona yardım etmek istemişti ama Alix özel yapım bir kıyafeti denememekte kararlıydı. Elbisenin üzerindeki etiketi görünce dudağı uçuklamıştı. O elbise ve onunla takım olan kazak bin dolardan fazlaydı. Bir elbiseye bin dolar vermek mi? Bu tamamen delilikti!

Kuaförde başına gelenler ise tam bir hayal kırıklığıydı. Ağır bir aksanla konuşan o Fransız kuaför, Alix'in dediği hiçbir şeye kulak asmamıştı. Kadın neyin yapılması gerektiğine kendi karar vermiş, Alix'in isteklerini hiçe saymıştı. Desiree ya da adı her neyse, işini bitirdiğinde Alix çığlıklar atacak hale gelmişti. Doğrusu, eski dizilerden fırlamış birine benzemek gibi bir amacı olsaydı saçının o kadar da kötü olmadığını kabul edebilirdi. Desiree'nin çeşit çeşit makaslarıyla kısaltıp durduğu saçlarını kendi sevdiği şekle sokmak için bir hafta uğraşmıştı.

Jacqueline ona güzel bir şey yapmak istemiş, Alix de özellikle her şeyi karşıladığı için ona minnettar olmuştu Ama Jacqueline'in çabaları ters tepmişti. Alix'in zevklerini anlamıyordu işte. Alix de o kadının bir daha asla kendine yaklaşmasına izin vermeyecekti.

Bunların aksine son zamanlarda güzel şeyler de olmuştu. Carol geçen cuma kursa geri dönmüştü moralinin fazlasıyla iyi olması herkesi şaşırtmıştı. Düşük yaptığı haberini aldıktan sonra hepsi onun durumunu merak etmişti. Alix ne söyleyeceğini bilememişti. Carol'un üzgün olduğunu bilmesini istiyordu ama aynı zamanda da kadının konuşmaya hazır olmayacağından korktuğu o acı konuyu açmaktan çekiniyordu. Jacqueline ve Lydia da onunla aynı şeyleri hissediyor olmalılardı.

Carol içeriye her zamanki kadar neşeli bir halde girmişti. Bunu gören Alix ve diğerleri şaşıp kalmıştı. Carol, Doug'la evlat edinmeyi kafasına koymuştu. Alix bir sürü soru sormak istiyordu ama diğerleri hiçbir şey sormayınca o da ters bir şey yapmaması gerektiğini anlamıştı. Carol hiçbir şeyi detaylıca anlatmamış, onlar da her şey yolundaymış gibi davranmıştı. Alix, Carol'un başına gelenleri inkâr etmesinden ya da kendini bir tür hayale kaptırmış olmasından korkuyordu. Ona cesaret vermeye çalışmıştı ama gerçekten de durumundan endişe duyuyordu.

Alix'in durumundan endişe ettiği tek kişi Carol da değildi. Lydia'nın da bir derdinin olduğu anlaşılıyordu. O eski kadın gitmiş, yerine içine kapanık biri gelmişti. Etrafta dalgın dalgın dolanıyordu. Bunu Jacqueline de fark etmişti. Alix ilk başta Lydia'nın tüm yaz boyunca sözünü ettiği o kargocudan dolayı üzüldüğünü düşünmüştü. Evet, derdi onunla ilgili olmalıydı ama aklında şüpheler vardı. Neler olduğunu sorduklarında Lydia her şeyin yolunda olduğunu söylemişti ama kadının bir derdinin olduğunu anlamak için müneccim olmaya gerek yoktu.

Laurel... Laurel ise eskisinden daha da kötüydü. Alix, evini başka biriyle paylaşmanın bir hata olduğunu biliyordu ama onunla tıkılıp kalmıştı. Geçen üç ay boyunca Laurel her şeye kızan, sinir bozan biri olmuştu. Alix ona yardımcı olmak için üzerinde mucizevi diyetlerle ilgili kocaman bir başlık bulunan bir gazete uzatmış, Laurel de gazeteyi buruşturup suratına fırlatmıştı. Alix o günden itibaren ev arkadaşını görmezden gelmeye başlamıştı. Laurel artık film dükkânında çalışmadığı için de bunu yapmakta çok zorlanmıyordu. Ev arkadaşı bir hafta önce işten ayrılmış ve bir kreşte işe başlamıştı. Yardımcı eleman olarak işe alındığını söylese de bebek bakıcılığı ve temizlik yapacak, yere dökülen meyve sularını silecek ve Lego parçalarını toplayıp duracaktı. Bu konuda eğitim falan almamıştı. Laurel o işi de sevmemiş gibiydi.

Çamaşır makinesinin bitme sesi gelince Alix sandalyesinden kalkıp yıkanan çamaşırları plastik bir sepete doldurdu. Islak çamaşırları kurutucuya atmak için arkasına döndüğü anda neredeyse Jordan Turner'a çarpıyordu.

Tartıştıkları günden beri Jordan'ı görmemişti. Yaptığı aptalca şeylerden sonra ona bir şans vermesini de beklemiyordu. Jacqueline'in onu güzellik salonlarına ve pahalı mağazalara götürmesini kabul etmesinin tek sebebi, kendisindeki değişikliği fark edip onunla konuşmak için Jordan'a bir bahane vermekti. Ama tam tersinin olacağını bilmeliydi. Hayatını güzelleştirmek için yaptığı her şey bir şekilde kötü sonuçlar doğuruyordu.

Alix kekeleyerek, "Se… selam," dedi.

"Senin olduğunu biliyordum." Alix'in saçlarına baktı. "Yeni tarzını sevdim. Rengi de güzel olmuş."

"Gerçekten mi?" Alix kalbinin deli gibi atmasına engel olamıyordu. "Saçımın doğal rengi bu. Yani hatırladığım kadarıyla buna yakın bir şeydi." Jordan böyle yorumlarda bulunana kadar Alix saçının renginin çok çirkin olduğunu düşünüyordu. Ama şimdi Jordan onun kendini güzel ve özel biri olarak hissetmesini sağlamıştı.

"Konuşmamız lazım."

Alix omuz silkti. Konuşamayacak kadar gergindi.

"Vaktin var mı?"

"Var sayılır." Alix duvarın önündeki büyük kurutucunun yanına gitti, çamaşırlarını içine boşaltı ve makineye para attı. Kurutucunun çalıştığından emin olmak için bir süre daha orada bekledikten sonra Jordan'ın yanına döndü.

Jordan, elbise katlamak için kullanılan masaya oturdu. Saat daha erken olduğu için içerisi çok kalabalık değildi. Saat on oldu mu insanlar içeriye doluşurdu. Alix çocukların etrafta deli gibi dolaştığı, insanların sıranın kimde olduğu konusunda tartışıp durduğu kalabalık saatlerde buraya gelmemeye çalışırdı.

Alix başını önüne eğdi. Ondan özür dilemek için kullanacağı kelimeleri seçmekte güçlük çekiyordu.

Jordan, "Ne yaptığını duydum," dedi.

Alix adamın neyi kast ettiğini anlamaya çalışırken kaşlarını çattı.

"Lori onu uyuşturucu bağımlılarının evinden kurtardığını söyledi."

"Hıı," Alix olanları çoktan unutmuştu. "Evet, o da oradan kaçmayı istiyordu ama bir türlü bunu kabullenmedi."

"Lori sorunlu bir çocuk."

"Hangisi sorunlu değil ki?" Alix'in amacı iğneleyici bir şeyler söylemek değildi. Ona dürüstçe bir cevap vermişti. Tüm gençler dünyayı keşfetmeleri gerektiğine inandıkları bir dönemden geçiyor gibiydi. Tehlikelerden uzak durmalarının tek yolu ise birilerinin onları dizginlemesiydi. Kendi isyankâr tavrı onu birkaç karanlık yola sokmuştu ve şimdi geçmişe bakınca keşke diyordu. Keşke onu da uyuşturucu bağımlılarının arasından kurtaracak birisi olsaydı.

"Lori sana teşekkür etmemi istedi."

Alix kızı hiç de öyle hatırlamıyordu.

Jordan, "Ben de sana minnettarım," dedi.

Alix çok önemli bir şey değilmiş gibi başını salladı. "Lori'nin o eve ait olmadığını biliyordum."

Gözlerini Alix'e diken Jordan, "Sen de oralara ait değilsin," dedi.

"Biliyorum."

Jordan gözlerini ondan almayı istemiyordu. "Uyuşturucu sorunun var mı?"

Bu soru Alix'i kızdırmıştı. Ona hemen ters bir cevap verebilirdi ama öfkesini dindirmeyi başardı. Alix bile bile o uyuşturucu evine daldığı için Jordan'ın bunu sorması mantıklıydı. "Artık yok. Geçmişte kullanmıştım ama bıraktım."

Jordan başını salladı. Alix'in sözlerine inanıyordu.

Alix, "Sanırım, senden özür dilemem gerekiyor," dedi. Hiç de düzgün bir şekilde özür dileyememişti. "Haklıydın. Kıskançlık yaptım." Jordan'ı o fıstık gibi kızla kilisede görünce yere yığılacak gibi olmuştu. Bu tür şeyler hissetmeyi istemiyordu ama onun neyi isteyip istemediğinin bir önemi yoktu. Kalbi Jordan'ı sahiplenmişti bir kere. İçini yakan şüpheler görmezden gelinemeyecek kadar kuvvetliydi. O da bir daha ziyaret etmeyeceğine yemin ettiği o zamana ve mekâna geri dönmüştü.

Minnettar olması gereken biri varsa o da Lori değil, Alix'ti. O kızı tehlikeler içinde görmek Alix'i kendine getirmişti.

Jordan gülümseyerek, "Özrünü kabul ediyorum," dedi.

Alix kalbinin eriyip gittiğini hissetti. O da gülümsedi.

"Hâlâ arkadaş mıyız?"

"Arkadaşız." Alix o anda hem mutluluk hem de biraz hüzün hissetti. Bu, arkadaştan öte olamayacakları anlamına mı geliyordu?

Jordan masanın karşı tarafına uzanıp Alix'in parmaklarını nazikçe sıktı. "Seni özledim."

Alix birkaç saniyeliğine nefes alamadı. *Onu özlemiş miydi?* "Sana kazak örüyorum," diye fısıldadı.

"Gerçekten mi?"

Alix o modeli Carol'dan aldığı güne lanet okuyordu. Onu örmeye başladığı andan itibaren yüreğinde bir acı yer etmişti. Bir süre elinden bıraksa da sonra yeniden devam etmiş, böylece kendini Jordan'a yakın hissedeceğini ummuştu. Ayrıca bunu onunla görüşmek için bir bahane olarak da kullanabileceğini akıl etmişti. Bebek battaniyesini tamamlamış ve onunla ilgilenen sosyal hizmetler görevlisine göstermişti. Şimdi yapması gereken tek şey, battaniyenin uygun yerlere ulaştırılmasını sağlamaktı.

"Kıskançlığa gerek yok."

Alix, Jordan'ın gözlerinin içine baktı.

"Senden başka kimse yok."

Alix sertçe yutkundu. "Hımm."

Jordan, Alix'in parmaklarını daha da çok sıktı. "Doğum günün için sınıfa küçük kekler getirdiğin günü hatırlıyor musun?"

Alix o günü nasıl unuturdu. Annesi evde bir şeyler pişiren biri olmadığı için Alix kekleri kendisi yapmıştı. Mikseri falan da yoktu. Her şeyi kendi elleriyle hazırlamıştı.

"Onları ben pişirmiştim." Jordan'ın bunu hatırlamasına şaşırdı.

"Bana iki tane vermiştin."

Alix gözlerini yere dikti. "Evet, hatırlıyorum. Adam gibi bir fırınım olsa sana hemen onlardan yapardım."

"Mutfakta vakit geçirmeyi seviyor musun?"

Alix başını salladı. Aşçılık kursuna katılmak ve Jacqueline ile arkadaşlarının sık sık gittiği restoranlara benzer yerlerde güzel yemekler yapan bir şef olmak en büyük hayaliydi. Bir de bir gün kendi yemek şirketini açmayı hayal ediyordu. Bunlardan sık sık bahsetmiyordu. Geçen yıllar boyunca birkaç tane restoranda çalışmıştı. O restoranların mutfaklarındaki telaşı çok sevmişti. Annie'nin Kafesi'nde işe girmeyi istemişti ama o sıralar film dükkânının sahibi ona iş teklif edince oradan vazgeçmişti.

"Cumartesi akşamına bir planın var mı?" Jordan başparmağıyla Alix'in elinin arkasını okşadı.

"Yok."

"Benimle yemek yemek ister misin?"

"Annie'nin Kafesi'nde mi?" Restoran yemeklerine benzer yemekleri ancak orada yiyebiliyordu.

"Hayır. Bu sefer güzel bir restorana gidelim."

Jordan'ın bahsettiği restoran gece kıyafetleri giyip gidilen bir yere benziyordu. Adamı reddetmek Alix'in aklının ucundan bile geçmiyordu. Jacqueline belki de ona giyim kuşam konusunda ikinci bir şans verirdi.

Alix ondan yardım istemenin bir zararının olmayacağını düşünüyordu.

37

"Hayattaki birçok alanda olduğu gibi örgü örerken de başarılarımız kadar başarısızlıklarımızdan da ders alırız."

–Pam Allen

LYDIA HOFFMAN

Sanırım hayatımın sona erdiğini hissettiğimi söylemem, yaşadıklarımı biraz dramatize ediyormuşum gibi görünebilir. Yine de etrafımı saran steril alkol kokularının içinde, hastane yatağına uzanmış haldeyken kendimi tam da öyle hissediyordum. Hastanelerin kokusundan hep nefret etmişimdir. Benim gibi ömrünün çoğunu hastanelerde geçiren birinin bunlara şimdiye kadar alışmış olduğunu düşünüyor olabilirsiniz ama ben alışamadım. Çekilen röntgenler en büyük korkumu ortaya çıkardı. Beynimde başka bir tümör çıkmıştı. Şu anki halimde şükredebileceğim tek şey, bu seferki tümöre doktorların sinüslerimden girerek ulaşabilecek olmalarıydı. Kafatasımın bir kez daha delinmesine gerek kalmamıştı.

Tümör alınmış, biyopsi tamamlanmıştı. Ne yazık ki sonuçlar belirsiz çıkmış, ikinci sefer test etmek için doku örneği gönderilmişti. Hastane dosyası benimki gibi kabarık olan birisiyle karşılaşınca işi şansa bırakmıyorlardı.

Margaret'in gönderdiği karanfil buketi başucumda duruyor, beni her bakışımda mutlu ediyordu. Ablam bana ilk defa çiçek göndermişti. İlişkimiz düzeliyordu ama onun yanımda olduğunu hissettirmesi bile yaşadıklarımı atlatmama yetmezdi.

Başıma gelecekleri çok iyi biliyordum ve buna katlanamıyordum. Aynı şeyleri bir kez daha yaşayamazdım. İçimdeki tüm sesler, bunların ne kadar büyük bir haksızlık olduğunu haykırmak istiyordu. Elinden bebeği alınmış küçük bir kız gibi yerinde zıplayıp durmak ve zırlamak istiyordum.

Babam artık yanımda değildi, bana yardım edemezdi. Yaşadığım terk edilmişlik hissi çok ağırdı. Her ne kadar saçma da görülse öldüğü için babama kızıyordum. Çok kızgındım. Babama, Tanrı'ya, tüm dünyaya öfkeliydim.

İki gün boyunca beni ameliyata hazırlamak için verilen ilaçlardan sonra uyumaktan kendimi alamadım. Kısa süreliğine bir kaçış yolu bulmuştum. Gözlerimi her kapayışımda Brad'in yüzünü görüyordum. Duyduğum tek şey onun sesiydi. Aklıma gelen tek şey son konuşmamızdı. Telefonda onu bir daha görmek istemediğimi söylemiştim. İlişkimize devam etmek istemediğimi çok açık bir şekilde dile getirmiştim.

Brad tabii ki ona iyilik ettiğimi anlamamış; benimle tartışmaya, fikrimi değiştirmeye çalışmıştı. Ona söylediğim şeylerden pişmanım ama gerçekleri söyleyemezdim. Bu yüzden onunla artık ilgilenmediğime inanmasını sağlamıştım.

Margaret, Brad'den ayrılmama çok sert bir şekilde karşı çıkmıştı. Ben de ona bu hayatın benim olduğunu ve kararlarımı ancak kendim verebileceğimi söylemiştim. Bunlar ablamı susturmaya yetmişti. Kızdığını anlamıştım ama onun ters tavırlarıyla başa çıkabilirdim. Ne de olsa tüm hayatım boyunca onunla bir şekilde anlaşmaya çalışmıştım.

Kanserin geri dönmesinden dolayı beni suçladığını düşünmüyordum. Ablamın bu şekilde gösterdiği şefkat damlacığına minnettar olmaya çalışmıştım. Ona hastalık haberini verdiğimde ağırbaşlı davranmış ve durumuma ne kadar çok üzüldüğünü söylemişti.

Düşüncelerimle onu yanıma çağırmış olmalıydım. Margaret kapının önünde duruyordu. "Gönderdiğim çiçekler gelmiş," dedi. Huzursuz görünüyordu. Endişeli gözlerle etrafa bakındı. Hastabakıcılardan birinin onu kolundan tutup bir sedyeye yatıracağından, sonra da ameliyata götüreceğinden korkuyor gibiydi.

"Çok güzel çiçekler göndermişsin," dedim. "Teşekkür ederim."

Margaret, "Rica ederim," dedi ve temkinli bir şekilde yatağıma yanaştı. "Tahliller nasıl gidiyor?"

Söyleyecek bir şey olmadığı için omuz silktim. "Geçen seferki gibi."

Margaret'in kaşları havaya kalktı. "O kadar kötü mü?"

Gerçekten de gülümsemeye çalıştım ama ancak yüzümü buruşturabilmiştim.

"Annem de gelmek istedi ama..."

Başımı salladım. Annem hastaneye neden yattığımı bilmiyordu. Ben de durumun böyle kalmasını istiyordum. Babamın ölümüyle ilgili olumlu tek bir şey varsa, o da öteki dünyaya çabuk göçmesiydi. Annem uzun süren hastalıklarla başa çıkmayı başaramıyordu.

Margaret'in de anneme çektiğinden şüpheleniyordum. Ziyaretime gelmiş olması ise aramızdaki ilişkinin son birkaç ayda ne kadar çok geliştiğini gösteriyordu.

Margaret rahatlar rahatlamaz refakatçılar için konulan sandalyeyi yatağımın kenarına çekti.

"Gelmene çok sevindim," dedim. "Seninle konuşmak istediğim birkaç konu vardı."

Margaret beni duymamış gibiydi. "Bence daha sonra konuşalım."

"Lütfen." Sözlerim yetmese de ses tonum ona istediklerimi anlatmaya yetmişti.

Margaret bana izin verdi ve derince iç çekti. "Peki, ne söyleyecektin?"

"Dükkânıma ne olacağını düşünüyordum."

Margaret'in yüzünde acı dolu bir ifade belirdi. "O konuyu ben de düşündüm. Örgü örmediğimi biliyorsun ama işlerini seve seve idare ederim."

"Senden böyle bir şey isteyemem." Ablamdan dükkânımı işletmesini istemek aklıma gelmemişti.

"Önemli değil. Annemle birlikte işlere dönüşümlü olarak bakabiliriz."

Ablamın cömert tavrı beni gerçekten de etkilemişti. Hastaneye girdiğimden bu yana ilk defa boğazım düğümlenmiş, gözlerim dolmuştu. "Böyle bir şey yapmayı istediğine inanamıyorum."

Margaret şaşkınlık içinde baktı. "Sen benim kardeşimsin. Sana yardım etmek için her şeyi yaparım. Hatta..." Bir an tereddüt etti, derin bir nefes aldı ve omzunun üzerinden geriye baktı. "Bunları daha sonra konuşuruz, olur mu? Şimdilik hiçbir şey belli değil. Zamanı gelince gerekeni yaparız."

"Ama..."

"Dur şimdi, başka bir ziyaretçin daha var."

Ablamla birlikte yeğenlerimden birinin geldiğini düşünüp meraklı gözlerle kapıya baktım. Aslında dükkânımın geleceğini hemen belirlemek istiyordum ama Doktor Wilson net bir açıklama yapana kadar beklemek bana da mantıklı geliyordu. Zamanında kanseri ikinci sefer yeneceğime de inanmamıştım; üçüncü seferde de boş hayaller kurmayacağımdan adım gibi emindim. Mücadele verme düşüncesi aklımın ucundan geçmiyordu. Kaderimi kabullenmeye hazırdım.

Margaret'e de, anneme de, tedavi edilmektense ölmeyi istediğimi söyleyemezdim. Bir kez daha aynı şeyleri yaşayamayacağımı, kemoterapinin acısını çekemeyeceğimi hissediyordum. Yetişkin biriydim, kendi kararlarımı verebilirdim. Ve de kararımı vermiştim. Tedaviyi reddedecek, kanserin ilerlemesine göz yumacaktım. Bunları sadece Doktor Wilson ile konuşabilirdim. Onunla da ancak son tahlil sonuçları çıktıktan sonra görüşecektim.

Margaret, "Bir dakika," dedi. Sandalyeden kalkıp koridora çıktı.

Geri döndüğünde şaşkınlıktan ne yapacağımı bilemedim. Yanında getirdiği kişi ne Julie ne de Hailey'ydi. Diğer ziyaretçim Brad'di. İçimdeki tüm sesler ona da, Margaret'e de git diye bağırmak istiyordu. Bunlara dayanamıyordum. Brad'in yüzündeki gergin ifadeyi görür görmez bir çocuk gibi ellerimle yüzümü kapattım ve sonra da gözyaşlarına boğuldum.

Brad'in kollarını omuzlarımda hissettim. "Bana bunları söyleyebilirdin."

Ellerimi yüzümden çektim. Ona bakmayı da, onunla konuşmayı da istemiyordum. Hayatıma burnunu sokan ablama çok kızmıştım. "Nasıl yaparsın?" diye bağırdım. "Bunu bana nasıl yaparsın?"

O da bağırarak, "Öyle mi?" dedi. Odada sesler yankılanıyordu.

Brad bağrışmamızı kesip güçlü ve kararlı bir sesle konuşmaya başladı. "Keşke bana neler olduğunu anlatsaydın. En azından konuşurduk, Lydia."

"Git buradan!" Yüreğim parçalansa da Brad'in gözlerinin içine bakmak için başımı çevirdim.

Brad başını iki yana salladı. "Özür dilerim ama gitmeyeceğim."

"Başka seçeneğin yok."

"Beni kendinden uzaklaştırmana izin vermeyeceğim."

"Anlamıyorsun, öyle değil mi?" diye bağırdım. Kelimeler boğazımda düğümleniyordu. "Benimle yaşayabileceğin bir gelecek yok."

Brad, gözleri titrerken ellerime uzandı. "Ama bugün var, yarın var, ondan sonraki günler var."

Çenemi yukarıya kaldırdım. Herkesin neden durumu daha da zorlaştırdığını anlayamıyordum.

Margaret, "Lydia," dedi. "Artık kendine acımaktan vazgeç de hayata tutun."

Zaten ablamdan da başka bir şey söylemesini beklemiyordum. Bu kâbusları gören o değildi. Haftalarca kemoterapi ve radyasyon tedavilerinin acısını çeken o değildi. Ablam kanser ufak bir sıyrıkmış gibi davranıyordu. Benden kanseri hemen atlatıp hayatıma dönmemi bekliyordu.

Brad tüm içtenliğiyle bana bakıp, "Sana geleceğin neler getireceğini söyleyemem ama ne olursa olsun burada senin yanında olacağıma söz verebilirim."

Aynı lafları daha önce de başka bir adamdan, başka bir zamanda duymuştum. İki gün boyunca iğnelerin ve ilaçların saldırısına uğradıktan sonra tartışacak halde değildim. "Lütfen, git… Şimdi bunlarla uğraşamam."

Margaret ve Brad birbirine baktı. Bana inanmıyor gibiydiler. Aynı şekilde neler istediğimi ya da nelere ihtiyaç duyduğumu da önemsemiyorlardı. Bana başka bir seçenek bırakmadıkları için düğmeye basıp hemşireyi çağırdım.

Diyafonun öteki tarafındaki ince ses, "Neye ihtiyacınız var?" dedi.

"Huzura. Sessizliğe ihtiyacım var ama bu insanlar yanımdan gitmek istemiyor."

Margaret dudaklarını birbirine bastırdı ve yavaşça başını iki yana salladı. Brad'in çatık kaşlarından anladığım kadarıyla onu ancak kızgın bir hemşire odamdan çıkarabilirdi. Yatağa uzandım ve sırtımı ona döndüm.

Brad, "Konuşmamız daha bitmedi," dedi.

Cevap vermedim. Ona söylemek istediğim her şeyi söylemiştim. Onun söyleyeceği hiçbir şey de fikrimi değiştiremezdi.

Odaya doğru gelen ayak seslerini duydum.

Margaret hemşireye, "Biz de tam çıkıyorduk," dedi.

Sırtımı dönüp ablamla Brad'in gidişini izlememek için kendimi zor tuttum.

Belki de kanserden daha büyük sorunlarım vardı. Şu dünyada bana sevgisini göstermeye gelen iki kişiyi hayatımdan atmıştım.

38

CAROL GIRARD

Carol ve Doug, Seattle Üniversitesi'nin içindeki nezih restorana Rick'ten önce gelmişti. İkisi de oturmuş, Carol'un ağabeyini ve bir ihtimal gelecek olan Lisa'yı beklerken birer kadeh şarap içmişti.

Carol'un ağabeyine ulaşması birkaç gününü almış, konuşmaları da kısa sürmüştü. Rick'i akşam yemeğine davet etmiş, vakti varsa Lisa'yı da getirmesini söylemişti. Buluşacakları günü ve saati kesinleştirdikten sonra Rick, Lisa'yı da getirmeye çalışacağına söz vermişti.

Carol kocasının elini tutup, "Sence o da gelir mi?" diye sordu. Bu gece, evlilik hayatlarının en önemli gecesi olabilirdi.

Doug daha cevap verme fırsatı bulamadan Carol garsonun Rick'e masalarını gösterdiğini gördü. Tek başınaydı.

Belki de böylesi daha iyiydi. Konuyu Rick'e açabileceklerini ve onun da Lisa'yla konuşabileceğini düşünüyorlardı.

Bu tür bir konuyu yabancıların önünde konuşmak tuhaf olabilirdi. Carol geceyi Rick ve Lisa ile konuşarak geçirmeyi, sonra da onları evlerine davet edip meseleyi orada görüşmeyi planlamıştı. Rick ile Doug'ın konuşmasını kararlaştırmışlardı. Carol da bu sayede ağabeyinin tepkisini gözlemleyecekti.

Rick, "Merhaba," dedi. Carol'u yanağından öptü ve sonra da karşılarındaki sandalyeye oturdu. Kardeşinden gözlerini kaçırıyordu. "Annem düşük yaptığından bahsetti. Çok üzüldüm."

"Sağ ol."

İçkileri geldi. Bu sayede ortadaki tuhaf hava da dağıldı. Rick duble viski isterken, "Yarın geceye kadar uçuşum yok," diyerek durumu açıkladı.

Garson yemek siparişlerini alır almaz Doug, "Nasılsın?" diye sordu.

Rick biraz da dalga geçercesine, "On numarayım," dedi.

Carol masanın altından kocasının eline uzandı. "Lisa nasıl?"

"Herhalde iyidir. En son bir hafta önce konuşmuştuk."

Demek ki Rick onu yemeğe davet etme zahmetini göstermemişti. Carol bunun çok da önemli olmadığına karar verdi.

Rick, Carol'a bakıp, "Gördüğüm kadarıyla keyfin yerinde," dedi. "Moralinin bozuk olacağını düşünmüştüm. Annem yaşadıklarını atlatmakta zorluk çektiğinden bahsetti."

Carol yüzünü ekşitti. "Öyleydim ama ne yaparsın, hayat devam ediyor işte."

İçkisi gelince Rick buz dolu kadehi havaya kaldırdı. "Hayata," dedi. Carol ve Doug da kadehlerini havaya kaldırdı ama onun sözünü tekrarlamadı.

Carol, "Aslında keyfimin yerinde olmasında seninle Lisa'nın da büyük katkısı var," dedi. Ağabeyinin nabzını ölçüyordu. Doug ona ters bir bakış attı. Carol kocasının haklı olduğunu biliyordu. Onu yemeğe davet etme sebebini açıklamanın vakti henüz gelmemişti.

"Nasıl yani?" Rick şaşırmış gibiydi.

Şanslarına garson yemeklerini getirmiş, Carol da bu sayede ağabeyinin sorusunu cevaplamaktan kurtulmuştu. Garson fondü setini yakıp üzerine sıcak peynir karışımı dolu kabı koydu. Onun içine de ekmek dilimleri, dilimlenmiş sebze, taze elma ve armut ekledi.

Carol'un son bir haftadır iştahı açılmıştı. Ancak düşük yaptığı günden beri kıyafetleri üzerinden düşecek kadar kilo vermişti. Bu akşam yemeğe giyecek bir şey bulmak için üç sefer üzerini değiştirmek zorunda kalmıştı çünkü giyindiği her şey üzerinden düşüyordu.

Carol, "Evlat edinmeyi düşünüyoruz," dedi. Doug'ın ters bakışlarına rağmen kendine engel olamıyordu.

Rick bunu onaylarcasına başını salladı. "İyi düşünmüşsünüz."

Carol bacaklarını kocasının bacaklarına sürterken, "Biz

de öyle olacağını umuyoruz," dedi. Rick her şeyden habersiz olduğu için Carol'un ima ettiği şeyi daha anlamamıştı.

"Geçen hafta Ellie ile konuştum," dedi.

"Konuşmanız nasıl geçti?"

"Sesi içten geliyordu. Sesimi duyduğu için sevindiğini sezdim. Onu gelecek hafta yemeğe davet ettim."

"Ee, kabul etti mi?"

Rick başını iki yana salladı. "Juneau'ya dönene kadar beklesem daha iyiymiş. Yüz yüzeyken beni zor reddederdi."

Carol, "Lisa nasıl?" diye sordu. Ağabeyinden hamile kalan hostesin hakkında bir şeyler duymaya can atıyordu.

"Yollarımızı ayırmaya karar verdik. Zaten birbirimize çok da uymuyorduk."

Carol'un kalbi parçalandı. "Ama onunla görüşmeye devam edeceksin, öyle değil mi?"

Rick fondü kabına batırıp çıkardığı, üzerinden peynir akan ekmeği tutarken başını kaldırıp ona baktı. "Ah, tabii ki. Aynı uçuşlara katıldığımız için birbirimizi istemesek de göreceğiz. Aslında çok iyi kalpli biridir. Yaşadıklarımız bir talihsizlikti, o kadar. Bence Lisa bu zor durumla gayet iyi başa çıktı."

Carol rahatlayıp iç geçirdi. "Bazen kazara olan şeyler de güzel şeylere sebep olabilir."

"Tabii, olabilir." Rick bir parça ekmeğe daha uzandı. "Tadı ne kadar da güzelmiş! Bu peynirin türünü biliyor musunuz?"

Doug, "Ben bilmiyorum," dedi.

Carol kocasının sesindeki sert havayı sezip adamın yüzüne bakınca kaşlarını çattığını fark etti. Ne olduğunu sormak istiyordu ama şimdi olmazdı. Hazır Lisa konusunu açmışken daha fazla bekleyemezdi.

Ağabeyine dikkatle bakıp, "Düşük yapınca ne kadar kötü şeyler yaşadığımı bir bilsen," dedi.

Rick içkisini yudumladı, sonra da ağzına bir dilim armut attı. "Gerçekten de olanlara çok üzüldüm."

"Geçen hafta bir gece, şafak sökmeden önce karanlıkta oturmuş bunları düşünüyordum. Büyük bir hayal kırıklığı yaşadım."

"Öyle mi?"

"Kendimi de Doug'ı da hayal kırıklığına uğrattım. İkimiz de onun ne kadar iyi bir baba olacağını biliyoruz. Hem annemle babamın beklentilerini de boşa çıkardım. Onlar da torun yolu gözlüyordu. Tüm dünyamın yıkıldığını hissettim."

Rick, Carol'a baktı. "Neden öyle hissettin ki?"

Bunu açıklamak epey uzun sürerdi. "Kadınlar dünyaya bebek getiremeyince böyle şeyler hissedebiliyor işte."

Rick, Doug'a bakıp göz kırptı. "Ah şu kadınlar! Onlarla yaşamak da, onları anlamak da zor. Ama öyle ya da böyle hayatı ilginçleştirmeyi başarıyorlar, değil mi?"

Doug'ın ona cevap vermeye niyeti yoktu.

"Bu konuyu açmamın sebebi..."

"Carol," diyen Doug elini eşinin ellerinin üzerine koydu. "Şimdilik yemeğimizin tadını çıkaralım."

Carol başını sallasa da ağabeyine Lisa ile ilgili sorular

sormamak için kendini zor tutuyordu. Bir kadeh daha viski isteyen Rick, içki içmese Carol'un söylemeye çalıştığı şeyleri şimdiye kadar anlardı.

Yemekleri Carol'a hiç bitmeyecek gibi gelmişti. Başka zaman olsa Carol hayatındaki bu iki adamla seve seve vakit geçirirdi. Aperatif olarak sipariş ettikleri peynirden sonra ana yemek olarak beyaz şarap sosunda pişirilmiş karides ve ıstakoz yemişlerdi. En sonunda da önlerine, üzerine çikolata sosu dökülüp dilimlenmiş çileklerle süslenen kek getirilmişti. Carol'un bir dakika daha beklemeye tahammülü kalmamıştı.

Doug, "Bize gelmek ister misin?" diye sordu.

Rick saatine baktı. "Gelmesem daha iyi olur."

Carol, "Ama seninle konuşmak istiyorduk," dedi.

Rick yüzünde şaşkın bir ifadeyle ona baktı. "Ne konuşacakmışız?"

Carol evlatlık edinme meselesi açılmadan onun yanından ayrılmayı istemiyordu. "Seninle Lisa hakkında bir şeyler konuşmak istiyoruz."

Kaşlarını çatan Rick'in alnı kırış kırış oldu. "Size ondan ayrıldığımı söylemiştim."

"Evet, biliyorum ama bahsedeceğimiz şeyin hayatınıza birlikte devam edip etmemenizle ilgisi yok. Doug ile..." Carol sustu, kocasına baktı, sonra da bakışlarını Rick'e çevirdi. "...bebeğinizi sormak istiyorduk."

"Ne bebeği?" Rick'in kafası karışmıştı.

Carol ona doğru eğildi. "Lisa hamile değil mi?"

"Hamiley*di.*"

Carol sandalyesinin altından çekildiğini hissetti. "Düşük mü yaptı?"

Rick başını iki yana salladı. "Onunla bu konuyu konuştuğumuzu biliyorsun. İkimiz de başka bir seçeneğin olmadığına karar verdik. Hamileliğini devam ettirmesini istemiyorduk."

"Evet, ama..."

"Ellie'nin bunları öğrenince neler söyleyeceğini düşünüp duruyordum. Bir de istemediğim bir çocuğa bakmam gerekecekti. Çocuk yetiştirmek öyle basit bir şey değil. Sorumluluk gerektirir."

"Kürtaj mı yaptırdı?" Carol her tarafının iğnelendiğini hissediyordu.

"Az önce de dediğim gibi Lisa ile bu konuyu konuştuk. Bebeği doğuracak olan o olduğu için kararı ona bıraktım."

"Ve ona bebeği istemediğini söyledin!"

"Aynen öyle. Hayatımda böyle bir karmaşanın yer almasını istemedim."

"Ama biz o bebeği evlat edinecektik!"

"Hayatım." Doug'ın nazik sesi Carol'un içini kaplayan umutsuzluğu ve hayal kırıklığını dağıttı. "Düşündüğün şey olmayacak. Vazgeç artık."

Carol yaşadığı ilk şokun ardından hiçbir şey hissetmiyordu. Geriye ne kızgınlık, ne öfke, ne de hüsran kalmıştı. Havadan sudan konuşmuşlardı sanki.

Rick, "Özür dilerim ama bunu bilseydik bile bence çok da farklı bir karar almazdık," dedi.

"Gel, hayatım. Gitme vakti geldi." Doug eşinin ayağa kalkmasına yardım etti. O da en az Carol kadar üzgün olduğunu belli ediyordu.

Rick, "Büyük bir beklenti içinde değildiniz, öyle değil mi?" diye sordu. "Sizin sorunlarınızı ben çözecek değilim."

Doug, "Haklısın," dedi. "Bu bizim sorunumuz."

Rick kadehinin dibinde kalan viskiyi de kafaya dikti. "Üzülmenize gerek yok. Olur böyle şeyler."

Doug kolunu Carol'un beline atarken, "Haklısın," dedi. "Yemek için ikinize de teşekkürler. Arayı fazla açmayalım." Onlar kalkarken Rick masada oturmaya ve etrafa boş boş bakmaya devam ediyordu.

39

ALIX TOWNSEND

Jacqueline, Alix'i cumartesi sabahı saat tam onda evinin önünden aldı. Alix, cuma günü kurstayken ona Jordan ile gideceği yemekten bahsetmişti. Bir kez daha kendini kanıtlama şansını yakalayan Jacqueline de bu fırsatın üzerine atlamıştı hemen.

Jacqueline, "Nerede hata yaptığımı biliyorum," demişti. "Bana bir şans daha ver. Pişman olmayacaksın."

Alix, Jacqueline'in haklı çıkmasını umut ediyordu. Mercedes kaldırıma yanaşırken Alix öne çıkıp yolcu kapısını açtı. "Kararını değiştirmedin, öyle değil mi?"

"Elbette değiştirmedim. Hadi atla, geç kalmayalım."

Üç ay önce sosyeteden biriyle arkadaş olacağını söyleseler, Alix katıla katıla gülerdi. Jacqueline ile didişmeye devam ediyordu ama artık didişmeleri bir gösteriden ibaretti.

İkisinin de koruması gereken bir itibarı vardı ve dışarıya farklı bir izlenim vermek istemiyorlardı. Gördüğü kadarıyla Jacqueline de aynı şeyleri düşünüyordu.

Alix arabaya binip beklerken Jacqueline'in arabayı neden hareket ettirmediğini merak etmeye başlamıştı.

Jacqueline sert bir şekilde, "Kemerini tak," dedi.

Alix homurdanarak emniyet kemerine uzandı ve kemeri tokasına taktı.

Jacqueline, "Ne var?" dedi.

"Bu kadar takıntılı olma."

"Ben takıntılı falan değilim. Bu arada önce gelinimin evine gidiyoruz."

"Tammie Lee'nin yanına mı?" Jacqueline onu gerçekten de şaşırtıyordu. Sadece ona karşı değil, gelinine karşı da daha iyi davranmaya başlamıştı. Kadın örgü kursuna yazıldığı ilk günlerde değerli oğluyla evlenen o kadın hakkında güzel hiçbir şey söylemişti. Ama şimdi bu da biraz olsun değişmiş gibiydi.

"Tammie Lee genç biri ve giyinmesini de iyi bilir. Senin de aradığın görünüş öyle bir şey değil mi?"

"Beni Barbara Bush'a dönüştürmenden iyi olacağına eminim."

Jacqueline'in bu sözlere gülmesi Alix'i şaşırttı. "Eski First Leydilerimizi hafife alma. Ben de beşinci sınıftayken sırf Jacqueline Kennedy yüzünden adımı farklı söylüyordum."

"Annem adımı bilerek böyle koyduğunu söylüyor ama ben ona hiç inanmıyorum. Muhtemelen kimliğimi çıkarırken her zamanki gibi sarhoş olduğu için yanlış yazdırdı." Alix bunu kesin olarak bilmese de böyle bir şeyin olma ihtimali çok yüksekti.

Tammie Lee'nin evine giderken yolda epey muhabbet ettiler. Çoğunlukla da şık bir restoranda ilk önce hangi çatalın kullanılacağından ve Jacqueline'in gerekli gördüğü diğer görgü kurallarından konuştular. Ayrıca Lydia'nın durumundan da bahsetmişlerdi. Ablasının son zamanlarda dükkâna neden bu kadar sık geldiğini merak ediyorlardı. Jacqueline neler olduğunu sormak için birkaç kez telefon açmış, Alix de bizzat gidip Margaret ile konuşmuştu. Margaret onlara sadece Lydia'nın moralinin bozuk olduğunu söylemiş, başka hiçbir açıklamada bulunmamıştı. Cuma günü öğretmenleri ve arkadaşları olmadan bir araya gelmek hoşlarına gitmese de hiçbiri bunu açık açık dile getirmemişti. Alix de Jacqueline de Lydia'nın gelecek cuma onlara eşlik etmesini umut ediyordu.

Jacqueline yirmi dakika boyunca yola devam ettikten sonra köşke benzer bir evin yoluna girdi. Önünde büyük bir avlu ve bir sürü de çiçek olan ev, çok modern duruyordu. Ön taraftaki beyaz sütunlar Alix'e bir zamanlar bir dergide gördüğü fotoğrafları hatırlattı. Harika bir yere gelmişlerdi.

Jacqueline arabasının motorunu kapatır kapatmaz evin kapısı açıldı ve Alix'in yaşlarında bir kız dışarı çıktı. Tammie Lee her an doğum yapacakmış gibi duruyordu. Üzerinde bir şort ile bir de hamile kıyafeti vardı. Ayakları çıplaktı. Yüzünde, Alix'in o ana kadar gördüğü en büyük gülümseme vardı.

Gözleri, hoş geldiniz der gibi parlıyordu.

Tammie Lee, "Tam zamanında geldiniz," dedi sinekli kapıyı açarken. "Ben de yolunuzu gözlüyordum."

Alix, Tammie Lee'nin konuşmasını çok sevmişti. Daha önce bu kadar tatlı, bu kadar yumuşak bir ses duymamıştı.

Tammie Lee kayınvalidesine bir yıldır görüşmemişler gibi sarıldı. "Sen de Alix olmalısın. Jacqueline bu kadar güzel olduğunu söylememişti. İşimizi tereyağından kıl çeker gibi halledeceğiz. İçeriye gir de sana iyice bir bakayım." Alix ona itiraz etmeyecekti ama daha bir şey söyleme fırsatı bulmadan Tammie Lee kolunu tutup onu eve aldı.

Jacqueline, "Paul nerede?" diye sordu.

Tammie Lee, "Babasıyla takılıyor," dedi. Onun bundan haberdar olmamasına şaşırmış gibiydi.

Alix, Jacqueline'in gözlerinin titrediğini fark etti. Bir anlığına kadının üzüldüğünü sezdi ama yanılıyor da olabilirdi.

Tammie Lee, "Her şeyi hazırladım," dedi. "Alix'in denemesi için kıyafetlerimi çıkardım. Kendine yakışan bir şeyler bulunca alışverişe nereden başlayacağımızı da biliriz."

Alix bu güneyli kızın ne tür şeyler giydiğini tahmin edemese bile, "İyi düşünmüşsün," dedi.

Tammie Lee tam da söylediği gibi misafir odasındaki yatağın üzerine çeşit çeşit elbiseler sermişti. Alix elbiseleri görünce ilk başta hayal kırıklığına uğradı. Yatağın üzerinde saten elbiseler ve üzeri dantelli bluzlar vardı. Hepsi de tam kız işiydi.

"Sen şunlara bir bakıver ben de bu arada buzlu çay getireyim."

Jacqueline yatağın bir kenarına otururken, "Naneli," diye ekledi.

Tammie Lee odadan hızlıca dışarı çıkarken, "Elbette naneli," dedi.

Jacqueline küçümseyici bir ses tonuyla fısıldayarak, "Her şeye nane katar da ondan sordum," dedi.

Alix ona şöyle bir baktı. Jacqueline'in hiçbir şeyi beğenmez tavrı geri gelmiş gibiydi ama bir şey söylemedi. Onun yerine uzun, kot eteğe baktı. Üzerine tişört giyip bir de geniş deri bir kemer takarsa durumu idare edecek bir kıyafeti olurdu. Eteği bir kenara ayırdı. Üzerinde danteller olan kabarık bir elbiseye uzandı ama ondan da hemen vazgeçti.

Tammie Lee başını kapıdan içeri uzattı. "Kola içmek isteyen var mı?"

"Ben alırım." Alix utangaç biri değildi. Zaten buzlu çayı da hiç sevmezdi.

"Yer fıstığı da olsun mu?"

"Olsun." Kahvaltı yapmamıştı. Midesine bir şeyler girse iyi olurdu.

Jacqueline, "Ben buzlu çay alayım," dedi. "Yardıma ihtiyacın var mı?"

"Ah hayır, çok teşekkürler." Tammie Lee bir kez daha ortalıktan kayboldu ama çabucak döndü.

Getirdiği tepsiyi komodinin üzerine bıraktı. Jacqueline bardakları ve buzlu çayı almak için ayağa kalktı. Alix kadının başparmağıyla işaret parmağını kullanıp çayın üzerindeki naneyi bir böcekmiş gibi çıkarışını izledi.

Tammie Lee kolayı büyük bir su bardağında getirmişti. Yer fıstıklarını unutmuştu ama çok da önemli değildi. Alix bardağı ağzına götürene kadar üzerinde fıstıkların yüzdüğünü fark etmedi. Artık sesini çıkaramayacağı için bir yudum aldı. Kolanın tuzlu ve tatlı karışımı ilginç olmuştu. Bu da muhtemelen Jacqueline'in sık sık şikayet ettiği güney bölgesi geleneklerinden biriydi.

Alix kot eteği eline alıp, "Bunu sevdim," dedi.

"Ben de onu seveceğini düşünmüştüm."

Jacqueline, "Şık bir restorana kot etekle gidemezsin," diyerek onlara karşı çıktı.

Tammie Lee, "Ama bu sıradan kotlardan değil," dedi.

Onlar şık bir restorana nasıl kıyafetler içinde gidileceğini tartışırken, Alix üstünde yer fıstıkları olan kolasını içti.

Bir saat boyunca çeşit çeşit kıyafetler denemişti. Sonra da üçü birden iki arabayla alışverişin yolunu tutmuştu. Alix, Jacqueline'in arabasında yolculuk etmişti. Büyük alışveriş merkezine vardıklarında Tammie Lee soyunma odasına bir sürü kıyafet taşımış, bu sırada Jacqueline de oturup onları beklemişti. Alix kıyafetlerinin bazılarını hemen elemiş, bazılarını ise kenara ayırmıştı. En sonunda uzun siyah bir etek ile boyun kısmı aşağı doğru sarkan, kolları bilek hizasında düğümlenen, beyaz, ipek bir buluz seçmişti.

Bu arada öğlen olmuştu ve Alix açlıktan ölüyordu. Canı hamburger çekiyordu ama Jacqueline alışveriş merkezinin içindeki bir yere oturmak istemiş, içinde ince dilimlenmiş salatalıklar olan parmak sandviçlerin tadına bakmaları konusunda ısrarcı olmuştu. Alix sandviçini iki ısırıkta bitirmiş, onun üstüne birkaç tane daha yemişti. Jacqueline'in öğlen yemeğine harcadığı parayla tüm hafta karnını doyurabilirdi. Artık sosyetik kadınların neden zayıf olduğunu çok daha iyi biliyordu.

Jacqueline, "Sizi bilmem ama ben yorgunluktan öldüm bittim," dedi. "Siz alışverişe bensiz devam edin."

Tammie Lee, Jacqueline'e, "Eve gidip ayaklarınızı yüksek bir yere koyun," dedi. "Alix için de uygunsa bundan sonraki işleri birlikte hallederiz."

"Ama her şey bittikten sonra Alix'i görmek istiyorum."

Tammie Lee, "Ben sizi ararım," dedi.

Tammie Lee ve Alix, geriye kalan ayakkabı ve gümüş kolye gibi ufak tefek şeyleri de birlikte hallettiler. Onları da Jacqueline karşılamıştı. Alix, kadının gelinini çok sevmişti. Tammie Lee ömrü boyunca gördüğü en şeker, en eğlenceli, en nazik insandı. Jacqueline'in, gelinini sevmemesine anlam veremiyordu.

Kafeteryaların bulunduğu bölümde birer kola içmek için bir fast food dükkânının önüne geçtiler. Alix karnı doymadığı için kolanın yanına çizburger ile patates kızartması da söyledi.

Tammie Lee ona bakıp kıkır kıkır güldü. "Hepsinden iki tane olsun."

"Jacqueline'in beni götürdüğü o kuaföre gitmem, onu

baştan söyleyeyim." Alix, arkadaşının Bayan Desiree ile yaşananları anlatmayı unutmuş olacağını düşünerek bunu söylemesi gerektiğine karar vermişti.

Tammie Lee fısıldayarak, "Sonuna kadar haklısın," dedi. "Jacqueline, bir zamanlar benim de Desiree'den randevu almamı istemişti. Ben de Paul ile evlendikten sonra ona saçlarımı emanet etmiştim."

"Seni de eski dizilerden fırlamış birine benzetti mi?"

Tammie Lee gülümseyerek, "Hayır," dedi. "Beni daha çok Don King'e benzetti. Paul beni her görüşünde gülmüştü. İnan, yerin dibine girmiştim."

Siparişleri hazırlanmıştı. Tepsilerini alıp oturma alanının ortasında bir yere geçtiler.

Alix çizburgerinin paketini açarken, "Bana Paul'den bahset," dedi.

Tammie Lee, "Ah Alix," dedi ve iç çekti. "Nereden başlayacağımı bilmiyorum. Louisiana'dan ayrılacağımı hiç düşünmezdim. Ama insanın aşık olunca yapamayacağı şey yok." Yüzündeki ifade ne kadar mutlu olduğunu gösteriyordu. "Paul ile birlikte olduktan sonra nerede oturduğumun bir öneminin olmadığını fark ettim. Kalp dile gelince insanın yapacak çok bir şeyi kalmıyor."

Alix, Tammie Lee'nin ne demek istediğini çok iyi anlıyordu. Onunla şu anda bir alışveriş merkezinde oturması da bunun kanıtıydı.

Tammie Lee, "İzin verirsen saçını ben kendim yapmak istiyorum," dedi.

"Gerçekten yapar mısın?"

"Desiree kadar eğitim almamış olabilirim ama ben de yeterince iyiyimdir. Tüm arkadaşlarım balolara ve davetlere gitmeden önce saçlarını bana yaptırırdı."

"Sana zahmet olmayacaksa çok sevinirim."

"Hem eğlenmiş de oluruz."

Tammie Lee eve vardığında Paul golften dönmüştü. Kucağında boş bir tabakla televizyonun karşısında duruyordu. Önündeki sehpanın üzerinde de dibinde süt olan bir bardak vardı.

Paul, "Merhaba, hayatım," dedi ve sonra Alix'e bakıp gülümsedi. Koltuktan hemen kalktı ve Tammie Lee'nin elindeki çantaları aldı. Sonra da karısını yanağından öptü. "Alışveriş nasıl geçti?"

"Harikaydı. Tanıştırayım, Alix. Arkadaşım. Daha doğrusu annenin arkadaşı."

"Merhaba, Alix." Paul duyduklarının doğru olup olmadığından emin olmak istercesine baktı ona. "Annemle arkadaş mısınız?"

"Evet, örgü kursundan tanışıyoruz."

"Ah, tabii ya." Başını salladı. "Şimdi hatırladım..."

"Alix'in saçını yapacağım. Bu akşam özel birisiyle buluşacak."

"Tamam, siz keyfinize bakın." Paul bunları söylerken gözlerini televizyondaki beyzbol maçına çevirmişti.

Tammie Lee gerçekten de iddia ettiği kadar yetenekliydi. Saçının son halini gören Alix, kendini güzellik yarışmasına aday olmuş gibi hissetti. Banyodaki aynaya bakarken karşısındaki görüntünün kendine ait olduğuna inanmak için gözlerini kırptı.

Tammie Lee, "Ne düşünüyorsun?" diye sordu.

"Çok güzel oldu."

Tammie Lee yavaşça başını salladı. "Zaten çok hoş bir kızsın, Alix. Bence Jordan da bunu çoktan biliyor."

Tammie Lee, Jordan'ın adını Alix'in sevgilisiymiş gibi söyleyince Alix'in kalbi güm güm atmaya başladı.

Çok geçmeden Jacqueline eve gelip Alix'in üstünü başını ve de saçlarını beğendiğini söyledi. Alix, arkadaşının ona ilk başta almak istediği pahalı elbise ve tuhaf saçla hiç ilgisi olmayan bir hale bürünmüş olmasına rağmen onun onayını aldığını görebiliyordu. Tammie Lee saç maşası ve şekillendirici köpükten başka bir şey kullanmadan Alix'in düz saçlarına doğuştan dalgalıymış gibi bir hava katmayı başarmıştı. Alix saçlarının bu kadar güzel olabileceğini düşünmüyordu.

Jacqueline bir süre sonra gülümsedi.

"Sence Jordan beni beğenir mi?"

Jacqueline sevinçle güldü. "Beğenmek ne kelime, şaşkınlıktan ağzı açık kalacak."

O akşam evde Jordan'ın gelmesini bekleyen Alix, oturma odasında telaşla dolanıyordu.

Laurel, "Bir yere otursana," dedi kızgın bir şekilde. Eline aldığı bir kutu dondurmayla televizyonun karşısına geçmişti.

Kapı tıklatılınca Alix neredeyse heyecandan bayılacaktı.

Gözlerini kapattı ve yıllardır dua etmemiş birisi olmasına rağmen aklına gelen ilk duayı okudu. Jordan'ın onu güzel-bulmasınıi her şeyden çok istiyordu.

Nefesini tutup kapıyı açtı.

Jordan elinde bir buket çiçekle kapının önünde duruyordu. Alix'i görünce adamın gözleri fal taşı gibi açıldı.

Alix, "Ne olur bir şey söyle," dedi.

Jordan derin bir nefes alıp, "Vay be," dedi. "Alix bu sen misin?"

Alix, "Benim," dedi ve gülümsemekten kendini alamadı. "Yeni halimi beğendin mi?"

"Evet, çok güzel olmuşsun." Buketi ona uzattı.

Alix'e ilk defa birisi çiçek veriyordu. Dünyadaki hiçbir şey onu bu kadar mutlu edemezdi.

40

"Kendime ya da bir başkasına bir şeyler örerken hissettiğim tutkular; yaratıcılığımı ifade etmemi, başarı hissini tatmamı sağlar."

–Rita E. Greenfeder

LYDIA HOFFMAN

Margaret, Doktor Wilson'un yanına giderken bana eşlik etmek istedi. Tüm test ve tahlil sonuçları Doktor Wilson'un eline ulaşmıştı ve anladığım kadarıyla teşhisle ilgili bir belirsizlik vardı.

Hastaneden taburcu olurken Doktor Wilson bir meslektaşından biyopsi sonucuna bakmasını istediğini söylemişti. Bu sözleri içimi rahatlatmak için sarf etse de içten içe tümörün kötü huylu olduğunu biliyordum.

Bekleme salonunda otururken Margaret, "Bu kadar karamsar olma," dedi. Günün son randevusu bana verilmişti. Teşhisin kötü olduğunu gösteren bir işaret de buydu ama bundan ablama bahsetmedim.

Onun yerine arkama yaslandım ve dünyayı görmezden gelmek için gözlerimi kapadım. Ablamın iyimser olmamı söylemesi kolaydı. Ne bu hayat, ne bu hastalık, ne de kapıda bekleyen ölüm onundu. Acaba benim yerimde o olsa neler düşünürdü? Geçenlerde sırf kanser tehlikesi atlattığı için koşa koşa yanıma geldiğini ona söylememek için kendimi zor tuttum. Şu anki ruh halimle bu tür şeyler yapabilirdim. Dünyaya ve bana yakın olan herkese ateş püskürecek durumdaydım. Ne yazık ki öfkemi en çok da bunları hiç hak etmeyen Brad'e göstermiştim. Ancak ona da, onu düşündükçe hissettiğim pişmanlıklara da bel bağlamayacaktım. Her şeyi onun iyiliği için yapmıştım. Onu kendimden uzaklaştırmanın bana ne kadar büyük acılar yaşattığını Brad bilemezdi. Yaptığım şeylerin yükünü her ne kadar kısa da olsa ömrümün sonuna kadar omuzlarımda taşıyacaktım.

Korumaya can attığım kişilerden biri de annemdi. Margaret de bu konuda bana ayak uydurmuştu. İkimiz de ona olup bitenlerden bahsetmemiş, hastaneye rutin bir kontrol için gittiğimi söylemiştik. Annem de zaten bu yalanı kabul etmeye dünden razıydı.

Kaçınılmaz sonla karşılaşmaya kendimi hazırlamış haldeyken Peggy bekleme salonuna geldi. O devasa hastane dosyası bu kez yanında değildi. "Doktor Wilson seninle görüşecek," dedi.

Sesinde umut ve cesaret pırıltıları olduğunu hissetsem de Peggy'nin gözlerine bakmadım. Onu da bir arkadaşım olarak görmeme rağmen ona diğerlerinden farklı bir şekilde davranamazdım. Doktor Wilson tüm hastalarına çok iyi davranan biriydi. Tam da bu sırada bu yaşananların onun için ne kadar kötü olduğunu fark ettim. Çoğu zaman muayenehanenin bir kenarında bekliyor Doktor Wilson'un hastalarının kansere karşı verdiği savaşta yenik düştüğünü görüyordu. Hiç de kıskanılacak bir işi yoktu.

Ben elimdeki dergiyi bırakıp çantamı alana kadar Margaret çoktan ayağa fırlamıştı bile. Benimse en büyük korkumun gerçekleştiğini duymak için acele etmeye hiç niyetim yoktu.

Peggy ikimizi de Doktor Wilson'un çerçeveletilmiş diplomalarla ve başarı belgeleriyle süslü odasına götürdü. Birkaç aile fotoğrafı, duvara dayalı dosya dolabının üzerine güzel bir şekilde yerleştirilmişti. Ahşap çalışma masası parlatılmıştı ve üzeri derli topluydu. Bir kenarında da benim dosyam duruyordu. Daha önce iki sefer bu odaya girmiştim ve ikisinde de hayatımı karartan haberler almıştım. Bu sefer de durumun farklı olmasını beklemiyordum.

İçeri girdiğimde Doktor Wilson odasında değildi ama hemen arkamızdan içeri girdi. Ablam kısaca tanıştırıldıktan sonra onunla tokalaştı.

Doktor Wilson büyük, deri koltuğuna oturdu. Dosyamı masanın ortasına çekip açtı. Durdu ve sonra…

"Biliyorum kanser geri döndü," dedim. Soru sormaya çalışmıyordum. Tümör alınmıştı ama beynimin ulaşılamayacak bölgelerinde başka tümörlerin de türediğini hissediyordum.

Margaret, "Öyle mi gerçekten?" diye sordu. Sesinin hafiften titremesi beni şaşırttı.

Ömrüm boyunca birçok sefer Margaret'e benim haklı, onun da haksız olduğunu göstermek istemiştim. Bu da bir nevi kardeşler arası mücadeleden ibaretti. Ancak bu sefer yanılan kişi olmak için her şeyimi vermeye razıydım.

Daha önce de dediğim gibi iyimser olamazdım. Kanser bedenimi terk etmek istemiyordu. Tedavi olmayı kabul etmediğimi söylemek için ağzımı açtım. Üçüncü bir kez daha kanserle savaşmaya ne gücüm ne de halim vardı. Babam yanımda değilken böyle bir şey yapmak istemiyordum.

Doktor Wilson, "Daha önceki hastalıklarını göz önüne alarak," diye konuşmaya başladı, "bir tanı koymadan önce her şeyden emin olmak istedim. Senden alınan biyopsiyi ülkemizdeki en iyi beyin kanseri uzmanına gönderdim."

Nefesimi tuttum. Doktorun vereceği haberin hayatımı yıkacağından emindim.

Oturduğu koltuğun ucuna kadar gelen Margaret, "Ne dedi peki?" diye sordu.

"O da benimle aynı fikirde. Tümör iyi huylu."

"İyi huylu mu?" dedim. Söylediklerini doğru duyduğumdan emin olmak istiyordum. Tümör iyi huyluymuş.

"Evet." Doktor Wilson bana bakıp gülümsedi ama ben

tepki veremeyecek kadar büyük bir şaşkınlık içindeydim. "Bu sefer her şey güzel olacak, Lydia. Kanser değilsin." Ayağa kalkıp duvardaki röntgen panosuna doğru yürüdü. Büyükçe bir zarfın içinden iki tane röntgen filmi çıkardı, filmleri panoya taktı ve panonun ışığını açtı. Kalemini çıkarıp filmi gösterdi. "Bu çektiğimiz ilk röntgen. Bu da ameliyattan sonraki."

"Kemoterapiye ya da radyasyon tedavisine ihtiyacım olmadığını mı söylüyorsunuz?"

Başını salladı. "Bu tür tedavileri bu durumda gerekli görmüyorum."

Dimdik oturdum.

"Sence de çok güzel bir haber değil mi?"

Ona cevap veremeyecek ve hatta başımı sallayamayacak kadar şaşkındım. Yavaş yavaş neler olduğunu anlamaya başlarken Doktor Wilson'un sesini duyar gibi oldum. Hayatım bana geri verilmişti.

Ne zaman ayağa kalktığımı bilmesem de ayakta duruyordum. Ellerimle ağzımı kapatırken, gözyaşlarına boğularak kendimi küçük düşürmekten korktum. Asıl Margaret'in ağladığını görünce çok şaşırmıştım. Ablam ayağa kalktı, bana sarıldı ve hıçkıra hıçkıra ağlamaya başladı.

Margaret, "İyileştin," deyip duruyordu. "Ah, Lydia, iyileştin. Artık hiçbir şeyin yok."

Doktor Wilson bana yazdığı yeni ilaçları ve yan etkilerini açıklıyordu ama söylediği hiçbir şeyi anlayamıyordum. Söylediklerini umursayamayacak kadar mutluydum.

Margaret de ben de bir süre ağladıktan sonra gülmeye

başladık. İkimiz de aynı anda gülüyorduk. Kahkalarımız epey yüksek çıkmış olacak ki Margaret parmaklarının ucunu dudaklarına götürdü ve bana bakmamaya çalıştı. Doktor Wilson'un açıklamaya çalıştığı şeyleri dinlemeye gayret ediyordu. Ama doktorun söylediklerinin hiçbir önemi yoktu. Bildiğim tek şey, hayatımı geri aldığımdı. Güzel hayatım tekrar benim olmuştu.

Dışarıya çıkana kadar aklıma Brad gelmemişti. Mutluluktan havalara uçarken ablamın elini tuttum ve "Margaret," dedim. Asansörün önünde durduk. Margaret sesimdeki burukluğu hissetmiş olmalıydı. Yüzündeki gülümseme kayboldu.

"Efendim?"

"Brad... Ona çok kötü davrandım. Bana yardımcı olmak için yanıma geldiğini biliyorum."

Margaret, ben sana demiştim, diye bağırmamak için kendini zor tutuyordu. Bunun yerine bana, "Onunla konuş," dedi.

Brad'i çok özlemiştim. Onu aramak istiyordum ama arayamazdım. Hastanede yatarken iki kez beni ziyaret etmek istemişti ve ben onu reddetmiştim. Hemşireyle bana bir mektup göndermişti, onu da fırlatıp atmıştım. Yazdıklarının fikrimi değiştireceğini biliyordum.

Hemşire bir süre sonra geri gelip Brad'in benden bir cevap beklediğini söylemişti. Hemşireyi, ona mektubunu okumayacağımı iletmek zorunda bırakmıştım. Şimdi her şey çok manasız, çok acınası görünüyordu. Hayatımın en çok umut vaat eden ilişkisini mahvetmiştim.

"Onunla konuşmaya çalışabilirim ama beni dinler mi orasını bilemem." Beni bir daha görmek istemese bile Brad'e kızamazdım. Tek umudum, dükkânıma kargo getirdiğinde beni görmezden gelmemesiydi.

Salı sabahı erkenden, yüzümde sevinç dolu bir gülümsemeyle işimin başına döndüm. Dükkânıma girip "KAPALI" yazısını "AÇIK"a çevirmenin yaşattığı heyecanı kelimelerle ifade etmekte zorluk çekiyordum. Sokağın karşısındaki inşaat gürültüleri bile keyfimi bozamıyordu.

Doktor Wilson'un uymam gerektiğini söylediği şeylerin yazılı olduğu listeyi elime alınca gerçeklerle yüz yüze geldim. Potansiyel tümörlerin türemesini önleyecek yeni bir ilaç tedavisine uygun bir aday olduğuma karar verilmişti.

Sabah saatleri, dükkânıma akın eden ve geçen hafta boyunca nerelerde olduğumu soran müşterilerimle ilgilenmekle geçti. Birçok müşterim geri döndüğümü öğrenmişti. Haber, kulaktan kulağa yayılmıştı. Bunun ne kadar gurur verici olduğunu tarif bile edemiyorum. Margaret bana yardımcı olmak için elinden geleni yapmış, geçen günler boyunca dükkânımı çoğu zaman açık tutmaya çalışmıştı. Ancak müşterilerim içeride beni görmeye alışkındı.

Margaret dükkânda çalışmayı sevmiş gibiydi. Daha üç ay önce ablamla ilgili güzel hiçbir şey düşünemiyordum. Şu son zamanlarda bana yaptıkları için ise ona fazlasıyla minnettardım.

Öğlen olup işlerim de biraz sakinleşince endişeli gözlerle dışarıya baktım. Brad'i görmeyi umut ediyordum. Kahverengi kargo kamyonu çiçekçinin önünde durunca neredeyse kapıdan dışarı fırlayacaktım. Ama kamyonun içinden inen kişi Brad değildi.

Kendimi tutamayıp, "Brad nerede?" diye sordum.

Brad'in yerine gelen adam omzunun üzerinden bana baktı. "Brad artık bu güzergâhta çalışmıyor."

"Nasıl yani?" Kaldırımın ayaklarımın altından kayıp gittiğini hisseder gibi oldum. Brad'in böyle sert bir tavır aldığına inanamıyordum.

"Brad artık şehrin aşağı kesimine dağıtım yapıyor."

Neler olduğunu biliyordum. "Kendisi başka bölgeye geçmeyi istedi, öyle değil mi?"

Adam omuz silkti. "Orasını bilmiyorum maalesef."

"Onunla karşılaşıyor musunuz?" diye sordum. Brad'e bir mesaj gönderebileceğimi umut ediyordum.

"Çok denk gelmiyoruz." Adam meşguldü ve ben de onu işinden alıkoyuyordum. Ayaklarımı sürüye sürüye dükkâna geri döndüm.

Brad'e yaptıklarımın yanlış olduğunu biliyordum. Bana olan sevgisini göstermek için onca şey yapan bir insanın kalbini fena kırmıştım. Şimdiyse yaptıklarımı telafi etmek için çok geç kalmadığımı ummaktan başka çarem yoktu.

41

JACQUELINE DONOVAN

"Jacqueline."

Ses uzaklardan geliyor gibiydi.

"Jacqueline." Bu sefer gelen ses daha yüksekti. Jacqueline kocasının ona seslendiğini fark etti. Gözlerini açtı ve karanlıkta başının ucunda duran Reese'ye baktı.

Gözlerini ovuştururken, "Ne var?" dedi. Gecenin bir yarısında Reese yatak odasına girdiğine göre çok önemli bir şey olmalıydı.

"Paul telefon açtı. Tammie Lee doğum yapıyormuş."

"Bu saatte mi?"

"Bebekler hiç adam gibi bir saatte dünyaya gelir mi?"

Reese, Jacqueline'den bir cevap beklemiyordu. Zaten o da ona cevap vermemişti. "Paul ne dedi?"

"Saat ondan beri hastanede olduklarını söyledi."

Jacqueline koluna şöylece bir baktı ve saatin beş olduğunu gördü.

Reese, "Tammie Lee'nin doğum yapmasına az kalmış," dedi.

Jacqueline hiç düşünmeden üzerinden yorganını attı ve doğrudan bornozuna uzandı.

Reese, "Gerçekten de hastaneye gitmek istiyor musun?" diye sordu. Sesinden, yaşadığı şaşkınlık belli oluyordu.

"Elbette." O da seve seve istediğini yapabilirdi. Zaten son on iki yıldır hayatını keyfine göre yaşıyordu ama onun söyleyeceği hiçbir şey Jacqueline'i torununun doğumunu görmekten uzak tutamazdı. Çoktan terliklerini giymiş, banyoya yönelmişti bile.

Reese, "Ben de geliyorum," dedi. Bir tartışma çıkmasını bekliyor gibiydi.

"Ne istiyorsan yap."

Reese, Jacqueline'in aksi tavrına aldırış etmedi. "O zaman acele et. Paul, Tammie Lee'nin her an doğum yapabileceğini söyledi."

"On dakikaya hazır olurum." Jacqueline bunun biraz zor olacağını biliyordu ama sözünü tutmakta kararlıydı. Tam on üç dakika sonra arabada bekleyen Reese'nin yanında yerini almıştı. Reese garaj kapısını açmış, arabayı çalıştırmıştı. Yola çıkmaya hazırlardı.

Hastaneye giderken hiç konuşmadılar. Jacqueline kocasının aklından da onun düşündüğü şeylerin geçip geçmediğini merak etti. Reese aynen böyle bir gecede onu, Paul'ü dünyaya getirmesi için telaşla hastaneye götürmüştü. Gecenin bir yarısı Jacqueline'in suyu gelmiş, yapacaklarının, bebeğinin canını tehlikeye atacağından korktuğu için kocasına sıkı sıkıya tutunmuştu. Tek amacı, göbek kordonunun, bebeğinin boğazına dolanmasına engel olmaktı.

Reese bir kahraman gibi imdadına yetişmiş, onu kucağına almış, arabaya taşımış ve hastaneye götürmüştü. Şanslarına yollar bomboştu. Yoksa Reese'nin yarışçıları bile kıskandıracak hızlarda döndüğü virajlar ölümlerine yol açabilirdi. Hastaneye varınca kahramanı Jacqueline'i yine kucağına alıp bekleme alanına götürmüş, Paul dünyaya gelene kadar da onun yanından ayrılmamıştı. Gözlerini kapatan Jacqueline oğlunun doğumdan sonra ciyak ciyak ağlayışını duymuştu. O anda hayatında duyduğu en güzel sesin kulaklarına çalındığını fark etmişti.

Hastaneye vardıklarında Reese çabucak arabayı park etti. Yan yana yürüyerek telaşla içeriye girdiler ve beşinci katta olduğunu öğrendikleri doğumhaneye çıktılar.

Reese girişteki masada duran hemşireyle konuştu ve hemşire de onlardan bekleme salonuna geçmelerini istedi. Jacqueline dergileri karıştırırken Reese de onlara birer bardak kahve getirmeye gitti. Beş dakika sonra, elinde üzerinden buharlar çıkan iki bardak kahveyle geri geldi. Suratını ekşiterek, "Kahve makinasından aldım," dedi.

Jacqueline o anda kahvesinin içinde kafein olmasından başka hiçbir şeyi umursamıyordu.

Bomboş salonda birbirlerinden iki sandalye uzağa oturup tatsız kahvelerini yudumladılar. Yarım saat sonra Paul üzerinde açık mavi bir önlükle içeriden çıktı. Yorgun görünüyordu ama anne ve babasını görünce gözlerinin içi güldü.

"Tammie Lee'nin durumu çok iyi. Bir saate kalmaz bebek doğacakmış."

"Çok güzel."

"Doğum anında sen de içeride olmak ister misin, anne?"

"Ben mi?" Jacqueline başını iki yana salladı. Doğum, oğlu ve gelini arasındaki çok özel bir an olacaktı ve Jacqueline'in de o anı bozmak gibi bir niyeti yoktu. Ayrıca söz konusu olan, çok da izlenilesi bir şey değildi.

Paul, "Evet, istersen gelebilirsin," dedi. Yüzünden heyecanlı olduğu belli oluyordu. "Tammie Lee içeriye gelebileceğini söyledi."

Jacqueline oğlunu daha önce hiç bu kadar mutlu görmemişti. "Ben en iyisi burada kalayım, ama bebek doğar doğmaz bize haber ver, olur mu?"

"Tamam. Hemen yanınıza gelirim."

Paul, Tammie Lee'nin yanına döndü. Jacqueline ve Reese yine baş başa kalmıştı. Birbirlerine aldırış etmeden kahvelerini içmeye ve eski dergileri karıştırmaya dönmüşlerdi.

Reese hiç de beklenmedik bir anda, "Paul'ün doğduğu günü hatırlıyor musun?" diye sordu.

Jacqueline güldü. "Daha dün gibi."

"O gece seninle çok gurur duymuştum."

"Sana erkek evlat verdiğim için mi?"

"Hayır... tamam, oğlum olduğu için çok sevinmiştim ama kızımız da olsa o kadar sevinirdim."

Jacqueline başını salladı.

"Beni cesaretin ve kararlılığınla etkilemiştin."

Reese gerçekten de ciddi gibiydi ama Jacqueline kocasının ondan "etkilendiğine" inanmakta güçlük çekiyordu. Çok tuhaf bir kelime duymuş gibiydi.

"Hatırladığım kadarıyla doğumhanedeki diğer kadın inliyor, yırtınıyor ve acısını dindirecek bir şeyler istiyordu. Ama benim Jacquie'm, gıkını bile çıkarmıyordu."

Jacqueline, inatçı doğum sancılarının karşısında bile ağırbaşlılığını koruyabilen biriydi. Kocasının bunu bir iltifat olarak söylediğini biliyordu. Ona hafifçe gülümsedi. "Yaşadığım acılara rağmen o gece hayatımın en güzel gecesiydi."

"Paul'ün sayesinde."

Jacqueline gözlerini yere çevirdi. "Hayır, aslında senin sayende."

"Benim mi?" Reese da az önce Jacqueline'in hissettiği gibi, ona inanamıyormuşçasına güldü. Jacqueline ikisinin birbirinden ne zaman şüphe etmeye başladığını merak etti. Sonra da o günleri hatırladı. Reese onu aldatmaya başladığında bu hale gelmişlerdi.

"Buraya gelirken ben de Paul'ü doğurduğum geceyi hatırladım."

Reese başını salladı. "Ben de aynı şeyi düşünüyordum."

"Beni arabaya taşıyışını hatırlıyor musun? Beni hamile halimle taşımak hiç de kolay değildi."

Reese, "Kahramanın olmayı başarmış mıydım?" dedi.

Jacqueline'in içini bir hüzün kapladı. "Kahramanımdın," diye fısıldadı ve üzgünlüğünü belli etmemek için kahveyi kafasına dikti.

Reese, "Ama artık öyle değil miyim?" diye sordu.

Jacqueline'in sessiz kalışı, Reese'ye gerekli cevabı vermişti. Jacqueline uzaklara baktı. Kendini toparlamaya çalışıyordu. Bir yandan da Reese'ye başka bir kadının koynuna girmesine sebep olan eksikliğinin ne olduğunu sormak istiyordu. Ama acısı çok büyüktü. Kocasının söyleyebileceği şeylerin canını, başka bir kadınla birlikte olduğu gerçeğinden daha çok acıtacağından korkuyordu.

Reese hiçbir şey söylemedi, Jacqueline'in bulunduğu tarafa bakmadı.

Jacqueline o sırada Reese'yle bu bekleme salonunda oturduğu bu anların belki de bir şeyler söylemesi için en uygun zaman olduğunu fark etti. Kocasına elini uzatabilir, aralarını düzeltmeye çalışabilirdi. Bir zamanlar Reese'yi çok seviyordu. Aslında kabul etmesi gereken bir gerçek vardı. Her şeye rağmen ona hâlâ aşıktı. Paul ve Tammie Lee'nin arasındaki sevgiye tanıklık etmek canını yakıyordu. Çünkü onları gördükçe elinden kayıp giden şeyleri fark ediyordu. Dışarıya mükemmel bir hayat sürüyormuş izlenimi veriyordu; maddi sıkıntısı yoktu, çok güzel bir evi ve sayısız arkadaşı vardı. Yine de kendini yalnız hissediyordu. Acınası bir hayat sürdürdüğünü içten içe biliyordu.

Reese, "Ben..." diyerek konuşmaya başladı ama tam da

o sırada koridordan, yeni doğan bebeklerin çıkardığı o bilindik ağlama sesi geldi.

İkisi de irkilip birbirlerine baktı.

Ayağa kalkan Jacqueline, "Sence o mu?" diye sordu.

"Bilmiyorum." Reese de ayağa kalkmıştı.

"Hemşireye sorsak mı?"

Reese, Jacqueline'i bileğinden tutup hemşirenin durduğu masaya doğru götürdü.

Reese hemşireye, "Az önce bir bebek sesi duyduk," dedi.

"Biz de torunumuz olup olmadığını merak ettik." Jacqueline kocasının sözlerini tamamlamıştı. Diğer kişileri rahatsız etmemek için alçak sesle konuşuyordu.

Hemşire, "Kontrol edip geleyim," dedi ve doğumhaneye girdi. Birkaç dakika sonra elinde iki tane açık mavi hastane önlüğüyle geri döndü. "Bunları giyinip torununuzun yanına gidebilirsiniz."

Jacqueline de Reese de hiç beklemeden önlüğü giyindi.

Sonra da hcmşirc onları doğumhaneye götürdü. İçerisi Jacqueline'in oğlunu yıllar önce doğurduğu odaya hiç benzemiyordu. Odada koltuklar, sandalyeler, televizyon ve hatta bir de büyük küvet vardı. Jacqueline hastanede olduğunu bilmese bir otelin süitine adım attığını düşünebilirdi.

Tammie Lee yataktaydı ve bebeğini kucağında tutan Paul'e gülümsüyordu. Gelinin yüzü kıpkırmızıydı. Saçları terden sırılsıklam olmuş, gözyaşları yüzünü ıslatmıştı ama Jacqueline'in gözüne daha önce hiç bu kadar güzel görünmemişti.

Kundağa konulan bebeğini yavaşça sallayan Paul, "Anne, baba," dedi. "Sizi Amelia Jacqueline Donovan ile tanıştırayım."

Bir anda Jacqueline kalbinin durduğunu hissetti. Gözlerini kırptı ve ağlamaya başladı. Bunu hiç beklemiyordu. "Ona benim adımı mı verdiniz?"

Tammie Lee, "Amelia büyükannemin adıydı," dedi. "Jacqueline'i de sizi çok sevdiğimiz için seçtik."

Dinmek bilmeyen gözyaşları yanaklarından aşağı süzülürken Jacqueline adını taşıyan o değerli çocuğa baktı.

Paul, "Torununu tutmak ister misin, anne?" diye sordu.

Jacqueline, sessizce döktüğü sevinç gözyaşları yüzünü ıslatırken başını salladı. Oğlu, kızını onun kollarına bıraktı. Jacqueline, her ne kadar olmayacak bir şey gibi dursa da küçük Amelia'nın gözlerini açıp doğrudan ona baktığını düşündü. Kalpleri görünmeyen bir bağla birbirine bağlanmıştı. Jacqueline o anda kucağındaki bebeği kendi hayatından çok seveceğini anladı. Gözyaşları içinde Tammie Lee'ye gülümsedi. Boğuk bir sesle, "Teşekkür ederim," dedi. Sonra da Reese'ye baktı ve kocasının da gözlerinin dolduğunu fark etti.

Reese nazikçe eğilip Amelia'nın alnını öptü. Hafiften duraksadı. Sonra da Jacqueline'in yanağına bir öpücük kondurdu.

Fısıldayarak, "O çok istediğin kızını buldun," dedi.

Jacqueline o gün alışveriş merkezlerinde torunu için bir sürü şey alırken, kocasının o anda aslında neyi kast ettiğini anladı.

Reese, Amelia'dan değil, Tammie Lee'den bahsediyordu.

42

ALIX TOWNSEND

Çarşamba sabahı Laurel, Alix'e, "Jordan'dan hoşlanıyorsun, öyle değil mi?" diye sordu. Alix işe gitmeye hazırlanıyordu.

Hoşlanmak mı? Bu kelime hislerini açıklamaya yetmezdi. "Öyle sanırım."

"Ona güveniyor musun?"

Alix önce başını salladı, sonra da omuz silkti. "Elbette." Aniden şüphelenmeye başladı. "Güvenmememi gerektiren bir şey mi var?"

"Yok."

"O zaman neden soruyorsun bunu?"

"Bilmem... Galiba benim hatamdan ders alıp almadığından emin olmak istedim. Bana John'un işe yaramaz biri olduğunu söylemiştin. Ama seni dinlemedim. Bak şimdi ne haldeyim." Üzüntüsü sözlerine yansıyordu.

Alix, Laurel'e bakınca sadece günlerinin çoğunu televizyonun karşısında oturarak geçiren, tel tel sarı saçları olan aşırı kilolu bir kız görüyordu, ama Laurel kiranın ona düşen kısmını ödediği sürece bunlar Alix'in umurunda değildi. Kız son zamanlarda girdiği iki işten de ayrılmıştı. Şimdi de kuru temizlemecide çalışıyordu. Kreşte çalışmaya bir ay bile dayanamamış, oradan nefret ettiğini itiraf etmişti.

"Jordan'la o fiyakalı restoranda nelerden konuştunuz bakayım?"

Laurel aniden Jordan konusuyla ilgilenmeye başlamıştı. Alix, "Bilmem, konuştuk işte bir şeyler," dedi.

"Nasıl şeyler?"

"Durduk yere bu merak da nereden çıktı böyle?" Alix ev arkadaşıyla konuşmaya başlamasına şaşırsa da, bu konuya girmeyi istemiyordu.

"Bir rahiple insan ne konuşur ki?"

"Jordan'ı ilkokuldan tanıyorum. O da sıradan biri işte." Jordan birkaç kez normal insanlar gibi olduğunu göstermişti. Aralarındaki tutku ve adamın tavırları bunun kanıtıydı. Şimdiye kadar her şey sakince gitmişti ama Alix, Jordan'ın da onun kadar arzularına kulak verdiğini biliyordu. Kilise için çalışan biri olabilirdi ama o da özünde bir erkekti.

Laurel yine ısrar edip, "Bana neler konuştuğunuzu söyle," dedi. Ağlayacak gibi duruyordu. Alix, Laurel'in lafı neden bu kadar uzattığını bilmiyordu.

"Ona bir gün şef olmayı ya da kendi yemek şirketimi

kurmak istediğimi söyledim. İyi bir aşçılık okuluna gidebileceğimden falan konuştuk. Gerçi böyle bir şeyin olacağını çok da sanmıyorum ya, neyse." Bu, konuşmalarının ufak bir kısmıydı. Jordan insanları saklandıkları yerlerden çıkarmayı ve kendilerini evrenin merkeziymiş gibi hissetmelerini sağlayabiliyordu.

"Şef mi olmak istiyorsun?"

Alix omuz silkti. Bunun onunla bir yıldır birlikte kalan Laurel'i şaşırtmaması gerekirdi. Evde gerçekten yemek pişiren tek kişi oydu. Laurel mutfağı dondurmalarla, tost ekmekleriyle ve patates cipleriyle doldurmaktan başka bir şey bilmiyordu. Alix ikisinin de arkadaşlıklarını ilerletmeye vakit ayırmadıklarını fark etti. Son zamanlara kadar ne Laurel'e ne de başka birilerine umutlarından ve hayallerinden bahsetmişti. Örgü kursundaki kadınlarla arasında bir bağ olduğunu hissetse de çok fazla arkadaşı yoktu.

O işe yaramaz adamdan ayrıldıktan sonra Laurel vaktinin çoğunu tek başına geçirmeye başlamıştı. Kızın kendi haline acıması Alix'i sinir ediyordu. Zaten o ilişkinin bitmiş olmasını büyük bir kayıp olarak görmüyordu. Laurel'in ise bunun tam aksini hissettiği fazlasıyla belli oluyordu.

Laurel, "Annenin durumunu biliyor mu?" diye sordu.

Alix annesinin Purdy'de hapiste yattığını Laurel'e boş bulunduğu bir anda söylemişti. "Biliyor." Aslında Jordan onunla ilgili çoğu şeyi biliyordu. Alix ilişkilerinin hoş olmayan sürprizlerden etkilenmesini istemiyordu. Dolayısıyla Jordan, Alix'in annesinin babasını öldürmeye çalıştığı için hapse atıldığından da haberdardı.

"Anneni hiç düşünüyor musun?"

"Arada sırada." Alix bu soruların hafiften sinir bozucu olmaya başladığını düşünüyordu ama son zamanlarda morali fazlasıyla bozulan Laurel'le muhabbete de devam etmek istiyordu.

"Onu seviyor musun?"

"Annemi mi?" Bu soru Alix'in kalbinin derinliklerine inmesini gerektiriyordu. Laurel'e karşı dürüst olmaya kararlıydı. Ona dürüstçe davranırsa belki Laurel de aynı şeyi yapardı. "Sanırım seviyorum. Ondan çok da haber alamıyorum. Mektup yazdığında benden para ya da sigara ister, o kadar. Ne halimi sorar ne de neler yaptığımı. Ona ihtiyacım yok." Alix bunu çok sıradan bir şekilde söylemişti. Annesine gerçekten de ihtiyaç duymadığının anlaşılmasını istiyor gibiydi. "Sadece bir gün onun gibi biri olmaktan korkuyorum."

Laurel kendinden çok emin bir tavırla, "Sen öyle olmazsın," dedi. "O durumlara düşmeyecek kadar güçlü bir kızsın."

Alix kendini güçlü biri olarak görmüyordu ama Laurel'in böyle düşünmesine sevinmişti.

Laurel fısıldayarak, "Hiç kimsenin, canını, John'un benim canımı yaktığı gibi yakmasına izin verme," dedi.

Alix bininci kez, "Aş artık şu adamı," dedi. Laurel'in ona sürekli kötü davranan John'u unutamamasına anlam veremiyordu. Özellikle de aylardır o adamı görmemiş olmasına rağmen hâlâ bu durumda olmasına akıl sır erdiremiyordu.

Laurel uzaklara baktı.

Alix, "Daha çok dışarı çıkmalısın," dedi.

Ev arkadaşı mutsuzca iç çekti. "Hiç kimsenin beni bu kadar şişman görmesini istemiyorum."

"O zaman yemek yemeyi kes."

"Söylemesi kolay tabii."

"En azından her gün biraz yürü. Otobüse bineceğine, gideceğin yere yürüyerek git. Azıcık yürüyüş yapmanın ne kadar çok yağ yaktığını bir bilsen..."

"Senin hiç kilo vermen gerekmemiştir ki! Ne de olsa vücudun mükemmel."

Alix ev arkadaşının onu böyle gördüğünü fark etmemişti ama vücudu hiç de mükemmel sayılmazdı.

"Jordan'la evlenecek misin?"

Alix bu soruyu gülerek geçiştirdi. Dışarı çıkmadan önce çantasını aldı. Kapıyı açmadan önce duraksadı. "Bana bugün dışarı çıkacağına söz ver. Burada oturup üzülmenin sana hiç faydası yok."

"Tamam."

Alix tam dışarıya adım atmışken Laurel onu durdurdu. "Alix, teşekkür ederim."

"Neden?"

Laurel bu soruyu hiç beklemiyordu. "Şey... arkadaşım olduğun için."

"Rica ederim."

Laurel'in ona teşekkür etmesi Alix'e garip gelmişti ama film dükkânına doğru yola çıkarken bu lafın üzerinde fazla durmadı. Laurel olmadan dükkânda canı sıkılıyor, son zamanlarda arkadaşıyla konuşmadığı için kendini suçlu hissediyordu. İyi bir arkadaş olduğunu ona gösterememişti. Ama Laurel yaptıklarıyla onun canını epey sıkmış, o da mümkün olduğunca ev arkadaşından uzak durmaya özen göstermişti. Ne zaman onunla konuşmaya çalışsa Laurel'in ters tavırlarıyla karşılaşmıştı. Arkadaşı tek teselliyi dondurmada buluyordu. Alix onu iradesiz biri olarak görüyordu. Ama artık ona karşı önyargılı olduğunu fark etmişti. Haftalar sonra ilk defa bu sabah konuşmuşlardı. Ona artık daha çok sempati duyuyordu.

Alix öğle arasında Laurel'i dışarı çıkarma umuduyla eve gitti. Belki de onunla birlikte yürüyeceğini söylerse Laurel biraz yürüyüş yapardı. Ama Laurel'in evde olmadığını fark etti. Arkadaşının iş saatlerini bilmiyordu. Ya işteydi ya da Alix'in önerisini dikkate almıştı.

Laurel'in bir ihtimal yürüyüşe çıkmış olabileceğini düşünen Alix, Blossom Sokağı'ndan aşağı yürümeye başladı. Onunla karşılaşacağını umut ediyordu. Ancak Laurel'i bulduğunda arkadaşının yalnız olmadığını gördü.

Jordan da onunla birlikteydi.

Kilisenin avlusundaki kuytu bir yerde bir banka oturmuşlardı. Başları birbirine yakındı ve konuşuyor gibiydiler.

Alix ilk başta arkadaşına bayağı kızdı. Sonra da içini kıskançlık kapladı. Laurel, Jordan'la ilgili onca soruyu adamın nasıl biri olduğunu öğrenmek ve onu Alix'in elinden almak için sormuştu demek. Alix yanlarına gidip, Laurel'e erkek arkadaşına sulandığı için bağırıp çağırmak istiyordu. Arkadaşının durumunu anlamaya çalışıp ona yardım etmek isteyince başına bunlar gelmişti.

Sonra da ev arkadaşının gözyaşlarına boğulduğunu, yüzünü ellerinin arasına gömdüğünü ve öne doğru eğildiğini gördü. Jordan ellerini kızın sırtına koydu. Alix konuşulanları duyamayacak kadar uzakta olmasına rağmen dua okuduklarını düşünmeye başladı.

Jordan'la ilgili sevdiği şeylerden biri de buydu. Ona anlatamayacağı hiçbir şey yok gibiydi. Jordan gerçekten de insanları önemsiyor, onları huzura kavuşturmaya çalışıyordu. Alix'in onu kıskanmak gibi bir niyeti yoktu. Aynı şekilde Jordan'dan şüphelenmesini gerektiren bir şey de yoktu. Adam bir kez olsun ona yalan söylememiş, arkadaşlıklarından faydalanmaya çalışmamıştı.

Bir ara birlikteyken güvenden bahsetmişlerdi. Pederin kızıyla ilgili olaydan sonra Jordan, Alix'ten ona güvenmesini istemişti. Alix bunu o anda kabullenmiş olsa da, şimdi karşısında gördüğü manzaraya anlam veremiyordu. Sözünü tutmaya kararlı olduğu için oralardan uzaklaşıp işe döndü.

Dükkânı kapatmak üzereyken Jordan içeri girdi. "İşin bitince birer kahve içelim mi?"

"Tabii." Alix ona kızgın da olsa bu teklife sevinmişti.

Jordan, Annie'nin Kafesi'nde buluşmak istemiş, Alix de bunu kabul etmişti. Alix kafeye girdiğinde Jordan bir masaya geçmişti. Kahveleri de hazırdı.

Jordan, "Günün nasıl geçti?" diye sordu.

"Fena değildi. Seninki?" Alix daha önce kendisine verdiği onca söze rağmen ona ters ters baktı. Jordan'ın Laurel'le neden konuştuğunu öğrenmek istiyordu.

Jordan ona hemen cevap vermedi. "Aklından bir şey mi geçiyor?"

"Geçmesi mi gerekiyor?" Alix işi şakaya vurmaya çalıştı ama sonradan Jordan'a haksızlık ettiğini fark etti. Kupasını iki eliyle tutup üzerinden buharlar çıkan kahvesine baktı. "Seni Laurel'le gördüm."

Jordan bir açıklamada bulunmadı. "Gördüklerin seni rahatsız mı etti?"

Alix omuz silkti. "İlk başta etti ama sonradan düşününce… Sen bilirsin. Sonuçta senin sahibin değilim."

"Kısmen haklı sayılırsın."

"Nasıl yani?"

Jordan, Alix'in eline uzandı, elini dudaklarına götürdü, sonra da avucunun içine bir öpücük kondurdu. "Sen benim kalbimin sahibisin."

Başka birisi söylese bu sözler Alix'e çok itici gelebilirdi. Ama Jordan'ın dudaklarının arasından çıkınca, Alix dünyanın en güzel sözlerini duymuş gibi oldu. "Laurel'le neler konuştuğunuzu bana söyleyecek misin?"

Jordan bir an tereddüt etti ve sonra da başını iki yana salladı. "Hayır. Sen bana güvenecek misin?"

Alix uzunca bir süre ona baktı. Tüm içgüdüleri ona öğrenebildiği kadar şeyi öğrenmesini söylüyordu. Ama aynı zamanda da Jordan'a inanmak istiyordu. En sonunda gülümseyip başını salladı.

Doğru kararı vermiş olmayı diliyordu. Çünkü Jordan ona ihanet ederse hayatının en büyük darbesini yemiş olurdu.

43

CAROL GIRARD

Carol bebekleri için hazırladıkları odanın kapısının önünde duruyor, boş beşiğe ve de üzerinde sallanan oyuncaklara bakıyordu. Beşiğin üstündeki parçadan küçük hayvan maketleri ile bir müzik kutusu sarkıyordu. Kendine neden böyle işkence ettiğini bilmiyordu. Hiçbir şey değişmeyecekti nasıl olsa.

Doug odaya gelip arkasında durdu. "Gelip eşyaları paketlemeleri için mağazaya haber veririm."

"Hayır... Yapma ne olur!"

"Ama..."

"Evlat edinme kurumundan randevu aldım." Carol bu sözleri, kocasını en mantıklı hareketi yaptığına inandırmak için hızlıca söylemişti.

Doug'ın gerildiğini hissedebiliyordu.

"Buraya kadar gelmişken yılmamalıyız." İçindeki çocuk hasretini unutamazdı. Deneyebildiği tüm yolları denemiş, sonunda kendi öz çocuğunu doğuramayacağı gerçeğini kabullenmek zorunda kalmıştı. Ancak hayallerinden tamamen vazgeçemezdi. "Anne olmaya ihtiyacım var. Anne olmayı çok istiyorum. Tıpkı senin baba olmayı istemen gibi…"

Doug'ın omuzları düştü.

"Bunu yapmak zorundayım." Evlat edinme seçeneğini birkaç sefer konuşmuşlardı. Elbette buna son çare gözüyle bakmışlardı. Carol bu son umut damlasına tutunmuştu. Yine de Doug'ın tepkisinden korkuyordu. Kocası son zamanlarda çok sessizleşmişti. Carol birbirlerinden duygusal olarak uzaklaştıklarını biliyor, buna dayanamıyordu.

"Seninle birlikte evlat edinme kurumuna gelmemi istediğine emin misin?"

"Elbette! İyi birer anne baba olacağımızı göstermek için birlikte gitmemiz çok önemli."

Kocası dudağını büktü.

"Ne oldu?"

"Bir beşiğimiz ve bebek odamız var diye evlatlık edinme kurumunun bizi seçeceğini sanmıyorum."

"Evet, ama denemekten zarar gelmez. Kurumdaki görevlilerin bizim evlat edinmeye hazır olduğumuza ve her an verebilecekleri bebeğe bakabileceğimize inanmalarını istiyorum."

Doug, Carol'un yanından uzaklaştı, oturma odasına gitti ve Puget Sound'a bakan büyük camın önünde durdu.

Kocasının yanına gelen Carol, "Görüşmeye gitmeyi istemiyor musun?" diye sordu. Birbirlerine dokunmadan öylece durdular. Carol da Doug gibi gözlerini mavi sulara çevirdi.

"Bu iş için ne kadar para harcamamız gerekecek?"

Carol'un ona verecek bir cevabı yoktu. İlk görüşme için beş yüz dolarlık bir depozitonun yatırılması gerekiyordu ama asıl evlat edinme işlemleri için ne kadar alınacağını bilmiyordu. "Ne kadar gerekiyorsa o kadar tutar." Carol harcanacak parayı önemsemiyordu.

Doug ellerini ceplerine soktu. "Çocuk sahibi olma sevdasına ne kadar para yatırdığımızı biliyor musun?"

Carol bunları önemsemiyordu. Para, hayallerine ulaşmak için kullandıkları önemsiz bir araçtı. "Hayır."

Doug dalgın dalgın, "Aşmamamız gereken bir sınır var ve doğrusunu söylemek gerekirse o sınıra epey yaklaştık," dedi.

Carol, "Peki o zaman," diye çıkıştı. "Ben de yeniden çalışmaya başlarım. Sırf evlat edinme ajansının ev hanımı olan birini tercih edeceğini ve bu sayede listede üst sıralara yerleşeceğimizi düşündüğüm için bunu daha önce teklif etmemiştim. Ama işe dönmemi istiyorsan dönerim."

Doug yüzünü ona çevirdi. Yüksek sesle, "Ben de tam bundan bahsedecektim," dedi. "Artık bir çift değiliz. Her lafımız dönüp dolaşıp bebeğe geliyor. Eskiden birlikte güler, dışarı çıkar, eğlenirdik."

Carol, "Halen de öyleyiz," dedi ama düşününce kocasının haklı olduğunu fark etti.

"Onca şeyi yaşarken elimden geldiğince sabırlı davrandım." Doug sinirden titriyordu. "Çok büyük bedeller ödedik ve ben..."

"Yani tek derdin para mı?"

Doug yavaş yavaş konuşup, her kelimeyi üzerine basa basa söyleyerek, "Lafımı bölmeseydin ödediğimiz duygusal bedelden bahsedeceğimi duyabilirdin," dedi. Başını iki yana salladı. "Seni acı çekerken izlemeye yüreğim el vermiyor. Günde beş sefer iğne yediğini, kırk sekiz saatte bir doktorlar tarafından kontrol edildiğini ve daha nice şeylere katlandığını görmeye dayanamıyorum. Bu tedaviler hayatını... hayatımızı elimizden aldı."

Carol aralarındaki duyguların aldığı yaradan haberdardı. Özellikle son birkaç ay çok zorlu geçmişti. Bir gün üzüntüden yerinden kımıldayamazken, ertesi gün umut dolu halde ortalıkta dolanıyordu. Rick'in bebeğinin, onların olabileceğini düşündüğünde iyimser bir havaya kapılmıştı. O kapı da yüzlerine kapanınca geriye bir tek evlat edinme kalmıştı. Bunu denemek zorundalardı. Doug bu işe bir son vermek istiyor olamazdı.

"Şimdi de bizi bir başka duygusal batağa sürüklemek istiyorsun. Carol, seni ne kadar seversem seveyim bunu yapabileceğime inanmıyorum."

Carol, "Yapmak zorundasın," diye haykırdı.

Doug da, "Neden?" diye bağırdı. "Neden her şey seninle ve bebek özleminle ilgili olmak zorunda?"

Onca yıllık evlilik hayatlarında Carol, Doug'ın daha önce onunla bu ses tonuyla konuştuğunu duymamıştı.

"Ben… bu bizim için."

"Daha beş dakika önce bebeği kendin için istediğini söyledin. Her şey anne olmayı istemenle ilgili. Hep sen, sen, sen! Peki ya ben ne olacağım, Carol? Peki ya benim ihtiyaçlarım? Benim isteklerim?"

"Ben…"

"Tanrı aşkına, kaç yıl oldu? Beş mi, altı mı? Onca süre boyunca hayatımız sadece senin hamile kalmandan ibaret hale geldi. Bu da anladığımız kadarıyla olmayacak bir şey. Sağlık olsun. O zaman bunu aşıp artık hayatımıza devam etmeliyiz."

"Ama…"

"Ben evlat edinmek istemiyorum."

Tüm dünya yaşadığı bu acıdan dolayı Carol'un üzerine yıkılmıştı. Duyduklarına inanamıyordu. "Öyle demek istemedin, değil mi?" Doug gerçeği mi söylüyordu? Yok, bu söyledikleri gerçek olamazdı. Duygusal olarak kendini kötü hissettiğinden böyle laflar sarf ediyordu. Carol onu çok iyi anlıyordu. O da zamanında umutsuzluğun dibine vurmuş ama sonradan düzelmişti. Doug da zamanla düzelirdi.

"Ben çok ciddiyim."

"Ama… benimle görüşmeye gelebileceğini söylemiştin." Carol, Doug'ın bu sözüne güveniyordu.

"Sen git. Ben gelmek istemiyorum."

"Ama… neden?"

"Çünkü şimdiden kendine neler yaptığını görüyorum."

Carol, Doug'ın bu kadar mantıksızca tavırlar takındığını hiç görmemişti. "Kendime ne yapıyormuşum ki?"

"Gidip hiç tanımadığımız insanlara iyi birer anne baba olacağımız göstermek zorundaymışız. Kendimi elinde şapkayla dilenen bir dilenci gibi hissediyorum. Bir de hiç tanımadığım biri gelip benim baba olmam için gerekli özellikleri taşıyıp taşımadığıma karar verecekmiş!"

"Sen mükemmel bir baba olacaksın."

"Olacaktım."

Doug'ın sözleri Carol'un kalbinde derin yaralar açmıştı. *Olacaktım.*

"Bu maceraya daha fazla devam edemem, Carol. Senin düşündüğün gibi bir adam değilim ben. Vazgeçmek istiyorum."

Dudaklarının uyuştuğunu hisseden Carol, "Evliliğimizden mi vazgeçmek istiyorsun?" diye sordu. Kelimeler boğazında düğümleniyordu.

"Hayır. Evlenirken seni seveceğime yemin ettim ve hâlâ seviyorum da."

"Bir söz vermiş, sonra da pişman olmuş gibi konuşuyorsun. Çocuk doğuramayacağımı bilseydin benimle evlenir miydin?"

Doug'ın tereddüt etmesi Carol'a yeterli cevabı vermişti.

Acısı o kadar derindi ki bir anda odanın karardığını, vücudunun titrediğini hissetti.

Doug onu kollarına aldı ve yüzünü eşinin omzuna dayadı. "Evlendiğimizde seni deliler gibi seviyordum. Şimdi de aynı şekilde seviyorum. Evli kalmamızı istiyorum ama daha fazla böyle yaşayamam."

"Bebeğim... bebeğim olmuyor."

"Biliyorum ve de bunu kabul ediyorum."

"Hayır, kabul etmiyorsun." Doug bunları söylese de içten içe, ona evlat veremediği için Carol'a hep kızacaktı.

Doug sertçe, "Kabul ediyorum!" dedi. "Ama senin de aynı şeyi yapman gerekiyor. Bırak artık bunları, Carol. Kaderimizde anne baba olmayacağımızın yazdığını kabul et."

"Ama bir gün olabiliriz. Adımızı listeye eklersek..."

"Sonra ne olacak? Dört, beş yıl sonra şans yüzümüze gülerse bizi bebek evlat edinebilecek bir çift olarak mı görecekler? Beş yıl sonra kırk dört yaşında olacağımı biliyor musun? Çocuğumuz liseden mezun olduğunda altmış iki yaşında olacağım."

Carol yüzünü kocasının göğsüne dayadı. Doug'ın ağzından çıkanlar onu sersemletmişti. Ama haklıydı. Bu maceraya son vermenin zamanı gelmişti. Ancak Carol hayatında hiçbir işi yarım bırakmamıştı, bundan da nasıl vazgeçeceğini bilmiyordu. Aklına koyduğu her şeyi şimdiye kadar halletmişti. Ama bu bir istisna olacaktı. Çocuk sahibi olma isteği hayatının odak noktası haline gelmişti. Hatta onu da aşıp hayatının amacı haline gelmişti. Oysa şimdi bu kararlılığı, evliliğini mahvediyordu.

Doug, Carol'u bırakıp ondan uzaklaştı. Carol olduğu yerde donup kaldı. Acınası bir hali vardı. Hissettiği çeşit çeşit duygulardan dolayı titriyordu. Özellikle de kendini yenik düşmüş hissettiği için bu hale gelmişti.

Evin dış kapısı açılırken Carol arkasına döndü. "Nereye gidiyorsun?"

"Dışarıya. Bunları düşünmem gerekiyor."

"Ne zaman geri döneceksin?" Gözleri Doug'a gitmemesi için yalvarsa da bunu dile getirmek istemiyordu.

"Ben...bilmiyorum."

Carol başını salladı ve arkasına döndü. Elleri ağzının üzerindeydi.

"İkimiz de biraz düşünmeliyiz, Carol."

Carol sessizce başını salladı. Bir karar vermesi gerekiyordu. Ya çocuk sevdasından vazgeçecek ya da evliliğini ve dolayısıyla da ikisinin hayatını mahvedecekti.

Doug döndüğünde akşam olmuştu. Carol karanlık oturma odasında kolları dizlerine sarılı halde koltuğun üzerinde oturuyordu.

Doug sessizce yanına geldi. "İyi misin?"

Carol iyi değildi ama zamanla bu duruma alışacaktı. "Evlat edinme kurumundan aldığım randevuyu iptal ettim."

Doug ellerini ceplerine koydu. "Bunları aşabilecek misin?"

Carol başını salladı. Bebeğinin olmayacağını kabul etmeliydi.

Doug onun karşısına oturdu, öne doğru eğildi ve dirseklerini dizlerine dayadı.

Carol, "Nereye gittin?" diye sordu.

"Yürüyüşe?"

"Üç saatliğine mi?"

Doug başını salladı.

"Bir şeyler yemek ister misin?"

Doug başını iki yana salladı.

"Bon-Macy'ye telefon ettim. Haftaya gelip bebek eşyalarını geri alacaklar."

Doug gözlerini halıya dikti. "Çok üzgünüm," diye fısıldadı.

"Ben de." Hem de Doug'ın tahmin edemeyeceği kadar üzgündü.

Doug kollarını ona uzattı. "Her şey yoluna girecek. İkimiz baş başa yaşayacağız."

Carol parmakları ile Doug'ın parmaklarını sıkarken, "Evet," diye fısıldadı. Doğru olan da buydu. Doğru olacaktı.

Doğru olmak *zorundaydı*.

44

“Örgü örmek; tarihin dokusunu hissedebileceğimiz, sanatla dans edebileceğimiz ve de huzurlu bir hayat kurabileceğimiz güvenli bir barınaktır.”

– Nancy Bush

LYDIA HOFFMAN

İlk başta Brad’den haber alamadığıma kızmıştım. Yanımda olacağını o kadar çok söylemesine rağmen o da babam hariç hayatımdaki tüm erkekler gibi terk etmişti beni. Mektubunu okumadığım için çok pişmandım. En sonunda daha fazla dayanamadım. Neler olduğunu öğrenmeliydim.

Ablamın yardımına artık daha fazla sığınmaya başlamıştım. Özellikle duygusal konularda aklıma hemen o geliyordu. Bu yüzden pazartesi günü telefona sarıldım.

Ben alo dedikten hemen sonra Margaret, "Neredesin?" diye sordu.

"Dükkândayım."

"Ama bugün pazartesi. Pazartesileri çalışmadığını sanıyordum."

"Öyle ama dükkânda yapacak çok iş var. Ayrıca burada huzur buluyorum." Etrafımı saran yumak kaplı duvarlara bakınca elimden gelen en güzel ortamı yarattığımı düşünüyordum. Yumaklara, tıpkı bazı yazarların boş sayfalara baktığı gibi bakıyordum. Bana göre her yumak yerine getirilmeyi bekleyen bir sözün parçasıydı. O iplerle bir şeyler yapmak ya da boş sayfalara bir şeyler yazmak bizim elimizdeydi. Beni en çok heyecanlandıran şey de bir şeyleri ortaya çıkarabilme ihtimalinin yarattığı histi.

Aslında bu konulara fazlasıyla kafa yoruyordum. Brad ile olan ilişkim umut vaat ediyordu ama korkularımdan dolayı Brad'i kendimden uzaklaştırmıştım. Onca ihtimalin hiçbirini değerlendirmemiştim.

"Aklına Brad ile ilgili bir şey takıldı, öyle değil mi?"

Margaret bazen insanın aklını okuyordu. "Şey... evet. Ondan hiç haber aldın mı?"

"Ben mi? Niye beni arasın ki?"

"Bilmem. Bir umut işte." Telefondan bile ablamın sorduğum soruya içten içe güldüğünü hissedebiliyordum.

"Onu arayacak mısın?"

Onu aramak hafta boyunca benim de aklımdan geçiyordu. "Arayabilirim."

"O zaman beni neden arıyorsun?" Ablamın o eski aksi tavrı geri gelmişti.

"Bilmem. Belki de bana doğru şeyi yaptığımı söylersin de kendimi aptal gibi hissetmem diye aramışımdır."

Margaret bir süre sessiz kaldı. "Senin yerinde olsam, şansımı denerdim."

"Gerçekten mi?" İçimde bir umut doğmuştu.

"Sonra da beni ara, tamam mı?"

"Tamam." Ablamın sesindeki samimiyetten emin olmak için bir süreliğine sustum. "Margaret." Yutkundum. Sözlerime devam etmekte güçlük çekiyordum.

"Efendim?"

"Şu son birkaç ayda bana yaptıkların için sana ne kadar teşekkür etsem az."

Minnettarlığım geri tepmişti. Ablam birkaç saniye boyunca hiçbir şey söylemedi. Zaman durmuş gibiydi ama sonradan hafif bir iç çekiş duydum.

Margaret fısıldayarak, "İnsanın kardeşinin olması çok güzel," dedi.

Ona sonuna kadar hak veriyordum.

Yapılacak tek şeyin Brad'i aramak olduğuna karar verince harekete geçtim. Akşamleyin evini aramadan önce neler söyleyeceğimi birkaç defa düşündüm.

Telefonu ikinci çalışında oğlu açtı. "Alo, Cody," dedim.

"Alo." Cody beni tanımamış gibiydi.

"Benim, Lydia. Hatırlamadın mı?"

"Hatırladım! Sen tuhafiyesi olan kadındın. Bana üzerinde yeşil ve sarı renkli dinozor olan bir kazak öreceğini söylemiştin."

Kendi kendime güldüm. "Çoktan örmeye başladım." Hastaneye yatırılınca kazağa ara vermiştim. Ama kendimi verirsem hafta sonuna kadar sözümü tutabilirdim. "Baban evde mi?"

"Bir dakika, çağırayım."

Brad telefona gelene kadar kalbim yüz defa ölüp dirildi. Bir dakikadan az bir süre geçmişti ama Brad'in o tanıdık sesini duyduğumda bana bir saat geçmiş gibi geldi.

"Alo."

"Alo." Ağzım kupkuru olmuştu, dilim hareket etmek istemiyordu. "Benim, Lydia." Brad'in sessiz kalması dünyamı yıkmıştı ama ben konuşmaya devam ettim. Bir yandan da bana cesaret verdiği için Margaret'e sövüyordum.

Brad en sonunda, "Senin için ne yapabilirim?" diye sordu.

"Buluşup konuşabilir miyiz?"

"Ne zaman?"

"Sana ne zaman uyarsa." Ne kadar kısa zamanda buluşursak o kadar iyi olur diye bağırmak istiyordum ama bu, benim değil, Brad'in vereceği bir karardı.

"Tamam. Fırsatını bulunca ben sana haber veririm."

Brad'in bir şeyler daha söylemesini bekledim ama beklentilerim boşa çıkınca, geriye konuşmayı bitirmekten başka seçenek kalmadı. "O zaman senden haber bekleyeceğim."

"Görüşürüz."

"Görüşürüz." Telefon kapandı ve ben de elimde ahize, kulağımda çağrı sesiyle kalakaldım.

Her şey düşündüğümden de kötü geçmişti. Brad'in sesimi duyunca sevineceğini ve ona çektirdiğim acıların yok olup gideceğini umut etmiştim. Duygularını görmezden gelerek ne kadar da büyük bir aptallık etmiştim.

Margaret yıllardır bencil biri olduğumdan şikayet eder dururdu. Annemle babamın, hastalığım boyunca benimle ilgilenmesine alındığını biliyordum. Ablamın kıskançlığından ve özgüvensizliğinden dolayı bana hep haksızlık ettiğini düşünmüştüm ama artık her şeye farklı bir gözle bakıyordum.

Margaret kendini haksızlığa uğramış gibi hissetmiş olmalıydı. Hem haksızlığa uğramış hem de kendi haline terk edilmişti. Hayatımda ilk defa ablamın benim hakkımdaki düşüncelerinde haklı olup olmadığını düşünmeye başladım. Kanser olmam konusunda elimden bir şey gelmemiş olabilirdi ama en azından hastalığıma farklı bir şekilde tepki gösterebilirdim. Kanserin hem fiziksel hem de zihinsel kurbanı olmuştum.

Mutfakta duruyor, Margaret'i tekrar arayıp aramamaya karar vermeye çalışıyordum. Tam da bu sırada çalan telefonla ürktüm. Ahizeyi elime aldım. "Alo."

"Yarım saat sonra Pour House'da buluşabiliriz."

"Bu akşam mı?"

"Evet."

"Tamam." Telefonun kapanış sesini duydum.

Beş dakika içinde saçımı taradım, bileklerime babamın bana yıllar önce verdiği, özel günler için sakladığım Fransız parfümünden sıktım ve dışarı çıkarken elime ince bir hırka aldım.

Brad bara gelene kadar köşedeki bir masaya geçtim ve bira istedim. Brad içeri girince etrafa bakındı, beni gördü ve oturduğum masaya doğru geldi. Sonra da karşıma geçti.

Her ne kadar kendime engel olmaya çalışsam da onu izlemekten kendimi alamadım. Birden gözlerime yaşlar doldu. Brad bu halimi fark ederse yerin dibine girerdim. Bu saçma ağlama krizini saklamak için başımı bira bardağına gömdüm.

Brad tabii ki halimi fark etmişti.

"Lydia, ağlıyor musun?"

Başımı salladım ve telaşla bir mendil bulmak için çantamı karıştırdım. Hıçkıra hıçkıra ağlarken, "Özür dilerim," dedim. Gözyaşlarıma engel olmaya çalışıyordum.

"Ağladığın için mi?"

Başımı salladım. "Her şey için. Sana kötü davrandığım için."

"Evet, kötü davrandın."

"Korkuyordum ve..."

"Mektubumu okumadın."

"Biliyorum." Burnumu silmek için durdum. "Okuyamazdım. Çünkü okursam seni hayatımdan uzak tutamazdım. Hem senin iyiliğin hem de kendi iyiliğim için bunu yapmak *zorundaydım.*"

Brad bira sürahisini alıp bardağını doldurdu. "Ben kendi kararlarımı kendim vermek isterim."

"Biliyorum ama..." Tüm mazeretlerim şimdi çok anlamsız kalacaktı. Margaret bencil biri olduğumu düşünüyordu ve bence de haklıydı. "Çok özür dilerim, Brad. Her şey için çok çok özür dilerim."

"Bana bunları mı söylemek istiyordun? Neden beni arayıp seninle buluşmamı istedin?"

Tekrar başımı salladım. Ben de bu konuya gelmek istiyordum ama daha önce söylemem gereken şeyler vardı. Nefes almakta güçlük çekiyordum. Ayrıca sessizlik de başa çıkılamayacak bir boyuta ulaşmıştı.

"Dahası da var."

Brad başını bardağından kaldırıp meraklı gözlerle bana baktı. İşimi hiç de kolaylaştırmıyordu. Zaten böyle bir şeyi hak etmiyordum da.

"Seninle tanıştığımdan beri kendimi... mutlu hissediyorum."

Brad omuz silkti. "Beni kandıramazsın."

"Biliyorum... Her şey yolunda giderken hayatımı idare etmekte zorlandığımı fark ettim. Mutlu olmaya alışık değilim, mutluyken ne yapacağımı da bilmiyorum. Bu yüzden her şeyi mahvederek aptallık ettim."

"Bunları kendi başına mı fark ettin?"

Başımı iki yana salladım. "Margaret'in de yardımı oldu." Ablam bunları anlamam için bana çok da nazikçe davranmamıştı ama Brad'in bunu bilmesine gerek yoktu. Aramızdaki ilişki tam olarak yerine oturmamış olsa da ablamın beni önemsediğini artık biliyordum.

"Margaret tabii. Bayan çöpçatan."

"Öyle deme. Çok iyi biridir." Ablamı savunmam beni bile şaşırttı.

"Evet, öyledir. Sen de öylesin."

Gözlerimden yaşlar akmaya devam ederken gülümsedim. "Teşekkürler."

Brad birasından koca bir yudum aldı. "Tamam, artık özür kısmını geçtiğimize göre sıra neye geldi?"

Ona ne diyeceğimi bilmiyordum. "İlişkimizin nereye gitmesini istersin?" Kalbim deli gibi atıyordu. Öyle ki, kendi düşüncelerimi bile duymakta zorlanıyordum.

"Araya şu hastalık girmeden önceki haline dönmesini isterim." Masanın karşısından elime uzanan Brad, daha da tutkulu bir şekilde bakıyordu şimdi. "Peki ya sen, Lydia? Sen ne istiyorsun?"

"Şu son bir ayın hafızamdan tamamen silinmesini ve aramızdaki her şeyin eskiye dönmesini istiyorum. Eskisi kadar birbirimize yakın olmamızı istiyorum." Sonra da Brad'in bir şeyi daha bilmesi gerektiğini düşünerek, "Ama hayatımda hiçbir şeyin garantisinin olamayacağını anlamalısın," dedim.

"Ablan bana her şeyi anlattı."

"Her şeyi mi?" O zaman Brad'in olan bitenden haberi vardı. "Yine de..."

"Seninle birlikte olmayı eskisinden de çok istiyorum. Ama hastalığınla başa çıkamayacağımı düşünerek beni hayatından çıkarmaya çalışmanı anlayamıyorum. Bırak o kararı ben vereyim."

İpleri Brad'in eline vermek zordu ama haklı olduğunu biliyordum. Benden çok önemli bir şey istiyordu.

"Sana herhangi bir söz verememem ama sana çok değer verdiğimi söyleyebilirim."

"Ben de sana değer veriyorum."

"Çok güzel. İşte nereden başlayacağımızı bulduk. Bundan sonra nereye gideceğimizi ise ikimiz de bilemeyiz." Bana o masmavi gözleriyle gülümserken o anda Brad Goetz'in bir sorunla karşılaşınca arkasını dönüp kaçmayacağını anladım. Kendimi kollarına bırakabileceğim, güvenebileceğim ve daha da önemlisi babam gibi kollarına sığınabileceğim bir adam bulmuştum.

45

JACQUELINE DONOVAN

Jacqueline oğluyla gelinini Amelia ile baş başa bırakması gerektiğini biliyordu ama torunundan bir türlü kopamıyordu. Amelia, Jacqueline'in yıllardır görmezden geldiği duygusal boşluğu doldurmuştu. Kalbinde açılıp saçılan sevgi, gözardı edilemeyecek kadar büyüktü. Amelia'yı her tutuşunda torunu ile arasındaki bağın daha da güçlendiğini hissedebiliyordu.

Amelia yine kucağındaydı. Bebeği hafifçe sallayıp uyutmaya çalışıyordu. Torununun saf kokusunu içine çekerken Paul'ü aynı şekilde kollarında tuttuğu günleri hatırladı.

Tammie Lee bebek bezleri ile çocuk odasına geldi ve "Çok huzurlu görünüyorsunuz," dedi. Bezleri şifonyerin üstüne koydu ve arkasını dönüp Jacqueline ile Amelia'yı izledi.

Jacqueline başını kaldırdı. "Gerçekten de huzur doluyum." Tammie Lee'nin bebeği ile ilgilenebileceği vakitleri çaldığı için özür dilemesi gerektiğini düşündü. Amelia hastaneden eve geldiğinden beri her gün onları ziyaret ediyordu. Hatta bazen günde iki kez kapılarını çalıyordu.

Jacqueline, "Başınıza bela oldum galiba," diye mırıldandı. Tavırlarından dolayı kendinden biraz utanıyordu.

"Olur mu öyle şey!" diyen Tammie Lee eliyle Jacqueline'in kaygılanmasına gerek olmadığını gösterdi. "Bebeklerin fazlaca sevilmekten rahatsız olduğunu hiç duymadım." Şifonyere doğru yürüdü ve yeni bir bebek kıyafeti çıkardı. "Ama fazla kıyafetlerinin olması... apayrı bir şey. Amelia'nın aldığınız şeylerin hepsini giyebileceğinden emin değilim."

Jacqueline gülmemek için kendini zor tuttu. "Alışverişi biraz abartmıştım."

"Paul sizi daha önce hiç böyle görmediğini söylüyor."

"Torunumu bu kadar çok seveceğim aklımın ucundan geçmezdi." Jacqueline ne zaman Tammie Lee'ye uzunca bir süre ters davrandığını ve hamileliğini öğrendiğinde küplere bindiğini hatırlasa kendine kızıyordu. Her şeyi sırf Paul'e istediklerini yaptırmak için söylediğini biliyordu. Ama en sonunda herkesin başından beri Tammie Lee ile ilgili söylediği şeyleri anlamıştı. Gelini gerçekten de sevgi dolu bir kadındı.

Tammie Lee fısıldayarak, "Onu benim annemin yerine de sevebilirsiniz," dedi. "Keşke sağlığı yolculuk etmeye elverseydi."

Amelia'yı başka bir kadınla paylaşma fikri, Jacqueline'-in aniden korumacı bir havaya bürünmesine sebep olmuştu. Ama Tammie Lee'nin annesinden, değerli torununu esirgeyemezdi.

"Annemin zaten beş tane kız, üç tane de erkek torunu var."

"Ne kadar da şanslıymış!"

"Annem de aynen öyle diyor. Tanrı ona böyle güzel torunlar bahşettiği için dünyanın en şanslı kadını olduğunu söylüyor."

Jacqueline, "Amelia bence bu evrenin en güzel çocuğu," dedi. Tammie Lee kıkır kıkır güldü. Jacqueline de şaka yapmadığını söylemekle uğraşmadı. Amelia, etrafında dönen dört sevgi dolu insan olduğu için çok özel bir bebekti. Bu çocuğu reddetmek gerçekten de akıl sır erdirilemez bir şey olurdu.

Tammie Lee yatağın kenarına oturdu. "Ama siz de Paul gibi Amelia'yı bir an olsun kucağınızdan indirmiyorsunuz."

Amelia kollarında huzurlu bir şekilde uyurken Jacqueline gülümsedi. Bebeğin küçücük ağzı uyurken bir şeyler emmeye çalışıyormuş gibi hareket ediyordu.

"Reese bile onu tutmak istiyor."

"Reese buraya mı geliyor?"

"Hemen hemen her gün geliyor. Ayrıca her gelişinde de bir hediye getiriyor. İkinizin de onu şımartması çok güzel ama Amelia daha bir haftalık."

Jacqueline kocasının ziyaretlerini duyunca dudaklarını ısırdı. Reese'nin düzenli olarak torununu görmeye geldiğini bilmiyordu. Zaten kocasının ne zaman nerede olduğundan çok da haberdar değildi. Bu konuya daha fazla kafa yormamaya karar veren Jacqueline, saatine baktı. Saat beş buçuktu. Paul birazdan işten dönerdi. Eve gitme vakti gelmişti.

Gönülsüzce, "Ben gitsem iyi olur," dedi. Evi ona artık eskisinden de sessiz geliyordu. Kendini hiç bu kadar yalnız hissetmemişti. Reese'nin acil bir iş için onu birdenbire terk ettiği gece kocasının gerçekten neler yaptığından emin olmuştu... Yıllarını birlikte geçirdiği adamın bir başka kadınla olduğunu düşünmek istemiyordu.

"Reese oğluna benziyor mu? O da işten eve geldikten tam bir saat sonra yemek yemeyi seviyor mu?"

Tammie Lee bu soruları şakayla karışık sormuştu. Jacqueline de ona o şekilde cevap vermeliydi. Ama torunu kucağındayken yalan söyleyemezdi. Zaten uzun bir süredir yalandan ibaret olan bir hayat yaşıyordu. Herkes rahatça bunun alışkanlık haline geldiğini düşünebilirdi. Bunu daha fazla sürdüremeyeceğini fark etti. Bu saf çocuğu kucağında tutarken doğrudan şaşamazdı.

Jacqueline alçak bir sesle, "Reese, salı geceleri eve gelmiyor," dedi.

"Aa, bunu bilmiyordum. Bowlinge mi gidiyor?"

Bu soru Jacqueline'i gülümsetti. Ancak Tammie Lee gibi biri böyle bir durumda Reese'nin bowlinge gittiğini düşünebilirdi. Başını iki yana salladı.

"Anne?"

Jacqueline, Tammie Lee'nin ona "anne" deme alışkanlığını kazanmasından, uzunca bir süre nefret etmişti. Ama o kelimeyi şimdi duymak ona çok normal gelmişti.

"Başka bir... bir kadınla görüşüyor."

Tammie Lee en az bir dakika boyunca ağzını açmadı. Sonra da tamamen beklenmedik bir şey yaptı. Sallanan sandalyenin yanına, halının üzerine oturdu ve ellerini Jacqueline'in dizlerine koydu. Bu, çok basit ama bir o kadar da rahatlatıcı bir hareketti. Jacqueline'i duygulandırmayı başarmıştı.

"Sana eniştem Bubba ile teyzem Frieda'dan bahsetmiş miydim?" Jacqueline'in cevap vermesini beklemeden lafına devam etti. "Bubba eniştem... şey, aslında asıl adı Othello ama ona herkes Bubba der. Güneyli lakaplarından biri işte. Neyse Bubba eniştem Pecan Caddesi'nin sonundaki Eat, Gas & Go'daki bir garson kıza abayı yakmış. Sabahtan akşama kafeden çıkmıyormuş."

Altı ay önce olsa Jacqueline onu durdururdu ama Tammie Lee'nin hikâyelerini dinledikten sonra gelininin köylü bilgeliğiyle verdiği akıl dolu fikirlere alışmıştı.

"Sonra da Frieda teyzem olanları öğrenmiş, aklına hayaline gelebilecek en büyük yaygarayı koparmış."

"Garsonu mu yakalamış?"

"Frieda teyzem mi? Yok, öyle bir şey yapmamış. Bubba eniştemi yere yıkmış. Ona elini sürebileceği tek kadının o olduğunu, buna inanmıyorsa da o anki halini hatırlaması gerektiğini söylemiş. Anneme Bubba'yla evli olduğunu ve hiçbir garsonun kocasını elinden almasına izin vermeyeceğini söylemiş. Çok geçmeden eniştemin köyün sokaklarında pis pis sırıtarak dolandığını gördüm. Ama o günden sonra eniştem Eat, Gas & Go'nun yanından bile geçmedi."

Bu hikâye Jacqueline'in hoşuna gitmişti ama Reese'yle böyle bir didişmenin hayatlarını değiştireceğine inanacak kadar aptal değildi. "Frieda teyzen güçlü kadınmış."

Tammie Lee kararlı gözlerle ona bakıp, "Evet, ama sen de güçlüsün, anne. Gücünü de istediğin gibi kullanabilirsin."

Evine doğru giderken gelininin sözleri hâlâ kulaklarında çınlıyordu. Arabasını garaja park etti, karanlık ve sessiz eve girdi. Martha akşam yemeği için salata yapıp dolaba koymuştu. Jacqueline masaya oturdu ve salatadan biraz yedi. Ama hiç iştahı yoktu. Evden çıtırtı ve tıkırtılarla dolu ufak tefek bir sürü ses geliyor gibiydi. Bunlar evin boş olduğunu daha da belirginleştiriyordu. Jacqueline de moralini düzeltmek için müzik açtı.

Yirmi dakika sonra bundan vazgeçti ve her zamanki gibi küvete girmeye karar verdi. Küvetten çıktıktan sonra genelde kitap okumak ve Reese'nin eve geldiğini duymak için yatağına geçerdi. Bazı geceler sabahlara kadar kitap okur, yine de kapıların açıldığını duymazdı. Hiçbir zaman kocasını beklediğini kabul etmemişti. Ama bu gece gerçekler yatak odasının ortasına dikilmiş, karşısında duruyordu.

Kocası onu yıllardır aldatıyor olsa da, yaşadığı acılar taptazeydi. Reese şimdi bile bir başka kadının kollarındaydı. Oysa Jacqueline bunu normal bir şeymiş gibi kabul etmiş, kocasının yaptıklarına hiç itiraz etmemişti. Ama artık bu duruma daha fazla katlanmayacaktı!

Küvete su dolmaya devam ederken yarı çıplak halde mutfağa gitti. Çok kararlıydı. Bir çekmeceyi açtı ve kulübün telefon rehberini çıkardı. Rehberi tezgâhın üzerine attı ve Allan Anderson'un numarasını buldu. Allan'la yıllardır arkadaştı. Ayrıca Allan şehirdeki en iyi boşanma avukatıydı. Allan davayı üstelenir üstlenmez Reese, Jacqueline'e ve hayatlarına yaptığı her şeyin bedelini fazlasıyla ödeyecekti.

Birden o kararlılık ve kızgınlık uçup gitti. Jacqueline rehberi kapattı ama elleri hâlâ rehberin üzerinde duruyordu.

Yüce Tanrım, neler düşünüyordu böyle? Boşanmayı istemiyordu. Kocasının yanında hayatını sürdürmekten başka bir şey düşünmüyordu!

Bir şekilde kocasını geri kazanmalıydı.

Düşüncelere dalmış halde yavaşça banyoya döndü ve suyu kapattı. Küvetin kenarına oturdu ve yapabileceği şeyleri düşünürken parmaklarıyla şakaklarını ovuşturdu.

Sonra garaj kapısının kapanma sesiyle irkilip ayağa kalktı. Kalbi deli gibi atıyordu. Reese gelmiş olamazdı. Saat dokuz olmadan eve gelmezdi.

"Reese, sen misin?" diye seslendi. Sonra da sessizce kendine kızdı. Başka kim olabilirdi ki? Hırsız olsa, geldiğini söyleyecekti sanki.

Kocası, "Benim," dedi.

Bornozunu giyinen Jacqueline, banyodan çıktı ve kocasının mutfak tezgâhının önünde durup gelen mektupları karıştırdığını gördü. Onu gördüğüne şaşırmış gibiydi.

Jacqueline nereden geldiğini bilmediği bir cesaretle öne

çıktı.

Reese aldırmaz bir havayla başını kaldırıp, "Evet," dedi. "Her şey bitti. Tamam mı? Bunlara daha fazla katlanmayacağım."

Reese gözlerini kırpıp dik dik Jacqueline'e baktı. Şansına, Reese onun neden bahsettiğini bilmiyormuş gibi davranmamıştı.

Jacqueline bir kez daha, "Katlanmayacağım," dedi.

Reese ona bakmaya devam etti. Jacqueline'in söylediklerine inanmıyor gibiydi.

"Yaptığın şey, eşin olarak beni çok küçük düşürüyor. Son bir kez daha halimize baktım ve hayatıma daha fazla böyle devam edemeyeceğime karar verdim. Bunları umursamadan yaşamaya çalıştım, bir süreliğine kendimi buna inandırmayı da başardım, ama olmuyor. Yapamıyorum."

"Ne?"

Jacqueline konuşmaya devam etti. Cesaretini toplamışken her şeye bir son vermeliydi. Yoksa bir daha bu fırsatı yakalayamayabilirdi. "Gözdağı veren ya da çeşitli taleplerde bulunan bir eş değildim ama durum değişti. O görüştüğün kadın kimse ondan vazgeç. Neye mal olacağı umurumda değil. O kadının ikimizin de hayatından çıkmasını istiyorum."

Reese başını iki yana salladı. Nutku tutulmuştu.

"Torunumuzun bana yapılan saygısızlığa tanıklık ederek büyümesini istemiyorum." İşte dediğini yapmıştı. Üzerinde bornozla mutfağın ortasında çıplak ayakla durmuş, evliliklerinin en önemli tartışmasını yapıyordu.

Kaşlarını çatan Reese, mektupları karıştırmaya devam etti.

Tammie Lee'nin anlattıkları aklından geçen Jacqueline, derin bir nefes aldı. Lafı buraya kadar getirmişken elinden geleni ardına koymamalıydı. Olabildiğince gururlu bir havayla, "Dahası da var," dedi.

"Dahası da mı var?"

Başını sallayıp daha da yakına yürüdü. "Aslında çok daha fazlası var. Seni seviyorum Reese. Aramızın neden bozulduğunu ya da neler olduğunu bilmiyorum ama ben de suçlu olduğumu kabul ediyorum. Çok yalnızım ve seni yatağımda istiyorum." Sesi boğuklaşmıştı. Bir anda kendini Tammie Lee'nin Frieda teyzesi gibi gördü. Elini kalçasının üzerine koydu, omzunu öne doğru çıkardı ve kısık bir sesle, "İstediğin gibi bir kadın olacağıma söz veriyorum," dedi.

Kocasının elindeki zarfları bıraktığı andaki bakışları kelimelerle anlatılamazdı. "Jacquie? Sen ciddi misin?"

Jacqueline seksi ve de çekici olduğunu umduğu bir sesle güldü. "Sözlerime inanmıyorsan gel de kendin karar ver," dedi.

Reese'nin ağzı açık kalmıştı. Yüzündeki aşırı hevesli ifade neredeyse Jacqueline'in kahkaha atmasına sebep oluyordu.

"Jacquie?" Reese ona doğru uzandı. Dudakları birbirine değince yirmili yaşlarındayken hissettikleri tutkuları hissettiler. Reese kendi odasına taşınmadan önce düzenli olarak birlikte oluyorlardı. Ama o günler geçmişti. Reese, karısının bornozunu büyük bir hevesle çekiştirerek açtı.

Sendeleye sendeleye yatak odasına girip yatağın üzerine düştüler. Gençler gibi kıkır kıkır gülüyorlardı. Çok güçlü ve şehvetli bir şekilde sevişiyorlardı. Kulaklarına gelen tek ses, tatmin olduklarını belirten iniltileriydi.

Tüm enerjilerini harcadıktan sonra Jacqueline kocasının koynuna sığındı. Reese'nin kalp atışlarını dinlerken gözlerine yaşlar dolmuştu. Söylenmesi gereken çok şey vardı ama o andaki mutlulukları her şeyi anlamsız kılıyordu. Asıl önemli olan, bu anın tadını çıkarıp birbirlerinin değerlerini bilmeleriydi. Her şey bir yana, Jacqueline sırf hayatta olduğunu ve kadınsılığını koruduğunu hatırlamak için bile yaşayabilirdi bu geceyi.

Reese, Jacqueline'in kulağına doğru, "Bir gün yine aynı yatağı paylaşacağımızı hiç hayal etmemiştim," dedi. "Umudumu yitirmiştim. Seni hep sevdim, seviyorum da ama aramızı nasıl düzelteceğimi bilmiyordum."

Jacqueline iç geçirip kocasının göğsüne bir öpücük kondurdu. "Ben senden vazgeçmeyeceğim."

"Düşündüğün gibi bir başka kadın yok."

Jacqueline donup kaldı. "Nasıl yani?"

Reese üfleyip püfledi. "Bu konuyu sadece bir kez konuşacağız. Tamam mı?"

"Tamam."

"On yıl önce bir ilişkim vardı. Bunu bildiğini sanıyordum. O da kısa süre sonra bitti. Kendimi çok kötü hissettim. O kadar büyük bir aptallık yaptığıma hâlâ inanamıyorum.

"Peki ya her salı akşamı..."

Reese, Jacqueline'in lafını tamamlamasına izin vermedi. "Biliyorum. İlişkimin devam ettiğine inanmanı istedim. Aptalca, çocukça bir şeydi. Bunu kabul etmek bana utanç veriyor ama senden bir tepki bekliyordum. Beni umursadığını gösteren bir şeye, herhangi bir işarete ihtiyacım vardı."

"Sana yemek pişirdiğim akşam telefon çaldı ve gittin..."

"O akşam aklına neler geldiğini biliyorum ama yanılıyorsun. Gerçekten de işim çıkmıştı. Çalışmamız trafonun patlamasına sebep olmuştu. Uzunca bir süredir hayatımda senden başka bir kadın olmadığına yemin ederim."

"Onca yıl boyunca..." Jacgueline, Reese'nin söylediklerini anlamakta güçlük çekiyordu.

"Kalkıştığım işe nasıl dur diyeceğimi bilemedim."

"İkimiz de büyük aptallık etmişiz." Jacqueline kollarını kocasının boynuna attı ve onun kanatlarının altında olmadan nasıl hayatta kaldığını merak etti. Onca zaman boyunca aralarında duran tek şey gururlarıydı.

"Bu gece sana neler oldu bilmiyorum ama bunun için Tanrı'ya şükrediyorum."

"Tammie Lee'nin Frieda teyzesine teşekkür edebilirsin."

"Kime?"

"Önemli değil." Başını kocasının omzuna yaslayıp gülümsedi. Günler geçtikçe gelinini daha da çok seviyordu. Reese haklıydı. Jacqueline'in en sonunda bir kızı olmuştu. Güneyli aksanıyla konuşsa da, Tammie Lee onun gözünde öz evladı kadar değerliydi artık.

46

ALIX TOWNSEND

Alix boğuk boğuk gelen inilti sesleriyle uyandı. Dirseğini yatağa dayayıp başını kaldırdı ve karanlığa baktı. Gelen sesin ne olduğunu anlamaya çalıştı. Acı sesler oturma odasından geliyor gibiydi. Gözleri karanlığa alışınca tuhaf bir şeyin daha olduğunu fark etti. Odanın öteki tarafında duran Laurel'in yatağı boştu.

Ev arkadaşı son zamanlarda gerçekten de çok gıcık biri haline gelmişti. O günkü dostça muhabbetlerinden sonra Alix'e yine aldırış etmemeye başlamıştı. Nadiren konuşuyorlardı ama olanların suçlusu Alix değil, Laurel'di. O elinden geleni yapmış, arkadaşlıklarını korumaya çalışmıştı. Laurel ise ona karşı ancak kaba sözler sarf etmişti.

Alix kaldıkları binanın geleceğiyle ilgili yeni haberler almamıştı son zamanlarda. Ancak evlerini kısa zaman sonra kaybedeceklerinden şüpheleniyordu. Gerçi bir planı vardı; fırsatını bulunca sözde arkadaşını bırakacak, kendine yeni bir ev arkadaşı bulacaktı. Geçen baharda yapılan uyuşturucu baskınında Laurel'in malları yakalanmıştı ama cezayı Alix çekmişti.

İlk başlarda Laurel ondan sürekli özür dilemiş, hatasını telafi etmenin yollarını aramıştı ama artık her şey değişmişti. Çoğu zaman Alix'i görmezden geliyor, Alix yanında olduğunda sadece televizyonun karşısına geçip bir şeyler yiyordu. Son bir haftadır kuru temizlemedeki işine de gitmemişti.

Tekrar yatağına uzanan Alix, örtüyü omuzlarına kadar çekip gözlerini kapattı. Yeniden uyumaya kararlıydı. Laurel o yediği dondurmalar yüzünden mideyi bozmuş olmalıydı. Son altı ayda neredeyse yirmi kilo almıştı. Pantolonlarından hiçbiri bacaklarından geçmiyordu. Aslında aralarındaki ilişkiyi bozan, kızın Jordan'a yaklaşması olmuştu. Alix, Jordan'a güveniyordu ama Laurel için aynı şeyleri düşünmüyordu. O gün Jordan'ın yanına kendini acındırmaya ve kim bilir neler neler istemeye gitmişti.

Alix neler döndüğünü öğrenememişti. Jordan, Laurel'le konuştuklarını anlatmamış, Alix de çok soru sormamıştı. Laurel'e bu konuyu açtığında ev arkadaşı işine burnunu sokmamasını söylemişti.

Alix içeriden gelen boğuk seslere kulağını tıkamaya kararlıydı. Laurel'in ona ihtiyacı varsa ayağına kadar gelmesi gerekiyordu. Alix gidip de ona yardım etmeyecekti.

Tam da uykuya dalmak üzereyken yüksek sesli bir iniltiyle irkildi. Laurel gerçekten de çok acı çekiyor olmalıydı. Gönülsüzce de olsa örtüyü üzerinden atıp yataktan çıktı.

Oturma odası karanlıktı. Laurel'i ancak bir dakika sonra buldu. Kız başını koltuğun koluna yaslamış yatıyordu. Dizleri büküktü ve bacaklarının üzerine bir battaniye almıştı.

Alix, "Neyin var?" diye sordu. Uykusundan kalkmak zorunda kaldığı için kızgın kızgın konuşuyordu.

"Yok bir şeyim. Sen yatağına dön."

Alix bir an tereddüt etti, ama sonra o da boşverdi. Onun için hava hoştu.

"Neyse," deyip yatak odasına girmesine iki adım kala birden durdu. Laurel'in inlediğini duyabiliyordu.

Odaya geri dönüp hemen ışıkları açtı. Laurel ellerini beline atmış, bacaklarını ayırmıştı. "Durumun hiç de iyi görünmüyor. Neyin var?"

Laurel cevap vermeyip başını sallamakla yetindi. Sonrada gözlerini yumdu ve alt dudağını ısırdı. Ağzının kenarından kanlar akıyordu. Alix şaşkınlıkla ona baktı.

"Laurel," diye fısıldadı.

Ev arkadaşı aniden kolunu uzatıp Alix'in elini tuttu ve deli gibi sıktı. "Bana yardım et," diye haykırdı. "Yapamıyorum... Yapabileceğimi düşünmüştüm... Ahhh! Canım çok yanıyor."

Alix koltuğun yanında dizlerinin üzerine çöktü. Bir anda her şey yerli yerine oturmuş, aklında şimşekler çakmıştı. "Sen doğum yapıyorsun."

Laurel başını salladı. "Sana söyleyemedim... Hiç kimseye söyleyemedim."

"John'un bundan haberi var mı?"

Laurel'in gözlerine yaşlar doldu. "Sence beni neden terk etti? Bebeği de, beni de istemediğini söyledi. Kürtaj parasını ödeyeceğine söz vermişti ama ortalıktan kayboldu. Benim de param çocuğu aldırmaya yetmedi."

"Neden hiçbir şey söylemedin?"

"Nasıl söyleseydim?"

"Biz arkadaşız." Aslında çok da iyi arkadaş değillerdi. Laurel, Alix'in tutuklanmasına sebep olmuştu. Yine de Alix'e hamile olduğunu söyleyecek kadar güvenmesi gerekirdi.

Laurel gözlerini kapattı. Sırtı yukarı kalktı ve yine inledi.

Alix bunlarla daha sonra ilgilenmeye karar verdi. Şimdilik Laurel'i hastaneye götürmeliydi. "Ben gidip bir telefon bulup yardım çağıracağım."

Laurel, "Olmaz!" diye bağırdı. Elleri Alix'in parmaklarını adeta eziyordu. "Beni yalnız bırakma. Az kaldı... az kaldı. Bu acıya dayanamıyorum. Tek başıma bunun üstesinden gelemem."

"Ne yapacağım?" Alix daha önce hiçbir doğuma tanıklık etmemişti. Laurel'e nasıl yardım edeceğini de bilmiyordu.

Sık sık nefes alıp veren, ıkınan ve acıdan kıvranan Laurel, "Bilmiyorum," dedi. "Sanırım bebek geliyor," diye bağırdı sonra. Paniğe kapılmıştı. "Ne yapacağım? Ah Tanrım, ne yapacağım ben?"

Alix, "Sakin ol," dedi. Tok bir sesle konuşup kendine güvendiğini göstermeye çalışıyordu. Oysa kalbi deli gibi atıyordu. Battaniyeyi çekince Laurel'in, kalçasının altına birkaç havlu yerleştirmiş olduğunu gördü. "Ben gidip ellerimi yıkayacağım."

"Hayır... Beni bırakma."

"Hemen dönerim."

"Tamam, tamam." Laurel yine başını bir sağa bir sola çeviriyordu. Yüzü terden sırılsıklam olmuştu.

Alix bunları daha önceden fark etmediği için kendine kızıyordu. Ama Laurel çok şişman olduğu için hamile olduğunu öyle hemen anlamak kolay değildi. Kız kot giyinmeye devam etmişti. Tamam, elbiseleri dikişlerini zorluyor gibiydi ama Alix bunu, kızın yaşadığı depresyondan ve sürekli yemek yemesinden dolayı aldığı kilolara bağlamıştı.

Alix, Laurel'in yanından sadece bir dakikalığına ayrılmış, geri döner dönmez arkadaşının elini tutmuştu. Laurel'in yüzüne şöyle bir bakan Alix, kızın gerçekten de çok acı çektiğini gördü.

Laurel, "Ne olur bir bak," dedi. "Bebek gelmeye başlamış mı?"

Alix kendine güvenemiyordu. "Bebek için bir şeyler hazırladın mı?"

Laurel başını iki yana salladı. "Onu istemiyorum."

"Laurel! Bebeği ne yapacaksın?" Laurel gerçekten de hayal aleminde yaşıyordu. Bebeğin giysilere, battaniyelere, biberonlara ihtiyacının olacağını bilmeliydi.

Arkadaşı iç çekti. "Başta onu öldürmeyi düşündüm."

Alix nefesini tuttu. "Öyle bir şey yapmayı nasıl düşünürsün!"

Laurel, "Bu bebeği istemiyorum," diye bağırırken çektiği acıdan dolayı yine iki büklüm oldu. Parmaklarını koltuğun kumaşına geçirmişti. Gözlerini tamamen kapatmış, kesik kesik nefes alıyordu. Havayı içine çekiyor, ıkınırken omuzları yukarı kalkıyordu.

Koltuğun kenarına oturan Alix, bebeğin sarı saçlarla kaplı başını gördü. Laurel'in bir sonraki kasılmasında dikkatlice elini bebeğin ufacık başının altına koydu. Laurel derin derin nefes aldı; bebeğe bakmaya çalıştı ama bacağını yeterince öne eğemedi.

Alix, "Az kaldı," dedi. Hem korkuyor hem de kendini çaresiz hissediyordu. Söylediklerinin doğru çıkmasını umuyordu.

Laurel bir dakika daha geçmeden ıkındı ve yine hızlı hızlı nefes almaya başladı. Tam o anda bebek kayıp annesinin vücudundan çıktı ve doğrudan Alix'in ellerine geldi. Onunla birlikte aniden su ve kan boşaldı.

Alix'in gözlerinden yaşlar akıyordu. Laurel'e, "Erkek," dedi. Bebek hemen ağlamayınca panikten kalbi hızla atmaya başladı. İçgüdülerine güvenip elini bebeğin ağzının içine attı ve ağzını temizledi. Sonra da bebeği yüzüstü çevirip sırtını okşadı. Bebek aniden çok acı bir şekilde ağlamaya başladı. Alix'in içini sevinç kaplamıştı. Başını kaldırıp arkadaşına baktı. "Çok güzel," dedi. Yaşadığı anın mükemmelliği ağzını açık bırakmıştı. Dünyaya yeni bir can gelmişti.

Laurel oğluna bakmak istemiyordu. Yüzünü uzaklara çevirmişti. Duygusuzca, "Kordonu kes," dedi.

"Ya... yapabilir miyim bilmiyorum."

"Yap gitsin. Yoksa ben keserim."

"Tamam, tamam." Alix mutfakta bulduğu bir bıçağı, arkadaşının ya da bebeğin mikrop kapacağından korktuğu için, ocağın üzerine koyduğu kaynar su dolu tencereye attı. Sonra tam zamanında odaya döndü.

Kordonu keser kesmez bebeği banyoya götürüp temizledi. Sonra da kursta ördüğü battaniyeye sardı. Doğum acıları kısmen dindiğine göre Laurel bebeğine şefkatle sarılabilirdi. Alix bebeği oturma odasına götürdü. Ev arkadaşını en azından oğlunun yüzüne bakmaya ikna edebileceğini ümit ediyordu.

Alix, "Bir kez bak sadece," dedi. "Çok harika bir bebeğin oldu, Laurel."

Laurel bir kez daha başını salladı. "Ondan kurtul."

Alix arkadaşının bu kadar taş kalpli olduğuna inanamıyordu. "Öyle bir şey yapamam."

"Öyleyse ver onu bana, ben yaparım."

Alix bebeği kendine doğru çekerken, "Ona ne yapacaksın?" diye sordu.

"Bir çöp kutusunun yanına bırakacağım."

Laurel bebeğini bir canlı gibi görmüyordu bile.

Alix dehşet içinde, "Ciddi misin?" diye sordu. "Bu bebeği istemiyor musun?"

Laurel, "Daha kaç kez söylemem gerekecek?" diye bağırdı. "Kurtul şundan."

Koluyla bebeği saran Alix, aklından geçenleri kontrol etmeye çalışıyordu. Laurel onu istemiyor olabilirdi ama Alix'in bu bebeğe seve seve bakacağını bildiği birileri vardı. "İmzanı at."

"Ne?" diyen Laurel boş boş ona baktı.

"Kendi iradenle bu bebekten vazgeçtiğini belirten bir yazı yazacaksın."

Laurel kaşlarını çattı. "Bebeği kime vereceksin?"

Alix, "Evlat edinmek isteyen bir çifte," dedi ve derin bir nefes aldı. "Çocuk hasretiyle yanıp tutuşan birini tanıyorum. Onun ve kocasının bu bebeği büyütmesini istiyorum. Sen onu sevmiyor olabilirsin ama Carol'un onu seveceğinden adım gibi eminim. Onu bu dünyaya getirmene ben aracı oldum. Kendimi ondan sorumlu hissediyorum. Sen de zaten ondan kurtulmak istediğini söyledin."

"Ne yaparsan yap. Umurumda değil."

"Ama fikrini değiştirmeyeceksin."

"Tamam." Laurel ciddi olduğunu göstermek için bıçağı eline alıp bebeği hemen oracıkta öldürmeyi istediğini gösterircesine salladı. "Ya ölecek ya da hayatımdan çıkıp gidecek, tamam mı? Ciddi olduğumu göstermek için daha ne yapmam gerekiyor? Kurtul şundan! Onu alıp gözümün önünden çektiğin sürece ne yaptığın umurumda değil."

Alix sürekli ağlayan bebeği kucağında tutarken kâğıt kalem bulup arkadaşının yanına gitti. "Yaz."

Oturmaya çalışan Laurel çabucak birkaç satır bir şey karaladı, altına adını yazıp imzaladı. Alix kâğıdı okudu, sonra da yatak odasına döndü. Bebeği yatağın üzerine koydu ve titreyen elleriyle olabildiğince hızlı bir şekilde üzerine bir şeyler geçirdi. Bebek ona baktı. Alix de eğilip bebeğin alnını öptü.

"Keşke seni daha güzel bir şekilde karşılasaydık," diye fısıldadı. "Ama seni sevecek birini tanıyorum."

Alix, Laurel'e başka hiçbir şey söylemeden omzuna çantasını attı ve evden çıktı. Cuma sabahının erken saatleriydi. Sokaklar karanlık ve tenhaydı. Göğsüne yasladığı bebekle birlikte olabildiğince hızlı bir şekilde yürüyen Alix, önünde ankesörlü telefon olan Annie'nin Kafesi'ne vardı. Çantasını karıştırıp elli sent buldu. Sonra da Jordan'ın ona verdiği, üzerinde telefon numarası yazan kâğıt parçasını çıkardı.

Parayı makineye attı, ahizeyi kulağına dayadı ve numarayı tuşladı. "Ne olur orada ol," diye fısıldadı. "Ne olur."

Jordan telefonu ancak beş sefer çaldıktan sonra açtı. Alix tam da hayal kırıklığı içinde telefonu kapatacakken onun sesini duydu.

Jordan uykulu uykulu, "Alo, kimsiniz?" dedi.

"Jordan, benim." Alix, Jordan'ın sesini duyduğu için sevinçten ağlayacak gibi olmuştu. "İhtiyacım olursa seni arayabileceğimi söylemiştin ya?"

"Başın belada mı?"

Alix ona nasıl cevap vereceğini bilmiyordu. "Annie'nin Kafesi'ndeyim… Gelip beni alabilir misin?"

"Şimdi mi?"

"Evet, ne olur çabuk gel."

"On dakikaya kadar oradayım." Jordan hiç tereddüt etmemişti. Alix artık ona karşı olan duygularından hiç ama hiç şüphelenmiyordu. Şu dünyada gece ya da gündüz yardımına sığınabileceği biri olduğu için kendini gerçekten çok iyi hissediyordu.

Bebeği yavaşça kucağında salladı. Kafenin tentesinin altında Jordan'ın arabasını beklerken bebeği susturmaya çalıştı. Jordan'ın arabasıyla köşeyi döndüğünü görünce kaldırıma indi.

Jordan önünde durdu ve uzanıp kapıyı açtı.

Alix'e merakla baktı. "Bebek mi o?" Sesi, uykulu olduğu için boğuk çıkıyordu.

"Laurel ile o çakal John'un bebeği... Onu ben doğurttum."

"Yani bu yüzden mi..." Jordan bir anlığına duraksadı. "Geçenlerde benimle konuşmuş, bir sorunu olduğundan bahsetmişti ama ne olduğunu açıklamamıştı."

Alix başını salladı. Şimdi her şeyi daha iyi anlıyordu.

"Bebeği hastaneye götürmemi mi istiyorsun?"

"Hayır." Yapılması gerekeni bilen ve umut dolu olan Alix, eğilip bebeği öptü.

"Alix... bebeği saklayamazsın."

"Onu ben doğurttum. Ona evini de ben bulacağım."

Jordan'ın gözleri fal taşı gibi açıldı. "Aklından neler geçiyor?"

"Bu bebeğe ihtiyacı olan birisini tanıyorum."

"Kimmiş o?"

"Kim olduğu önemli değil. Şimdi ya beni istediğim yere götürürsün ya da taksi tutarım."

"Ama bu yasal değil..."

"Laurel'e bir kâğıt imzalattım. O, bebeği istemiyor. Ben de bu sevimli şeyi hayatta çocuk esirgeme kurumlarının eline bırakmam! Tamam mı?"

Jordan kaşlarını kaldırdı, ardından hafifçe gülümsedi. "Hatırlat da bir daha sana karşı gelmeyeyim."

"Hiç canını sıkma. Ben sana daha uzun yıllar çok şey hatırlatırım."

"Yıllar derken?"

"Bunu sonra konuşuruz?"

"O arkadaşının bunlardan haberi var mı?"

"Yok."

"Peki Laurel ne olacak?"

"Beni bıraktıktan sonra onu alıp hastaneye götürür müsün?" Bu yüzden işin içine polis falan karışacaktı ama Alix, Carol ile kocasının bunlarla ilgilenebileceğine karar verdi. "Onu İsveç Hastanesi'ne götür."

"Emrinizdeyim, erkek evlatların ebesi Leydi Alix."

Bu sözler Alix'in fazlasıyla hoşuna gitmişti.

47

CAROL GIRARD

Telefonun kulakları sağır eden sesi, Carol'u derin uykusundan uyandırdı. Doug arkasına dönüp saate baktı. Carol da saatin dört olduğunu gördü. Acil bir durum olmadıkça hiç kimse bu saatte onlara telefon açmazdı. Carol'un aklından bin türlü şey geçti.

Kocası ahizeye uzandı. Uykulu bir sesle, "Alo," dedi.

Carol telefondaki sesi duyamıyordu. Yanlış numara olduğunu düşündü. Ama Doug, "Evet, burada," deyince şaşırdı. "Kim demiştiniz?"

Doug hemen ardından eliyle ahizenin alt tarafını kapattı. "Alix Townsend diye birini tanıyor musun?"

Carol başını salladı. "Ne istediğini söyledi mi?"

"Hayır. Sadece seni hemen görmek istediğini söylüyor. Aşağıdaymış."

Carol tereddüt etti.

"Yukarı çıkmasını söyleyeyim mi?

Alix gecenin bir yarısında kapısına kadar gelmişse önemli bir şey olmalıydı. "Söyle, gelsin."

"Emin misin?"

Carol, "Benimle bir şeyler konuşacak herhalde," dedi.

"Bu saatte mi?"

Carol kocasının yanağını öptü. "Evet, hayatım."

Üzerindeki battaniyeyi kenara çeken Carol, yatağının ucundaki geceliğine uzandı. "Senin kalkmana gerek yok." Alix'in onunla tek başına görüşmeye ve çok önemli bir konuda dertleşmeye geldiğini düşünüyordu. Kendi haline bakınca ona çok da yardımcı olamayacağına ama en azından onu dinlemesi gerektiğine karar verdi.

Yatak odasından çıkarken kapısı koridora açılan çocuk odasının önünden geçti. Bon Macy'nin elemanları sabah gelip her şeyi götürecek; beşikle, dolaplarla ve halıyla birlikte Carol'un bebek hayali de gidecekti. Katlandığı onca şeyden, yaşadığı hayal kırıklıklarından ve acılardan sonra hayallerinden vazgeçmenin kolay olmayacağını biliyordu, ama bebek macerası evliliklerini mahvediyordu. Doug haklıydı. Artık durmanın vakti gelmişti. Yine de canı yanıyor, acısı hiç dinmiyordu.

Kapı tıklatıldı. Carol ayakları çıplak halde fayans kaplı girişe yürüyüp kapıyı açtı. Kucağındaki bebeği sallayan Alix'i görünce nefesi kesildi.

Bebeği Carol'a doğru uzatan Alix, "Al," dedi. "Bu bebeğin anneye ihtiyacı var."

Carol, Alix'in kucağına koyduğu bebeğe baktı. Nutku tutulmuştu. Ne düşüneceğini bilemez halde başını kaldırıp Alix'e baktı. Neler söyleyebileceğini hiç ama hiç bilmiyordu.

Alix, "Onu ben doğurttum," dedi.

"Kimin...?" Carol ancak bu kadarını söyleyebilmişti.

"Ev arkadaşım ondan kurtulmamı istedi. Ben almazsam bebeği çöpe atacaktı. Bu bebeğin bir anneye ve babaya, onu sevecek kişilere ihtiyacı var."

Carol rüya gördüğünü düşünüyordu. Böyle bir şey olamazdı. Aklına gelen tek şey, kocasına seslenmekti. Ama sesi boğuk çıktı. Kocasının onu duymadığını düşünürken Doug yatak odasından çıkıp geldi. Üzerinde sadece pijamasının altı vardı.

Alix, "Merhaba," dedi. Carol'a kızın sesi bir değişik gelmişti. "Ben Alix."

Carol, "Alix bize bebek getirmiş," dedi. Gözlerine yaşlar dolmuştu.

Doug bir ona bir de bebeğe baktı. O da Carol gibi ne yapacağını bilmiyordu. Ama kısa zamanda kendini toparladı. "En iyisi oturup bir konuşalım."

Alix, "Her şey yasal," dedi. "Laurel'e her şeyi yazdırıp imzalattım." Alix cebine uzandı ve katladığı kâğıdı Doug'a uzattı. "Laurel'in hastaneye gitmesi gerekiyordu. Hastaneye varınca işin içine polis de karışacak. Ama bunlarla sizin ilgilenebileceğinizi düşündüm. Sonuç olarak bebek sizin elinizde."

Carol, "Kahve yapsak iyi olur," dedi. Kafası çok doluydu ve neler olduğunu anlamakta zorluk çekiyordu. Bildiği tek şey, yeni doğmuş bir bebeği kucağında tuttuğuydu.

Doug, "Ben suyu koyarım," dedi. Carol da gülümseyip başını salladı. Uyuyan bebeğe baktı. Annesinin bu güzel bebeği çöpe atmayı istediğini düşününce kalbine bir ağrı saplandı. Birisinin böyle bir şeyi aklına getirebilmesine dahi anlam veremiyordu.

Alix, "Hiç elbisesi yok," dedi. "Onu yıkayıp battaniyeye sardım ama altını bağlayacak bez yoktu."

Carol, "Ben onu giydiririm," dedi. Hayalleri gerçekleşmişti. Bebeği çocuk odasına götürdü, beşiğe koydu ve özenle battaniyeden çıkardı. Sonra da çekmecedeki tek kullanımlık bebek bezlerinden birine uzandı.

Birkaç saat sonra bu çekmeceleri boşaltması gerekecekti. Gelip tüm eşyaları götüreceklerdi ama şimdi böyle bir şeye gerek kalmadığı için Tanrı'ya şükrediyordu. Nazikçe bebeğin altını silip bezi bağladı. Sonra da ona minicik bir tişört giydirdi. İşi bitince bebeği yumuşak ama kalın bir bezle kundakladı.

Bebek ağlar gibi oldu. Carol da yıkayıp tertemiz hale getirdiği bir biberonu eline aldı. Bu bebeğin onun oğlu olduğuna inanmaya cesaret edemiyordu. Alix sırf ona yardımcı olacağını bildiği için getirmişti onu.

Oturma odasına geri döndüğünde, "Doğalı kaç saat oldu?" diye sordu.

Alix koluna baktı ama saatini takmayı unutmuştu. "Yaklaşık bir saat."

"Buraya nasıl geldiniz?"

"Bizi Jordan getirdi. Sonra da Laurel'i hastaneye götürmeye gitti."

Alix, Carol'u takip edip mutfağa, Doug'ın yanına gitti. Kahvenin hazır olmasını beklerken, "Bebeğin karnını doyurmalıyız," dedi. Hiçbir şey söylemeden bebeği Doug'a verdi. Sonra da dolapların birinden bir kutu bebek maması çıkardı.

Biberonu doldurdu ve mikrodalgaya koyup ısıttı. Mamayı iyice çalkaladıktan sonra bileğine damlatıp sıcaklığını kontrol etti. Sonra da bebeği kucağına aldı. Biberonu hemen emmeye başlayan bebek, öz annesinin kollarındaymış gibi huzurluydu.

Doug, "Tamam, şimdi konuşalım," dedi. Carol ile Alix'e oturma odasını gösterdikten sonra arkalarından kahve tepsisini taşıdı. Carol televizyon koltuğuna oturup bebeğin saçlarını okşadı. Bebek ufacık parmaklarıyla elini tutunca neredeyse gözyaşlarına boğulacaktı. O benim, diye haykırmak istiyordu. Aynı anda hem ruhunun tatmin olduğunu hissediyor hem de hiç olmadığı kadar korkuyordu.

Alix gururla, "Onu dünyaya ben getirttim," dedi. "Laurel onu istemiyordu. Ben de onu sevecek birilerini tanıdığımı söyledim." Duraksadı. Carol'un bir cevap vermesini bekliyordu.

Doug, Carol'un yerine konuşup, "Bu, yasal *olamaz*," dedi. Kafası karışmış gibiydi. "Ben böyle bir şeyin olacağını..."

"Ama bebek sizde. Artık sizin sayılır."

"Biliyorum ama..."

"Laurel bebeği istemediğini belirten bir yazı yazıp imzaladı." Alix ilk defa yaptığı şeyden şüphe duymaya başlamıştı. "Bebeği isteyeceğinizi düşünmüştüm."

Carol, "Ben istiyorum," dedi. Onun da tıpkı Doug gibi endişeleri vardı, ama bu bebek kucağını ve içindeki boşluğu doldurmuştu. Onu bırakmayacaktı! Bu bebeği de yitirebileceği korkusuna kapılmamaya çalıştı. "Doug?" deyip kocasına döndü. Gözleri gereken her şeyin yapılması için ona yalvarıyordu.

Doug öne doğru eğildi. Dirseklerini dizlerine koydu. Çenesini de ellerine yasladı.

Carol, "Bu bebeği istiyor musun, istemiyor musun?" dedi. "Ben istiyorum. Sorgusuz sualsiz onu yanıma alacağım, seveceğim ve büyüteceğim. Ama senin de bunu istediğinden emin olmalıyım."

Kocası gözlerinin içine baktı. Carol, Doug'ın endişeli olduğunu görebiliyordu. "Onu elimizde tutup tutamayacağımızı bilmiyorum, Carol. Dediğim gibi bu yaptığımız yasal olmayabilir. Annesi hiç tanımadığı kişilere bebeğini öylece veremez."

Carol bunların neye mal olacağını, ne kadar fedakârlık yapılması gerektiğini önemsemiyordu. Bu bebeği o yetiştirecekti. Tam da tüm umutlarından vazgeçmek üzereyken bir mucize gerçekleşmişti. Ne olursa olsun bu mucizeyi kabul edecekti.

"Öncelikle bir avukatla konuşmalıyız." Doug'ın karar verdiği belli oluyordu. "Alix'in dediği gibi, Laurel hastaneye gidince polis de durumdan haberdar olur. Durumu, Laurel başından beri çocuğunu bize vermek istemiş gibi göstermeliyiz."

Carol kocasının kararlılığını görünce mutluluktan ağladı. Gözyaşları içinde, "Oğlumuz oldu," dedi.

Doug, "Daha değil," dedi. "Ama kısa zaman sonra olacak." Sorumluluğu üstlenen Doug ayağa kalktı. "Bana birkaç dakika müsaade edin. Üzerimi giyinip birkaç yere telefon edeyim. Alix sonra sen de benimle geleceksin."

Doug yatak odasına gitti.

Carol biberonu kenara bırakıp bebeği omzuna yasladı. Alix'in sırtını sıvazlarken, "Sana nasıl teşekkür edebilirim?" dedi.

Alix üzerinde kahve dolu cam demlik ile üç tane fincan olan tepsiyi gösterdi. "Bir bardak kahve fena olmaz. Kendime bir bardak doldurabilir miyim?"

"Elbette…"

"Sen de ister misin?"

Carol başını iki yana salladı. Alix kendine kahve doldurup üzerine krema eklerken, "Bunu fark etmediğime hâlâ inanamıyorum," diye mırıldandı. Kahvesini yudumladı. "Laurel'den bahsediyorum." Düşüncelere dalmıştı. "Hamile olduğu aklımın ucundan geçmedi."

Carol bebeği korumak istercesine sıkıca tutmuş, sırtını okşuyordu. Bebek onunla birlikte güvende olacak, sevilecekti. En önemlisi de onu isteyen kişilerin yanında yetişecekti.

"Laurel eskiden de şişman olduğu için ben de kilo aldığını düşündüm."

"Peki ya babası?"

"İkinci el araba satan bir adam. Film dükkânına gelip hep porno kiralıyordu. Ondan zaten hiç hoşlanmamıştım. Ama yakışıklı sayılır."

"Peki Laurel?"

Alix omuz silkti. "O da fena biri değil. Hayatı darmadağın olmuş, dünyaya kızgın biri. Bebeği görünce değişeceğini düşünmüştüm ama maalesef yanılmışım."

Doug geri geldi. "Arkadaşın bebeğin annesini hangi hastaneye götürecekti?"

"İsveç Hastanesi'ne. Hâlâ seninle gelmemi istiyor musun?"

Doug başını salladı. "Larry'yi aradım." Larry aile dostlarıydı. Ayrıca Doug'ın çalıştığı sigorta şirketinde avukatlık yapıyordu. "Bebeğin annesinin yanına gitmemi ve onu hastaneden aramamı istedi."

Carol, "Ben ne yapayım?" diye sordu.

"Şimdilik burada kalıp bebeğe bak. Ben en kısa zamanda geri geleceğim."

"Tamam." Carol bu bebeğe ne kadar süre bakacağını bilmiyordu ama onunla geçirdiği her anın tadını çıkaracaktı.

Dakikalar sonra Doug ve Alix kapıdan çıkıp gitti. Carol da özenle hazırladığı çocuk odasına geçti. İçerideki her eşya umudun ve sevincin göstergesi olmuş, ama aynı zamanda çektiği acıların da sembolü haline gelmişti.

Sallanan sandalyeye oturan Carol, bebeği göğsüne bastırıp ona ninniler söyledi. Dünyaya gelişi ani ve korku verici olmuştu ama artık güvendeydi. Doug her şeyi ayarlarsa mutlu bir ailede yetişecekti.

Carol sakince ileri geri sallanırken zamanın nasıl geçtiğini anlamadı. Bir ya da iki saattir aynı yerde duruyordu. Ama bunun bir önemi yoktu. İçini saran mutluluk tarif edilemezdi.

Bebek uyanıp ağladı. Carol altını değiştirdikten sonra ona bir daha mama verdi. Bebek yeniden uyudu. Carol onu beşiğe yatırdı, eğildi ve elini bebeğin küçücük sırtına koydu.

Doug saat sekiz gibi eve döndü. Yanında Alix yoktu. Hemen çocuk odasına girdi ve beklediği gibi Carol'un orada olduğunu gördü. Eşinin yanına gidip uyuyan bebeğe baktı. Sonra da Carol'u kendine doğru çekip sıkıca sardı.

Carol, "Ne oldu?" diye sordu.

Gözleri dolmuştu, sesi titriyordu. "Onu hastaneye götürüp kontrol ettirmemiz gerekiyor. Ama sanırım bir oğlumuz oldu. Laurel bebeği bize seve seve vereceğini söyledi. Hamileliğinin başından beri bunu planladığını görevlilere anlattı."

Carol'un gözlerinden yaşlar sel gibi aktı. Mutluluktan ağlıyordu. Birbirlerine sıkıca sarılmışlardı. Bebekleri olmuştu. Hayatın mucizesi ve onlara hediyesi, en beklenmedik zamanda en beklenmedik yerden gelmişti.

O dükkâna adım attığı ilk günden beri bunun olacağını biliyordu. Bebek battaniyesi öreceğini öğrendiğinde bunun Tanrı'nın bir işareti olduğunu anlamıştı; Tanrı sözünde durmuştu.

48

JACQUELINE DONOVAN

BİR YIL SONRA

Jacqueline, Paul ve Tammie Lee'nin evine giderken heyecandan yerinde duramıyordu. Son üç haftadır Reese'yle deniz seyahatindeydi ve şimdi de torununu görmeye can atıyordu. Amelia artık yavaş yavaş yürümeye başlamıştı. Jacqueline torununu dünyanın en sevimli, en zeki bebeği olarak görüyordu.

Öncelikle Amelia'ya sarılıp öpecek, sonra da Lydia'nın dükkânına uğrayacaktı. Akdeniz seyahatinde uğradığı Yunan adalarının birinde küçücük bir tuhafiyeye girmiş ve o ana kadar gördüğü en güzel ipi bulmuştu. Şimdi de aldığı bu yumağı Lydia'ya göstermek için sabırsızlanıyordu.

Arabasıyla evin önüne yanaştığında Tammie Lee, Amelia'yı kalçasının üzerinde tutmuş, kapının önündeki çiçekleri suluyordu. Torunu da o tombul kollarını önünden geçen bir kelebeğe sallıyordu. Jacqueline'in arabasının arkası seyahatleri boyunca onlar için aldıkları hediyelerle doluydu. Ama şimdilik onların hiçbir önemi yoktu. Torununu ne kadar çabuk kucağına alırsa kendini o kadar iyi hissedecekti.

Jacqueline arabasından inerken kollarını açtı ve "Amelia, Amelia, babaannen geldi," dedi.

Amelia sevinçle çığlıklar atıp Jacqueline'e doğru atıldı. Bebeğin diş çıkarması da, ağzındaki salyaların çenesinden akıp önlüğüne değmesi de önemli değildi. Jacqueline'in umursadığı tek şey, güzel torununu kucaklamaktı.

Tammie Lee yüzündeki kocaman gülümsemeyle, "Hoş geldin, anne," dedi. Suyu kapatmak için eğildi ve hortumu kenara çekti. "Ne zaman döndünüz?"

"Dün gece." Saat daha erken olsa Jacqueline çabucak gelir, torununa iyi geceler öpücüğü verirdi. Ama Reese herkesin yattığını söyleyip onu bundan vazgeçirmişti.

Gelinine sarılırken, "Zaman farkına daha alışamadım," dedi. Tammie Lee'yi artık gerçekten seviyordu. Onu gün geçtikçe kendine daha yakın hissetmişti. Tammie Lee'nin nezaketi, cömertliği, doğallığı ve de her şeyin en iyisini elde etme isteği Jacqueline'in hayata bakış açısını değiştirmiş, bu arada da tüm aileyi bir araya getirmişti. Verdiği akılla Jacqueline'in gözlerini açıp hem kendisine hem de kocasına yaptıklarını görmesini sağlamıştı. Tammie Lee olmasaydı evliliği çoktan bitmiş olabilirdi.

Tammie Lee, Amelia'yı Jacqueline'in kucağından alıp kayınvalidesini eve geçirirken, "İkimiz de seni çok özledik," dedi. Dokuz aylık Amelia bulabildiği her dolabı karıştırmaya başlamıştı.

Tammie Lee mutfağa girip Amelia'yı bebek sandalyesine oturttu. Sonra da buzlu çay dolu bir sürahi ile iki bardak çıkardı.

Amelia yumruğunu tepsiye vurup kıkırdadı. Doğduğu andan beri tıpkı annesi gibi güleç yüzlü olduğunu göstermişti. Jacqueline kurabiye ve bisküvi dolu tabağa uzandı. Eline aldığı bisküviyi küçük parçalara ayırdı. Amelia da hemen bir parça bisküviyi sevinç dolu bir şekilde kapıp ağzına attı. Dünyanın en güzel şeyini yiyormuş gibi gülüyordu.

Jacqueline üzerinde bir tane nane olan bardağı eline alırken, "Sizleri görmek çok güzel," dedi.

"Otur da bana Yunan Adalarını anlat. Bugüne kadar duyduğum en romantik seyahati yaptığına şüphem yok. Umarım biz de otuz yıllık evliyken sizin kadar birbirimizi sever, tıpkı sizin gibi ikinci balayına çıkarız."

Gelini onların ilişkisini Jacqueline'den daha iyi biliyordu. Jacqueline'in evliliği, Reese'yle yüzleşip metresinin olmadığını öğrendiği andan itibaren farklı bir yola girmişti. O akşam her şey daha güzel olmaya başlamıştı. Ertesi gün Reese, Jacqueline'in kaldığı büyük yatak odasına geçmişti. Evli olmanın yaşattığı mutluluğu birlikte tatmışlardı. Sonraki birkaç ayda da mahvetmek üzere oldukları birliktelikleri yavaş yavaş düzeltmişlerdi.

Jacqueline, Amelia'yı severken, "Umarım Paul de babası kadar romantiktir," dedi. "Son birkaç haftada torunum ne kadar da büyümüş." Yeniden ilgi odağı olan Amelia Jacqueline Donovan yeni yeni çıkan dişleriyle ona gülümsedi. Ağzına ve yanaklarına bisküvi bulaşmıştı.

Jacqueline, "Şeker seni," dedi. Torununa olan sevgisi hayatında tattığı hiçbir şeye benzemiyordu. Amelia ve annesi Jacqueline'in hayatını aklının ucundan geçmeyecek bir şekilde değiştirmişti.

Yarım saat sonra Jacqueline gidip arabasının arka koltuğundakileri eve getirdi. Tammie Lee'ye sarıldı ve Amelia'nın temizlenmiş yüzüne öpücükler kondurdu. Sonra da istemeye istemeye arabasına binip oradan ayrıldı.

Hemen Bir Yumak Mutluluk'a gitti. Şansına dükkânın tam karşısında arabasını park edecek boş yer buldu. Blossom Sokağı'ndaki çalışmalar tamamlanmıştı. Alix'in bir zamanlar kaldığı bina gösterişli, şık daireleri bulunduğu lüks bir apartmana çevrilmiş, evler Jacqueline'in bile dudağını uçuklatan fiyatlara satılmıştı. Ancak Alix yeni yerini oradan daha çok sevmişti. Emekliye ayrılan Martha'nın kaldığı konuk evine yerleşmişti. İlk tanıştıklarında bu iki farklı insanın birbirlerine bu kadar yakın olacağı kimin aklına gelirdi ki?

Kapının üzerindeki çan çalınca Lydia, "Jacqueline!" dedi. "Hoş geldin! Tatilin nasıldı?"

"Harikaydı. Çok güzel vakit geçirdik." Elindeki alışveriş çantasını açtı ve üzerinde beyaz benekler olan leylak rengi, yün ve kaşmir karışımı Yunan ipini çıkardı. "Bak ne buldum!"

Lydia ipi parmaklarının arasına alıp inceledi ve Margaret'e uzattı. "Dokusunu bir hisset. Çok mükemmel."

"Ne kadar ipe ihtiyacım olduğunu bilmediğim için ellerindekilerin hepsini aldım. Kazak örmeyi düşünüyorum. Geri kalan iplerden de istediklerini alabilirsin."

Margaret ipi inceledikten sonra Lydia'ya geri uzattı. "Bunu nerede buldun?"

"Bir adada. Adını şu an hatırlayamadım. Reese de alışveriş yaparken benim peşimde dükkân dükkân gezdi. Onun hafızası benimkinden daha iyidir. Ona sorarım."

Lydia gülümserken, "Reese seninle ip almaya mı geldi?" dedi. "Erkekler bu tür şeyleri yapmayı hiç sevmez."

Jacqueline, "Son zamanlarda her şeyi birlikte yapıyoruz," dedi. Ama bunu bir başkası söylese hemen ters bir şeyler söylerdi. Yüzü kızarmıştı. Her çiftin evlilik hayatı boyunca gitmesi gereken ikinci balaylarına çıkmışlardı.

"Seni daha önce hiç bu kadar..."

"...mutlu görmemiştin." Bunu ailesindeki kişilerden ve arkadaşlarından sık sık duyuyordu. Ayrıca halini inkâr edecek de değildi. Mutluydu.

"Aslında ben seni bu kadar bronz görmemiştim diyecektim." Lydia pis pis sırıttı.

Jacqueline kollarını uzattı. "Ah, o mu? Reese'nin Akdeniz'deyken gittiği golf sahalarında güneşin altında kaldım." Gülümsedi. "Ben de çok iyi golfçüyümdür." Saatine baktı. "Gitmem gerek. Bir saat sonra Reese'yle kulüpte buluşacağım. Birkaç eski arkadaşımızla bir şeyler içeceğiz, ama öncelikle eve uğramamız gerekiyor."

Ona sarılan Lydia, "Seni yeniden görmek çok güzel," dedi.

"Cuma günü gelecek misin?"

"Tabii!" Jacqueline kendinden çok emindi. "Hayatta kaçırmam."

Sonra da kapıdan çıkıp gitti. Kocasını, sevdiği adamı göreceği için çok mutluydu.

49

CAROL GIRARD

"Cameron Douglas Girard, ne *yapıyorsun*?"

Cameron halının üzerine oturmuş, babasının çekmecedeki çoraplarını karıştırıyordu. Dokuz aylık bebek, başını kaldırıp ellerini beline atmış halde yanı başında duran Carol'a masum masum baktı. Carol ciddi görünmeye çalışıyor, gülmemek için kendini zor tutuyordu. Bebeğini kucağına alıp, "Gel bakalım," dedi ve ağzını oğlunun çıplak karnına koyup hareket ettirdi. Cameron gülücükler saçarken Carol onu aşağı indirdi. Cameron da başını annesinin omzuna koydu, iki eliyle annesinin saçlarını tuttu ve sesler çıkarmaya çalıştı.

Carol geçen bir yılda sevginin yepyeni bir yüzü olduğunu öğrenmiş; insanın bir başka insanı, bir annenin de evladını ne kadar çok sevebileceğini anlamıştı. Cameron onun rahminde büyümemiş olsa da onun öz oğluydu.

"Yürüyüşe çıkma vakti geldi," dedi.

Cameron bunun ne anlama geldiğini iyi biliyordu. Hemen kıvranıp yere inmek istedi. Carol da onu yere bırakıp Doug'ın çoraplarını çabucak çekmeceye yerleştirdi. Sonra da oğlunu alıp odasına götürdü ve ona minicik bir kot pantolonla, elle örülmüş bir kazak giydirdi. Bu kıyafetleri evlat edinme işlemleri tamamladıktan kısa bir süre sonra ağabeyi göndermişti. Annesinin kucağından bir kez daha inen Cameron hızla bebek arabasına kadar emekledi ve arabaya ulaşınca kendisini yukarı çekip ayağa kalktı. Sonra da annesinin başardığı şeyi gördüğünden emin olmak için omzunun üzerinden arkasına baktı. Annesiyle yaptıkları yürüyüşleri çok seviyordu.

Carol oğlunu bebek arabasına yerleştirirken, "Bugün tuhafiyeye gidiyoruz," dedi. "Lydia teyzeyi göreceğiz."

Sonra da omuzuna çantasını atıp evden çıktı. Bebek arabasını asansöre bindirdi. Her gün öğleden sonra aynı yolda yürüyorlardı. İki sokak ötedeki parkta duruyor, diğer genç annelerle muhabbet ediyorlardı.

Carol'un arkadaş çevresi, işten ayrılıp Cameron'u yetiştirmeye başladığından beri epey genişlemişti. Parkta tanıştığı kadınlar kendilerine bir grup oluşturmuşlardı. Haftada bir gün kahve içmek için buluşuyor, tecrübelerini paylaşıyorlardı. Çocuk yetiştirme ile ilgili kitap ve dergileri elden ele dolaştırıyor, birbirlerine çocuklarının kullanmadığı oyuncakları ve elbiseleri veriyorlardı. Carol gruptaki en yaşlı anneydi ama bunu arkadaşlarından hiçbiri önemsemiyordu.

Carol parktan çıktıktan sonra bebek arabasını iterek tuhafiyenin yolunu tuttu. Lydia sevinçle, "Carol," dedi. "Hoş geldin!" Eğilip Cameron'un gözlerinin içine baktı. "Sen de hoş geldin, Cam."

Cameron elini hemen mor bir yumağa attı ama Carol uzanıp ipi oğlunun elinden aldı ve sarıp yerine kaldırdı.

"Bana Paton ipinden bir yumak daha lazım."

"Zeytin yeşiliydi, öyle değil mi?" Lydia kimin hangi model için hangi ipi aldığını çok iyi tutardı aklında. Carol'un elinde şimdi bir sürü model vardı. Hepsini akılda tutmak zor olsa da Lydia ipin rengini hatırlamıştı.

Lydia, "Öğleden sonra Jacqueline yanıma uğradı," dedi.

"Dönmüş mü?"

"Döndü döndü. Hem de çikolata renkli olmuş." Gülümsedi. "Çok mutlu görünüyordu."

"Harika."

"Cuma günü burada olacak."

"Peki ya Alix?" Örgü gruplarının dördüncü üyesi her cuma aralarına katılacak kadar vakit bulamıyordu. Aşçılık okulundan dolayı onunla ancak arada sırada görüşebiliyorlardı.

Lydia başını iki yana salladı. "Gelebileceğini sanmıyorum."

Carol iç geçirdi. "Yanımızda olmayınca onu çok özlüyorum."

"Ben de. Kursun ilk gününde onunla ilgili neler düşündüğümüzü hatırlıyor musun?"

"Jacqueline ve Alix'in beş dakika dolmadan birbirini boğazlayacağını düşünmüştüm." Carol güldü. "Birbirleriyle sürekli didişiyorlardı."

"Kendimi yeniden ilkokulda gibi hissetmiştim."

"Hiç sorma." Carol bir kez daha o ikisinin arasındaki ilişkinin geldiği durumun onu ne kadar çok şaşırttığını fark etti.

O günleri hatırlayan Lydia, "Jacqueline defalarca kursu bırakmak istedi," dedi.

Carol başını salladı. "Bırakmak istemesini anlayabiliyordum ama iyi ki de bırakmadı."

"İyi ki de... Ya Alix de gitseydi..."

Öyle olsa her şeye karşı çıkan, kızgın bir genç kızın hayatlarını nasıl etkileyeceğini hiçbir zaman öğrenemezlerdi.

Lydia, "Laurel'den hiç haber aldın mı?" diye sordu.

"Hayır. Cameron'un doğduğu günden beri hiç sesi çıkmadı. Kendi başına mahkemeye gelip belgeleri imzaladı, bana da Doug'a da tek kelime etmeden kapıdan çıkıp gitti."

"Peki Alix?"

"Laurel ile konuşmuşsa da bize bir şey söylemedi."

"Peki Jordan?"

Carol iç geçirdi. "Jordan, Laurel'e bir psikolog ayarlamış, binaları satılınca da ona kalacak bir yer bulmuş." Cameron'u koruma içgüdüsüyle kucağına alıp bağrına basmamak için kendini zor tuttu. "Kafası karışık, sorunlu bir kızdı."

Carol, "Umarım her şey istediği gibi olur," dedi.

Yıllar sonra bir gün Cameron biyolojik anne ve babasının kimler olduğunu merak edebilir, hatta onları bulmaya çalışabilirdi. Bu kararı kendisi verecekti ama şimdilik bu bebek Carol'un ve Doug'ındı. Onların sevgisi ve hayat anlayışıyla yetişecekti.

Lydia, Carol'un istediği yumağı çıkarıp poşete koydu. Carol ipin parasını verdikten sonra poşeti bebek arabasının arkasındaki sepete koyup kapıya yöneldi. "Cuma günü görüşürüz."

Lydia ona el salladı ve Carol bebek arabasını kaldırımdan aşağı doğru sürmeye başladı. Çiçekçinin ve kafenin önünden geçip rıhtıma ve oradan da evine doğru giden tepeye yöneldi.

Eve gireli birkaç dakika olmuşken Doug geldi. Carol'u öptü ve oğlunu kucağına alıp sıkıca sardı. Carol kocasını oğluyla görünce hep duygulanıyordu. Yüzü gülen Cameron, ellerini çırpıp sesler çıkarmaya başladı.

Güzel ve bir o kadar da duygusal bir an yaşıyorlardı. Bunu çok uzun süre beklemişlerdi. Büyük acılar çekmişler, büyük fedakârlıklar yapmışlardı ama artık bunların hiçbir önemi yoktu. Oğulları yanlarındaydı. Aileleri bir bütündü. Carol gözlerini kapattı, hissettiği şeylerin sonuna kadar tadını çıkardı ve bu anı zihnine kazıdı.

Doug yere oturup Cameron'la oynadı. Carol da gözleri yaşlı halde baba oğlun oyuncakları dizişini izledi. Gelecek yıllarda her şeyin bu anki kadar mükemmel olamayabileceğini biliyordu. Bunların da önemi yoktu. Şimdilik halinden memnundu. Ve çok mutluydu. İçini yiyip bitiren boşluk hissi neredeyse tamamen kaybolmuştu.

Kocası ve oğluyla bir bütün olmuştu.

50

ALIX TOWNSEND

Alix krem bruleye son halini verdikten sonra ustasının, çıkardığı işe bakması için geri çekildi. Bay Diamont öne doğru çıkıp eleştirel gözlerle tatlıyı inceledi. Fırınlanmış şekerli kısma dokundu ve altındaki kremanın tadına bakıp beğendiğini belirtmek için başını salladı. Sonra Alix'e dönüp, "Aferin, Alix. Gidebilirsin."

Alix ustasına dalgın dalgın baktı. Onu doğru duyup duymadığından emin değildi. Yine de çok beklemeden şapkasını ve önlüğünü çıkarıp, çabucak sınıftan ayrıldı. Diamont'tan iltifat almak kolay bir şey değildi.

Maddi durumu iyi sayılmazdı ve iki yıllık eğitimine devam edeceği gelecek yılda da çok iyi olmayacaktı. Ancak daha zor durumlarda da geçinmeyi başarmıştı. Parasızlık canını sıkmıyordu, çünkü sevdiği işi yapıyordu. Aşçı olacaktı. Yıllarca aşçılık okullarına girmenin hayalini kurmuştu ama aldığı eğitim özel üniversiteler kadar pahalıydı. Arkadaşları Jacqueline ve Reese Donovan olmasa hayalleri zor gerçekleşirdi.

Alix; Carol ve Doug, Laurel'in bebeğini evlat edindikten kısa bir süre sonra tanışmıştı Reese ile. Reese'nin önemli yerlerde dostları vardı. Onun bağlantıları sayesinde Alix yerel bir kulüpten burs almayı başarmıştı. Yaptıkları onca iyilik yetmezmiş gibi Jacqueline ısrarla Alix'in gelip evlerinin yanındaki konuk evinde kalmasını istemişti. Hizmetlileri emekli olmuş, Alix de onların yanında işe girmişti. Sadece evlerini temizliyor, bu sayede de temel ihtiyaçlarını karşılayacak kadar para kazanıyordu.

Bunların hepsi inanılmayacak kadar güzeldi. Alix arada sırada hayal aleminde yaşayıp yaşamadığını anlamak için kendisini çimdikliyordu.

Elbiselerini giyinir giyinmez soyunma odasındaki ankesörlü telefondan Jordan'ın cebini aradı.

Jordan telefonu açınca, "Alo," dedi.

"Alo, dersin bitti mi?" Jordan ondan telefon bekliyordu.

"Bay Diamont gidebileceğimi söyledi."

"Bu kadar çabuk mu? İşini iyi yapmış olmalısın."

"Sanırım öyle," diyen Alix kendisiyle övünmemek için dudaklarını ısırdı. Diğer öğrencilerin onu duyamayacağı bir yere gittiğinde bunlardan bol bol bahsedecekti nasıl olsa.

"Acaba bana krem brule pişirmen için sana ne kadar rüşvet vermeliyim. En çok sevdiğim tatlıdır da kendileri."

"Hıı, bilmem. Aslında senin için bir şeyler ayarlayabilirim."

"Çok iyi olur. Gelip seni alayım mı?"

"İstiyorsan gel." Jordan'ın günleri çok yoğun geçiyordu. Alix de bu yüzden çekindi. Normalde Jordan'a telefon etmezdi ama bu sınav için endişelenmiş, Jordan da çıkışta ona haber vermesini istemişti. "Otobüse de binebilirim."

"Bekle, ben gelirim."

Alix, Seattle Aşçılık Akademisi'nin önünde on dakika Jordan'ın gelmesini bekledi. Neredeyse bir yıldır birliktelerdi ve Alix, Jordan'ın hayatında olmasına alışmıştı. Aslında başka birçok şeye de alışmıştı. Hatta Jordan, Alix'i düzenli olarak kiliseye gelmeye bile ikna etmişti. Alix ilk defa kendini normal bir hayat süren biri olarak görüyordu. Etrafında onu önemseyen ve başarılı olmasını isteyen insanlar vardı. Ayrıca Jordan haklıydı; Tanrı ondan umudunu kesmemişti.

Jordan kaldırıma yanaştı ve koltuğun üzerinden uzanıp diğer taraftaki kapıyı açtı. Alix arabaya binip Jordan'ı öptü. Dikiz aynasından arkasını kontrol eden Jordan, trafiğe karıştı. Umursamaz bir havayla, "Bence bugünün ne olduğunu unuttun," dedi.

Alix kendini ne kadar zorlasa da günün önemini hatırlayamadı. "Altı Mayıs özel bir gün mü?"

"Hatırlamadığına göre senin için o kadar da özel değilmiş." Jordan ona üzgün bir çocuk gibi baktı.

"Herhalde öyle."

Jordan gülümseyip Seattle'ın trafiği ile uğraşıyormuş

gibi yaptı. "Bana ilk defa o gün laf atmıştın."

"Hadi canım."

Jordan, Alix'in çoğu zaman kullandığı uçarı ses tonuyla, "Neyse," dedi. "Belli ki hatırlamıyorsun. Altı Mayıs'ta seni film dükkânının önünde sigara içerken görmüştüm. Ben film kiralamak için içeri girecekken bir bahane uydurup benimle konuşmaya çalışmıştın."

"Sana film ayırdığımı söylemiştim."

"Gözlerini benden alamıyordun."

Alix, "Öyle mi?" dedi. "Hayal görmüş olmayasın." Aslında o gün Jordan'a küçümser gözlerle bakmıştı. Ama şimdi Jordan'ın ilişkileri ile ilgili ayrıntıları hatırlaması onu fazlasıyla mutlu etmişti.

"Ben de bu günün bir nevi bizim yıldönümümüz olduğunu düşündüm."

"Bizim mi?" diyen Alix birbirlerine takıldıkları bu anın tadını çıkarıyordu.

"Sevgilim değil misin?"

"Bir de aşçınım."

"Evet, o da var."

Alix sıradan bir şey konuşuyormuş gibi omuz silkti. "Sanırım öyle."

"O zaman torpidodaki küçük kutuya bakmak isteyebilirsin."

Alix'in içi kıpır kıpır olmuştu. "Kutu mu?"

"Bir bak."

Torpido gözünü açarken Alix'in elleri titriyordu. Arabanın ruhsatının yanında, üzerinde parlak kırmızı bir kurdele olan küçük, siyah bir mücevher kutusu vardı. Kutuyu eline alıp avucunda tuttu.

"İçinde ne var?" diye sordu. Sesinin boğuk çıkmasına engel olamadı.

"Açıp kendin gör."

Şakalaşmaları bitmişti. Arabanın içi aniden sıcak ve havasız bir hal aldı.

Alix hemen bir tepki veremeyince Jordan, "Ee?" dedi. "Ne duruyorsun? Açsana!"

"Çok güzel bir kutuymuş."

"Öyle ama içindeki daha da güzel bir şey."

Alix kurdeleyi açıp kutunun kapağını yavaşça kaldırdı. Karşısına, ortasında bir yakut, kenarlarında da iki tane pırlanta olan çok güzel bir yüzük çıkmıştı.

"Jordan." Sevgilisinin adını tek bir nefeste söylemişti. "Bu çok güzel."

"Ben de öyle düşündüm."

"Ama... neden?"

"Birlikteliğimizin bir yılını doldurduğunu az önce sana söylememiş miydim?"

"Evet, biliyorum ama..." Ağlatmasına sebep olursa Alix onu hayatta affetmezdi.

"Denesene."

Alix yüzüğü kutudan çıkarıp parmağına geçirdi.

Jordan, "Artık resmiyete döküldü," dedi.

"Ne?"

"Birlikteliğimiz. Sen ve ben."

Alix ona her ne kadar güzel bir şey de olsa, bunu kanıtlamak için bir yüzüğe ihtiyacının olmadığını söylemek istedi ama sadece gülümsemekle yetindi.

"Gelecek seneki yıldönümümüzde bunun yerine sana nişan yüzüğü takmak istiyorum. Ne dersin?"

İşte o anda Alix'in gözlerinden yaşlar aktı. "Çok güzel olur," diye fısıldadı. "Şimdi şu arabayı durdur da seni ne kadar çok sevdiğimi göstereyim."

"Seve seve, hayatım."

51

"Örgü örmek bir hobidir.
Nefes alın, rahatlayın ve eğlenmeye bakın."

– Donna Druchunas

LYDIA HOFFMAN

Dükkânımı açtığım günün üzerinden bir yıl geçtiğine inanmakta güçlük çekiyorum. Açılış gününü kutlamaya karar vermiştim. Umarım uzun yıllar boyunca da aynı şeyi yapabilirim. Artık yanımda çalışan Margaret de el ilanları ile afişler hazırlamıştı. Her ne kadar kabullenmese de sanata yatkın biriydi.

Gerçekten de dolu dolu bir yıl geçirmiştim. İşlerim açılmıştı ve ilk yıl için önüme koyduğum tüm hedefleri yakalamış, hatta daha fazla yol almıştım. Kursa katılanların sayısı artmıştı. İlk öğrencilerim Alix, Jacqueline ve Carol hâlâ benimle birlikteydi. Aramızda çok derin bir bağ oluşmuş, arkadaş olmuştuk. Cuma günü öğleden sonraları dükkâna artık misafirliğe gelir gibi geliyorlardı, birlikte örgü örüyorduk. Yeni kurslar açmıştım. Elimdeki malların sayısı son on iki ayda iki katına çıkmıştı ve artmaya da devam ediyordu. Aldığım yumakları koyacak yer bulamıyordum. Brad ile eniştem Matt bana çok yardımcı olmuş, yeni gelen ipleri koymam için duvarlara yeni raflar yapmıştı.

Bu hafta bir sabah masama oturmuş, uzun süredir biriken evraklarla ilgileniyordum. Şöylece bir dükkânıma baktım ve Margaret'in içeri giren bir müşteriyle ilgilendiğini gördüm. Ablamın da yanımda olması ile birlikte dükkânım gözümde bir kat daha değerlenmişti. Kendime inanıp böylesine büyük bir adım attığım için çok mutluydum. İş yerim tıpkı hayallerimdeki gibi bir yer olmuştu. Sabahları kendimi işe gidiyormuş gibi görmüyordum. Çünkü her gün sevdiğim şeyi yapmanın ve örgü örme tutkusunu başkaları ile paylaşmanın yarattığı mutluluğu tadıyordum.

Hayatıma devam etmem için bana cesaret veren babama teşekkür etmeliydim. Onun diğer dünyaya göçüp gitmesi bana çok değerli dersler vermişti. Ölümünün bana hayatı öğretmesi ne tuhaf! Şimdiye kadar hep babamın desteğiyle ayakta kalmıştım. Ama şu geçen bir yılda babamın bana kazandırdığı güç ve azimle ayaklarımın üzerinde durmayı öğrenmiştim. Babamın yukarılardan bir yerlerden beni görüp gülümsediğini biliyordum.

Babamın gülümsemesinin bir diğer nedeni de Margaret'ti. Ablamla aramızdaki ilişkiyi düzeltme konusunda büyük yol kat etmiştik. Önce birer kardeş olarak, sonra da birer arkadaş olarak gittikçe birbirimize yakınlaşmıştık. Bir yıl önce ablamla dükkâda yan yana çalışacağımızı söyleseler gülüp geçerdim. Margaret ile anlaşabileceğimi hiç sanmıyordum. Ama düşündüklerimin tam tersi olmuştu.

Geçen sene bir kez daha kanser tehlikesi atlatırken Margaret benim yerime dükkânla ilgilenmişti. Doktor Wilson kanserin tekrarlamasına fırsat vermiyordu. Uygulanan tedavi, geçmişte katlandığım kemoterapi ve radyasyon tedavileri kadar agresif olmasa da yorucuydu. Arada sırada tüm gün boyunca dinlenmem gerekiyordu. Bu yüzden Margaret çok tecrübeli olmasa da benim yerime işleri idare ediyordu. Ablama gerçekten de çok minnettardım. İlk başlarda örgü örmekten çok tığ işleri ile ilgilenmeyi seviyordu ama son zamanlarda örgü konusunda da ustalaşmıştı. Artık o da en az benim kadar bu dükkânın bir parçasıydı. Müşterilerim de ona alışmıştı. Çok içten davranan biri olmasa da satış işini iyi beceriyordu. Onunla gurur duyuyordum. Annem de ilişkimizin düzelmesine sevinmişti.

Belki de hayatımdaki en büyük değişiklik, günlerimi Brad ve Cody'yle paylaşıyor olmamdı. İşlerimizden fırsat buldukça bir araya geliyorduk. O özel adama aşık olmuş, oğlunu da çok sevmiştim.

Margaret küçük ofisime gelip, düşüncelerimi bölerek, "İlanlar geldi," dedi. "Ne zaman postaya vereyim?"

Masamdan ona baktım. "Bugün olursa iyi olur."

Margaret başını salladı. "Olmuş bil."

"Teşekkür ederim." Benim için yaptığı onca şey için ablama gerçekten de minnettardım. Onun da bunu bilmesini istiyordum. "Sana borcumu hiçbir zaman ödeyemem, Margaret."

Margaret tam da beklediğim gibi iltifatıma aldırış etmedi. Minnettarlığımdan utanmış gibiydi. "Bu akşamki Mariners maçına gelebileceğinden emin misin?" Nadiren de olsa koruyucu abla rolüne bürünüyordu.

"İyiyim ben," dedim. Ablamın kendimi zorlamayacağımı bilmesini istemiştim. Zaten ne olursa olsun Brad ve Cody'yi üzmeyecektim. Mariners ile San Diego Padres maçına haftalar önce bilet almıştık.

"İyi."

"Peki ya siz? Matt, annem ve kızlar? Siz de maça geleceksiniz, öyle değil mi?"

"Elbette!" Margaret gözlerini kocaman açtı. "Bu maçı hayatta kaçırmayız."

"Sen de bu kadar hevesliysen," deyip ablama takıldım.

Margaret bu sözüme de aldırış etmedi. Başını eğip camdan dışarı baktı. "İşte ailemizin kargocusu da geldi."

Brad beş dakika sonra ıslıklar çalarak içeriye girdi. Son siparişlerimle dolu kutuları getirmişti.

Dosyayı ablama uzatırken, "Günaydın, Margaret," dedi.

Ablam adını yazıp imzasını attı. Brad de bu sırada arkaya, benim yanıma geldi.

"Merhaba, hayatım."

Ne zaman benimle böyle konuşsa yüzüm kızarıyordu. Sanırım bana olan sevgisine hiç alışamayacaktım. Kendimi dünyanın en şanslı kadını olarak görüyordum. Brad ile evlilik konusunu da konuşmuştuk ama işi ağırdan alan kişi bendim. Öncelikle onu sevdiğimden emin olmalıydım. Ama onu zaten seviyorum. Asıl emin olmam gereken şey, bir daha kanser olmayacağımı bilmekti. Şimdilik sağlıklı olsam da geleceğim, üzerine bir şeyler yazılmayı bekleyen boş bir sayfa ya da örülmeyi bekleyen bir yumak gibiydi.

Brad ile Cody'yi gerçekten çok seviyordum. Cody'yle iyi bir ilişki kurmak için çok çaba sarf ettim. Annesiyle de birkaç sefer konuştum. Kadın oğlunu her ne kadar sevse de kendi hayatına bakıyordu. İşin ilginç tarafı onun yerine oğluyla ilgilendiğim için bana minnettardı.

Yine de hayatta hiçbir şeyin garantisinin olmadığını biliyordum. Brad ile bu konuyu sık sık konuşuyorduk. Evlilik teklifini kabul etmeye hazırdım. Zaten benim de istediğim buydu.

Brad kollarını belime attı. "Bu sabah gözüme çok öpülesi göründün."

Gülümsedim ve onu öptüm. Dudaklarımızın ahenkle birbirine dokunmasına müsaade ettim. Özellikle de iş saatlerinde bu kadar tutkulu bir şekilde öpüşmezdik ama bazen nerede olduğumuzu unuttuğumuz anlar oluyordu.

Kulağıma fısıldayan Brad, "Bunu neye borçluyum?" dedi.

"Seni sevmeme."

"Ben de seni seviyorum."

Nazikçe Brad'in koluna vurdum. "Akşam görüşürüz... Ayrıca sosisli sandviçleri ve fıstıkları ısmarlayacağını unutma."

"Tamamdır, hayatım."

Brad dükkândan çıkıp gitti. Ben de onun gidişini izlerken ablamın yanına geçtim. Ablam, "Brad çok iyi biri," dedi.

"Biliyorum."

"Onunla evlenecek misin?"

Margaret'in gözlcrinin içine baktım. Ona kararımı söyleyince nasıl bir tepki vereceğini merak ediyordum.

"Evet."

Ablamın yüzünde kocaman bir gülümseme belirdi. "Vakti gelmişti."

"Ben de öyle düşündüm. Onu seviyorum. Ayrıca birlikte çok güzel bir hayat sürdürebileceğimize inanıyorum."

Ablam hâlâ gülümsüyordu. "Hayat sonunda senin de yüzüne güldü."

Haklı olduğunu biliyordum. Hayatım artık çok daha güzel olacaktı.

Değerli okurlarım,

Hayatı tutkularla dolu olan, örgü örmeye gönül vermiş biriyim. Örgü şişlerini elime on iki yaşında aldım. Dünyaya getirdiğim dört evladımı yetiştirmeye çalışırken de dönem dönem örgü ördüm. Özellikle de torunlarıma kavuşunca bu hobiye daha güçlü duygularla bağlandım. Değerli arkadaşlarım; Washington'da "Linda's Knit'nStitch" adlı dükkânı işleten Linda Johnson ve bu alana kendini adamış, iplik uzmanı Laura Early de bu konuda bana hep destek oldu. Bir huzurevinde örgü ve tığ eğitim gruplarına ders veren Linda'nın güzel sözleri sayesinde sürekli bir şeyler ördüm. Hayatımı daha da değerli kılan arkadaşlarıma buradan teşekkür ediyorum.

Küçük Mucizeler Dükkânı sayesinde yazı yazma ve örgü örme sevgimi bir araya getirme fırsatı buldum. Böyle bir kitap yazmayı üç, dört yıldır düşünüyordum. Doğru karakterleri ve bu karakterlerin hikâyelerini düzgün bir şekilde anlatmanın yollarını bulmam biraz vaktimi aldı.

Kitabıma yaptığı katkılardan dolayı Ann Norling'e yürekten teşekkür ediyorum. Kitapta bahsi geçen bebek battaniyesinin modelini ondan aldım. Siz de aynısını örmek ya da benim ördüğüm halini görmek isterseniz www. DebbieMacomber.com'u ziyaret edebilirsiniz.

Kitabımda birçok ünlü tasarımcının örgü örmeyle ilgili sözlerini sizlere sundum. Siz de benim gibi örgü örenlerden biriyseniz bu sözlerden çok etkileneceksiniz. Örgü örmeyi bilmiyorsanız da bir tuhafiyeye girip kendinize bir çift örgü şişi almayı isteyeceksiniz ve inanın hiç pişman olmayacaksınız.

Umarım *Küçük Mucizeler Dükkânı*'nı beğenirsiniz. Bu dört kadının benim hayatımı etkilediği gibi sizlerin hayatını da etkileyeceğini ümit ediyorum.

Okuyucularımın yorumlarını duymak beni hep mutlu etmiştir. Bana 1458, Port Orchard, WA 98366 adresinden ya da internet sitemden ulaşabilirsiniz.

Bebek Battaniyesi
Ann Norling

Bitmiş Hali: 85x115 santimetre
Malzemeler: 600 gr. yün
Şiş: 5 numaralı yuvarlak şiş (5 mm)
Terimler: D=Düz, T=Ters

171 ilmeğin şeması:

Battaniyenin çevresi:

1. sıra: Son 3 ilmek düz olacak şekilde sıranın sonuna kadar 3D, 3T örün.

2. sıra: Son 3 ilmek ters olacak şekilde sıranın sonuna kadar 3T, 3D örün.

3. sıra: 1. sırayı tekrar edin.

4. sıra: 2. sırayı tekrar edin.

5. sıra: Son 3 ilmek ters olacak şekilde sıranın sonuna kadar 3T, 3D örün.

6. sıra: Son 3 ilmek düz olacak şekilde sıranın sonuna kadar 3D, 3T örün.

7. sıra: 5. sırayı tekrar edin.

8. sıra: 6. sırayı tekrar edin.

9-12 sıra arası: 1-4 sıra arasını tekrar edin.

Battaniyenin ortası:

13. sıra: 3T, 3D, 3T ördükten sonra sıranın sonunda 9

ilmek kalana kadar 9D, 9T örün. Son 9 ilmeği 3T, 3D, 3T örün.

14. sıra: 3D, 3T, 3D ördükten sonra sıranın sonunda 9 ilmek kalana kadar 9T, 9D örün. Son 9 ilmeği 3D, 3T, 3D örün.

15. sıra: 13. sırayı tekrar edin.

16. sıra: 14. sırayı tekrar edin.

17. sıra: 3D, 3T, 3D ördükten sonra sıranın sonunda 9 ilmek kalana kadar 9D, 9T örün. Son 9 ilmeği 3D, 3T, 3D örün.

18. sıra: 3T, 3D, 3T ördükten sonra sıranın sonunda 9 ilmek kalana kadar 9T, 9D örün. Son 9 ilmeği 3T, 3D, 3T örün.

19. sıra: 17. sırayı tekrar edin.

20. sıra: 18. sırayı tekrar edin.

21-24 sıra arası: 13-16 sıra arasını tekrar edin.

25. sıra: 3D, 3T, 3D ördükten sonra sıranın sonunda 9 ilmek kalana kadar 9T, 9D örün. Son 9 ilmeği de 3D, 3T, 3D örün.

26. sıra: 3T, 3D, 3T ördükten sonra sıranın sonunda 9 ilmek kalana kadar 9D, 9T örün. Son 9 ilmeği de 3T, 3D, 3T örün.

27. sıra: 25. sırayı tekrar edin.

28. sıra: 26. sırayı tekrar edin.

29. sıra: 3T, 3D, 3T ördükten sonra sıranın sonunda 9 ilmek kalana kadar 9T, 9D örün. Son 9 ilmeği de 3T, 3D, 3T örün.

30. sıra: 3D, 3T, 3D ördükten sonra sıranın sonunda 9 ilmek kalana kadar 9D, 9T örün. Son 9 ilmek de 3D, 3T, 3D örün.

31. sıra: 29. sırayı tekrar edin.

32. sıra: 30. sırayı tekrar edin.

33-36 sıra arası: 25-28 sıra arasını tekrar edin.

Battaniye 105 santimetre olana kadar 13-36 sıra arasını bloklar halinde tekrar edin.

Battaniyenin kalan çevresi:

1-12 sıra arasını tekrar örün. Düğümünüzü atıp modelinizi sonlandırın.

NOT: İhtiyaç duyulduğunda ilgili yerlere işaretleyici konulabilir.

Geçmişte yaşadıklarım bana şunu öğretti: Hepimiz bu dünyaya, hayatımızı en iyi şekilde yaşamak için geliyoruz ve inanın bana, hayat saklanarak, umutsuzluklarla, pişmanlıklarla harcanamayacak kadar kısa. Dertler ve sıkıntılarla boğuşurken her gün, bir öncekinin aynısı gibi görünmeye başlıyor. Oysaki her yeni gün kendi mucizelerini de beraberinde getiriyor. Hem de en beklenmedik anlarda...

Doğduğumuz andan itibaren
hepimize birer yumak iplik veriliyor; bundan mutluluğun desenlerini örmek ise bizim elimizde...

**BU KİTAPLA KEYİFLİ BİR MOLA VERİP,
HAYATIN KARMAŞASINDAN UZAKLAŞACAKSINIZ...**

İsteyince, her sorunun bir çözümü olduğunu anlıyor insan...

Aşkın ve arkadaşlıkların filizlenerek çoğaldığı, zamanla sımsıcak ilişkilere dönüştüğü bir sokak hayal edin. Her iki yanında kapısını çalabileceğiniz, bir bardak çay eşliğinde sevdiklerinizle sohbet edebileceğiniz, içinizi ısıtan dükkânların dizili olduğunu düşünün.
Aydınlığa açılan umut dolu bir dünyaya girmenin, hüzün ve mutluluğun bir arada sunulduğu, doyumsuz yaşam öykülerine tanıklık etmenin vakti gelmiş demektir.

Debbie Macomber, Mucizeler Dükkânına Dönüş adlı romanıyla iyi-kötü her yaşanmışlığın bir tecrübe olarak bizlere geri döndüğünü bir kez daha kanıtlıyor.